Prof. Dr. Ralf Beck

CROWD INVESTING

Die Investition der Vielen

4., erweiterte Auflage

Börsenbuchverlag

Covergestaltung: Denksportler Grafikmanufaktur
Satz: VBS-Verlagsservice
Lektorat: Egbert Neumüller
Korrektorat: Claus Rosenkranz
Druck: GGP Media GmbH, Pößneck

ISBN 978-3-86470-465-9

Erstmals erschienen im Eigenverlag

Bibliografische Information der Deutschen Nationalbibliothek:
Die Deutsche Nationalbibliothek verzeichnet diese Publikation in der Deutschen Nationalbibliografie; detaillierte bibliografische Daten sind im Internet über <http://dnb.d-nb.de> abrufbar.

BÖRSEN MEDIEN
AKTIENGESELLSCHAFT

Postfach 1449 • 95305 Kulmbach
Tel: +49 9221 9051-0 • Fax: +49 9221 9051-4444
E-Mail: buecher@boersenmedien.de
www.boersenbuchverlag.de
www.facebook.com/boersenbuchverlag

Inhaltsverzeichnis

Zur 4., erweiterten Auflage

Seit Erscheinen der 3. Auflage dieses Buches am 1. Juli 2014 hat sich in Sachen Crowdinvesting vieles entwickelt und verändert. Einen wesentlichen Einfluss hatte das Mitte 2015 verabschiedete Kleinanlegerschutzgesetz. Rechtliche Strukturierungen und Geschäftsmodelle der das Crowdinvesting organisierenden Internetplattformen gerieten in Bewegung. Neue Crowdinvesting-Plattformen kamen hinzu und andere gaben auf. Außerdem liegen inzwischen vermehrt wissenschaftliche Ergebnisse und empirische Befunde vor, die beispielsweise aus Investoren-Befragungen stammen. Es ist schon fast fahrlässig von mir, erst jetzt eine neue Auflage herauszubringen! Manche Entwicklungen verliefen so, wie ich es erwartet hatte, andere wiederum nicht. Neue Erkenntnisse, neue Marktgegebenheiten und die eine oder andere Überraschung warten darauf, auf Papier gebannt zu werden. Woher stammt dies alles? Lektüre und Reflexion? Auch, aber das sind nicht die Hauptquellen. Vielmehr kommt nunmehr die Betrachtung des Themas direkt aus meiner Praxis heraus hinzu, und dies aus drei unterschiedlichen Perspektiven: aus Sicht von Unternehmen, die ein Crowdinvesting eingingen beziehungsweise sich im Bewerbungsprozess befanden; aus der Blickrichtung eines Investors, der sich über Crowdinvesting an einer ganzen Reihe von Unternehmen beteiligt hat; und schließlich vom Standpunkt einer Crowdinvesting-Plattform aus, die ich im Jahr 2015 gegründet habe.

Welche meiner Erfahrungen stehen nun genau hinter den drei Sichtweisen?

1. Ein aktives Unterstützen von Start-up-Unternehmen, die ein Crowdinvesting anstrebten oder umsetzten. Inzwischen konnte ich eine Reihe von Unternehmen auf dem Weg in das Crowdinvesting begleiten.

2. Hinzu kommt natürlich meine Beteiligung als Investor an Start-up-Unternehmen, die durch ein Crowdinvesting finanziert wurden. Es sind 27 Beteiligungen, verteilt über sechs Internetplattformen, die ein Crowdinvesting ermöglichen.
3. Und: Basierend auf meinen umfangreichen Erfahrungen mit dem Thema habe ich eine eigene Crowdinvesting-Plattform aufgebaut, die am 20. Oktober 2015 mit einem ersten Projekt startete und auf den Namen Geldwerk1 hört. Natürlich berichte ich hier aus erster Hand von meinen Gründungserfahrungen sowie von den Einsichten aus dem laufenden Plattformbetrieb.

Gegenüber der 3. Auflage gibt es sehr viele zusätzliche Informationen, die nun vorliegen. Ein Update ist also unausweichlich, sogar geboten. In den zurückliegenden drei Jahren nahm der Crowdinvesting-Markt international eine höchst dynamische Entwicklung, gleichwohl in Deutschland nicht mit der Geschwindigkeit, die ich prognostiziert hatte. Im Laufe der letzten fünf Jahre versuchten mehr als 40 Internetplattformen, in Deutschland ein Crowdinvesting anzubieten, wovon mehr als die Hälfte ihren Betrieb mangels Perspektive einstellte oder mit anderen Plattformen fusionierte. Sicherlich hatten es sich viele der Plattformbetreiber bedeutend leichter vorgestellt, im Markt Fuß fassen zu können. Es ist jedoch bei Weitem nicht damit getan, eine Website zu programmieren oder programmieren zu lassen und (ein wenig) Social-Media-Marketing zu betreiben. Ein erfolgreicher Markteinstieg ist ziemlich schwierig und wahrscheinlich gibt es in Deutschland bis heute immer noch keine Crowdinvesting-Plattform, die profitabel ist. In einer keineswegs hürdenfreien Ausgangslage sorgte das im Jahr 2015 in Kraft getretene Kleinanlegerschutzgesetz dafür, dass sich vermehrt Crowdinvesting-Plattformen zurückzogen beziehungsweise zurückziehen mussten, sodass es aktuell rund 20 aktive Plattformen in Deutschland gibt, die sich auf Start-ups und Wachstumsunternehmen sowie auf Immobilien und ökologische Projekte (Energie) stützen. Wenn man das Crowdinvesting für Start-ups betrachtet, bestimmen derzeit zwei Plattformen den hiesigen Markt, nämlich Companisto und Seedmatch, die gemeinsam mehr als 70 Prozent des Fundingvolumens auf sich vereinigen.

Den Plattformen gelang es allerdings noch bei Weitem nicht, die enormen Potenziale des deutschen Kapitalmarkts zu heben. In Großbritannien geht es bedeutend schneller vorwärts. Die führende britische Plattform Crowdcube stellt für sich allein den gesamten deutschen Markt deutlich in den Schatten. Wo bleibt Deutschland?

Vor diesem Hintergrund war es für mich nahezu unumgänglich, eine eigene Plattform mit dem Ziel aufzubauen, den Markt schneller voranzubringen. Wo stehe ich damit? Wir starteten mit wenig Kapital und entsprechend langsam schritten wir zunächst voran. Vielleicht schaffen wir 2017 ja den Durchbruch.

Ein Verlangsamer für das hiesige Crowdinvesting ist die (beileibe nicht immer sinnvolle) konservative Haltung vieler deutscher Anleger. Der deutsche Durchschnittsanleger ist vorsichtig und abwartend, besser gesagt: ängstlich. Er neigt dazu, Chancen liegen zu lassen, um Risiken nach Möglichkeit komplett auszuschließen. Dabei verkennt er, dass es nicht nur ein Verlustrisiko, sondern auch ein Risiko des „Verpassens von Chancen" gibt. Letztendlich zählt das Chance-Risiko-Verhältnis und nicht einseitig die Risikovermeidung. Vor diesem Hintergrund hat es eine gewisse Logik, dass sich hierzulande das Crowdinvesting für Immobilien in der letzten Zeit dynamischer entwickelt hat als das für Start-up-Unternehmen.

Und: Die Online-Affinität von Anlegern, gerade auch von denen, die größere Beträge beisteuern, ist bislang noch weit geringer, als viele – besonders auch aus der Crowdinvesting-Szene – dies vermutet hatten. Geldanlagen und Investments laufen immer noch schwerpunktmäßig über klassische Kanäle und nur ganz allmählich ändert sich das. Hier schlummern noch enorme Potenziale.

Seit Erscheinen der dritten Auflage dieses Buches hat sich vieles konkretisiert, der Blick auf das Thema wird klarer, die Gründe für die jeweiligen Entwicklungen werden deutlicher.

Was vorab außerdem noch zu berichten ist: Die Presse mag das Crowdinvesting, und das nicht ohne Grund: Lässt sich doch ein recht frisches und unverbrauchtes Thema präsentieren, das noch echten Neuigkeitswert hat, über möglicherweise immense Perspektiven verfügt und sich mit ganz spannenden und innovativen Geschäftsmodellen darbieten lässt. Natürlich gibt das Thema auch einem kritischen Journalismus Raum. Was will man mehr?

Vorwort

Wir nehmen selten wahr, dass wir uns inmitten revolutionärer Entwicklungen befinden, wenn sich Rahmenbedingungen grundlegend wandeln. Die Welt scheint sich nur ganz langsam zu verändern, nach und nach, bis wir später im Rückblick merken, welchen enormen Ausschlag der Wandel hatte, der sich in einer überschaubaren Zeitspanne ereignete und unser Leben nachhaltig beeinflusst.

Es ist gegenwärtig der Finanzsektor, der einen Umbruch durchmacht. Mit Zeitverzögerung wirkt das Internetzeitalter nun auch auf diesen Bereich nachhaltig ein. Ständig kommen neue Finanzdienstleistungs-Anbieter auf, die oft auch als Fintech-Unternehmen bezeichnet werden. Über 300 davon gibt es hierzulande inzwischen. Diese punkten mit neuen kundenorientierten Leistungen, einer klaren und einfachen Darstellung ihrer Produkte, mit einem leichten und „barrierefreien" Zugang, mit Offenheit und Transparenz, mit schneller und effizienter Abwicklung und günstigen Preisen – ganz anders, als wir es von Banken kennen, in Teilen zumindest. Ein wichtiger Baustein in dieser Entwicklung ist das noch neuartige Crowdinvesting.

> *„Du entdeckst im Internet ein Projekt, bist von der Idee begeistert und kannst dich an dem Unternehmen sofort und auf völlig unkomplizierte Weise finanziell beteiligen, dies auf Wunsch schon mit geringen Geldbeträgen. Welche Zeiten!"*

Der grundlegende Mechanismus eines Crowdinvestings funktioniert so:

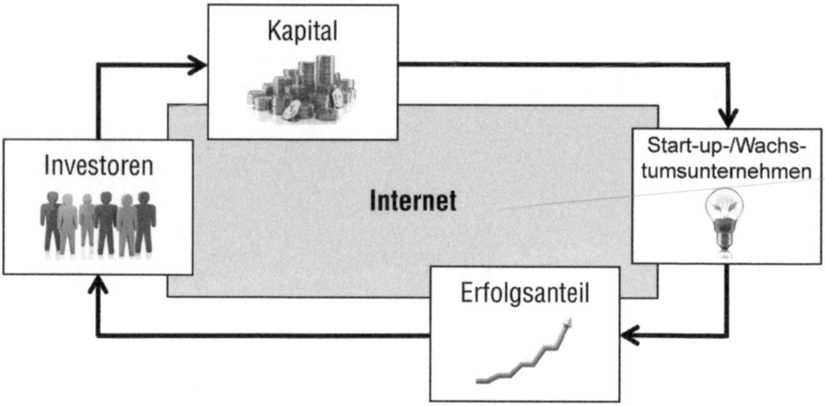

Abb. 1: Grundmechanismus eines Crowdinvestings

Über eine Internetplattform oder über eine eigene Projektwebsite wird Geld für zumeist innovative junge Unternehmen (Start-ups) eingesammelt. Aber auch andere Unternehmen beziehungsweise Projekte eigenen sich für ein Crowdinvesting, zum Beispiel bereits etablierte Unternehmen mit einer Wachstumsidee oder auch Immobilienprojekte. Die Geldgeber (Crowdinvestoren oder Mikroinvestoren genannt) erhalten im Gegenzug eine Festverzinsung und/oder einen Erfolgsanteil an den von ihnen ausgewählten Unternehmen oder Immobilien, was allerdings nicht bedeutet, dass der Investor tatsächlich auch am Vermögen des jeweiligen Unternehmens beteiligt wird.

> *„Hätte ich mich seinerzeit an der Gründung von Microsoft, Facebook und an wem nicht allem beteiligen sollen! Jetzt ist es viel zu spät, um an den ganz großen Wertzuwächsen teilzuhaben. Ich brauche ganz neue Microsofts und Facebooks und muss von Beginn an dabei sein! Auch wenn das eine oder andere Projekt scheitert, ich will dem Glück zumindest eine Chance geben.“*

So oder so ähnlich wird vermutlich jemand denken, der ein typischer Crowdinvestor ist. Doch stimmt das überhaupt? Wie dem auch sei: Es sind keine großen Geldbeträge nötig, keine persönlichen Kontakte, keine komplizierten Formalitäten. Crowdinvesting ist etwas für (fast) jedermann. Bislang sind die typischen Crowdinvestoren in der Mehrzahl aber immer noch finanzerfahrene Personen. Das Thema Crowdinvesting ist noch nicht wirklich in der Mitte der Gesellschaft angekommen, zumindest in Deutschland nicht. Können per Crowdinvesting erlangte Erfolgsbeteiligungen vielleicht sogar zu einer Art Volksaktie werden? Wir werden sehen. Übrigens: Wer Fachbegriffe nachlesen möchte, dem sei das auf den Seiten 316 bis 319 dieses Buches befindliche Glossar nahegelegt.

Das Thema Crowdinvesting, manchmal auch als „Investment Crowdfunding“ oder „Equity(-based) Crowdfunding“ bezeichnet, gilt zurzeit als der Megatrend im Hinblick auf die Finanzierung junger innovativer Unternehmen. Die aus meiner Sicht enorme Zukunftsfähigkeit des Crowdinvestings war und ist Grund genug für mich, dieses Thema sorgfältig zu recherchieren, zu durchdenken und im Rahmen dieses Buches ausführlich zu beschreiben. Wenngleich auch die internationale Entwicklung des Crowdinvestings Gegenstand meines Buches ist, so liegt der Schwerpunkt hier auf den deutschen Gegebenheiten und Marktentwicklungen.

Nachdem die Literatur zum Crowdinvesting in den ersten drei Jahren nach dem Aufkommen dieser Thematik noch äußerst karg gesät war, wendete sich das Blatt ab dem Jahr 2015. Das 2012 erstmalig erschienene und jetzt bereits in vierter Auflage vorliegende Buch „Crowdinvesting – Die Investition der Vielen“ war das erste umfassende Werk zum Thema Crowdinvesting und konnte Standards setzen. Mein Ziel war es seinerzeit, ganz frühzeitig, allumspannend und profund über dieses Gebiet zu informieren, die Entwicklung zeitnah zu begleiten und diese sogar aktiv mitzugestalten. Nun gilt es, neue Erkenntnisse zu vermitteln und die Weiterentwicklung positiv mitzuprägen.

Dieses Buch basiert auf einem breiten eigenen Erfahrungsschatz in der Unternehmenspraxis, umfangreichen Recherchen im Internet, dem Durcharbeiten von Büchern, Buchbeiträgen und Artikeln in Fachzeitschriften, dem Lesen von Gesetzestexten sowie der Diskussion mit anderen am Thema Interessierten und selbstverständlich mit Playern aus der Crowdinvesting-Szene. Durch die Gründung und das Betreiben einer eigenen Crowdinvesting-Plattform hat sich mein Wissen nicht ganz unbeträchtlich erweitert und vertieft. Heraus kam ein (so hoffe ich) verständlich geschriebenes und sehr praxisbezogenes Buch mit wissenschaftlicher Fundierung, soweit Letzteres möglich war und sinnvoll erschien. Anders als in den ersten drei

Auflagen, die über weite Strecken auf eigenen Überlegungen und manchmal auf intuitiven Einschätzungen beruhten, liegen nun deutlich mehr konkrete Erfahrungen und statistische Daten vor.

Ziel dieses Buches ist es, umfassend, interessant, fundiert und doch für (fast) jedermann lesbar und verständlich zu sein. Es soll außerdem neue Ideen und Ansichten zum Thema beisteuern. Damit können sicherlich Ansatzpunkte für vertiefende Untersuchungen geliefert werden, die manches bestätigen, vielleicht aber auch das eine oder andere in diesem Buch Geschriebene widerlegen.

Erst während ich dieses Buch verfasste, wurde mir wirklich klar, wie revolutionär das Crowdinvesting tatsächlich ist und wie schwierig es sich gestaltet, diese neue Finanzierungsform in klassische Denkmuster einzuordnen. Sorry, wenn zwischendurch meine Begeisterung für dieses neue Instrument durchbricht und dadurch möglicherweise ein klein wenig die Objektivität gelitten zu haben scheint. Das war nicht gewollt. Und: Manchmal finden sich sogar etwas überspitzte Formulierungen, zum Beispiel wenn es um die Stellung von Banken geht.

Viel Spaß beim Lesen!

1. KAPITEL

EINLEITUNG

Viele höchst interessante und Erfolg versprechende unternehmerische Ideen werden nicht umgesetzt, weil die Finanzierung nicht steht. Nicht wenige glauben: Wenn eine Idee zündend ist, dann finden sich schon Kapitalgeber für ihre Umsetzung. Dem ist viel zu häufig allerdings nicht so. Die Gründer selbst und ihr privates Umfeld können oftmals nicht genug finanzielle Mittel aufbringen. Aufgrund ihrer hohen Risikoaversion tragen Banken zur Finanzierung junger innovativer Unternehmen wenig beziehungsweise nichts bei. Manchmal gelingt es den Gründern, Risikokapital von vermögenden Privatpersonen (Business Angels) oder von Venture-Capital-Gesellschaften einzuwerben. Auf diesem Wege stoßen die potenziellen Gründer zumeist aber auch wiederum auf ängstliche und vorsichtige Investoren, die äußerst selektiv vorgehen und sich zudem vor allem auf größere Projekte konzentrieren. Gerade kleinere Gründungsvorhaben fallen daher oftmals durch das Raster des Kapitalmarkts. Im Bewusstsein dieser Schwierigkeiten stellt die öffentliche Hand Fördermittel für die Gründung innovativer Unternehmen zur Verfügung, jedoch trifft auch dies auf Hürden, die viele Gründer nicht überwinden. Was bleibt, ist eine beträchtliche Finanzierungslücke für innovative Unternehmensgründungen (Start-ups).

Ein Crowdinvesting erscheint durchaus geeignet, entsprechende Lücken in der Finanzierung nennenswert zu reduzieren, und kann damit gleichsam eine wichtige volkswirtschaftliche Rolle übernehmen. Und: Zunehmend fragen inzwischen auch etablierte Unternehmen, die eine Wachstumsidee haben, ein

Crowdinvesting nach. Das mag für viele überraschend klingen, da etablierten Unternehmen nachgesagt wird, dass sie über hinreichend gute Finanzierungsmöglichkeiten (unter anderem über Banken) verfügen. Das Crowdinvesting bietet also womöglich etwas, das andere Finanzierungsarten nicht mitbringen.

Crowdinvesting ist tatsächlich eine neu- und andersartige Finanzierungsform, bei der Investoren über das Internet für die Finanzierung von vorwiegend jungen innovativen Unternehmen sorgen, zunehmend aber auch für schon länger am Markt befindliche Unternehmen und für Immobilien. Die Investoren können sich teilweise bereits mit relativ geringen Geldbeträgen engagieren (manchmal schon ab fünf Euro). Entsprechend viele Geldgeber werden beim Crowdinvesting fast immer benötigt, damit der erforderliche Finanzierungsbetrag zusammenkommt. Über das Internet ist eine effiziente und kostengünstige vertragliche und organisatorische Abwicklung möglich, sodass es nicht allzu viel ausmacht, viele kleine Investoren zu haben. Ganz so klein müssen die Investoren aber nicht sein, denn für Privatpersonen sind Engagements bis 10.000 Euro je Projekt möglich, für Kapitalgesellschaften sogar deutlich mehr. Bevor es die Möglichkeit gab, Unternehmensfinanzierungen breitflächig über das Internet zu verwirklichen, waren die Transaktionskosten für das Einsammeln kleiner Beträge von vielen Investoren zu hoch, um ein Crowdfunding oder -investing lohnenswert erscheinen zu lassen. Erst das Internet machte es möglich, die Transaktionskosten signifikant zu senken und damit günstige Voraussetzungen für Unternehmensfinanzierungen zu schaffen, die über eine Vielzahl von Einzelbeträgen laufen.[1] Das Crowdinvesting ist allerdings noch mit einem weiteren attraktiven Vorteil verbunden, nämlich dem begleitenden Marketingeffekt für die präsentierten Unternehmen. Es schafft (positive) Aufmerksamkeit, also genau das, was viele Unternehmen anstreben, um von potenziellen Kunden wahrgenommen zu werden.

Das Crowdinvesting ist eine spezielle Form des weiter gefassten Begriffs „Crowdfunding“. Beim Crowdfunding, auch als Schwarmfinanzierung bezeichnet, finanzieren viele Geldgeber gemeinsam ein Projekt, wobei dies zum Beispiel eine Musikproduktion sein kann, ein Film, ein Computerspiel oder eine Erfindung. Das weltweit bislang größte Crowdfunding-Projekt ist „Star Citizen“.[2] Dabei handelt es sich um ein Online-Spiel, das auf einer

1 Vgl. Bradford, C.S. (2012), S. 5.

2 Das Blockchain-Projekt „The Dao“ kann ebenfalls als Crowdfunding bezeichnet werden und läge mit 160 Millionen hereingeholten US-Dollar noch vor Star Citizen.

extrem aufwendigen Weltraum-Simulation fußt. Über die Website des Projektträgers Roberts Space Industries kamen bislang mehr als 1,7 Millionen Geldgeber zusammen und über das Crowdfunding-Portal Kickstarter zusätzlich circa 34.400, die in Summe über 143 Millionen US-Dollar für dieses Projekt beisteuerten.[3] Welch eine Dimension für ein einziges Projekt! Das in Deutschland bis dato bekannteste Crowdfunding-Projekt ist der Kinofilm „Stromberg“, für den mehr als 3.000 Investoren gemeinsam über eine Million Euro aufbrachten. Der Film wurde im Jahr 2013 gedreht und kam Anfang 2014 in die Kinos. Das bisher größte Crowdfunding in Deutschland kam allerdings für das Projekt Weissenhaus zusammen, ein 5-Sterne-Luxus-Resort, für das die Crowdinvestoren – organisiert über die Plattform Companisto – in Summe 7,5 Millionen Euro einsetzten und das eines der bislang größten Crowdinvestings weltweit ist (Stand: Ende 2016).

Bei einem Crowdfunding füllen die Geldgeber das jeweilige Projekt entweder schenkungsweise mit finanziellen Mitteln auf oder sie erhalten dafür eine wie auch immer geartete Gegenleistung. So werden sie etwa im Abspann des Filmes aufgeführt, den sie gesponsert haben; sie erhalten eine CD des unterstützten Musikprojekts; sie werden mit verschiedensten anderen Dankeschöns beglückt; sie erhalten einfach das von ihnen vorfinanzierte Produkt oder sie bekommen eine finanzielle Erfolgsbeteiligung am Projekt beziehungsweise am Projektunternehmen. Die „Belohnungen“ für die Geldgeber sind extrem variantenreich und werden natürlich vorher bekannt gegeben. Wird den zahlreichen Investoren, die im Allgemeinen über das Internet auf das Projekt stoßen, eine monetäre (Erfolgs-)Beteiligung an dem Projekt eingeräumt, dann handelt es sich um ein Crowdinvesting. Der Begriff wird später noch präziser beschrieben.

Ein Crowdinvesting können die Projektinitiatoren entweder selbst über eine von ihnen eigens dafür eingerichtete Website organisieren oder sie bedienen sich einer Crowdinvesting-Plattform. Ein selbst organisiertes Crowdinvesting ist allerdings nicht ganz unproblematisch, da es sich hierbei letztlich um ein öffentliches Angebot handelt, das gesetzlichen Anforderungen unterliegt, die deutlich strenger sind als bei einem „herkömmlichen“ Crowdfunding. Die Einhaltung der gesetzlichen Vorgaben wird eine kostenintensive Rechtsberatung und einiges an Programmierarbeit mit sich bringen. Einfacher und

3 Vgl. zu den aktuellen Zahlen https://robertsspaceindustries.com/funding-goals sowie www.kickstarter.com/projects/cig/star-citizen (Zugriff jeweils am 10.1.2017).

schneller ist es, sich einer Crowdinvesting-Plattform zu bedienen, die für die Einhaltung der rechtlichen Vorgaben sorgt und dem Unternehmen, das eine Finanzierung sucht, Probleme ersparen kann.

Es gibt Plattformen, die sich ausschließlich auf das Crowdinvesting konzentrieren, und solche, die das Crowdinvesting als eine von verschiedenen Leistungen anbieten. Letzteres ist zum Beispiel dann der Fall, wenn eine klassische Crowdfunding-Plattform neben ihrem bisherigen Angebot auch ein Crowdinvesting in ihr Programm aufnimmt, was allerdings eher selten ist. Zumeist bieten die Plattformen nur das eine (Crowdfunding) oder das andere (Crowdinvesting) an. Das liegt an den nicht unerheblich divergierenden rechtlichen Rahmenbedingungen für diese beiden Formen der Schwarmfinanzierung.

Das Crowdinvesting ist ohne Umweg für jedermann leicht zugänglich, der über einen Internetzugang verfügt. Teils ist eine Erfolgsbeteiligung an Unternehmen schon mit sehr geringen Beträgen möglich, die vereinzelt sogar schon im einstelligen Euro-Bereich beginnen. In gewisser Weise ähnelt das Crowdinvesting einer Anlage in Aktien, aber tatsächlich eben nur in gewisser Weise. Aktien haben zum Beispiel die Eigenschaft, dass ihre Herausgabe an ein breites Publikum (über die Börse) an deutlich umfangreichere (und kostenintensive) Sorgfalts- und Informationspflichten des Emittenten gebunden ist als bei einem typischen Crowdinvesting. Der Gang an die Börse dient außerdem – völlig anders als das Crowdinvesting – nur in den seltensten Fällen der Finanzierung junger innovativer Unternehmen.

Kaum ein Zweifel: Das Crowdinvesting weist ein enormes Zukunftspotenzial auf. Diese Einschätzung fußt auf drei Erkenntnissen: Erstens lässt sich dadurch die bereits angesprochene, nicht unerhebliche Finanzierungslücke für innovative Unternehmer verringern und wird daher zahlreiche potenzielle Gründer sehr interessieren, die sich um Kapital bewerben. Zweitens treffen die potenziellen Kapitalgeber, also die Anleger, auf eine Vielzahl höchst interessanter Projekte, an denen sie sich beteiligen können, anders als etwa bei Aktien, die im Regelfall nur zu sehr großen Unternehmen mit eher „langweiligen" Geschäften angeboten werden. Drittens ist das System recht einfach und unkompliziert zugänglich, dies teils sogar mit äußerst geringem Geldeinsatz. Es eignet sich deshalb für eine breite Masse an Personen, die nahezu barrierefrei (mit einigermaßen wenigen Klicks und Eingaben) Zugang zu spannenden Investments finden können. Seit Inkrafttreten des Kleinanlegerschutzgesetzes

Mitte 2015 sind für ein Crowdinvesting allerdings noch einige Klicks und Eingaben mehr nötig als zuvor.

Das künftige Schicksal des Crowdinvestings wird durch einige Dinge nachhaltig beeinflusst, von denen es abhängt, inwieweit sich das enorme Potenzial des Crowdinvestings tatsächlich realisiert. So ist zunächst das Risiko des Scheiterns von Projekten und damit verbunden des gesamten oder teilweisen Verlustes des Kapitaleinsatzes als höher einzustufen als bei einem Investment in Aktien. Weisen zu viele Projekte eine geringe Qualität auf und gibt es übermäßig viele Nachrichten über gescheiterte Projektverläufe, dann wird der Ruf des Crowdinvestings darunter leiden und seine weitere Entwicklung gehemmt. Es wird hierbei ganz wesentlich darauf ankommen, dass die Crowdinvesting-Plattformen ihrer Aufgabe als „Gatekeeper", also als filternde und vorauswählende Instanz im Hinblick auf Start-ups und andere Unternehmen, sorgfältig nachkommen. Plattformen, die regelmäßig Projekte präsentieren, die nichts taugen, schaden der Sache.

Im Hinblick auf die Auswahl müssen Kompetenz und Wille bei den Crowdinvesting-Plattformen vorhanden sein, die richtigen Projekte zu finden und nur diese für die Anleger freizuschalten. Natürlich sollten die Plattformen in der Lage sein, unseriöse Projekte so weit wie möglich zu identifizieren und diese wegzulassen. Ein frühzeitiges Entdecken unseriöser Projekte wird aber niemals lückenlos möglich sein. Wie im übrigen Wirtschaftsleben wird es auch hier manchmal sehr geschickte Betrüger geben, die sich nicht freiwillig als solche zu erkennen geben und deren Absichten im Vorhinein nicht bemerkt werden. Mit einer besonderen Anfälligkeit gegenüber betrügerischen Machenschaften ist beim Crowdinvesting nicht zu rechnen, zumal es in dieser Hinsicht – angesichts der inzwischen hohen Projektanzahl – bislang verschwindend wenige Problemfälle gab.

Schwieriger wird es allerdings sein, die Geschäftsverläufe junger innovativer Unternehmen vorherzusehen. Innovativ sein bedeutet ja, etwas Neues zu tun. Je neuer etwas ist, umso weniger kann auf Erfahrungen aus der Vergangenheit und auf bekannte Zusammenhänge zurückgegriffen werden, die eine halbwegs zuverlässige Prognose ermöglichen. Ist den Plattformen überhaupt eine Überprüfung und Auswahl der Projekte abzuverlangen? Soll nicht die Crowd komplett selbst entscheiden? Was müssten, sollten oder könnten die Crowdinvesting-Plattformen hinsichtlich der Projektüberprüfung denn genau leisten? Verlangt die gebotene oder gewünschte Sorgfalt vielleicht zu viel Energie von den Plattformen und wird somit zu teuer? All dies läuft auf eine zentrale Frage hinaus: Wie können die Plattformen der von ihnen erwarteten Gatekeeper-Funktion optimal nachkommen?

Probleme können nicht nur bei den Projekten selbst und ihrer Einschätzung durch die Plattformen beziehungsweise durch die Crowdinvestoren liegen. Denkbar ist natürlich auch, dass einzelne Crowdinvesting-Plattformen Seriosität und/oder Kompetenz vermissen lassen könnten. Wie lässt sich so etwas erkennen beziehungsweise vermeiden?

Bislang lief es ausgesprochen gut im Crowdinvesting (Stand: Anfang 2017). Unseriöse Plattformen sind noch nicht in Sicht. „Halbseriöse“ Projekte gab es zumindest aus meiner Sicht bereits, wenngleich in so geringer Anzahl, dass es nicht nötig erscheint, Alarm zu schlagen. Über vielleicht rein juristisch betrachtet nicht als unseriös zu wertende Projekte, mir aber aus „moralischer“ Sicht als schlecht erscheinende Projekte werde ich berichten, aber auch über aus verschiedenen Gründen schlichtweg „unerfreuliche“ Projekte. Keine Sorge: Es wird selbstverständlich auch auf die bisherigen Erfolgsgeschichten eingegangen.

Nach ersten Einblicken in Risiken, die mit dem Crowdinvesting einhergehen und dämpfend auf dessen weitere Entwicklung wirken können, blicken wir nun schon kurz auf Dinge, die die Entwicklung des Crowdinvestings begünstigen könnten.

Ein besseres Grundwissen in der Bevölkerung über Anlagestrategien würde dem Crowdinvesting tendenziell in die Hände spielen. Informationsdefizite über bestimmte Anlageformen führen dazu, dass die Anleger sie tendenziell meiden. O. K., manche laufen auch einfach der Herde hinterher, ohne zu wissen, wie ihre Anlage funktioniert und wie deren Chance-Risiko-Verhältnis ist. Was wäre hinsichtlich des Crowdinvestings zu wissen oder zu tun? Zunächst: Totalverluste lassen sich vermeiden, wenn die Risiken gestreut werden und nicht nur auf ein oder ganz wenige Projekte gesetzt wird. Da das Crowdinvesting chancen- und risikobehaftet ist, wäre es sinnvoll, nicht gleich alles oder nicht einmal den Großteil des eigenen Vermögens über Crowdinvesting anzulegen. Risikostreuung ist das Zauberwort. Das wird später ausführlicher beschrieben.

Und weiter: An das Zur-Verfügung-Stellen von Kapital durch den Investor lassen sich die verschiedensten Rechte und Pflichten knüpfen. Das sehr hohe Maß an Disponierbarkeit birgt ein gewisses Risiko, nämlich dass der unerfahrene Investor im Dschungel der vertraglichen Vereinbarungen untergeht und zum Beispiel trotz eines sich blendend entwickelnden Start-up-Unternehmens nur vergleichsweise mäßig profitiert. Nicht in jedem Fall werden die Konditionen fair für die Anleger sein. Gibt es besonders vertrauenswürdige Crowdinvesting-Plattformen, bei denen auch weniger versierte Anleger bestens aufgehoben sind? Ja.

Die Finanzierung über ein Crowdinvesting lässt sich in Deutschland nur bis zu einem vom Publikum gemeinsam aufgebrachten Maximalbetrag in Höhe von 100.000 Euro je Projekt einigermaßen störungsfrei organisieren oder wenn maximal 20 Investoren dabei sind. Werden beide Grenzen überschritten, so hält das Vermögensanlagengesetz (VermAnlG) Regulierungen bereit, die das Geldeinsammeln erschweren können, nämlich dann, wenn eine Prospektpflicht für das Start-up-Unternehmen erwächst, deren Erfüllung teuer ist. Es gab und gibt eine wesentliche Ausnahme! Partiarische Nachrangdarlehen fielen bis Mitte 2015 durch das Raster der strengen Kapitalmarktaufsicht, da sie weder den Hürden des Kreditrechts noch den Einschränkungen des VermAnlG unterlagen. Das partiarische Nachrangdarlehen befand sich im Niemandsland, was für das Crowdinvesting – also für Gründer, Plattformen und Investoren – ein echter Glücksfall war. Nur durch eine Gesetzeslücke konnte also hierzulande ein Ausbremsen volkswirtschaftlich wichtiger Entwicklungen vermieden werden, die ein ausgedehntes Crowdinvesting zu erzeugen in der Lage sind. Am 10. Juli 2015 trat dann das Kleinanlegerschutzgesetz in Kraft und schränkt seitdem das Crowdinvesting stärker ein als zuvor. Für partiarische Darlehen und für Nachrangdarlehen wurde allerdings vom Gesetzgeber ganz bewusst weiterhin eine gewisse Lücke offen gelassen, um das ihm nützlich erscheinende Crowdinvesting nicht abzuwürgen. Die Lücke erweist sich aus heutiger Sicht allerdings als unnötig klein und grenzt einige durchaus sehr sinnvolle und anlegerfreundliche Wege aus, die für das Crowdinvesting hätten zusätzlich geöffnet werden sollen; so die Auffassung der weitaus meisten im Thema stehenden Fachleute.

In den USA spielte das Crowdinvesting bis vor Kurzem noch eine stark untergeordnete Rolle. Wie kann so etwas in einem, wenn es um wirtschaftliche Belange geht, als fortschrittlich geltenden Land sein? Bis Mitte Mai 2016 war das Crowdinvesting in den USA aufgrund erheblicher gesetzlicher Restriktionen so gut wie ausgeschlossen. Im Grunde konnten in den Staaten bis dahin anlegerseitig nur Millionäre an einem Crowdinvesting teilnehmen. Die missliche Situation in den USA hat sich spät geändert, sehr spät, zumal die zugrunde liegende Gesetzesinitiative, der sogenannte JOBS Act, bereits ab Mitte 2014 anwendbar und das bisherige Problem beseitigt beziehungsweise zumindest reduziert sein sollte. Die Mühlen der Bürokratie mahlen dort manchmal eben noch viel langsamer als bei uns, wenn es um die Inkraftsetzung von Gesetzen geht. Nachdem dies mit zweijähriger Verzögerung gelang, ist in den USA in Bälde mit einem fulminanten Durchbruch im Hinblick auf das Crowdinvesting zu rechnen, zumal die USA klarer Rekordhalter im Crowdfunding sind. Aber auch in den USA müssen die Anleger sich erst einmal um- und eingewöhnen und werden nicht sofort in ganz großen Mengen auf das Crowdinvesting aufspringen. Dennoch: Ich rechne damit, dass wir von den USA innerhalb von zwei Jahren weit abgehängt werden, was das Crowdinvesting – dort Equity Crowdfunding genannt – betrifft.

Nicht zuletzt durch die grundlegend veränderten rechtlichen Rahmenbedingungen in den USA ist zu erwarten, dass sich der Crowdinvesting-Markt weltweit in den nächsten Jahren höchst dynamisch entwickeln wird. Allerdings ist derzeit China das Land, das die Welt des Crowdfundings und -investings (und dessen enormes Wachstum) vor sich hertreibt.

Neue Crowdinvesting-Plattformen schießen wie Kraut aus dem Boden. Bestimmt nicht wenige von ihnen werden dem Selektionsprozess des Marktes zum Opfer fallen. Zahlreiche Abgänge gab es schon, aber noch viel mehr kam und kommt hinzu. Was heute noch gilt, wird morgen schon Geschichte sein. Die Beschreibung des Crowdinvesting-Marktes – sowie der dort aktiven Plattformen – kann im Rahmen dieses Buches natürlich nur eine Momentaufnahme sein, denn die Veränderungen gehen rasend schnell vonstatten. Was jedoch ohne Zweifel bleibt, sind die in diesem Buch geschilderten grundlegenden Wirkungszusammenhänge eines Crowdinvestings und die hohe Wahrscheinlichkeit, dass die Unternehmensfinanzierung nicht nur in der Gründungsphase von Unternehmen durch das Crowdinvesting massiv beeinflusst wird.

2. KAPITEL

Grundlagen des Crowdfundings und des Crowdinvestings

2.1 Funktionsweise des Crowdinvestings

Idealtypisch läuft ein Crowdinvesting in folgenden Schritten ab:

1. Schritt
Gründer oder auch etablierte Unternehmen mit einer Wachstumsidee und die Crowdinvesting-Plattform treten in Kontakt miteinander. Das Unternehmen wird von der Crowdinvesting-Plattform auf seine Eignung hin geprüft.

2. Schritt
Das ein Funding anstrebende Unternehmen stellt aussagekräftige Unterlagen über sein Projekt zur Verfügung (Business-Plan) sowie in der Regel ein Video über das Vorhaben.

3. Schritt
Die Projektunterlagen werden vom Betreiber der Crowdinvesting-Plattform gecheckt. Sind die Unterlagen in Ordnung, werden die konkreten Bedingungen festgelegt und die erforderlichen individualisierten Vertragsunterlagen (auf Basis vorbereiteter Musterverträge) erstellt.

4. Schritt
Das Projekt wird auf der Website der Plattform präsentiert und die potenziellen Anleger können nun investieren. Das Funding wird zumeist von einer (intensiven) Kampagne begleitet.

5. Schritt
Das Unternehmen erhält den Finanzierungsbetrag und baut sein Geschäft auf oder aus. Der Investor erhält turnusmäßig Informationen über den Geschäftsverlauf, seine gegebenenfalls vereinbarte Festverzinsung und, wenn das Projekt erfolgreich ist, bekommt er seinen zuvor vertraglich festgelegten Erfolgsanteil.

Abb. 2: Idealtypische Schritte eines Crowdinvestings

Zu Schritt 1: Unternehmen melden sich bei der jeweiligen Plattform oder sie werden von dieser gefunden und angesprochen. Die an einem Funding interessierten Unternehmen bekommen auf unterschiedlichsten Wegen Wind vom Crowdinvesting und von den durchführenden Plattformen: aus der Presse, auf Start-up- oder anderen Veranstaltungen, aus dem eigenen Umfeld beziehungsweise Netzwerk und so weiter. Die Plattformen verfügen über die gleichen Wege. Der Kontakt entsteht dann per E-Mail, telefonisch oder per Direktansprache zum Beispiel auf Veranstaltungen. Auf der Website der jeweiligen Crowdinvesting-Plattform findet sich im Regelfall eine Rubrik, in der kapitalsuchende Unternehmer aufgefordert werden, Kontakt mit der Plattform aufzunehmen und bestimmte Informationen, Unterlagen und Nachweise an den Plattformbetreiber weiterzureichen. Zur Erinnerung: Es muss sich nicht unbedingt um Gründer handeln, die sich melden, denn auch bereits etablierte Unternehmen und Immobilienprojektierer können sich per Crowdinvesting finanzieren.

Nach dem Erstkontakt beginnt in der Regel eine Vorauswahl durch die Plattform, die anhand eines durch den jeweiligen Plattformbetreiber organisierten Prozederes erfolgt. Die Portale erwarten in diesem Stadium mindestens eine Kurzbeschreibung des Vorhabens (zum Beispiel anhand eines Pitch Decks) oder einen verkürzten Businessplan. Nicht selten trifft schon ein komplettierter Businessplan bei den Plattformen ein. Darauf basierend wird von den Crowdinvesting-Plattformen normalerweise „das Gröbste" recht schnell herausgefiltert und es werden Absagen erteilt. Sofern die Anfragenden die Schnellauswahl überstehen, geht es üblicherweise in die Tiefe.

Auf Basis der erhaltenen Informationen und Unterlagen, ergänzt durch persönliche Gespräche, wird der Portalbetreiber ihm geeignet erscheinende Projekte auswählen. Auswahlkriterien, Vorgehensweisen und Intensitäten der Selektionsverfahren unterscheiden sich von Portal zu Portal. Vor allem unterscheiden sich die Crowdinvesting-Plattformen auch durch die vorhandenen eigenen Auswahlkompetenzen. Wenn die dazu erforderlichen Qualifikationen beim Plattformbetreiber fehlen, dann sollte der Investor vorsichtiger sein.

Das Portal Companisto gibt an, nur knapp ein Prozent der Bewerbungen positiv zu bescheiden und entsprechend wenige sich beworben habende Projekte auf seiner Plattform-Website für ein Funding freizuschalten. Der Auswahlprozess wird von Companisto so beschrieben:[4]

4 Vgl. www.companisto.com/de/how-it-works (Zugriff 22.1.2017). Bitte an dieser Stelle so weit herunterscrollen, bis eine bunte Grafik mit der Überschrift „Wie erfolgt die Auswahl der Start-ups und Wachstumsunternehmen?" erscheint.

Bewerbungen (100 %)	Unternehmen bewerben sich bei Companisto für ein Crowdinvesting
Anforderung von Unterlagen (25 %)	Companisto macht ein erstes Screening und fordert von interessanten Unternehmen Unterlagen an
Persönliches Screening (10 %)	Companisto trifft das Gründerteam für einen persönlichen Eindruck
Vertragsverhandlungen (5 %)	Companisto verhandelt attraktive Investitionskonditionen
Crowdinvesting (1 %)	Das Unternehmen wird zum Crowdinvesting auf Companisto zugelassen

Ganz ähnlich wird es bei anderen Plattformen ablaufen, wenngleich bei den kleineren Plattformen ein höherer Prozentsatz an Start-ups durchkommen wird. Aufgrund ihrer geringeren Bekanntheit landen bei kleineren Portalen weitgehend nur diejenigen Projektinitiatoren, die sorgfältig recherchiert haben und daher häufig das gesamte Plattformspektrum inklusive der „Randplattformen" kennen. Die kleineren Plattformen haben daher vermutlich deutlich weniger als die Großen damit zu kämpfen, eine Unmenge an „Schrottbewerbungen" herauszufiltern. Aus eigener Erfahrung kann ich davon berichten, dass wir aus einem relativ guten Bewerberfundus schöpfen können. Darunter befinden sich auch Projekte, die bei den großen Plattformen abgewiesen wurden, was nicht unbedingt ein Qualitätsmangel sein muss. Große Plattformen lehnen Projekte zum Beispiel nicht selten allein deshalb ab, weil ihnen deren gewünschtes Fundingvolumen zu gering erscheint. In die Größenvorstellung kleinerer Portale können sie jedoch durchaus passen.

Noch etwas zum Auswahlprozess und zur nachfolgenden Kommunikation mit den Projektunternehmen: Bezogen auf unsere Crowdinvesting-Plattform Geldwerk1 lässt sich berichten, dass es vor dem Funding-Start bislang im Durchschnitt fünf bis sechs persönliche Treffen mit den letztendlich präsentierten Unternehmen gab. Das liegt nach meiner Einschätzung eher im oberen Intensitätsbereich der Plattformen und kann auf Dauer nur durchgehalten werden, wenn das Plattformpersonal aufgestockt wird, die Projektanzahl gering bleibt und/oder die Projekte aus der Region stammen und die Fahrstrecken nicht zu lang sind. Aus Plattformsicht ist es immer auch eine Frage der Kosten, die durch eine intensive und persönliche Kommunikation entstehen. Die Offline-Wege sind in aller Regel kostenintensiver als eine Online-Kommunikation.

Die Plattformen müssen mit ihren Energien haushalten und auf ihre Kosten achten, wenn sie profitabel sein wollen. Andererseits ist ein intensiver persönlicher Kontakt und Eindruck besonders auch für den auf das Start-up-Team bezogenen Filterprozess bedeutend, vorausgesetzt, die Kontaktpersonen der Plattformen verfügen über eine gute Menschenkenntnis.

Welche Vor- und Nachteile hat es für ein Bewerberunternehmen, eine große oder eine kleine Crowdinvesting-Plattform einzuschalten? Bei den kleinen Plattformen ist zumeist mit (teils erheblich) geringeren Gebühren und sonstigen Kosten zu rechnen, denn die kleinen Portale verfügen über keine so starke Verhandlungsposition gegenüber den Bewerbern wie die Großen. Im Gegenzug haben die großen Plattformen eine wesentlich größere Reichweite (unter anderem auch in der Crowdinvesting-Szene) sowie umfangreiche Investorenverteiler, womit die Wahrscheinlichkeit höher ist, hohe Fundingbeträge einsammeln zu können; ebenso wird der begleitende Werbeeffekt zumeist ausgeprägter sein. Allerdings gelingt es auch den weniger im Mittelpunkt stehenden Plattformen durchaus, ihre Projekte gut durchzufinanzieren und in den Medien ordentlich „Alarm zu machen". Das hängt vor allem von den Strategien zur Investorengewinnung und von den jeweiligen Medienkontakten sowie vom individuellen Geschick der Plattformen ab, die Projekte richtig zu platzieren.

Zu Schritt 2: In Schritt 2 wird entschieden, welche Informationen über das Projekt auf die Plattform gestellt und damit für eine breite Öffentlichkeit einsehbar werden. Dabei müssen etwaige Geheimhaltungsbedürfnisse der Gründer beachtet werden, denn: Manchmal ist eine Idee schon dann fast wertlos, wenn sie vorzeitig veröffentlicht wird, andere diese ohne Weiteres aufgreifen und schnell selbst umsetzen können. Wird deshalb oder aus anderen Gründen von den Kapitalsuchenden viel Geheimniskrämerei betrieben, dann wird es kaum möglich sein, genug Interessenten zu finden, die Kapital beisteuern. Andererseits ist es auch nicht sinnvoll, die potenziellen Anleger mit Informationen zu überfrachten. Diese möchten sich in aller Regel in angemessener Zeit einen Eindruck über das Projekt verschaffen. Oftmals eignen sich zu Präsentationszwecken ein kurzer Imagefilm sowie ein pointierter und dennoch informativer und vollständiger Businessplan. Der Businessplan sollte spezifisch auf das Crowdinvesting ausgerichtet sein. Er enthält dann typischerweise auch Hinweise über die geplante Verwendung der Mittel, die aus dem Crowdinvesting kommen sollen. Ein professionell erstelltes Video über das Vorhaben wird den kapitalsuchenden Unternehmen im Regelfall ebenfalls abverlangt. Die Plattformen werden sich zumeist vorbehalten, Unterlagen oder Videos, die keine hinreichende Qualität aufweisen, nicht zu akzeptieren und Nacharbeiten verlangen. Nicht selten leisten die Crowdinvesting-Plattformen auf Wunsch auch Hilfestellung, dies je nach Intensität der Arbeit und nach der Verhandlungsposition gegen eine (manchmal nicht ganz unbeträchtliche) zusätzliche Bezahlung.

Zu Schritt 3: Hier wird im Allgemeinen eine Bandbreite für die Crowdfinanzierung festgelegt, die einen Mindestbetrag (= Funding-Schwelle) und einen Maximalbetrag (= Funding-Limit) für das von der Crowd aufzubringende Gesamtkapital vorgibt. Die Festsetzung der Bandbreite ist allerdings kein Muss. Aufgrund der Prospektpflicht, die bei einem Funding-Volumen von über 100.000 Euro in Deutschland je nach Situation greift, liegt das Funding-Limit, also die Finanzierungsobergrenze, hierzulande manchmal bei exakt diesen 100.000 Euro. Inzwischen nutzt die große Mehrheit der Plattformen jedoch Wege, die 100.000-Euro-Schwelle sanktionslos zu übertreffen. Um einen ersten Eindruck bezogen auf die Höhe der Schwellenwerte zu vermitteln, habe ich 16 im Jahr 2016 beendete Crowdinvesting-Projekte per Zufallsprinzip herausgegriffen. Die Funding-Schwelle, also der zum Wirksamwerden der Finanzierung nötige und von der Crowd beizusteuernde Mindestfinanzierungsbetrag, lag bei diesen 16 Projekten in einer Bandbreite von 30.000 bis 340.000 Euro. Im Durchschnitt belief sich die Funding-Schwelle auf rund 142.000 Euro. Die Funding-Limits von 13 der 16 Projekte lagen in einer Bandbreite von 200.000 bis 600.000 Euro und im Schnitt bei 389.000 Euro. Für drei Projekte wurde von der zugehörigen Plattform keine Obergrenze angegeben.

Über die Schwellenwerte hinaus muss natürlich noch ein Zeitraum festgelegt werden, in dem das Funding möglich ist (Funding-Zeitraum). Bei der Plattform Seedmatch beispielsweise beträgt der standardmäßig angesetzte Zeitraum dafür 60 Tage, bei Companisto acht Wochen und bei Geldwerk1 sind es 40 bis 50 Tage. Nicht selten wird der Funding-Zeitraum noch verlängert.

Zu Schritt 4: Nach Freischaltung des Finanzierungsgesuchs des Start-ups beziehungsweise des etablierten Unternehmens auf der Plattform kann der Geldgeber innerhalb des Funding-Zeitraums in das von ihm ausgewählte

Projekt investieren. Zu diesem Zweck gibt es auf den Websites der Plattformen „Buttons", über deren Anklicken der registrierte Nutzer in den Investitionsprozess gelangt und über mehrere Schritte hinweg seine Beteiligungsabsicht verbindlich kundgibt. Der Investor kann dabei nicht versehentlich eine Investition auslösen, denn er wird erst einmal zum Lesen einiger Dokumente und Texte aufgefordert, muss mehrere bestätigende Haken setzen und sogar aktiv einzelne Angaben machen. Beim jeweils ersten Investment auf jeder Plattform ist der Prozess etwas langwieriger, denn es ist doch eine ganze Reihe von Angaben für die Registrierung und den erstmaligen Anlageprozess vonnöten. Beim zweiten Mal wird es dann schon beträchtlich einfacher. Rückfragen gibt es vonseiten der Crowdinvestoren häufiger, wenn die Personalausweis- und die Steuernummer hinterlassen werden sollen. Zur Personalausweisnummer: Um dem Geldwäschegesetz Genüge zu tun, müssen die Crowdinvesting-Plattformen die Möglichkeit haben, die Identität des Investors zu überprüfen, was von der Eröffnung eines Online-Kontos oder eines -Depots her manchem schon bekannt sein wird. Das dient übrigens dem Schutz des Anlegers, denn es wird dadurch wesentlich schwieriger für einen (böswilligen) Fremden, im Namen eines anderen zu investieren. Natürlich gibt es auch andere Identifizierungsmöglichkeiten, zum Beispiel das Postident-Verfahren, die allerdings im Regelfall aufwendiger sind. Die Steuernummer ist im Zusammenhang mit den später möglichen Erträgen unabdingbar und diese müssen die Plattformen schon frühzeitig von den Investoren einfordern.

Das Geld des Investors fließt übrigens weder an die Crowdinvesting-Plattform noch direkt an das zu fundende Unternehmen.[5] Es gelangt zunächst auf ein Treuhandkonto (oder sollte es zumindest), das von einem dafür zugelassenen Dritten geführt wird, zum Beispiel von der Secupay AG, die unter anderem solche speziell auf Crowdfundings und Crowdinvestings ausgerichteten Dienstleistungen erbringt.

Zurück zu den Schwellenwerten: Falls das Funding-Limit (die Obergrenze) vor Ablauf der Finanzierungsfrist erreicht wird, es aber weitere Interessenten gibt, die sich beteiligen wollen, muss eine Auswahl erfolgen. In diesem Falle kann nicht jeder Interessent zum Zuge kommen, der an dem Projekt teilhaben möchte. Wer von den Kapitalgebern letztlich das Rennen

5 Eine Ausnahme bildet hier die Plattform Deutsche Mikroinvest.

macht, wird fast immer nach dem sogenannten Windhundverfahren entschieden, das heißt, wer zuerst kommt, der ist dabei. Erwähnt sei erneut, dass das Investment (im Regelfall) nur dann zustande kommt, wenn die von den Crowdinvestoren gemeinsam aufgebrachte Finanzierung die Funding-Schwelle erreicht. Die Treuhänderin sorgt anschließend dafür, dass das eingesammelte Geld gemäß der vorgegebenen Regel verteilt wird. Sie behält ihre eigene Gebühr ein, überweist die Provision an die Crowdinvesting-Plattform und den verbleibenden Betrag an das zu finanzierende Unternehmen. Wird die Funding-Schwelle (die Untergrenze) nicht erreicht, so sorgt die Treuhänderin dafür, dass die Kapitalgeber ihr Geld vollumfänglich zurückerhalten. Die an dieser Stelle entstandenen Kosten (für Überweisungen) bleiben üblicherweise bei dem (nicht erfolgreich gefundeten) Unternehmen hängen. Ein Verfehlen der Funding-Schwelle löst also für den Investor keinerlei finanziellen Verlust aus. Sein Geld wurde lediglich für eine Weile (unverzinst) geparkt.

Noch dies: Nicht selten wird die Funding-Schwelle noch während des Funding-Prozesses hochgesetzt. Das passiert häufig, wenn die erste Schwelle sehr schnell erreicht wird. Und: Es ist nicht zwingend, dass eine Funding-Schwelle gesetzt wird. So verzichtet die Plattform Deutsche Mikroinvest in der Regel auf eine Funding-Schwelle, was allerdings im Markt als Ausnahmefall anzusehen ist.

Die das Crowdinvesting üblicherweise begleitende Kampagne ist für nicht wenige Start-ups ein wichtiger Grund, ein Crowdinvesting einzugehen. Selbst dann, wenn das Funding erfolglos war, weil die Funding-Schwelle nicht erreicht wurde, konnte gegebenenfalls eine Steigerung der Bekanntheit erreicht werden. Allein dafür kann sich die Crowdinvesting-Aktion schon gelohnt haben. Ein Beispiel dazu aus dem Crowdfunding: Das über die Plattform Startnext versuchsweise „crowdgefundete“ Projekt „Knüppelknifte“ erreichte ganze zwölf Prozent des gewünschten Fundingbetrags und wurde erfolglos beendet. Die sich um das Crowdfunding rankende Aufmerksamkeit half „Knüppelknifte“ jedoch dabei, bekannter zu werden. So konnten die Macher des Projekts beispielsweise in der WDR-Sendung *Lokalzeit* (zum Thema Crowdfunding) über ihr Unternehmen berichten.

Ob und mit welcher Intensität die begleitenden Kampagnen laufen beziehungsweise erfolgreich sind, ist höchst unterschiedlich. Auf den Punkt gebracht: Mir sind mit dem Marketingeffekt des Crowdinvestings superzufriedene, jedoch auch höchst enttäuschte Unternehmen bekannt. Es hängt immer davon ab, wie stark die Crowdinvesting-Plattformen medienmäßig sind und inwieweit die Start-ups die Situation selbst nutzen können, um für sich zu trommeln. Das Crowdinvesting kann ein sehr guter Aufhänger sein, um in die Medien zu gelangen. Dazu muss das Start-up aber auch selbst beitragen. Einfaches Abwarten, was denn so passieren mag, nachdem das Projekt auf die Crowdinvesting-Plattform gestellt wurde, reicht nicht. Nur wenn die Medienarbeit und die Intensität von der Plattform *und* von dem zu fundenden Unternehmen kommen, wird ein Schuh daraus.

Zu Schritt 5: Wenn das Funding erfolgreich verlaufen ist, starten die dem per Crowdinvesting finanzierten Unternehmen vertraglich zugewiesenen Berichtspflichten. Zumeist bestehen sie darin, dass den Investoren Quartalsberichte verfügbar gemacht werden müssen, die allerdings bei Weitem nicht den Umfang eines Jahresabschlusses aufzuweisen haben. Oft reichen schon zwei oder drei Seiten, auf denen die aktuelle Entwicklung des Unternehmens beschrieben wird und einige Infos zur finanziellen Lage gegeben werden, wobei in aller Regel eine Kurzform der Gewinn- und Verlustrechnung ausreicht, und gegebenenfalls eine Aussage zur Liquiditätslage. Zu berichten ist üblicherweise auch dann, wenn es wichtige Ereignisse gab (Pflicht zu Ad-hoc-Mitteilungen). Wann, worüber und in welcher Tiefe zu berichten ist, wird in den Beteiligungsverträgen festgelegt. Der Investor hat somit einen rechtlich verbürgten Anspruch auf die jeweiligen Informationen.

Die Crowdinvesting-Plattform Companisto schreibt zu den Berichtspflichten für ihre Projekte:[6]

> *„(...) erhalten sie auch Einsicht in die veröffentlichten Jahresabschlüsse des Start-ups. Ferner berichten die Start-ups quartalsweise in sogenannten Investoren-Updates über ihren Geschäftsverlauf.“*

> *„(...) Start-ups, die nach dem 01.08.2014 ein Crowdinvesting auf Companisto begonnen haben, sind verpflichtet, im Investoren-Update auf folgende Punkte einzugehen:*

6 Siehe in der Rubrik „Häufig gestellte Fragen“ auf der Website von Companisto unter: www.companisto.com/de/FAQ (Zugriff 12.9.2016).

- *Umsatz des letzten abgelaufenen Quartals*
- *Rohertrag*
- *EBIT*
- *Ausführungen zur Liquidität*
- *strategische Ausrichtung & Produkt*
- *Marketing & Vertrieb*
- *Personal und Presse"*

Die Plattform Seedmatch gibt Folgendes bekannt:[7]

> *„Ihre Informationsrechte sind jedoch vertraglich genau definiert: Das Start-up muss Ihnen jeweils zum 30. der Monate Januar, April, Juli und Oktober einen Quartalsbericht und darüber hinaus den Jahresbericht über den Investor-Relations-Kanal, den jedes Start-up auf Seedmatch besitzt, zur Verfügung stellen."*

In dieser oder ähnlicher Form wird die laufende Information auch bei anderen Portalen organisiert. Zu diesem Zweck müssen die Unternehmer natürlich die erforderlichen Informationen liefern. Nicht immer erfüllen die gefundeten Unternehmen ihre Berichtspflichten. Manchmal kommt gar nichts und nicht selten kommen Berichte verspätet. Allerdings achten die Crowdinvesting-Plattformen inzwischen vermehrt darauf, dass die Unternehmen ihren Berichtspflichten pünktlich nachkommen, und haben inzwischen deutlich bessere Mittel und Wege gefunden, dies auch durchzusetzen.

Weiter zu Schritt 5: Der Investor kann den ihm zustehenden Erfolgsbeitrag beziehungsweise die Verzinsung beanspruchen, wenn dafür die Voraussetzungen vorliegen. Der Erfolgsbeitrag kann etwa in einer Beteiligung am Jahresergebnis des Unternehmens liegen und/oder in der Beteiligung an der Wertsteigerung, die bis zum Ausstieg des Investors nach einer bestimmten Mindestlaufzeit erreicht wurde. Oftmals gibt es auch eine feste Mindestverzinsung, die von den gefundeten Unternehmen unabhängig vom jeweiligen Erfolg an die Investoren zu entrichten ist. Das Thema Erfolgsbeitrag ist recht komplex, weshalb ihm später zwei komplette Abschnitte gewidmet werden.

---

7 Siehe bei „Häufig gestellte Fragen von Investoren" auf der Website von Seedmatch unter: www.seedmatch.de/faq (Zugriff: 12.9.2016).

2.2 Begriffliche Einordnung des Crowdinvestings

Der Terminus „Crowdinvesting" ist nicht ohne Weiteres trennscharf abzugrenzen. Deshalb wird die begriffliche Seite hier ausführlicher diskutiert, was zudem den Vorteil hat, ganz nebenbei einige interessante Einsichten in das Thema liefern zu können. Klöhn/Hornuf definieren Crowdinvesting wie folgt:[8]

> *„Hierbei handelt es sich um eine Form von Crowdfunding, bei dem Emittenten Eigenkapital oder hybride Finanzierungsinstrumente über das Internet an Kleinanleger ausgeben."*

Diese Begriffsbestimmung ist durchaus treffend gewählt, jedoch in dieser Form wahrscheinlich nur Eingeweihten leicht verständlich. Ich hole daher etwas weiter aus.

Um dem Begriff „Crowdinvesting" näher zu kommen, greife ich zunächst auf die zwei darin enthaltenen begrifflichen Komponenten zurück. Der englischsprachige Terminus „crowd" lässt sich unter anderem mit „Menge", „Ansammlung" oder „Menschenmasse" übersetzen. Der Begriffsbestandteil „investing" ist auf das Verb „to invest" zurückzuführen und bedeutet (welche Überraschung!) „investieren" beziehungsweise „anlegen". Der Begriff Crowdinvesting drückt also vordergründig zunächst aus, dass es sich um eine größere Menge an Personen handelt, die investiert. Mit Crowdinvesting ist aber noch mehr gemeint als dies. Um dem genauen Begriffsinhalt auf die Spur zu kommen, sei auf die „historischen" Wurzeln des Begriffs zurückgegangen.

Ausgangspunkt ist zunächst der Begriff des Crowdsourcings, der erstmals im Jahr 2006 in öffentlichen Medien auftauchte.[9] Beim Crowdsourcing handelt es sich um jedwede Form „des Auslagerns von Wissensgenerierung und Problemlösung"[10] an eine Masse von Personen (nachfolgend auch: „die Crowd"), was sich besonders gut über das Internet realisieren lässt. Manchmal sind es außenstehende Experten und oftmals auch interessierte Laien, die einem Unternehmen beim Crowdsourcing ihr (Fach-)Wissen via Internet zur

8 Vgl. dazu etwa Klöhn, L./Hornuf, L. (2012), S. 239.
9 Vgl. Howe, J. (2006), S. 1.
10 Gassmann, O. (2010), S. 14.

Verfügung stellen und dafür im Gegenzug meist eine wie auch immer geartete Belohnung erhalten. Hierbei wird auch von Schwarmauslagerung gesprochen. Unternehmen können anhand eines Crowdsourcings bestimmte Aufgaben an eine breite Masse von (fremden) Personen auslagern. Grundgedanke ist dabei folgender: Fachleute in Unternehmen sind teuer und bleiben zudem manchmal in ihrem eigenen spezialisierten Erfahrungshorizont stecken. Sie sind daher nicht unbedingt immer in der Lage, bestmögliche Lösungen zu finden. Mit der systematischen Einbindung einer größeren Menge von Personen in ein Projekt kann die Wahrscheinlichkeit erhöht werden, kostengünstig eine optimale Lösung zu finden. Natürlich eignet sich nicht jede Art von Projekt für eine Auslagerung der Problemlösung an eine breite Masse. Wenn zum Beispiel die Geheimhaltung des Projekts sehr wichtig ist, dann ist ein Crowdsourcing in der Regel nicht geeignet.

Außerdem wäre es nicht zielführend, Projekte über ein Crowdsourcing bearbeiten zu lassen, wenn die Lösung ein sehr hohes Fachwissen voraussetzt und es somit keinen Sinn macht, sich an eine große Masse von Personen zu richten. Die Quote nutzloser Antworten wäre wahrscheinlich viel zu hoch und das Herausfiltern passender Lösungen zu aufwendig. Ein Crowdsourcing eignet sich besonders zur Generierung von Ideen und begrenzt komplexen Lösungen, weniger oder gar nicht jedoch zur Lösung hochkomplexer Sachverhalte. Für sehr komplexe Dinge, die nicht im eigenen Hause bearbeitet werden können oder sollen, wäre dann eher ein Outsourcing an professionelle Fachleute sinnvoll. Beim – manchmal unliebsamen – Outsourcing handelt es sich um die Auslagerung von Aufgaben an Drittunternehmen, also nicht an eine (unbekannte) Masse.

Die Überlegung, die Generierung von Wissen und Problemlösungen an einen breiten außenstehenden Personenkreis auszulagern, existiert natürlich schon länger und entstand nicht erst, als der Begriff „Crowdsourcing" aufkam. So wurden einem Crowdsourcing entsprechende Konzeptionen beispielsweise im Jahr 2003 unter der Bezeichnung „Open Innovation" beschrieben.[11]

Das Crowdsourcing stand Pate für den nur ganz geringfügig jüngeren Begriff des Crowdfundings, der ebenfalls im Jahr 2006 in Umlauf geriet, dies im Zusammenhang mit den ersten über das Internet erfolgreich finanzierten Projekten von Künstlern über die Plattform SellaBand. Das Crowdfunding

11 Vgl. etwa Chesbrough, H.W. (2003), S. XXIV.

greift zunächst den Grundgedanken des Crowdsourcings auf, nutzt die Crowd allerdings nicht dazu, Informationen, Wissen oder Lösungen beizusteuern, sondern um stattdessen finanzielle Mittel für Projekte zu beschaffen.

Inzwischen konnten sich für die Finanzierungsaktivitäten der Crowd mehrere verschiedene Oberbegriffe etablieren, die das Gleiche meinen: Crowdfinanzierung, Crowdfinance, Crowdfinancing sowie Crowdfunding, die sich wie in nachfolgender Abbildung 3 gezeigt aufschlüsseln. Hierbei fällt auf, dass der Begriff „Crowdfunding" doppelt auftaucht, und das in zwei sich eigentlich gegenseitig ausschließenden Abgrenzungsformen: einerseits als Oberbegriff und andererseits als ein darunter befindlicher Unterbegriff. Wie geht das zusammen? Ja, es existieren in der Tat zwei unterschiedliche Begriffsverständnisse im Hinblick auf das Crowdfunding, was immer wieder zu Missverständnissen führt! Crowdfunding wird zum einen in dem Sinne verstanden, dass es sich um künstlerische Projekte, Events, kreative Produktideen und Ähnliches handelt, die finanziert werden (= Crowdfunding im engeren Sinne [i.e.S.]). Zum anderen wird Crowdfunding auch umfassender verstanden, indem auch die Beteiligung an ganzen Unternehmen sowie gegebenenfalls sogar die Speisung von Krediten durch Private (Anleger) mit erfasst werden (= Crowdfunding im weiteren Sinne [i.w.S]). Crowdfunding i.w.S. umfasst also sämtliche Finanzierungen, die über die Crowd erfolgen.

Beim Crowdinvesting handelt es sich in nachfolgend dargelegter Weise um eine Teilmenge der Oberbegriffe Crowdfinanzierungen beziehungsweise Crowdfunding (i.w.S.), unterteilt in vier Kategorien. Vorab aber die Frage, warum eine solche Unterscheidung in vier Unterkategorien überhaupt notwendig erscheint. Es gibt zwei Gründe: erstens die schnellere Verständigung, nämlich damit sofort klar wird, in welchem speziellen Themengebiet aus den Crowdfinanzierungen man sich gerade befindet. Zweitens bewegen sich diese vier Kategorien in unterschiedlichen Rechtsrahmen, die teils sogar sehr weit auseinander liegen. Das spendenbasierte Crowdfunding wird durch das Spendenrecht und durch die Regelungen des Einkommensteuerrechts zur Abzugsfähigkeit von Spenden geprägt. Das belohnungsbasierte Crowdfunding wird primär durch das Kaufrecht beeinflusst, löst jedoch teilweise auch größere umsatzsteuerrechtliche Probleme aus. Das Crowdinvesting wird im Wesentlichen durch das Vermögensanlagengesetz (VermAnlG) geregelt und das Crowdlending durch das Kreditwesengesetz (KWG). Besonders kompliziert beziehungsweise aufwendig wird es aus rechtlicher

Sicht in den beiden letztgenannten Bereichen, also im Crowdlending und im Crowdinvesting. Hier ist die Einteilung:

Crowdfinanzierungen, Crowdfunding (i.w.S.)			
Crowdfunding (i.e.S.)		Crowdinvesting	Crowdlending
spenden-basiert donation based Crowdfunding	belohnungs-basiert reward based Crowdfunding	auf Mezzanine- und Eigenkapital basierend equity based Crowdfunding	auf Krediten basierend lending based Crowdfunding

Abb. 3: Übersicht Crowdfinanzierungen

„Donation based" oder *auf Spenden basierend* bedeutet, dass der Geldgeber außer einer wie auch immer gearteten Danksagung keine weitere Gegenleistung erhält. Spendenaufrufe entfalten ihre Wirkung beispielsweise dann, wenn der Kapitalgeber ein Fan von denjenigen ist, die ein Projekt finanziert haben möchten, etwa von Musikern. Diese Art des spendenbasierten Crowdfundings wird auch als Fan-Funding bezeichnet. Dem Spender erscheint es nicht wichtig, eine materielle Gegenleistung zu erhalten. Eine E-Mail mit einer Danksagung mag ihm die Hingabe eines Geldbetrags von vielleicht fünf, zehn oder mehr Euro durchaus wert sein. Das gute Gefühl, (Bedürftigen) helfen zu können, mag ein weiterer Grund dafür sein, Geld für ein Projekt zu geben, ohne einen materiellen Rückfluss erwarten zu dürfen. Damit wird eine zweite Form des spendenbasierten Crowdfundings angesprochen, die sich auf die Unterstützung sozialer oder gemeinnütziger Projekte bezieht (und ganz nebenbei oft auch einkommensteuerlich abgesetzt werden kann).

Bei einem *belohnungsbasierten Crowdfunding* (reward based) erhält der Geldgeber ein „Dankeschön", das über „warme Worte" und das Erzeugen eines guten Gefühls hinausgeht. Auf der Website der Crowdfunding-Plattform Startnext findet sich folgende Beschreibung:

> *„Die Unterstützer bekommen eine Gegenleistung, in der Regel das fertige Produkt wie zum Beispiel das Buch, das Designprodukt, die DVD, das Album oder auch ideelle Gegenleistungen wie den Eintritt zur Premiere oder eine Nennung im Filmabspann."*[12]

12 www.startnext.com/blog/Blog-Detailseite/b/Crowdfunding-Die-12-haeufigsten-Fragen-von-Journa-921 (Zugriff: 3.10.2016).

Der Fantasie sind im Hinblick auf das, was bei einem belohnungsbasierten Crowdfunding als Gegenleistung angeboten wird beziehungsweise werden kann, nur wenige Grenzen gesetzt. Für manche wird es ein Anreiz sein, Geld für ein Projekt zu geben, um daraufhin an einer exklusiven Veranstaltung teilnehmen zu dürfen, zum Beispiel einer Film- oder Konzertpremiere, die mit dem Projekt verbunden ist. Andere werden wiederum stolz darauf sein, das mithilfe ihres Fundings entstandene Produkt, also das fertige Werk, als Erste in der Hand halten zu können. Bei sehr vielen belohnungsbasierten Crowdfundings erhält der Geldgeber später das mithilfe seiner Geldhingabe entstandene Produkt. Es handelt sich dabei oftmals schlichtweg um eine Vorauszahlung für ein Produkt, das erst (viel) später fertig wird beziehungsweise dessen Entstehen nicht selten ungewiss ist. Manchmal schaffen es die Projektträger nicht, das Produkt fertig zu bekommen und zu produzieren. Dann warten die Crowdfunder vergebens auf ihre „Belohnung“. Der häufigste Fall ist aber, dass die Geldgeber das von ihnen vorfinanzierte und dann fertige Produkt nach mehreren (oder vielen) Monaten erhalten. Es lohnt sich, zum Beispiel einmal auf der Website von Startnext zu stöbern, um die ganze Vielfalt belohnungsbasierter Projekte zu entdecken.

Beim fremdkapitalbasierten Crowdfunding, auch *Crowdlending* genannt, handelt es sich um Kredite, die aus der Crowd heraus gespeist werden. Der Geldsuchende unterbreitet ein öffentliches Kreditangebot, das sich in der Regel an jedermann richtet, der volljährig ist. Im Rahmen seines Investments schließt der Geldgeber einen Kreditvertrag mit einer Privatperson oder einem Unternehmen ab, wird also zum Gläubiger, der einen Anspruch auf Verzinsung und auf Rückzahlung seines herausgereichten Kreditanteils hat. Der Zins- und der Rückzahlungsanspruch gelten auch dann, wenn der Kreditnehmer in Zahlungsschwierigkeiten gerät oder das mitfinanzierte Unternehmen Verluste macht. Die weltweit bekannteste und mit ziemlich weitem Abstand größte Crowdlending-Plattform ist Lending Club. Wenn es um soziale Projekte geht, ist das Portal Kiva namhaft. Dort werden Mikrokredite vermittelt, die in soziale Projekte fließen. Die größte deutsche Crowdlending-Plattform heißt auxmoney und konnte vor allem durch ihre Fernsehwerbung bereits recht breitflächig auf sich aufmerksam machen.

Ein *Crowdinvesting* liegt vor, wenn der Investor über das Crowdfunding entweder Anteile an einem Projektunternehmen erhält oder über ein hybrides Finanzierungsinstrument (sogenanntes Mezzanine-Kapital) am Erfolg des

Unternehmens teilnimmt. Die Beteiligung könnte über Aktien oder GmbH-Anteile laufen, die der Investor erhält. GmbH-Anteile scheiden in der gelebten Praxis deshalb aus, weil jeder der vielen Crowdinvestoren in das Handelsregister eingetragen werden müsste und das zu aufwendig und zu teuer wäre. Bei Aktien erfolgt keine Eintragung ins Handelsregister, aber der Herausgeber der Aktien unterliegt einer kostspieligen Prospektpflicht. Hybride Finanzierungen können zum Teil weitaus kostengünstiger umgesetzt werden und prägen daher das Crowdinvesting. Die weitaus meisten Crowdinvesting-Projekte laufen über sogenannte partiarische Nachrangdarlehen, die auf die jeweilige Projektsituation vertraglich möglichst passgenau zugeschnitten werden. Hybride Finanzierungsinstrumente (Mezzanine-Kapital) sind in der breiten Bevölkerung kaum bekannt und lösen daher nicht selten Vorbehalte aus. Die Crowdinvesting-Plattformen werden durch gesetzliche Regelungen jedoch in diese Instrumente gelenkt, obgleich sie keineswegs ideal für ein Crowdinvesting sind. Der Gesetzgeber meinte es zwar gut, hat jedoch – im vermeintlichen Sinne des Anlegerschutzes – Regelungen getroffen, die teils suboptimal sind. Da die Thematik des Mezzanine-Kapitals komplex ist, wird dieses an späterer Stelle separat und eingehender erörtert.

Das Crowdinvesting wird vor allem im nicht deutschsprachigen Raum auch als „Equity based Crowdfunding" oder kürzer „Equity Crowdfunding" bezeichnet. Die Bezeichnung *Equity Crowdfunding* stammt aus den USA und fokussiert sich auf den Begriff Equity = Eigenkapital. Aber: Nicht alles, was aus den USA stammt, passt auch bei uns. Der in Deutschland geprägte Begriff „Crowdinvesting" hat einen eigenständigen Inhalt, der sich an der Praxis orientiert, also an dem, was Internetplattformen wie Seedmatch und Companisto hierzulande machen, und nicht an der formalen und nicht selten „künstlichen" Trennung zwischen Eigen- und Fremdkapital („equity" und „debt capital"). In der Finanzierungspraxis überwiegen zwar lupenreines Eigen- und lupenreines Fremdkapital, das trifft allerdings nicht auf die typischen Finanzierungen zu, die für ein Crowdinvesting genutzt werden. Hier dominieren eindeutig hybride Finanzierungsformen wie stille Beteiligungen, Genussrechte und ganz besonders partiarische Darlehen beziehungsweise Nachrangdarlehen, die irgendwo inmitten eines Kontinuums zwischen den Reinformen Eigenkapital und Fremdkapital wie etwa der Aktie oder dem herkömmlichen Bankkredit liegen. Da es keinen tieferen Sinn ergibt, lediglich die formal als Eigenkapital (equity) eingestuften Projektbeteiligungen zu erfassen, werden hierzulande auch diejenigen Mezzanine-Finanzierungen mit in das Crowdinvesting hineindefiniert, die formal dem Fremdkapital zugerechnet werden. Wenn also von Crowdinvesting die Rede ist, ist Eigenkapital plus Mezzanine-Kapital gemeint, genauso wie die zum Beginn dieses Kapitels dargelegte Definition es sagt. Der angelsächsische Begriff „Equity Crowdfunding“ erfasst sprachlich hingegen nur die eigenkapitalbasierten Crowdfinanzierungen.

Übersicht: Crowdfinanzierungen, Crowdfunding (i.w.S.)			
Crowdfunding (i.e.S.)		**Crowdinvesting**	**Crowdlending**
ideelle Unterstützung auf Spenden abzielend (ohne materielle Gegenleistung)	**Produkt- oder Projektbeteiligung** auf Belohnungen fußend (materielle Gegenleistung manchmal geringer als der hingegebene Geldbetrag)	**Geldanlage** auf erfolgsabhängigen Zahlungen beruhend (meist mit Beteiligung an Ergebnis und Wertsteigerung des Unternehmens)	**Geldanlage** auf Zinszahlungen plus Tilgung basierend
• künstlerische Projekte (Musik, Film, Video) • Events • Produktideen (Produkte, Mode, Spiele) • sonstige (kreative) Projekte		• fast immer Darlehen an Unternehmen inkl. Erfolgsbeteiligung (partiarische Nachrangdarlehen) • selten Beteiligungen an Unternehmen (z. B. Aktien)	• Kredite an Privatpersonen • Kredite an Unternehmer
Plattformen • **Startnext** • **Kickstarter** • VisionBakery • betterplace • Sciencestarter • Krautreporter • ecocrowd • wemakeit • Spieleschmiede • Fairplaid • Musikstarter		**Plattformen** • Seedmatch • Companisto • Innovestment • Bergfürst • FunderNation • Geldwerk1 • aescuvest • Exporo • Mezzany • Zinsland • Zinsbaustein • Econeers • Unternehmerich • Bettervest • iFunded	**Plattformen** • **auxmoney** • smava • Lendico

Abb. 4: Detaildarstellung Crowdfinanzierungen

Nur das tatsächlich auf Eigenkapital basierende Crowdfunding (Equity Crowdfunding) als Crowdinvesting zu bezeichnen würde der gelebten Praxis in Deutschland nicht gerecht. Dann müsste man sich etwa nach betriebswirtschaftlichen oder steuerrechtlichen Abgrenzungskriterien richten, die teils eher „zufällige" Ergebnisse liefern. Vieles spricht dafür, stattdessen die Perspektive zu wechseln und die Sichtweise des Kapitalgebers heranzuziehen, um den Begriff Crowdinvesting mit Inhalt zu füllen. Crowdinvesting ließe sich demnach etwa so beschreiben:

1. Das Finden von vielen Kapitalgebern über das Internet oder über andere Wege, die jeweils Geldbeträge beisteuern,
2. die zusammen der Finanzierung der von den Kapitalgebern ausgewählten Unternehmen dienen,
3. wobei die Kapitalgeber finanzielle Rückflüsse erhalten, die mit Festverzinsungen und/oder Beteiligungen an Ergebnissen und/oder an Wertsteigerungen und/oder mit anderen Formen der Erfolgsbeteiligung verbunden sind,
4. wenn keine Erfolgsbeteiligung vorliegt, muss zumindest ein Darlehen mit qualifiziertem Nachrang gegeben sein.

Das Crowdinvesting umschließt damit neben Finanzierungen, die eindeutig dem Eigenkapital zugerechnet werden, auch bestimmte Fremdkapitalfinanzierungen (vor allem partiarische Darlehen mit qualifiziertem Nachrang). Hier stellt sich aber die Frage, wann es sich noch um ein Crowdinvesting und wann schon um ein Crowdlending handelt, das auf Krediten basiert.

In der vorherigen Auflage dieses Buches knüpfte ich das Crowdinvesting an die Voraussetzung, dass die jeweiligen Darlehen mit einer Erfolgsbeteiligung versehen sein müssen, etwa in Gestalt von partiarischen Darlehen oder Genussrechten. Mindestvoraussetzung ist nun lediglich, dass der Anleger eine gewisse eigenkapitalähnliche Stellung in Bezug auf das zu finanzierende (Jung-)Unternehmen erlangt. Dazu ist jedoch nicht zwingend eine Erfolgsbeteiligung erforderlich. In eine gewisse eigenkapitalähnliche Position gelangt der Geldgeber auch dann schon, wenn sein Darlehen nachrangig ist, er also im Liquidationsfall später bedient wird als alle anderen Fremdgläubiger. Die Herausgabe von Nachrangdarlehen reicht indes schon aus, um ein Crowdinvesting veranstaltet zu haben.

Partiarische Darlehen beinhalten Erfolgs- oder Umsatzbeteiligungen (sonst sind es keine): Im Einzelfall kann es aber schwierig werden zu bestimmen, ab wann es sich denn nun um eine „echte" Erfolgsbeteiligung handelt, die über reine Symbolik hinausgeht. Dazu sei folgendes Beispiel vorgebracht: Vereinbart wird, dass der Kapitalgeber im Rahmen eines Crowdfundings (i.w.S.) ein Darlehen an das Start-up-Unternehmen vergibt, das mit einer hohen Festverzinsung versehen ist, jedoch zusätzlich auch eine ganz geringfügige Erfolgsbeteiligung beinhaltet. Wenn die Erfolgsbeteiligung also existiert, jedoch nur von untergeordneter Bedeutung ist, was dann? Macht nichts, auch eine relativ geringe Erfolgsbeteiligung reicht aus. Wie es aber zu werten ist, wenn die Erfolgsbeteiligung „mikroskopisch klein" – also rein symbolischen Charakters – ist, muss ich hier offen lassen.

Weitere Grenzfälle eines Crowdinvestings: Ein Kapitalvermittler lässt seine bisher auf „klassischem Wege" organisierten Finanzierungsgeschäfte nun über die eigene Website laufen und gewisse Abwicklungsschritte sind für die Kunden jetzt über ebendiese Website möglich. Ist das genug, um von Crowdinvesting sprechen zu können? Entscheidend bleibt, dass die Crowdinvestoren entweder am Eigenkapital des Projektunternehmens beteiligt werden oder zumindest eine eigenkapitalähnliche Stellung erhalten und dies einer größeren Anzahl an Investoren über ein Massenmedium (etwa das Internet) ermöglicht wird. Gleichwohl ist die Website bei Finanzierungsanbietern oftmals nur als reines Informations- beziehungsweise Werbemedium anzusehen. Die Abwicklung der über das Internet angepriesenen Finanzierungsgeschäfte läuft bei vielen klassischen Anbietern eben nicht über ihre Website, sondern auf ganz herkömmlichem Wege. In diesem Falle stellt sich nun die Frage, ob die Durchführung der Transaktion über die Website konstituierend für ein Crowdinvesting sein sollte und wenn ja, ab welcher über das Internet laufenden Abwicklungstiefe.

Außerdem ließe sich behaupten, dass das Internet nur ein (austauschbares) Medium ist, über das sich zwar auf einfachem Wege viele Personen erreichen lassen, allerdings kann so etwas bekanntlich auch über andere Kanäle, zum Beispiel das Fernsehen, gelingen. Hier wäre beispielsweise daran zu denken, das Kapital für interessante Projekte über eine Fernsehshow einzuwerben, vielleicht sogar über eine Sendung wie „Die Höhle der Löwen" bei *VOX*. Die für das Crowdinvesting namensgebende Crowd ließe sich eben auch auf solch eine Art und Weise breitflächig aktivieren. Tatsächlich gibt es so etwas schon. In Kanada wird seit geraumer Zeit eine 30-minütige „crowdfunding reality show" namens „The CrowdFunder Show" im Wochentakt ausgestrahlt, wobei jeweils sechs oder sieben Kreative ihre Ideen präsentieren, um dafür Unterstützer zu gewinnen.[13] Zu finden sind dort sowohl künstlerische und soziale als auch kommerzielle Projekte.

Die Diskussion zeigt, dass es schwierig und im Grenzfall letztlich immer auch etwas willkürlich ist, wo nun genau die Grenze gesetzt wird, wann es sich noch um ein Crowdinvesting handelt und wann nicht mehr. Eine gewisse Unschärfe bleibt.

Der Grenzbereich des Crowdinvestings lässt sich auch anhand des bislang bekanntesten Crowdfunding-Projekts in Deutschland darstellen: anhand des Stromberg-Kinofilms. Die Geldgeber wurden am Erfolg des Films so beteiligt: Als Gegenleistung für die Herausgabe finanzieller Mittel für die Filmproduktion erhielten sie pro verkauftem Kinoticket einen festgelegten Geldbetrag sowie zusätzlich einige weitere Vorteile.[14] Sie finanzierten dabei allerdings kein (Start-up-)Unternehmen, sondern „nur" ein fest definiertes Projekt, nämlich den Kinofilm. Dies erfolgte dergestalt, dass die Investoren mit ihrem eingesetzten Geld einen Teil der Produktionskosten des Films abdeckten. Das Geld wurde also verbraucht und die Investoren erwarben keinen Anspruch auf Rückerhalt des eingezahlten Geldes. Stattdessen hatten sie das Recht, nach bestimmten Kriterien an den Erlösen aus der Kinoauswertung des Films teilzuhaben.

Das Geld der Investoren wurde dabei zunächst auf einem „neutralen" Konto geparkt. In den Bedingungen zum Stromberg-Investment heißt es:[15] „My Major Company hält die investierten Beträge auf nur für dieses Projekt genutzten Konten." Bei My Major Company handelt es sich um eine vom Produzenten des Stromberg-Kinofilms, der BRAINPOOL TV GmbH, beauftragten Gesellschaft, über welche die Zahlungen treuhänderisch abgewickelt wurden und von der das Geld für die Kinoproduktion abgerufen werden konnte. Aus Sicht der Geldgeber lag eine Kostenbeteiligung an der Filmproduktion vor, die mit einer Erfolgsbeteiligung gekoppelt war. Eine solche Art der Finanzierung wird der Kategorie Crowdfunding zugeordnet, fällt allerdings nur recht knapp aus

13 Vgl. www.crowdfundershow.com/ProjectCrowdFund (Zugriff: 3.10.2016).

14 Zu weiteren Details zum Stromberg-Filmprojekt und dessen Finanzierung vgl. Anhang 1.

15 www.myspass.de/myspass/specials/stromberg-kinofilm/fragen-und-antworten/faq/ (Zugriff: 3.10.2016).

dem heraus, was unter Crowdinvesting zu verstehen ist. Grund: Es wird hierbei kein (Start-up-)Unternehmen finanziert, sondern „nur" ein Projekt. Hier handelte es sich deshalb definitionsgemäß nicht um ein Crowdinvesting, weil weder eine Beteiligung am Eigenkapital eines Unternehmens erwuchs noch eine eigenkapitalähnliche Stellung entstand.

Ja, ich denke gerade darüber nach, ob man nicht all jenes als Crowdinvesting bezeichnen sollte, was die Crowd als ihr Investment ansieht. Dann fiele auch Stromberg darunter, denn die Teilhabe an der Kinoauswertung hat durchaus Anlagecharakter, genauso wie die Investition in Kredite bei auxmoney und ähnlichen Plattformen. Es wäre insofern denkbar, all das Crowdinvesting zu nennen, bei dem zu erwarten ist, dass die Investitionsabsicht des Geldgebers im Vordergrund steht.

2.3 Entwicklung von Crowdfunding und Crowdinvesting im Überblick

Als Pionier des Crowdfundings gilt die Plattform ArtistShare, die im Jahr 2000 in den USA gegründet wurde, ohne dass allerdings seinerzeit dafür schon der Begriff Crowdfunding benutzt wurde. Ihr erstes Funding-Projekt startete ArtistShare jedoch erst im Jahre 2003. In Europa war SellaBand (Deutschland) im Jahr 2006 die erste derartige Plattform, die sich allerdings nur auf Musikprojekte richtete. Im Jahr 2010 ging bei uns dann die erste themenunabhängige Crowdfunding-Plattform an den Start: Startnext, unmittelbar gefolgt von MySherpas. Beide Plattformen wurden im September 2010 freigeschaltet (zu neudeutsch: gelauncht). MySherpas hat inzwischen allerdings aufgegeben.

Das Crowdfunding hat international eine sensationelle Entwicklung genommen. Das Funding-Volumen wurde im Jahr 2011 bereits auf fast 1,5 Milliarden US-Dollar beziffert.[16] Für 2012 wurde ein weltweites Volumen in Höhe von 2,7 Milliarden US-Dollar ermittelt, für 2013 von 5,1 Milliarden, für 2014 von 16,2 Milliarden und für 2015 von 34,4 Milliarden.[17] Damit hat

16 Vgl. Massolution (2012), S. 11 f.

17 Vgl. für die Zeit von 2012 bis 2014 „statista" unter: http://de.statista.com/statistik/daten/studie/258199/umfrage/weltweit-durch-crowdfunding-eingesammeltes-kapital/ (Zugriff: 3.10.2016). Für das Jahr 2015 siehe: http://crowdexpert.com/crowdfunding-industry-statistics/ (Zugriff 3.10.2016).

das Crowdfunding ein bedeutendes Volumen erreicht und gilt nunmehr als feste Größe im Bereich der Finanzierung von Projekten. In den Zahlen sind alle drei Formen des Crowdfundings enthalten (Crowdfunding i.e.S., Crowdinvesting und Crowdlending).

Die international bekanntesten Plattformen, die ein Crowdfunding im engeren Sinne anbieten, sind Kickstarter (gegründet 2009) und Indiegogo (gegründet 2008), die beide aus den USA stammen. Der größte Crowdfunding-Markt befindet sich inzwischen aber in China, mit ganz beträchtlichem Abstand gefolgt von Nordamerika (USA plus Kanada) und wiederum mit einigem Abstand dahinter von Europa. Die übrigen Märkte (restliches Asien, Südamerika, Ozeanien und Afrika) spielen eine noch ziemlich untergeordnete Rolle.

Allein die US-amerikanische Plattform Kickstarter konnte seit der Gründung im Jahre 2009 bis Mitte September 2016 knapp 113.000 Projekte erfolgreich über ein Crowdfunding finanzieren und mit fast 11,7 Millionen Geldgebern in Summe circa 2,64 Milliarden US-Dollar einsammeln.[18] Gegen Ende des ersten Quartals des Jahres 2014 übersprang Kickstarter bereits die 1-Milliarde-Dollar-Hürde – kaum fassbar zu diesem Zeitpunkt. Die weltweite Nummer 2 im Crowdfunding ist die Plattform Indiegogo, die allerdings schätzungsweise nur auf 40 Prozent des Volumens kommt, das Kickstarter heute erreicht hat. Die nächstkleineren Portale dürften Crowdfunder, GoFundMe und RocketHub sein.[19] Stopp, es werden höchstwahrscheinlich inzwischen chinesische Plattformen sein, die auf den vorderen Plätzen zu finden sind. Hier fehlen mir allerdings verlässliche Informationen.

Beim Crowdlending werden ganz andere Volumina aufgerufen. Allein die lange Zeit größte Plattform, Lending Club, hat bis heute (am 27.12.2016) nahezu 22,7 Milliarden USD einsammeln können. Weit größer ist inzwischen allerdings die chinesische Crowdlending-Plattform Lufax.

Zurück nach Deutschland: Nach unterschiedlichen Crowdfinanzierungs-Kategorien unterteilt liegen mehrere Studien/Markterhebungen vor, die sich mit den Marktvolumina für 2015 in Deutschland befassten:

---

18 Vgl. www.kickstarter.com/help/stats (Zugriff: 3.10.2016).

19 Vgl. www.statisticbrain.com/crowdfunding-platform-statistics/ (Zugriff: 3.10.2016).

in Millionen Euro	**Alternative Finance Report** Cambridge Centre for Alternative Finance	**Crowd-finanzierung Monitor 2015** Für Gründer	**Crowd-investing Marktreport 2015** crowd-funding.de	**FinTech-Markt in Deutschland** Bundes-ministerium der Finanzen
Spenden-Crowdfunding	10,4	–	–	36,0
Klassisches Crowdfunding	21,1	9,8	–	
Crowdinvesting	31,7	37,3	48,9	47,0
Crowdlending (Privat)	136,0	–	–	189,0
Crowdlending (Business)	48,7	66,8	–	–
Sonstige	0,5	–	–	–
Summe	248,4	–	–	272,0

Abb. 5: Marktvolumina unterschiedlicher Crowdfinanzierungen in Deutschland 2015 aus verschiedenen Erhebungen[20]

Nachstehend findet sich eine Grafik, aus der sich die Marktentwicklung des Crowdfundings in Deutschland ablesen lässt, wobei es sich dabei nur um den Teilbereich „Crowdfunding im engeren Sinne" handelt, also das spenden- und belohnungsbasierte Crowdfunding. Ich habe die Einheit an der linken Achse und auf den Balken weggelassen, damit die Geringfügigkeit nicht so auffällt. O. K., es sei gesagt: Es handelt sich um Millionen Euro. Im Jahr 2015 sind es also knappe zehn Millionen Euro, denen ein weltweites Marktvolumen von rund fünf Milliarden Euro für das Crowdfunding i.e.S. gegenübersteht.[21] Die vergleichsweise geringen Volumina hierzulande zeigen, dass der deutsche Crowdfunding-Markt international sehr weit zurückhängt.

20 www.crowdfunding.de/wp-content/uploads/2016/11/Crowdfunding-Marktdaten-Deutschland-2015.jpg (Zugriff 5.1.2017).

21 Vgl. http://crowdexpert.com/crowdfunding-industry-statistics/ (Zugriff: 3.10.2016).

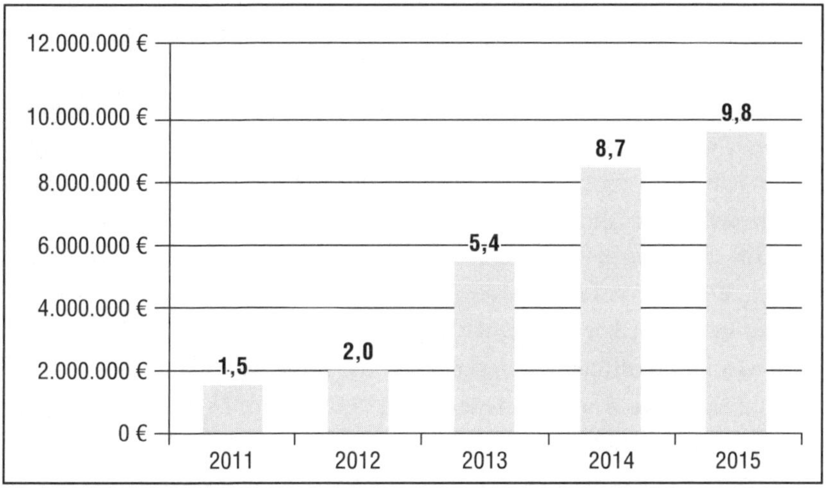

Abb. 6: Über ein Crowdfunding i.e.S. in Deutschland eingesammeltes Kapital[22]

In den ersten neun Monaten des Jahres 2016 waren es deutschlandweit rund sieben Millionen Euro für das Crowdfunding i.e.S. und immerhin circa 102 Millionen Euro für das Crowdfunding im weiteren Sinne, also inklusive des Crowdlendings und des Crowdinvestings. Einzuräumen ist, dass die für Deutschland gültige Statistik nicht vollständig ist, da nicht alle Plattformen erfasst wurden beziehungsweise erfasst werden konnten. Es ist folglich von höheren Volumina auszugehen, wenngleich die Trendaussage erhalten bleibt, dass Deutschland im „klassischen" Crowdfunding bislang noch erhebliche Potenziale liegen gelassen hat. Auf niedrigem Grundniveau weist das Crowdfunding i.e.S. hier jedoch immerhin recht passable Wachstumsraten auf.

Die im Vergleich zu Kickstarter und Indiegogo jüngeren deutschen Crowdfunding-Plattformen kommen bisher in Relation noch mit Klein- beziehungsweise Kleinstvolumina daher. Beispiele für deutschstämmige Crowdfunding-Plattformen sind Startnext und VisionBakery. Inzwischen konnte allein die 2010 gegründete deutsche Crowdfunding-Plattform Startnext 36,7 Millionen Euro (Stand: 26.12.2016) einsammeln, die sich auf

22 Vgl. www.fuer-gruender.de/fileadmin/mediapool/Unsere_Studien/Monitor_Crowdfinanzierung_9_M_2016_Dentons_Fuer-Gruender.de.pdf (Zugriff: 30.1.2017), dem das in 2011 erfolgte und im Crowdfunding-Monitor nicht erfasste Crowdfunding für den Stromberg-Film von mir hinzugefügt wurde, da der Monitor nur die über Crowdfunding-Plattformen durchgeführten Projekte berücksichtigt.

4.325 Projekte verteilen.[23] Startnext ist bei uns mit ganz weitem Abstand Marktführer, im internationalen Vergleich allerdings noch ein Zwerg.

Im Hinblick auf das Crowdfunding (i.e.S.) besteht ein weiteres Erfassungsproblem, was die Genauigkeit der verfügbaren statistischen Daten erheblich beeinträchtigt. Es treten ständig neue Plattformen hinzu, die Crowdfundings verschiedenster Art anbieten. So ermöglicht zum Beispiel die Plattform aurango ein Crowdfunding speziell zugunsten von (Spitzen-)Sportlern. Aufgrund des starken Wandels ist kein Verlass (mehr) darauf, dass alle Spezialgebiete des Crowdfundings in den verfügbaren Statistiken enthalten sind. Ebenfalls schwierig ist es, alle Crowdfunding-Projekte zu verfolgen, die außerhalb der Plattformen laufen. Des Weiteren herrscht nicht überall Transparenz. Nicht jedes Portal gibt das tatsächlich erreichte Funding-Volumen an. Was nicht vorliegt, kann auch nicht erfasst werden. Summa summarum: Es ist insgesamt von höheren Werten auszugehen, als die Statistiken hergeben. So habe ich etwa in Abbildung 6 – über die verfügbaren Statistiken hinaus – für das Jahr 2011 das Stromberg-Crowdfunding hinzugefügt, das über keine der Crowdfunding-Plattformen lief, sondern über eine eigene Website der den Film produzierenden Gesellschaft.

Schwenken wir nun vom Crowdfunding zum Crowdinvesting über. Ende 2009 initiierte die seinerzeit gerade erst zwei Jahre alte britische Brauerei BrewDog ein spektakuläres Crowdinvesting-Projekt in eigener Sache via Internet. Das Projekt wurde bekannt unter dem Namen „Equity for Punks“. BrewDog konnte anhand dieses Projekts mehr als 1.300 Investoren gewinnen und schaffte es auf diese Weise, ein Finanzierungsvolumen in Höhe von rund 2,2 Millionen Britischen Pfund einzuwerben. Die Besonderheit des Projekts war, dass für dieses Crowdinvesting keine fremde Plattform zu Hilfe genommen, sondern eine eigene Website genutzt wurde.

Die weltweit erste freigeschaltete Crowdinvesting-Plattform war vermutlich das US-amerikanische Portal ProFunder, das im Jahr 2009 auf Sendung ging, jedoch 2011 wieder geschlossen werden musste. Die ersten europäischen Plattformen, die ein Crowdinvesting anboten, waren Investiere aus der Schweiz, Crowdcube aus Großbritannien, Wiseed aus Frankreich sowie das niederländische Portal Symbid, die alle 2010 starteten. Eine genauere Beschreibung der als spektakulär zu bezeichnenden Crowdfunding-Projekte findet sich in Anhang 1 dieses Buches.

23 Vgl. https://www.startnext.com/ (Zugriff: 26.12.2016).

Deutlich wird die aktuelle Dynamik im Bereich des Crowdinvestings in Deutschland anhand von zwei Entwicklungen:

Erstens: Ab der zweiten Hälfte des Jahres 2012 begann in Deutschland eine äußerst gründungsintensive Phase im Bereich der Crowdinvesting-Plattformen. Allein im letzten Halbjahr des Jahres 2012 gingen mit Gründerplus (inzwischen geschlossen), Companisto, Deutsche Mikroinvest, bestBC (geschlossen), Bergfürst, Welcome Investment (geschlossen), United Equity (geschlossen), Group Capital (geschlossen), FoundingCrowd (geschlossen) und Fundsters (inaktiv) gleich zehn neue deutsche Plattformen in Betrieb, die Crowdinvesting anbieten beziehungsweise anboten. Im Jahr 2013 folgte dann eine Reihe weiterer Portale. Die obigen Klammerzusätze zeigen bereits, dass das Durchhaltevermögen nicht weniger dieser Plattformen zu wünschen übrig ließ. Trotz der vielen Schließungen: Es wird weiterhin fleißig gegründet, freilich inzwischen mit höherer Professionalität.

Zweitens: Das Crowdinvesting-Volumen nahm ab dem Jahr 2012 bei der ersten und einstmals führenden deutschen Plattform Seedmatch sprunghaft gegenüber dem Vorjahr zu. Seedmatch vermeldete im Mai 2012 zunächst, die Schwelle von einer Million Euro an vermitteltem Beteiligungskapital überschritten zu haben, übersprang dann im Dezember 2013 schon die 10-Millionen-Euro-Marke und liegt heute (am 26.12.2016) bei knappen 30 Millionen Euro. Überholt wurde Seedmatch von der erst später gegründeten deutschen Crowdinvesting-Plattform Companisto, die inzwischen mit einem vermittelten Finanzierungsvolumen in Höhe von fast 36 Millionen Euro (Stand: 26.12.2016) aufwarten kann. Groß auf dem Vormarsch ist das Immobilien-Crowdinvesting, angeführt vom 2016er-Branchenprimus Exporo.

Die bisher größten Projekte, die in Deutschland anhand eines Crowdinvestings finanziert werden konnten, sind Weissenhaus (über die Plattform Companisto) mit 7,5 Millionen Euro, die Immobilie SpreeSide Residenz (FunderNation) mit 3,2 Millionen Euro und Protonet 2 (Seedmatch) mit drei Millionen Euro sowie Urbanara (Bergfürst) mit knappen drei Millionen Euro. Dies sind schon erhebliche Dimensionen, die im Hinblick auf die Finanzierung einzelner Start-ups aus der Crowd heraus erreicht wurden. Eine Datenbank, in der die in Deutschland erfolgreich gefundeten Crowdinvesting-Projekte erfasst wurden und weiterhin werden, findet sich unter: www.crowdinvest.de/datenbank.

Das Kleinanlegerschutzgesetz erschwert es allerdings nunmehr, Fundings oberhalb von 2,5 Millionen Euro anzustreben. Oder anders gesagt, der Gesetzgeber billigt den Beteiligten ab dieser Grenze keine Erleichterungen mehr zu.

Wen Schnelligkeit beeindruckt, der sei zunächst auf das über Seedmatch gelaufene Projekt Bloomy Days aufmerksam gemacht, wobei hier innerhalb von 19 Minuten die Funding-Schwelle und nach 93 Minuten das Funding-Limit erreicht wurden.[24] Bei Refined Investment dauerte es 15 Minuten bis zur Funding-Schwelle und 52 Minuten bis zum oberen Limit.[25] Für Protonet konnte ebenfalls über die Plattform Seedmatch innerhalb von knapp vier Stunden eine Million Euro eingesammelt werden und das Funding für dieses Projekt schloss letztendlich bei drei Millionen Euro.[26]

Die anhand des eingesammelten Kapitals gemessene Entwicklung des Crowdinvestings in Deutschland sieht wie folgt aus:

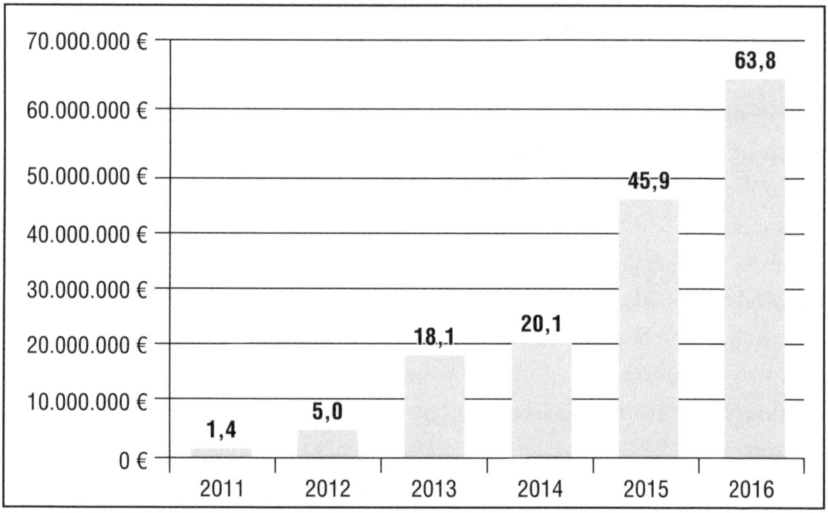

Abb. 7: Über ein Crowdinvesting in Deutschland eingesammeltes Kapital in Millionen Euro[27]

24 Vgl. http://blog.seedmatch.de/2012/07/12/bloomy-days-viele-unserer-crowdinvestoren-haben-uns-ihre-unterstutzung-angeboten/ (Zugriff: 10.10.2016).

25 https://www.seedmatch.de/presse/-8024429705744875784/document/A9R3DB0.pdf (Zugriff: 10.10.2016).

26 Vgl. http://tableofvisions.com/weltrekord-finanzierung-mit-crowdinvesting-protonet/ (Zugriff: 10.10.2016).

27 Vgl. http://www.crowdfunding.de/wp-content/uploads/2017/02/Crowdinvesting-Marktreport-2016-crowdfunding.de_.pdf (Zugriff jeweils 3.2.2017).

Die Marktdaten sind nicht ganz vollständig, da für einige (meist kleinere) Anbieter keine Daten vorliegen. Das Wachstum in den Jahren 2015 und 2016 entfällt im Wesentlichen auf das Immobilien-Crowdinvesting.

Im Vergleich zum Crowdfunding i.e.S. konnte sich das Crowdinvesting folglich in Deutschland deutlich besser entwickeln. Jedoch ist das Crowdlending hierzulande die älteste und die vom Volumen her am stärksten ausgeprägte Art der Crowdfinanzierung.

Trotz seines noch nicht allzu langen Bestehens konnte das Crowdfunding schon einen beträchtlichen Bekanntheitsgrad erreichen. Eine im Jahr 2016 von crowdfunding.de durchgeführte Befragung kam zu dem Ergebnis, dass 65,1 Prozent der Probanden schon vom Crowdfunding gehört haben, 31,8 Prozent gaben an zu wissen, worum es sich beim Crowdfunding handelt, und immerhin 9,0 Prozent teilten mit, sich schon einmal bei einem Crowdfunding-Projekt finanziell engagiert zu haben (bezieht sich auf ein Crowdfunding im weitesten Sinne).[28] 1,9 Prozent der Befragten gaben im Rahmen dieser Erhebung an, bereits an einem Crowdinvesting-Projekt teilgenommen zu haben. Ein weiteres interessantes Resultat ebendieser Befragung ist: Ab etwa einem Alter von 40 Jahren nimmt der Anteil der sich finanziell per Crowdfunding i.w.S. schon engagiert habenden Personen rapide ab, um sich dann in den nächsthöheren Altersklassen schrittweise der Nulllinie anzunähern. Zudem hat der Bildungsstand einen nicht ganz unerheblichen Einfluss auf das Eingehen eines finanziellen Engagements per Crowdfunding.

Dies war nur ein erster Einstieg in die Entwicklung des Crowdfundings und des Crowdinvestings, wobei es für das Crowdfunding bei diesen Informationen bleiben soll. Deutlich vertieft wird hingegen an späterer Stelle (in Kapitel 9) die Marktentwicklung des Crowdinvestings, wobei dort unter anderem auch auf die Leistungen der einzelnen Plattformen eingegangen wird.

28 www.crowdfunding.de/wp-content/uploads/2016/05/Crowdfunding-Barometer-2016.pdf (Zugriff: 10.1.2017).

2.4 Der rechtliche Rahmen

2.4.1 Deutsche Rechtslage

Während ein Crowdinvesting in den USA aufgrund gesetzlicher Einschränkungen im eigentlichen Sinne bis Mitte Mai 2016 nicht möglich war, ist die Situation in Deutschland seit jeher anders. Ein Crowdinvesting war hier „schon immer" zulässig. Jedoch schränkten das bis zum 31. Mai 2012 gültige Verkaufsprospektgesetz (VerkProsG) und das diesem nachfolgende, seit dem 1. Juni 2012 in Anwendung befindliche Vermögensanlagengesetz (VermAnlG) die Möglichkeiten des Crowdinvestings in einem Punkt erheblich ein. Vereinfacht beschrieben geht es um Folgendes:[29] Das Gesetz bestimmt, dass für öffentlich angebotene Vermögensanlagen grundsätzlich ein Verkaufsprospekt zu erstellen ist, lässt allerdings Ausnahmen zu. Auf einen Prospekt kann verzichtet werden, wenn die Summe der Anlagebeträge für das per öffentliches Angebot zu finanzierende Unternehmen 100.000 Euro nicht überschreitet, wenn der Preis jedes angebotenen Anteils mindestens 200.000 Euro je Anleger beträgt oder maximal 20 Anteile herausgegeben werden. Hinauslaufen würde Letzteres darauf, dass zum Beispiel bei einem Finanzierungsbetrag in Höhe von 150.000 Euro jeder der 20 Investoren durchschnittlich 7.500 Euro beisteuern müsste, was einem Crowdinvesting zuwiderläuft, das sich an eine breite Anlegerschicht richtet und nicht nur an vermögendere Einzelinvestoren. Mit anderen Worten: Wenn Unternehmen per Crowdinvesting mehr als 100.000 Euro einspielen wollen und dabei mehr als 20 Anteile herausgeben, dann ergibt sich (zunächst) eine Prospektpflicht. Es gibt jedoch eine weitere Ausnahme, zu der ich gleich komme. Vorher wird aber noch auf die Prospektpflicht eingegangen, damit das damit verbundene Problem deutlich wird.

Der geforderte Verkaufsprospekt soll dem Anlegerschutz dienen. Wer solche Prospekte gelesen hat, dem wird schnell klar, dass die gesetzlichen Anforderungen an derartige Prospekte dazu führen, dass diese für den Normalverbraucher „unlesbar" und für ihn damit wenig hilfreich sind. Die gesetzlich geforderten Verkaufsprospekte sind eher etwas für Kapitalmarktjuristen unter sich. Die Prospekte enthalten Inhalte, von denen der Gesetzgeber glaubt, dass

29 Vgl. § 6 in Verbindung mit den §§ 1 und 2 VermAnlG.

ein Anleger sie kennen soll. Und: Bei der Prospektgestaltung werden die Emittenten (also die zu finanzierenden Unternehmen) mit ihren Juristen bestrebt sein, Haftungsrisiken gegenüber den Anlegern soweit es geht auszuschalten. Bei dieser Gemengelage kommt dann in aller Regel ein viel zu geschwätziges Werk heraus (in diesem Punkt etwa vergleichbar mit den AGB) mit teils für Anleger wertlosen Informationen und mit oft aus Haftungsvermeidungsgründen (manchmal stark) übertriebenen Risikohinweisen. Zu allem Überfluss wird ein solcher Prospekt dann meist über weite Strecken noch in Juristendeutsch geschrieben. Na ja, man könnte nun meinen, dass man dieses Werk als Unternehmen (wie die AGB) einfach erstellt oder erstellen lässt, und damit hat es sich. Was ist denn so besonders störend daran, einen Prospekt zu erstellen?

Das Verfassen eines Verkaufsprospekts gemäß den gesetzlichen Anforderungen ist arbeitsintensiv, mit hohen Gebühren verbunden und damit letztlich teuer. In § 7 des Vermögensanlagengesetzes wird auf die erforderlichen Inhalte des Prospekts verwiesen und in § 8 darauf, dass der Prospekt erst nach einer Prüfung durch die Bundesanstalt für Finanzdienstleistungsaufsicht (BaFin) veröffentlicht werden darf. Die weitaus meisten Start-ups werden einen entsprechenden Prospekt nicht ohne fremde professionelle Hilfe erstellen können. Meine Schätzungen gehen dahin, dass die Kosten für die Erstellung eines Prospekts selten weniger als 15.000 Euro betragen, bei großen Projekten aber noch deutlich höher liegen können. Allein die von der BaFin erhobene Gebühr für die Billigung und Aufbewahrung eines solchen Prospekts bewegt sich in einer Bandbreite von 1.500 bis 15.000 Euro.[30] Hinzu kommt für den Emittenten dann noch das Anwaltshonorar. Besonders schlimm ist die Lage, wenn ein teurer Prospekt erstellt wurde und das Funding anschließend erfolglos bleibt. Dann entfällt zwar die Provisionszahlung an die Crowdinvesting-Plattform für die (erfolglose) Kapitalvermittlung für das Unternehmen, aber der Kostenberg für den Prospekt bleibt. Wer kann und möchte dieses Kostenrisiko schon eingehen?

Aber selbst wenn das Funding wirksam wird: Was bringt es, wenn 120.000 Euro an Kapital für das Start-up-Unternehmen eingeworben werden konnten, die Prospekterstellung jedoch 15.000 Euro oder mehr gekostet hat und dann noch die Vermittlungsgebühr für die Plattform hinzukommt, die

30 Vgl. BaFin Journal September 2016, S. 13.

zuzüglich begleitender Dienstleistungen in aller Regel mehr als zehn Prozent des erzielten Fundingbetrags ausmacht? Wenn die Prospektpflicht ausgeschaltet werden kann, dann bleiben die Kosten für das Crowdinvesting deutlich geringer. Wenn eine Prospektpflicht in Kauf genommen werden muss, ist ein Crowdinvesting nur dann interessant, wenn der Emittent (also das eine Crowdfinanzierung anstrebende Unternehmen) ein hohes Finanzierungsvolumen benötigt beziehungsweise erhält, etwa im Bereich eines Fundingvolumens von einer Million Euro oder eher noch mehr. Bei hohen Finanzierungsbeträgen fallen die Kosten für die Prospekterstellung eben weniger ins Gewicht.

Neben den drei erwähnten Möglichkeiten (Finanzierungsvolumen bis 100.000 Euro oder jeder Einzelanteil mindestens 200.000 Euro oder maximal 20 Anteile) gibt es weitere Chancen, die Prospektpflicht zu knacken: Man gibt partiarische Darlehen und/oder Nachrangdarlehen heraus! Genau das machen inzwischen fast alle Crowdinvesting-Plattformen, um die Kosten für die crowdfinanzierten Unternehmen möglichst gering zu halten. Genau genommen ist es zumeist sogar eine Mischung aus partiarischen Darlehen und aus Nachrangdarlehen, die genutzt wird (= partiarische Nachrangdarlehen).

Das Portal Bergfürst beschritt zeitweise den kostenintensiven Weg der Prospekterstellung für die vermittelten Unternehmensbeteiligungen via Aktie. Bergfürst verfügte eine gewisse Zeit lang sogar über eine Banklizenz, die nach einigen Monaten aber wieder aufgegeben wurde. Die Erfüllung der strengen Auflagen dafür wird Bergfürst wahrscheinlich zu aufwendig geworden sein. Bergfürst hatte vermutlich auch gehofft, durch die Banklizenz einen Vertrauensbonus bei Anlegern zu erlangen. Heutzutage kann es aber imagemäßig genauso gut nach hinten losgehen, sich Bank nennen lassen zu müssen. Das Geschäftsmodell von Bergfürst arbeitete nicht mit hybriden Finanzierungsinstrumenten (zum Beispiel mit partiarischen Nachrangdarlehen) wie andere Crowdinvesting-Plattformen, sondern mit „echten“ Beteiligungen via Aktie, was mit deutlich höheren Kosten verbunden ist als bei den sonst für ein Crowdinvesting üblichen partiarischen Nachrangdarlehen.

Der Vorteil geringer Transaktionskosten, der typisch für ein Crowdinvesting ist, entfiel bei dem von Bergfürst gewählten Modell. Als Vorteil führte Bergfürst an, dass die Investoren am Eigenkapital der jeweiligen Projektunternehmen beteiligt wurden. Da die Verträge über partiarische

Nachrangdarlehen den Anlegern jedoch in den weitaus meisten Fällen eine eigenkapitalähnliche Stellung einräumen, wussten die tiefer im Thema steckenden Leute, dass dies nur ein Scheinargument ist. Interessant war allerdings, dass die über Bergfürst vermittelten Aktien handelbar waren und Bergfürst dafür einen Marktplatz zur Verfügung stellte. Allerdings funktionierte der Handel dem Vernehmen nach nicht wirklich gut. Nach mehreren Strategiewechseln ist Bergfürst heute eine erfolgreiche Immobilien-Crowdinvesting-Plattform, die zusätzlich einen Handelsplatz für ihre Immobilien-Investmentanteile bereitstellt.

Unter rechtlichen Gesichtspunkten interessant ist natürlich auch, welche Verhaltenspflichten den Crowdinvesting-Plattformen auferlegt werden. Können sich die Plattform-Betreiber einfach sorgenfrei zurücklehnen, wenn etwas schiefgeht, oder werden sie für bestimmte Misslichkeiten zur Verantwortung gezogen? Die meisten Crowdinvesting-Plattformen haben ihr Geschäftsmodell so gestaltet, dass sie vom Banken- und Kapitalmarktaufsichtsrecht möglichst wenig beeinträchtig werden.[31] Es gelingt ihnen zwar nicht, sich sorgenfrei zurückzulehnen, dennoch halten sich die rechtlichen Quälereien für sie halbwegs in Grenzen. Bis zum Inkrafttreten des Kleinanlegerschutzgesetzes war die rechtliche Situation für ein Crowdinvesting in Deutschland aus Sicht der Plattformen und der crowdfinanzierten Unternehmen ausgesprochen erträglich. Der Gesetzgeber sah sich allerdings durch eine schlechte Presse nach der Prokon-Pleite in die Enge und in Handlungsbedarf getrieben. Zwar hatte Prokon nichts mit dem Crowdinvesting zu tun, jedoch entfalteten die der Prokon-Pleite folgenden gesetzgeberischen Aktivitäten Nebenwirkungen auch in diese Richtung. Zur Rettung des volkswirtschaftlich als nützlich angesehenen Crowdinvestings beließ der Gesetzgeber aber spezielle Ausnahmetatbestände für Schwarmfinanzierungen (siehe § 2a VermAnlG). Das Ergebnis für das Crowdinvesting: Es gab zwar gesetzliche Verschärfungen, die aber immerhin ein nennenswerter Teil der Crowdinvesting-Plattformen überlebt hat. Mehrere vor allem kleinere Plattformen mussten allerdings aufgeben, weil die Erfüllung der neuen gesetzlichen Auflagen zu aufwendig für sie wurde.

Durch zusätzliche Regulierungen zielte der Gesetzgeber per Kleinanlegerschutzgesetz darauf ab (wen überrascht es?), dem Schutz der armen kleinen

31 Vgl. Klöhn, L./Hornuf, L. (2012), S. 260.

Anleger dienlich zu sein. Ob das gelingen wird? Es gibt offenbar keine echte „Wirkungslehre“, die nachverfolgt, in welcher Weise die jeweiligen Anlegerschutzmaßnahmen tatsächlich helfen oder ob sie nicht sogar mehr Schaden anrichten als Gutes zu bewirken. Der versuchte Anlegerschutz beruht eher auf Maßnahmen, bei denen die gesetzgebenden Instanzen glauben, sie könnten in irgendeiner Form etwas Positives bewirken. Ich muss hier aber gestehen, selbst noch nicht aktiv über wirklich geeignete Anlegerschutzmaßnahmen nachgedacht zu haben und mich eher mit dem Eingehen auf das vom Gesetzgeber Geplante und Getane beschäftigt zu haben. Jedenfalls: Heraus kam bezogen auf das Crowdinvesting eine nicht wirklich zu Ende gedachte Gesetzgebungsaktion, die dennoch einigermaßen verträglich ist. Dazu später mehr.

Wie bereits erwähnt, ist das Mittel der Wahl bei den meisten Crowdinvesting-Projekten nun ein partiarisches Nachrangdarlehen. Sinnvoll wäre es gewesen, auch für Genussrechte und stille Beteiligungen die gleichen Erleichterungen zu eröffnen, da sie dem partiarischen Nachrangdarlehen in der Crowdinvesting-spezifischen Ausgestaltung zum Verwechseln ähnlich sehen. Für manche Situationen ließen sich Genussrechte und stille Beteiligungen sogar leichter auf das Crowdinvesting zuschneiden als partiarische Darlehen beziehungsweise Nachrangdarlehen. Die Plattformjuristen passen hier immer höllisch auf (oder sollten es zumindest tun), dass man nicht versehentlich in einer anderen Kategorie landet, also aus einem partiarischen Darlehen unabsichtlich eine stille Beteiligung oder was auch immer wird. Eine Umqualifizierung würde gegebenenfalls dazu führen, dass die Ausnahme von der Prospektpflicht für das (Start-up-)Unternehmen entfiele. Noch schlimmer wäre ein versehentliches Hineinrutschen in die Fänge des Kreditwesengesetzes. Die Hölle! Das kann mit der Formulierung eines qualifizierten Nachrangs vermieden werden, was aber den Anlegerschutz nicht fördert, sondern (etwas) reduziert. Es ist tatsächlich so, dass die Gesetzeslage dem Anlegerschutz an genau dieser Stelle sogar entgegenwirkt. Aufgrund der Seltenheit der dahinter stehenden Praxisfälle ist das aber nicht wirklich wichtig.

Werden den Plattformen und/oder den crowdfinanzierten Unternehmen beträchtliche zusätzliche Pflichten aufgebürdet, dann kann es durchaus dazu kommen, dass ihre Erfüllung ein Crowdinvesting derart verteuert, dass es faktisch nicht mehr durchführbar ist. Die Transaktionskosten steigen und lassen ein Crowdinvesting gegebenenfalls unrentabel werden. Der Schutz des Anlegers ist also ein zweischneidiges Schwert. Ein Schutz ist zwar durchaus wünschenswert, kostet jedoch zumeist Geld für die Anbieter und mindert gegebenenfalls sogar die Chancen der Anleger, weil dann schlichtweg weniger interessante Investitionsmöglichkeiten angeboten werden können: Schutz durch „Vernichtung" der Vermögensanlage.

Das Crowdinvesting lebt von seiner Einfachheit und der Möglichkeit einer kostengünstigen Umsetzung für die Beteiligten. Eine weitreichende gesetzliche Regulierung wird also kaum geeignet sein, dem Crowdinvesting einen breitflächigen Einsatz zu verschaffen. Das Kleinanlegerschutzgesetz hat das Crowdinvesting tatsächlich schon verteuert und für einige Plattformen das Ende eingeläutet. Aus meiner eigenen Gründungserfahrung bei Geldwerk1 heraus kann ich bestätigen, dass das Kleinanlegerschutzgesetz uns – als im Jahr 2015 im Aufbau befindliche Crowdinvesting-Plattform – ordentlich ins Trudeln gebracht hat. Einmalige und dauerhafte Kostenerhöhungen sowie Zeitverluste durch die rechtliche Umstellung waren die Folge. Da wir mit relativ wenig Kapital gestartet waren, fehlte uns das zur Erfüllung der gesetzlichen Pflichten ausgegebene Geld anderweitig, vor allem für unser Marketing und den Aufbau einer verbesserten Infrastruktur.

Der Anstoß von Klöhn/Hornuf dazu, den derzeitigen Rechtsrahmen für ein Crowdinvesting in Deutschland und Europa zu überdenken und zu vereinheitlichen, erscheint zunächst löblich.[32] Zu beachten ist allerdings: Umfassendere Regulierungen führen meist eher zu zusätzlichen Problemen, nicht aber zu einer wirklich verbesserten Gesamtsituation. Siehe unsere Banken. Die werden enorm reguliert und machen derweilen fast, was sie wollen. Ein riesiger Kostenberg entsteht den Banken durch ihre starke Regulierung und dennoch herrschen dort gefühlt manchmal Sodom und Gomorra. Viele Banken haben es im Laufe der Zeit perfektioniert, ihre Kunden weitgehend rechtssicher kurzzuhalten: überhöhte und verdeckte Gebühren und ähnliche Aktionen zum Nachteil ihrer Kunden, vorbei an der Regulierung.

Jedwede Art der Verkomplizierung der Rahmenbedingungen verteuert das Crowdinvesting und nimmt ihm einen wesentlichen Vorteil. Das Kleinanlegerschutzgesetz enthält durchaus einige sinnvolle Veränderungen beziehungsweise Verschärfungen, die gutgeheißen werden können und sollten. Die dadurch entstehenden Erschwernisse sind in Kauf zu nehmen, da hinreichende Positiveffekte erwarten werden können. Und: Wenn es dem Gesetzgeber tatsächlich

32 Vgl. Klöhn, L./Hornuf, L. (2012), S. 266.

gelänge, die Risiken wegzuregulieren, dann würde er damit auch die Chancen ersticken. Erst die Bereitschaft von Anlegern, Risiken zu übernehmen, rechtfertigt hohe Chancen. Beim Crowdinvesting werden oft große Chancen geboten und es wird vielen Anlegern nicht gefallen, diese ganz oder teilweise zu verlieren. Erhöhte Chancen bilden fast schon einen natürlichen Verbund mit erhöhten Risiken. Ändert sich das eine, dann ändert sich auch das andere.

2.4.2 Entwicklung der internationalen Rechtslage

In den USA war ein Crowdinvesting – im eigentlichen Sinne – bis Mitte Mai des Jahres 2016 faktisch nicht umsetzbar, weil dortzulande bis dahin höchst restriktive gesetzliche Regelungen galten, die den Anlegerschutz übertrieben in den Mittelpunkt stellten. Im Grunde nur akkreditierte Investoren (in der Regel Millionäre) durften in den USA bis dahin an einem Crowdinvesting teilnehmen. Dies führte dazu, dass ein Crowdinvesting primär in Ländern außerhalb der USA, unter anderem in Deutschland, entstand. Wie gravierend sich die übermäßig einengende Gesetzeslage in den USA auswirkte, zeigen zwei Beispiele: Die im August 2009 gestartete Crowdinvesting-Plattform ProFounder (USA) stellte im Jahr 2011 ihren Betrieb mit dem Hinweis ein, dass die gesetzlichen Rahmenbedingungen in den USA ein Crowdinvesting zur Finanzierung von Start-ups nicht ermöglichten.[33] Ein zweites Beispiel für die Auswirkungen der restriktiven US-amerikanischen Gesetzgebung wird über die niederländische Crowdinvesting-Plattform Symbid sichtbar, die 2012 und später US-amerikanische Investoren ausdrücklich noch als Crowdinvestoren ausschloss, dies mit Sicherheit deshalb, um etwaigen rechtlichen Problemen mit den USA vorzubeugen.[34]

33 Vgl. http://blog.profounder.com/2012/02/17/profounder-shutting-down/ (Zugriff: 26.11.2012).

34 Auf der Website von Symbid war unter der Rubrik „How It Works – For Investors“ Folgendes nachzulesen (Zugriff: 19.11.2012): „Currently the equity-based crowdfunding services of Symbid are not accessible for investors from the United States. However Symbid aims at offering its equity based services to investors and entrepreneurs in the United States as soon as the JOBS-act (signed by President Obama on the 5th of April 2012) has been implemented by the SEC. Investors and entrepreneurs from the US can make use of our pledging system which does not rely on selling shares and is therefore legal for US citizens.“

Konkret sah die Problematik in den USA bis vor Kurzem wie folgt aus: Sobald Anteile an Unternehmen (genau genommen Wertpapiere) organisiert an viele Anleger herausgegeben wurden, erforderte dies eine Registrierung bei der US-amerikanischen Börsenaufsichtsbehörde (SEC) und unterlag einer Prospektpflicht. Letzteres bedeutet, dass ein Verkaufsprospekt für die Unternehmensanteile erstellt werden musste. Daran werden sehr hohe gesetzliche Anforderungen gestellt. Die Erfüllung dieser Pflichten verursachte dermaßen hohe Kosten, dass sich so etwas für kleinere Investments nicht annähernd lohnte. Es wurden zwar Ausnahmen von der Registrierungs- und Prospektpflicht ermöglicht, das heißt, es konnten auch nicht bei der SEC registrierte Wertpapiere (beziehungsweise Anteile) ausgegeben werden, jedoch nur an akkreditierte Investoren, wozu die typischen Crowdinvestoren ganz bestimmt nicht gehören. Hinzu kam, dass die Ausnahmeregelung an ein Werbeverbot gekoppelt war, was bedeutete, dass für die Wertpapiere keine Werbung oder anderweitige Vermarktung vorgenommen werden durfte.[35] Das lief natürlich dem Gedanken eines Crowdinvestings vollkommen zuwider.

US-amerikanische Crowdfunding-Plattformen mussten also andere Wege finden, um Crowd-Finanzierungen anbieten zu können, und dabei beachten, dass sie keine Anteile an Unternehmen und keine Erfolgsbeteiligungen herausgaben.[36] Damit schied dort grundsätzlich zunächst all das aus, was unter Crowdinvesting zu fassen ist. Was blieb, waren die drei abseits eines eigenkapitalbasierten Crowdfundings zuvor genannten Crowdfunding-Formen: spendenbasiert, belohnungsbasiert, fremdkapitalbasiert. Ein spendenbasiertes Crowdfunding ist in den USA seit jeher unproblematisch, weil es keine Gegenleistung gibt. Etwas diffiziler wurde es im Hinblick auf die beiden übrigen Formen. Weder ein belohnungs- noch ein fremdkapitalbasiertes Crowdfunding durfte in den USA so ausgestaltet sein, dass es in irgendeiner Weise als erfolgsabhängige Geldanlage eingestuft werden konnte. Und: Auf keinen Fall durfte in den USA eine Herausgabe von Unternehmensanteilen als Gegenleistung angeboten werden. Sonst griffen die strengen Regelungen des US-amerikanischen Securities Act von 1933, die inzwischen durch die Gesetzesinitiative „JOBS Act“ aufgeweicht wurden.[37]

35 Vgl. Klöhn, L./Hornuf, L. (2012), S. 252.

36 Vgl. dazu im Einzelnen Bradford, C.S. (2012), S. 31 ff.

37 Vgl. Bradford, C.S. (2012), S. 32. ff.

Trotz der starken Regulierungen gelang es der einen oder anderen US-amerikanischen Plattform, ein eigenkapitalbasiertes Crowdfunding, also ein Crowdinvesting, anzubieten. Dazu gehört zum Beispiel das Portal MicroVentures. Diese Plattform konnte die strengen gesetzlichen Auflagen in den USA erfüllen. Wie? MicroVentures trat beziehungsweise tritt immer noch als Investmentbank auf, was offensichtlich den Weg durch die US-amerikanische Regelungswut geebnet und ein Crowdinvesting tatsächlich ermöglicht hat. Natürlich ist es mit sehr großem Aufwand verbunden, zu einer Investmentbank zu werden. Man musste bis vor Kurzem somit in den USA eine Investmentbank sein, um ein Crowdinvesting problemlos durchführen zu können. Das Crowdinvesting blieb in den USA bis Mai 2016 in einer juristischen Zwangsjacke, die ein potenziell höchst interessantes Finanzierungsinstrument weitestgehend aushebelte und so die Entstehung neuer innovativer Unternehmen behinderte. Wie gesagt, den – begrenzt verfügbaren – akkreditierten Investoren durfte in den USA schon seit Langem ein Crowdinvesting angeboten werden. Der Durchschnittsamerikaner blieb allerdings fast bis Mitte 2016 noch außen vor.

Der Gesetzgeber in den USA reagierte auf die unglückliche rechtliche Situation im eigenen Lande stark zeitverzögert und schuf ein neues Gesetzeswerk namens „Jumpstart Our Business Start-ups Act“ (JOBS Act), das am 5. April 2012 in Kraft trat und unter anderem die Möglichkeiten für ein Crowdfunding und ein Crowdinvesting in den USA erheblich verbessern sollte, ein Crowdinvesting im Grunde genommen sogar überhaupt erst ermöglichte. Derjenige Teil des JOBS Act, der sich konkret mit dem Crowdfunding befasst, worunter auch das Crowdinvesting fällt, wird als CROWDFUNDING Act bezeichnet. Dieser „Act“ wurde erst zeitverzögert am 23. September 2013 wirksam. Nur: Genau der das Crowdinvesting betreffende Teil des CROWDFUNDING Act musste noch einmal lange warten und trat erst am 16. Mai 2016 in Kraft. Jetzt soll noch mal jemand sagen, dass wir in Deutschland langsam sind.

So schnell, wie weitere Crowdinvesting-Plattformen unter dem Stichwort „Equity Crowdfunding“ in den USA in der letzten Zeit aktiv wurden, kann man (im Internet) kaum gucken. Am Tag der Freigabe des Crowdinvestings in den USA verfügten sechs Plattformen über die erforderliche behördliche Genehmigung und 36 weitere befanden sich im Antragsverfahren, so Doug Ellenoff, einer der führenden Anwälte aus dem US-Crowdfunding-Bereich.[38]

38 Vgl. www.forbes.com/sites/robbmandelbaum/2016/05/16/musicians-network-gigmor-stakes-its-future-on-crowdfunding-as-new-rules-go-live/#47b1a8a74754 (Zugriff: 11.10.2016).

Besonders interessant ist der Vergleich innerhalb Europas, vor allem mit dem Land, das hier klar führend im Crowdinvesting ist: Großbritannien (UK). Dort sind Wertpapiere und Darlehen für ein Crowdinvesting nutzbar.[39] Man muss in UK also nicht auf Hilfskonstrukte zurückgreifen wie bei uns mit den in der Bevölkerung weitgehend unbekannten partiarischen Darlehen oder Nachrangdarlehen. Erst im Vergleich wird richtig deutlich, wie wenig Sinn die Gesetzeslage hierzulande macht. Es geht auch anders und offenbar mit großem Erfolg. Außerdem liegt die Obergrenze für jedes Projekt in UK bei fünf Millionen Euro, also doppelt so hoch wie bei uns. Anders als in Deutschland wird den Investoren in UK auch nicht vorgegeben, wie viel sie maximal investieren dürfen. Dies alles wird einer der Gründe dafür sein, warum uns der UK-Crowdinvesting-Markt weit enteilen konnte.

Wer sich umfassender mit einem europäischen Vergleich befassen möchte, dem sei die Veröffentlichung der Europäischen Union „Crowdfunding in the EU Capital Market Union“ ans Herz gelegt, die unter folgendem Link aufgerufen werden kann: http://ec.europa.eu/finance/general-policy/docs/crowdfunding/160428-crowdfunding-study_en.pdf. Übrigens: Wer eine einheitliche Regelung in der EU fordert, sollte daran denken, dass dies auch darin enden kann, dass sich auf den kleinsten gemeinsamen Nenner geeinigt und das Schrecklichste aus jedem Land zum Gesetz wird.

39 Vgl. http://ec.europa.eu/finance/general-policy/docs/crowdfunding/160428-crowdfunding-study_en.pdf, Annex 2, S. 34 ff. (Zugriff: 10.1.2017).

3. KAPITEL

Stellung des Crowdinvestings im Rahmen der Unternehmensfinanzierung

3.1 Einordnung des Crowdinvestings hinsichtlich der Finanzierung von Unternehmen

Es steht außer Zweifel: Die Finanzierungsmöglichkeiten für Start-up-Unternehmen sind in der Gesamtsicht keinesfalls gut. Finanzierungsengpässe treiben Gründer, die innovative Projekte umsetzen möchten, reihenweise vor sich her. Mit welchen Schwierigkeiten sehen sich potenzielle Gründer bezogen auf die Finanzierung ihrer Geschäftsideen aber konkret konfrontiert? Zunächst sei der Rahmen für die Finanzierung von Start-ups sowie die Stellung des Crowdinvestings darin aufgezeigt.

Folgende Abbildung stellt typische Phasen der Finanzierung eines Unternehmens nach und lässt die für ein Start-up hinsichtlich seiner Finanzierung schwierigen Phasen erkennen, die unter „Kapitalverfügbarkeit“ in weißer Schrift gekennzeichnet sind:

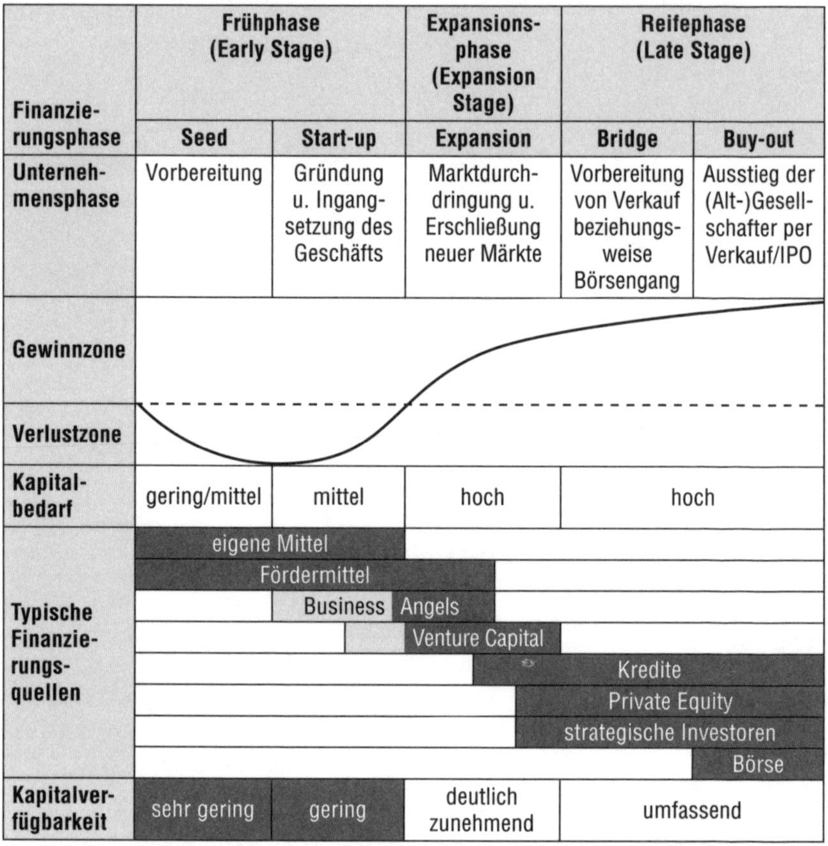

Abb. 8: Finanzierungsphasen, Finanzierungsquellen und Kapitalverfügbarkeit[40]

Die hellgrauen Bereiche in Abbildung 8 bedeuten, dass die entsprechenden Finanzierungsquellen an dieser Stelle nur eingeschränkt verfügbar sind.

Zu den Finanzierungsphasen: Als Seed-Phase wird die Vorgründungsphase des Unternehmens bezeichnet, in der die Geschäftsidee entwickelt wird. Diese Phase ist oftmals durch Forschungs- und Entwicklungsarbeiten geprägt, durch Machbarkeitsstudien und das Erarbeiten eines Businessplans für das zu gründende Unternehmen sowie von weiteren Dingen zur Vorbereitung der Gründung, wozu etwa auch die Suche nach Kapitalgebern gehört. Nicht selten sind die Gründer in der Seed-Phase einzig und allein auf finanzielle Mittel angewiesen, die aus ihrer eigenen Tasche stammen.

40 Vgl. etwa auch Schefczyk, M. (2000), S. 24; Hackl, E./Jandl, H. (2004), S. 197.

Vorab schon reiche Gründer sind klar im Vorteil oder die, die reiche und unterstützungswillige Eltern oder anderweitige Förderer haben.

Wenn die eigenen Mittel nicht ausreichen, um das Projekt zu realisieren, wäre ein weiterer denkbarer Schritt, Familienmitglieder und Freunde von dem Projekt zu überzeugen und diese zu bewegen, sich an der Finanzierung zu beteiligen. Oft wird diese Gruppe von Kapitalgebern etwas erweitert als „Friends, Family & Fools" bezeichnet, wobei mit Fools Personen gemeint sind, die sich leicht für ein Projekt begeistern lassen und/oder idealistisch angehaucht sind. Oftmals wird die bis dahin erreichte Gesamtsumme immer noch nicht genügen, um einen Erfolg versprechenden Start zu gewährleisten. Reichen die eigenen Mittel zuzüglich der Gelder, die Angehörige, Freunde und Fools aufbringen, nicht aus, dann wird die Hürde für eine erfolgreiche Finanzierung oftmals sehr hoch.

Hilfreich kann hier zum Beispiel die Teilnahme an Businessplan-Wettbewerben sein, die sich auf die Phase vor dem Start von Unternehmen richten. Die Preisgelder variieren je nach Wettbewerb, werden allerdings in den meisten Fällen nur als willkommenes zusätzliches Startkapital ausreichen. Die Gewinner solcher Wettbewerbe profitieren manchmal jedoch auch von der öffentlichen Aufmerksamkeit und finden dadurch weitere Kapitalgeber. Ein prämiertes Gründungskonzept erweckt schließlich auch Vertrauen bei potenziellen Geldgebern, was sich natürlich positiv auf die Chance von Start-ups auswirkt, erfolgreich zusätzliche finanzielle Mittel einwerben zu können.

An dieser Stelle sei gesagt, dass sich die Start-up-Phase nicht allein auf den Gründungszeitpunkt bezieht, sondern deutlich weiter reicht. Sie beginnt zunächst mit der formellen Unternehmensgründung und ist weiterhin durch die Ingangsetzung des Geschäfts geprägt, was zumeist einige Monate dauern wird, sich nicht selten über ein Jahr oder vielleicht mehrere Jahre erstreckt. Darüber, wann die Start-up-Phase denn endet, besteht keine Einigkeit. Sie ließe sich zum Beispiel so definieren, dass die Start-up-Phase dann als abgeschlossen gilt, wenn die Markteinführung gelungen ist und das Unternehmen darüber hinaus die Gewinnschwelle erreicht hat.

Genau diese beiden bislang beschriebenen Phasen, die Seed- und die Start-up-Phase, sind im Hinblick auf die Finanzierungsmöglichkeiten als sehr kritisch einzustufen.[41] Erst dann, wenn das Unternehmen bewiesen hat, dass

41 So etwa auch: Hemer, J./Schneider, U./Dornbusch, F./Frey, S. (2011), S. 30 ff.

es Gewinne zu erzielen in der Lage ist, also die Gewinnschwelle überschritten hat, wird es leichter, weitere Finanzierungen zu erhalten. Wer Glück hat, kann in der Frühphase einen Business Angel für sich gewinnen, wobei es sich oft um sehr vermögende Privatpersonen handelt, die selbst schon einmal ein Unternehmen gegründet haben. Sie unterstützen die Gründer nach Möglichkeit zusätzlich mit ihrem Know-how und ihrem Netzwerk. Aufgrund des in der Gesamtsicht recht geringen Volumens an finanziellen Mitteln, die hierzulande über Business Angels zur Verfügung gestellt werden, lassen sich die Finanzierungslücken in der Frühphase auf diesem Weg nur gelegentlich mildern. Aber: besser als nichts.

In der Start-up-Phase stehen vielleicht schon erste Venture-Capital-Geber zur Verfügung. In der Literatur wird die Verfügbarkeit finanzieller Mittel über Venture-Capital-Geber nicht selten schon in frühen Finanzierungsphasen (Seed- und Start-up-Phase) angesetzt. Zwar geben viele Venture-Capital-Geber auf ihren Websites an, auch schon in frühen Unternehmensphasen einzusteigen, es widerspricht allerdings weitgehend meinen Erfahrungen, dass so etwas Realität ist. Frühe Einstiege werden bei VC-Gebern alles andere als die Regel sein. Das Motto bei der Projektauswahl dieses Investorentyps ist häufig dieses: „Das Geschäftsmodell muss seine Tragfähigkeit erst einmal bewiesen haben, dann steigen wir ein." Oder so gesagt: Erst wenn der „Proof of concept" erbracht ist, wird die Zuversicht des VCs im Regelfall groß genug sein, um sich zu engagieren.

Genau an dieser Stelle werden vermutlich die meisten interessanten Projekte im Hinblick auf ihre Finanzierung scheitern, da sie „auf Perspektive" ausgerichtet sind und die Gewinnschwelle gegebenenfalls noch in weiter Ferne liegt. In der Endzeit des „Neuen Marktes" und der Dotcom-Blase machten nicht wenige Venture-Capital-Geber schlechte Erfahrungen mit Investments in junge (Technologie-)Unternehmen. Sie zogen sich damals (zur letzten Jahrtausendwende) reihenweise blutige Nasen mit ihren Investments zu und wurden merklich vorsichtiger. Entsprechend verlagerte sich ihr Engagement zeitlich tendenziell nach hinten – in spätere Phasen – und ist des Weiteren oft zunächst geringer als seinerzeit beziehungsweise erfolgt stufenweise über einen längeren Zeitraum gestreckt. Oft wird erst bei Erreichen zuvor festgelegter Zwischenziele (Milestones) weiteres Kapital zur Verfügung gestellt.

Man könnte hin und wieder meinen: So richtig möchte manch ein Risikokapitalgeber doch nicht (mehr) ins Risiko gehen. Die Angst scheint für viele ein wichtiger Ratgeber zu sein oder nennen wir es Vorsicht? Oftmals erhoffen sich Gründer dennoch eine Finanzierung über Venture-Capital-Geber, werden aber nicht selten enttäuscht, da viele (selbst ernannte) Venture-Capital-Geber doch erst in einer späteren Finanzierungsphase ernsthaft einzusteigen bereit sind und manchmal kaum noch dem Begriff Venture-Capital, also Risikokapital, gerecht werden. Gelegentlich steigen Venture-Capital-Geber aber auch schon in einer frühen Phase ein, dies allerdings dann eher zunächst mit recht wenig Geld (erste Finanzierungsrunde), um dann bei Erreichen bestimmter Ziele durch das Unternehmen im Rahmen einer zweiten und später gegebenenfalls einer dritten Finanzierungsrunde jeweils zusätzliche (höhere) finanzielle Mittel bereitzustellen. Wöhe/Bilstein/Ernst/Häcker drücken die ein wenig missliche Situation in Bezug auf Venture-Capital-Finanzierungen so aus: „In dieser Phase [der Start-up-Phase] befinden sich die Unternehmensgründer in großer Konkurrenz mit anderen Venture-Capital-Suchern."[42]

Das heißt, es steht schlichtweg nicht genug Venture Capital bereit, um die Start-up-Phase von Unternehmen im gewünschten Umfang zu finanzieren. In den USA sieht die Situation weitaus besser aus. Gemessen an den in der Frühphase nachgefragten finanziellen Mitteln klafft bei uns eine nicht unbeträchtliche Finanzierungslücke. Die öffentliche Hand ist hierzulande bemüht, diese Lücke über unterschiedliche Förderprogramme zu schließen, die sich in Summe über alle frühen Unternehmensphasen erstrecken. Es gibt wirklich viele Förderprogramme, auf die in Deutschland ansässige Unternehmen zurückgreifen können.

Neben Förderprogrammen des Bundes[43] existieren Programme auf Ebene der Bundesländer. Häufig werden auch auf kommunaler Ebene Möglichkeiten der finanziellen Unterstützung von Start-up-Unternehmen angeboten. Aufgrund der hohen Anzahl von Programmen sowie der häufig komplizierten und nur mit Mühe nachvollziehbaren Förderbedingungen wird immer wieder vom Förder-Dschungel gesprochen. Des Weiteren entsteht oftmals ein hoher bürokratischer Aufwand, der viel Zeit und lange Vorlaufzeiten erfordert. Eine Reihe dieser Programme wird über die jeweilige Hausbank des Kapitalsuchenden

42 Wöhe, G./Bilstein, J./Ernst, D./Häcker, J. (2009), S. 145.

43 Vgl. z. B. www.bmwi-unternehmensportal.de/DE/Unternehmensfuehrung/Finanzierung-Foerderung/Foerderung-nutzen/Foerderprogramme/Foerderprogramme.html?cms_docId=23974&cms_notFirst=true (Zugriff: 11.10.2016).

abgewickelt, die jedoch oftmals wenig Interesse zeigt, da sie an den Förderprodukten im Allgemeinen – relativ zu der damit verbundenen eigenen Arbeit – wenig verdient. Anzumerken ist, dass die Programme zum Teil erhebliche Einschränkungen und bürokratische Hürden aufweisen, was den Kreis der Förderberechtigten und die Verwendung der zur Verfügung gestellten Finanzmittel begrenzt. Obgleich ein erhebliches Bemühen der öffentlichen Hand erkennbar ist, gelingt die Lückenschließung über die Förderprogramme beileibe nicht in dem Maße, wie es wünschenswert wäre. Zu groß ist die Lücke, die andere Marktteilnehmer (zum Beispiel Venture-Capital-Geber und Banken) hinterlassen, und als zu holprig erweist sich die Abwicklung nicht weniger Förderprogramme über die Banken.

Außer bei der Abwicklung von Förderprogrammen der öffentlichen Hand werden Kreditinstitute oft erst dann gefragt, wenn alle bisher erwähnten Kapitalgeber Geld bereitgestellt haben, die Mittel aber immer noch nicht ausreichen. Banken werden allerdings im Regelfall Sicherheiten verlangen, die sie entweder von den Gründern selbst, deren Familienmitgliedern beziehungsweise Freuden oder gegebenenfalls über Programme der öffentlichen Hand erhalten. Der Nutzen von Kreditinstituten hinsichtlich der Finanzierung von Start-up-Unternehmen kann insgesamt als gering angesehen werden, da er sich in aller Regel auf die Fälle beschränken wird, in denen genug Sicherheiten vorliegen. Das werden aber zumeist genau die Fälle sein, in denen die Gründer ohnehin selbst im ausreichenden Maße finanzielle Mittel generieren können. Einzige Ausnahme sind – wie bereits erwähnt – über Kreditinstitute abzuwickelnde öffentliche Förderprogramme, bei denen der Staat häufig die fehlenden Sicherheiten bietet, welche die Gründer nicht aufzubringen in der Lage sind. Ein weiterer Grund, warum Banken selten eine Hilfe bei der Start-up-Finanzierung sind: Die Abläufe sind bei Banken oft ineffizient, sodass sie nur auf größere Kreditprojekte eingehen und zumeist wenig Freude daran haben, zum Beispiel einen Kredit in Höhe von nur 10.000 Euro an ein Start-up-Unternehmen zu vergeben.

In der anschließenden Expansions- oder Wachstumsphase werden von den Unternehmen neue Produkte oder Leistungen hinzugenommen und/oder neue Standorte und Märkte angesteuert, zum Beispiel auch im Ausland. Das Unternehmen hat nun bewiesen, erfolgreich auf dem Markt tätig sein zu können, und zieht vermehrt andere Kapitalgeber auf sich. Venture-Capital-Geber stehen nunmehr breitflächig zur Verfügung, Banken vergeben zunehmend

Kredite, Private-Equity-Geber und industrielle Investoren tauchen vermehrt aus der Versenkung auf.

Bei Private Equity handelt es sich um Kapitalbeteiligungen an nicht börsennotierten Unternehmen, die ihrerseits bereits etabliert sind. Die Mittel werden über Finanzinvestoren aufgebracht, die entweder als Kapitalbeteiligungs- beziehungsweise Private-Equity-Gesellschaften in Erscheinung treten oder in selteneren Fällen unmittelbar als vermögende Privatpersonen. Private Equity gelangt im Regelfall erst in der Expansions-, Wachstums- und vor allem auch in der Überbrückungsphase in Umlauf, während Venture Capital tendenziell früher, manchmal auch schon in der (späten) Start-up-Phase, herausgereicht wird. Echte Finanzierungsprobleme hat in der Phase, in der die Private-Equity-Geber in das Geschehen eingreifen, zumeist nur noch derjenige, dessen Unternehmen tatsächlich keinen Erfolg hat.

Im gleichen Stadium, also der Expansions- und Wachstumsphase, treten auch erste sogenannte strategische Investoren auf. Dabei handelt es sich zumeist um Großunternehmen beziehungsweise Konzerne, die sich über den Kauf eines anderen Unternehmens (hier: des inzwischen etablierten ehemalige Start-ups) bestimmte Vorteile sichern möchten wie neue Technologien, neue Vertriebsstrukturen, Mitarbeiter-Know-how etc. oder die einfach nur wachsen wollen.

Die Late Stage oder Reifephase beginnt dann, wenn das Wachstumspotenzial des Unternehmens weitgehend ausgeschöpft ist. Geldgeber sind nun quasi im Überfluss verfügbar (siehe erneut auch Abbildung 8). Das Motto dieser Kapitalgeber mag sein: „Was jahrelang gut war, kann nicht plötzlich schlecht sein." Manch ein Altinvestor steigt jetzt aus, denn eine weitere Wertsteigerung seines Unternehmens ist hier oftmals kaum noch zu erwarten. Er kann sein Geld nun womöglich anderswo besser anlegen oder ausgeben.

Nicht immer lässt sich ohne Weiteres erkennen, in welcher Phase beziehungsweise in welchem Stadium sich ein Unternehmen gerade befindet. Ist es noch inmitten oder schon am Ende einer prosperierenden Wachstumsphase? Befindet sich das Unternehmen trotz noch guter Geschäftszahlen vielleicht schon kurz vor dem Abstieg? Manchmal gehört der Börsengang (IPO) schon zu der Phase, in der die (gut informierten) bisherigen Investoren das Weite suchen, bevor es bergab geht. Aber: Nichts gegen einen Börsengang. Diesem kann durchaus noch eine sehr lange und intensive Phase des Wachstums und der Wertsteigerung folgen. Dennoch bedeutet der Börsengang manchmal eben auch „das Kasse-Machen“ der bisherigen Investoren, die diese letzte Chance nutzen möchten, bevor die Fantasie des Publikums stirbt. Es ist freilich nicht immer so leicht zu unterscheiden, wo man mit einem Aktien-Investment gerade hineingerät. Noch viel weniger lässt sich zumeist allerdings die Zukunft von Start-ups einschätzen.

Zurück zu der Problematik, mit der sich viele Gründungswillige konfrontiert sehen. Sie stecken oftmals zunächst sehr viel Vorbereitungszeit und nicht selten auch große Teile ihres verfügbaren Geldes in die Entwicklung ihrer Geschäftsidee (Seed-Phase). Irgendwann halten sie den Zeitpunkt für gekommen, das eigene Unternehmen zu starten. Wie zuvor beschrieben, beginnt die Start-up-Phase mit der (formellen) Unternehmensgründung. Manch ein Gründungswilliger mag in der Seed-Phase schon all sein Geld für die Entwicklung seines Produkts verbraucht haben und sucht nun verzweifelt nach frischem Kapital, um Produktion und Vermarktung in Gang bringen zu können. Was allerdings in der Praxis auch vorkommt: Die formelle Gründung eines Unternehmens erfolgt bereits dann, wenn die Seed-Phase eigentlich noch gar nicht richtig beendet ist, also etwa noch weitere Entwicklungsschritte für das Produkt anstehen, um dieses markttauglich zu bekommen. Dies soll zusätzlich verdeutlichen, dass es für Außenstehende zum Teil äußerst schwierig ist zu beurteilen, an welcher Stelle die Unternehmung in ihrer Entwicklung tatsächlich steht, wenn sie (weiteres) Geld benötigt. Es wird durchaus gelegentlich vorkommen, dass Kapitalsuchende – vielleicht aus Verzweiflung – ein Entwicklungsstadium ihres unternehmerischen Engagements vorgeben, das sie noch gar nicht erreicht haben und vielleicht auch niemals erreichen werden. Dies nicht oder nicht rechtzeitig zu erkennen ist ein Risiko für den Crowdinvestor und für alle anderen Investoren natürlich auch. Hier besteht (oftmals berechtigte) Hoffnung, dass die Leute der jeweiligen Crowdinvesting-Plattform etwaige Probleme frühzeitig sehen und das Start-up erst gar nicht für ein Funding freischalten.

Bleibt festzuhalten, dass Start-ups sehr häufig dann auf schwerwiegende Finanzierungsprobleme stoßen, wenn die in Eigenregie aufgebrachten finanziellen Mittel nicht ausreichen. Kreditinstitute sind mehr oder minder ein Totalausfall, wenn es um die Finanzierung von Start-ups geht (was sie natürlich vehement bestreiten werden), und die öffentliche Förderlandschaft ist so komplex, dass Gründungswillige an ihr manchmal verzweifeln können. Im Regelfall wird hier eine recht aufwendige Recherche oder das Hinzuziehen von Förderberatern sowie viel Geduld nötig sein, um des Förder-Dschungels Herr zu werden und aus einem für die eigenen Zwecke passenden Programm finanzielle Unterstützung zu erhalten.

Letztlich stellt sich die Frage, warum die Geldgeber (genug Geld haben diese in Summe zweifellos) am Kapitalmarkt streckenweise „versagen“ und sichtbare Finanzierungslücken hinterlassen. Dazu gibt es einige Theorien, die auf zwei banale grundsätzliche Erklärungen hinauslaufen: Die Kapitalmarktteilnehmer sind entweder unfähig oder unwillig, die Lücke zu schließen. Wenn man jedoch ins Detail geht, wird es durchaus kompliziert, aber auch interessant. Zunächst sei darauf hingewiesen, dass es nicht allein die Kapitalgeber (zum Beispiel Banken, die schließlich teils auch strengen gesetzlichen Regularien unterliegen) sein müssen, denen Versagen anzukreiden ist. Schuld können natürlich auch die Kapitalsuchenden selbst sein, also die Gründer, indem sie etwa bei der Kapitalsuche unsystematisch und zögerlich vorgehen oder ihr Vorhaben und/oder sich selbst schlecht präsentieren. Was kann bei der Kommunikation aus Richtung der Gründer schiefgehen? Gelegentlich schaffen es gründungswillige Techniker nicht, sich von ihrer Fachsprache zu trennen und den mit weniger technischem Sachverstand ausgestatteten Kapitalgebern ihr Projekt verständlich zu erläutern. Oder: Gründer können zwar ihre geniale Idee gut vermitteln, jedoch nicht, wie sie diese gewinnbringend umsetzen wollen. Von dilettantischen Businessplänen der Gründer lassen sich Finanziers schnell abschrecken, wenngleich auch nicht immer.

Was viele an dem Thema Finanzierung Interessierte schon intuitiv wahrgenommen haben, bestätigt die Kapitalmarktforschung: Es wird zum Teil bezweifelt, dass institutionelle Anleger (Fonds, Banken etc.) besser in der Lage sind, intelligent zu investieren, als die Menge der nicht-professionellen Anleger, also die Crowd.[44] Das sitzt. Die beim Crowdinvesting bislang relativ geringen Ausfallquoten (Insolvenzen) sprechen dafür, dass die Crowd gut zurechtkommt und keineswegs schlechter auswählt als die Profis. Dennoch lohnt sich ein weiterer Blick hinter die Kulissen, denn eigentlich müssten es die Profis doch besser wissen, oder? Erstens: Profis, die Anleger beraten, verfügen über Eigeninteressen, die sie „gelegentlich“ dazu verleiten mögen, diejenigen Anlageprodukte zu verkaufen, die ihnen selbst die größten Gewinne bescheren, jedoch nicht unbedingt gleichzeitig ihren Kunden. Vielleicht „wetten“ sie ja auch gelegentlich

44 Vgl. Klöhn, L./Hornuf, L. (2012), S. 257.

mal gegen ihre Kunden. Zweitens: Institutionelle Anleger beschäftigen Personen, die weitgehend über den gleichen fachlichen Hintergrund verfügen, also ähnlich ausgebildet sind und ähnlich vorgehen.[45] Die Auswahl der Investments wird also nach Kriterien erfolgen, die ziemlich in die gleiche Richtung laufen. Die Crowd ist hingegen eine breit gestreute Gruppe, die in Summe viel mehr Informationen verarbeiteten kann als etwa für sich allein arbeitende Experten.[46] Das sind Gründe, warum institutionelle Investoren trotz guter Ausbildung ihrer Mitarbeiter und trotz aller Mühe, die sie sich geben, nicht unbedingt bessere Entscheidungen treffen mögen als „die Vielen".

Letztlich kann es passieren, dass institutionelle Anleger Trends schlichtweg nicht erkennen und den Start neuer Entwicklungen verpassen. Die Menge an Personen mag hier durchaus gelegentlich ein Korrektiv sein und zusätzliche Einsichten und Möglichkeiten eröffnen. Die inzwischen nicht mehr aktive Crowdinvesting-Plattform United Equity ließ die Crowd darüber befinden, ob ein Unternehmen zum Zwecke der Finanzierung auf die Plattform gelangen sollte, und prüfte – nach meinen Informationen – im Wesentlichen nur die formalen Voraussetzungen der sich bewerbenden Start-ups. Hier kam der Crowd-Gedanke viel stärker zum Tragen als bei anderen Plattformen, die sich die Selektion komplett selbst vorbehalten. Hierbei ist aber auch zu beachten, dass über die Crowd laufende Bewertungsprozesse genauso störanfällig sein können wie Restaurantbewertungen oder Ähnliches.

Die Crowdinvestoren können mit ihrem gemeinsam aufgebrachten Geld letztlich genau an der Stelle einspringen, wo die Finanzierung auf andere Weise auf unüberwindbar erscheinende Schwierigkeiten stößt, mit unerwünschten Bedingungen aufwartet oder schlicht zu zeitraubend ist. Das Crowdinvesting tritt somit zum einen möglicherweise dort auf, wo kein anderer Finanzier zu haben ist. Zum anderen wird die Crowd sicherlich zum Teil auch andere Kapitalgeber ersetzen oder verdrängen, wenn sie einen einfacheren Zugang zu finanziellen Mitteln und/oder bessere Konditionen für die Gründer ermöglicht. Insgesamt kann also gesagt werden, dass die Crowd entweder andere Geldgeber substituiert oder dann in Aktion tritt, wenn andere Geldgeber – zu den von den Gründern gewünschten Bedingungen – nicht zur Verfügung stehen. Dieser gesamte Komplex wird im nachfolgenden Kapitel detaillierter beleuchtet.

45 Vgl. ebenda, S. 257.
46 Vgl. Bradford, C.S. (2012), S. 114.

Zu ergänzen ist zuvor noch, dass die weitere Finanzierung von jungen Unternehmen nach der Anlaufphase gegebenenfalls auch durch die Einbehaltung von Gewinnen (Gewinn-Thesaurierung) erfolgen kann, vorausgesetzt, das Unternehmen erzielt überhaupt erst einmal Gewinne. Mit dieser Art der (zusätzlichen) Finanzierung werden sich allerdings die Crowdinvestoren nicht unbedingt ohne Weiteres einverstanden erklären, wenn sie selbst betroffen sind und ihre laufenden Ergebnisbeteiligungen (falls vorhanden) nicht stattfinden. Hingegen erhöhen nicht-abfließende Mittel wiederum den Unternehmenswert, besonders dann, wenn sie vom Start-up-Unternehmen intelligent investiert werden. Ist die Gewinneinbehaltung vielleicht doch eine Option, mit der sich die Investoren anfreunden können? Die Antwort darauf wird sicherlich von Fall zu Fall unterschiedlich ausfallen. Zu kompliziert? Um die Komplexität gering zu halten und Meinungsverschiedenheiten zwischen Gründern und Crowdinvestoren über dieses Thema vorzubeugen, wäre es am sinnvollsten, vertraglich festzulegen, ob und inwiefern Gewinne beziehungsweise anderweitige Ergebnisse jährlich an die Crowd fließen. Eine Herausgabe des entsprechenden Geldes schränkt die Finanzierungsmöglichkeiten in der Wachstumsphase des Start-ups natürlich ein. Lösen ließe sich das damit, dass die Erfolgsanteile der Crowd zwar jährlich berechnet werden, jedoch erst in späteren Jahren oder sogar erst endfällig (also nach der Kündigung) ausgezahlt werden.

Im hiesigen Abschnitt 3.1 war bislang nahezu ausschließlich von Start-ups die Rede. Was ist mit etablierten Unternehmen? Bietet sich dafür eine Finanzierung via Crowdinvesting an? Die Antwort ist: ja! Aus meiner eigenen Erfahrung heraus kann ich sagen, dass immer wieder Crowdinvesting-Finanzierungsanfragen an uns (Geldwerk1) gerichtet werden, die von etablierten Unternehmen stammen oder zumindest von Unternehmen, die es schon eine gewisse Zeit gibt. Gesucht werden Mittel für das Wachstum oder für die Umsetzung neuer Ideen, die mithilfe der Crowd finanziert werden soll. Neben dem Kapital ist dabei oftmals der das Crowdinvesting begleitende Marketingeffekt ein Argument. In einem unserer (bisher noch relativ wenigen Fälle) war letztgenannter Effekt sogar – vom Projektinitiator ganz offen ausgesprochen – dominant. In manch anderem Fall sprachen die Unternehmer davon, dass sie das Risiko, in ihrem Unternehmen neue Wege zu beschreiten, mit der Crowd teilen wollen und ihr im Gegenzug (großzügige) Erfolgsanteile zugestehen. Ein fairer Deal, wenn das Chance-Risiko-Verhältnis für die Crowdinvestoren stimmt.

3.2 Crowdinvesting als Substitut für klassische Finanzierungsformen

Die Frage liegt nahe, ob ein Crowdinvesting mit anderen Finanzierungsformen konkurrieren kann, diesen also teils das Wasser abzugraben in der Lage ist. Um dies beurteilen zu können, bietet es sich an, erneut den Blickwinkel eines Geldgebers einzunehmen. Ausgangspunkt ist eine Person, die bereit ist, Geld zu investieren und die sich nunmehr für die Art der Anlage zu entscheiden hat. Dies könnte zum Beispiel jemand sein, der bislang einen bestimmten Betrag in Aktien investiert hat und der dafür offen ist, Alternativen zu dieser Form der Anlage einzugehen. Diese Person konnte sich vor der Existenz des Crowdinvestings im Grunde nur an großen börsennotierten Unternehmen beteiligen, die keinesfalls als innovative Start-ups daherkommen. Zu erwähnen ist, dass natürlich auch eine Beteiligung an nicht an der Börse gelisteten Aktiengesellschaften oder anderen Unternehmen möglich ist, jedoch sicherlich nicht für die breite Masse. Kommen wir zurück zu Aktien von börsennotierten Gesellschaften. Im Regelfall wird eine solche Beteiligung über eine Bank abgewickelt, die dafür Gebühren und Depotkosten berechnet. Aber auch ein Crowdinvesting ist nicht gebührenfrei, denn es fällt im Allgemeinen eine Provision für die Kapitalvermittlung an, die nicht unbedingt als gering zu bezeichnen ist,[47] wenngleich diese Gebühr in aller Regel nicht vom Kapitalgeber, sondern vom Start-up-Unternehmen zu tragen ist. Wie dem auch sei: Sie schmälert letztlich das verfügbare Kapital.

Der Vergleich von Anlagealternativen erfolgt theoretisch (und oftmals auch praktisch) anhand von drei Kriterien: Sicherheit, Rentabilität und Liquidität. Beim Thema Sicherheit geht es darum, das eingesetzte Kapital nicht zu verlieren, folglich um das Verlustrisiko, das mit der Anlage verbunden ist. Bei risikobehafteten Anlageformen lässt sich mit einer Aufteilung des eingesetzten Kapitals auf mehrere oder viele Investments arbeiten (auch als Risikostreuung oder Diversifizierung bezeichnet), um die Risikolage aus Sicht des Anlegers zu verbessern. Bei der Rentabilität geht es darum, unter Berücksichtigung der Laufzeit eine möglichst hohe Rendite auf das hingegebene Kapital zu erzielen. Die Liquidität einer Anlage bezieht sich darauf, wie schnell über das eingesetzte Kapital wieder verfügt werden kann.

47 Vgl. zu den erhobenen Gebühren insb. Abschnitt 4.3.2.

Verfolgt seien diese Kriterien anhand eines Crowdinvestings, wobei das an dieser Stelle nur ganz pauschal erfolgen kann, da die zugrunde liegenden Konditionen und Projekte stark variieren. Dennoch lassen sich einige klare Tendenzen ausmachen, die typisch für eine Crowdinvesting-Anlage sind. Zunächst ist das Risiko eines Verlustes des eingesetzten Geldes beim Crowdinvesting als nicht ganz unbedeutend anzusehen. Es gibt allerdings Crowdinvesting-Projekte, die recht sicher sind, wie manch ein Immobilien-Crowdinvesting. Ein anderes konkretes Beispiel ist das bei uns gelaufene Crowdinvesting für das Demeter-Weingut „Im Zwölberich", wobei es sich um ein mehr als 300 Jahre altes Unternehmen handelt, dessen Insolvenzwahrscheinlichkeit extrem gering ist, zumal es dort umfangreiche Ländereien und weitere Sachwerte gibt und der Inhaber des Weinguts mit seinem Privatvermögen haftet. Abgesehen von diesen Beispielen und zunehmend auftretenden vergleichbaren Fällen wird das Crowdinvesting mehrheitlich für deutlich risikobehaftetere Start-ups veranstaltet. Wenn dem so ist, dann werden die Renditeerwartungen entsprechend hoch sein.

Der dritte Punkt: Die Liquidität der Anlageform Crowdinvesting ist als gering zu bezeichnen, denn fast immer gibt es recht lange Mindestlaufzeiten für diese Art des Investments, die zumeist zwischen fünf und acht Jahren liegen. Hinzu tritt, dass die Handelbarkeit von Crowdinvesting-Anlagen als eher schlecht gelten kann. Eine vorzeitige Rückumwandlung in Geld gelingt zwar zumeist dennoch irgendwie, ist aber durchaus schwierig und nicht selten zeitraubend.

Zieht man unter Rückgriff auf die drei genannten Kriterien eine Zwischenbilanz, dann sieht es für ein Crowdinvesting auf der ersten Blick gar nicht sonderlich genial aus: Einer hohen Renditeerwartung auf der Positivseite stehen gleich zwei negative Komponenten gegenüber, ein relativ hohes Risiko und eine relativ schlechte Liquidierbarkeit der Anlage. Blicken wir jedoch weiter. Die Hoffnung auf eine hohe Rendite wird bei nicht wenigen Investoren vermutlich so sehr ins Gewicht fallen, dass die Aspekte Risiko und Liquidität stärker in den Hintergrund treten mögen. Wie sieht es denn mit einem Lottospieler aus? Dieser ist höchst risikofreudig, denn er muss mit extrem hoher Wahrscheinlichkeit mit dem Verlust seines Einsatzes rechnen. Gleichwohl treibt ihn die (vage) Hoffnung auf eine „gigantische" Rendite an. Und weiter: Die Risikolage wird bei einem Crowdinvesting um ein Vielfaches geringer sein als beim Lotto, jedoch ist der im Idealfall zu erwartende

Höchstgewinn bei einem Crowdinvesting auch vergleichsweise sehr viel niedriger als beim Lotto. Dennoch verbleibt beim Crowdinvesting eine nicht allzu schlechte Chance, satte Gewinne zu erzielen.

Um die beiden Schwachpunkte der Anlageform Crowdinvesting (Risiko und Liquidierbarkeit) abzumildern und sie damit noch konkurrenzfähiger werden zu lassen, würden sich Strategien anbieten, die sich auf eine Verbesserung der Risikolage und der Liquidität beziehen. Begonnen sei mit dem Thema Risiko: Der Anleger könnte hier die Hintergründe des Projekts recherchieren, in das er zu investieren gedenkt. Er kann sich also etwa mit den Marktchancen der Projektidee und mit dem Team befassen, welches das Projekt umsetzen will. Anhand derartiger Recherchen würden sich die Erfolgs- beziehungsweise Versagenswahrscheinlichkeit und damit das Risiko besser einschätzen lassen, was letztlich Einfluss auf die Projektauswahl haben kann und wird. Eine vergleichbare Verbesserung der Chancen ist beim Lotto nicht möglich, denn alle Zahlenkombinationen haben hier die gleiche Eintrittswahrscheinlichkeit. Des Weiteren böte sich beim Crowdinvesting die Strategie an, den einzusetzenden Geldbetrag auf mehrere oder viele Projekte zu verteilen und das Risiko auf diese Weise zu streuen.

Im Hinblick auf die Liquiditätssituation wäre zu prüfen, ob eine Veräußerung der Anlage (also etwa des partiarischen Darlehens) inmitten der Laufzeit realisierbar ist. Es fragt sich also, ob die Beteiligung oder das mit einer Erfolgsbeteiligung versehene Darlehen während ihrer/seiner Laufzeit an einen Dritten verkauft werden kann. Hier ist nun wichtig zu wissen, wie die vertragliche Gestaltung der Anlage beschaffen ist. Grundsätzlich geht es, Anteile oder Darlehen an Dritte zu veräußern, die allerdings dann auch erst einmal gefunden werden müssen. Gibt es einen Markt für den Handel mit Crowdinvesting-Beteiligungen? Wenn dem so wäre, dann würde dies die Liquiditätsproblematik aus Sicht des Investors entschärfen. Ein entsprechend organisierter Markt für Unternehmensanteile, die aus einem Crowdinvesting stammen, existiert allerdings nicht mehr. Die Plattform Bergfürst bot einen sogenannten Sekundärmarkt an, auf dem die Anteile (hier Aktien) an den über Bergfürst crowdfinanzierten Unternehmen gehandelt wurden. Der „Bergfürst-Sekundärmarkt“ wurde für die finanzierten Unternehmen allerdings eingestellt und ist jetzt allein für die dortigen Immobilien-Crowdinvesting-Anteile geöffnet. Das Problem der Liquidierbarkeit der Anlagen wird durch einen geregelten Zweitmarkt reduziert.

Eine ganz simple Lösung gibt es allerdings hinsichtlich des vorzeitigen „Zu-Geld-Machens“ der Crowdinvesting-Anlage: über die Website crowdinvesting-forum.de[48], über den Blog Crowdstreet[49] oder über die (geschlossene) Facebook-Gruppe „Crowd Investor“. Man sieht: Durch Begleitmaßnahmen lässt sich das Crowdinvesting optimieren. Solche Maßnahmen kann zum Teil der Investor selbst initiieren (zum Beispiel die Risikostreuung) oder die Plattform (zum Beispiel Anbieten eines eigenen Sekundärmarkts).

Wichtig erscheint es mir anzumerken, dass die drei Kriterien Sicherheit, Rentabilität und Liquidität für Investoren selten gleich gewichtig sind. Für den einen Investor spielt etwa die Liquidität der Anlage eine zentrale Rolle, weil er bei Bedarf schnell an sein Geld kommen möchte. Ein anderer Investor verfügt über hinreichend viele schnell liquidierbare andere Geldanlagen und ist bereit, ein langfristiges (Crowd-)Investment hinzunehmen, wobei ihm die Renditeerwartung gegebenenfalls das wichtigste Kriterium ist. Zudem sind die drei Kriterien in gewissem Rahmen auch gegeneinander austauschbar. Wenn dem Investor das eine Kriterium besser erfüllt erscheint, dann ist er gegebenenfalls bereit, bei einem anderen Kriterium Abstriche in Kauf zu nehmen.

Festhalten lässt sich: Es ist durchaus zu erwarten, dass sich das Crowdinvesting nahtlos in die Sammlung verschiedenster Finanzierungsinstrumente einreiht und damit in Ergänzung und in Konkurrenz zu ebendiesen anderen Finanzierungen steht. Das Crowdinvesting hat sowohl aus dem Blickwinkel eines Crowdinvestors als auch aus Sicht des zu finanzierenden Unternehmens positive Eigenschaften, die anderen Finanzierungsarten teils fehlen.

Aus Investorenperspektive gibt es etwas, das sich nicht dem „magischen Dreieck“ Sicherheit-Rentabilität-Liquidität unterordnen lässt, nämlich die mit einem Crowdinvesting möglicherweise verbundene positive Ausstrahlung. Das ist erklärungsbedürftig, denn es handelt sich dabei um einen unterstellten psychologischen Effekt, den ich für wahrscheinlich halte, jedoch noch nicht empirisch belegen kann. Der Pioniergedanke, bei neuen Entwicklungen selbst vorne mit dabei zu sein, etwas zur Weiterentwicklung der eigenen Region oder der gesamten heimischen Volkswirtschaft beitragen zu können, kann durchaus Einfluss auf das Anlageverhalten nehmen.

48 www.crowdinvesting-forum.de/forums/23-An-und-Verkauf-von-Anteilen-Sekund%C3%A4rmarkt (Zugriff: 11.10.2016).

49 http://crowdstreet.de/sekundaermarkt/ (Zugriff: 11.10.2016).

Welche andere Form der Geldanlage kann so etwas schon bieten? Hier entstand mit dem Crowdinvesting eine neue Anlagekategorie, die sich anhand klassischer Theorien zum Anlageverhalten nicht vollständig erklären beziehungsweise erfassen lässt. Crowdinvesting-Geldgeber legen teils andere Denk- und Verhaltensmuster an den Tag, als dem – bisherigen finanzwirtschaftlichen Theorien zugrunde gelegten – idealtypischen Investor unterstellt werden. Geldeinsatz plus Emotion – wie es bei Crowdinvesting durchaus vorkommt – ist solchen Theorien fremd.

Die Antwort darauf, ob das Crowdinvesting ein Substitut für andere Anlageformen sein kann, lautet: ja. Wie weit dies letztlich allerdings gehen wird, lässt sich derzeit nicht seriös vorhersagen. Das Crowdinvesting hat Vorteile, die ein hohes Zukunftspotenzial eröffnen. Allein die über das Crowdinvesting eröffnete Möglichkeit, dass die Menge der Menschen breitflächig und direkt in einen finanziellen Austausch mit jungen innovativen Unternehmen kommen kann, lässt erahnen, wohin die Reise gehen kann. Das Crowdinvesting schickt sich international derzeit an, zu dem großen Trend im Finanzierungs- und Anlagebereich zu werden.

Die mögliche Konkurrenzsituation soll am Beispiel der Kreditfinanzierung dargestellt werden. Es wurde zuvor geschildert (siehe Abbildung 8 in Gliederungspunkt 3.1), dass eine nennenswerte Kreditfinanzierung erst nach der Start-up-Phase eines Unternehmens verfügbar wird. Das könnte zu der Annahme verleiten, dass sich ein Crowdinvesting und eine Kreditfinanzierung zeitlich nicht überschneiden. Zunehmend wird das Crowdinvesting aber auch von Unternehmen nachgefragt, die sich in Phasen befinden, in denen Bankkredite durchaus breitflächig verfügbar sind oder sein sollten. Allein die erhöhte Nachfrage in diesen Phasen zeigt, dass dem Crowdinvesting etwas anhaftet, das manch ein fortgeschrittenes Unternehmen anzieht.

Da das Crowdinvesting zumeist mit recht langen Mindestlaufzeiten verbunden ist (in der Regel fünf bis acht Jahre), werden beide Finanzierungen (Bank und Crowd) zumindest in einer Übergangsphase gleichzeitig auftreten können. Je mehr und je länger die Crowd finanziert, umso weniger Mittel werden aus anderen Quellen benötigt. Das Crowdinvesting wird also tatsächlich andere Finanzierungsformen teilweise substituieren. Den Staat wird es freuen, denn er kann sich ein wenig mehr aus der Fördersituation herausziehen, wenn das Crowdinvesting stärker greift. Finanzierungsformen jenseits des Crowdinvestings werden allerdings indirekt auch vom Crowdinvesting profitieren können, denn Letzteres wird manch ein Start-up überhaupt erst aus der Taufe heben und für (spätere) andere Finanzierungen existent werden lassen.

Der Rückgriff bereits etablierter Unternehmen auf ein Crowdinvesting, um zum Beispiel die Einführung neuer Produkte oder anderweitige Wachstumsbestrebungen zu finanzieren[50], freut auch den Anleger. Ihm stehen damit auch Crowdinvesting-Anlagemöglichkeiten zur Verfügung, die weniger risikobehaftet sind. Gerade der deutsche Anleger steht auf so etwas. Mit dem Vordringen des Crowdinvestings in Unternehmensphasen, die nach der Start-up-Phase liegen, wird das Crowdinvesting nicht nur Bankkrediten in die Quere kommen, sondern auch in die Domäne anderer Finanzierungsformen vordringen und unmittelbar in Konkurrenz zu diesen treten. Der Baukasten der Finanzchefs etablierter Unternehmen kann mit dem Crowdinvesting sogar sinnvoll ergänzt werden, dies besonders dann, wenn es um die Finanzierung von Innovationen und neuen Geschäftsfeldern dieser Unternehmen geht.

3.3 Generierung bislang unerschlossener Finanzierungsvolumina über ein Crowdinvesting

Ausgangspunkt ist nunmehr die Frage, ob Personen durch ein Crowdinvesting zu einem Investment bewogen werden können, die ansonsten nicht investiert hätten, also deren Alternative das Unterlassen eines Investments gewesen wäre. Sie hätten den entsprechenden Geldbetrag bei fehlender Möglichkeit, an einem Crowdinvesting teilzuhaben, etwa auf dem Girokonto unverzinst stehen gelassen oder zu Konsumzwecken eingesetzt. Unterstellt: Nur aufgrund der besonderen Eigenschaften des Crowdinvestings sind sie bereit, im Hinblick auf einen bestimmten Geldbetrag ein unverzinstes „Liegenlassen“ aufzugeben oder auf Konsum zu verzichten, und investieren die entsprechenden finanziellen Mittel nunmehr in ein oder mehrere Start-ups oder andere per Crowdinvesting angebotene Investments. Genau dies wäre eine Fallkonstellation, bei der bislang ruhende Finanzierungspotenziale gehoben werden könnten.

50 Vgl. auch www.finance-magazin.de/geld-liquiditaet/alternative-finanzierungen/crowdfunding-ist-der-schwarm-die-bank-der-zukunft/ (letzter Zugriff: 7.1.2014).

Der Reiz, sich unkompliziert an innovativen Projekten beteiligen zu können, wird vielleicht für gar nicht einmal so wenige Personen groß genug sein, um das Risiko eines teilweisen oder kompletten Verlustes des eingesetzten Geldbetrags einzugehen. Ganz einfach gedacht: Ist doch die Verlustwahrscheinlichkeit etwa beim Lottospielen – wie bereits erwähnt – um ein Vielfaches höher. Investments in Aktien sind zumeist wenig sexy, da eine Beteiligung im Regelfall nur an großen bereits etablierten Unternehmen mit erprobten Geschäftsmodellen möglich ist, deren wesentliche Wertsteigerung bereits Geschichte ist. Und: Wer glaubt heutzutage schon wirklich noch daran, bei einem Investment in Aktien an einer bahnbrechenden Entwicklung beteiligt zu sein? Irgendwie liegt das Crowdinvesting letztlich zwischen Lotto und Aktie, wobei es sicherlich der Aktie in gewisser Weise doch um einiges näher ist. Wenn es um Crowdinvestings geht, die für bereits etablierte Unternehmen oder für Immobilienprojekte durchgeführt werden, dann ist der Lottogedanke sogar weit entfernt. Derartige Crowdinvestings sind nicht selten sicherer als Aktien. Sowohl gegenüber dem Lottospielen als auch gegenüber der Aktienanlage wird das Crowdinvesting bestimmt nicht nur für wenige über mehr Charme verfügen, oder?

Im vorherigen Gliederungspunkt wurde bereits die mit einem Crowdinvesting möglicherweise – mehr als mit anderen Formen des Investments – verbundene positive Ausstrahlung zur Sprache gebracht. Ein Crowdinvesting könnte zum Beispiel auch der Selbstdarstellung von Mikroinvestoren dienen, die sich mit der Teilnahme daran positiv in ihrem Umfeld präsentieren möchten.[51] Womöglich sieht der Crowd- beziehungsweise Mikroinvestor auch ein sinnvolles (gesellschaftliches) Engagement darin, „sein Start-up“ zu unterstützen.

All dies kann natürlich nicht nur dazu führen, dass klassische Finanzierungsformen stellenweise durch ein Crowdinvesting substituiert werden, sondern auch dazu, dass solche Personen sich nunmehr für ein Investment entscheiden, die ansonsten die Unterlassungsalternative gewählt hätten. Ich beispielsweise hing vor der Entdeckung des Crowdinvestings für Teile meines Geldes deshalb in der Unterlassungsalternative fest, weil die Verzinsung für sichere Anlagen dermaßen lausig war und noch ist, dass ich schlichtweg inaktiv blieb. Mein Geld vom Girokonto wegzubewegen, für weniger als

51 Vgl. auch Hemer, J./Schneider, U./Dornbusch, F./Frey, S. (2011), S. 47.

ein Prozent Zinsen, war mir die Bindung meines Kapitals für eine gewisse Dauer einfach nicht wert. Dem Crowdinvesting könnte es tatsächlich gelingen, Menschen hinter dem Ofen hervorzulocken, die ansonsten zum gegenwärtigen Zeitpunkt nicht investiert hätten, oder solche, die sogar dauerhaft auf Investitionen verzichten würden.

Was spricht noch für die Teilhabe an einem Crowdinvesting? In einem für viele heutzutage gewohnten Medium, dem Internet, lassen sich die entscheidungsrelevanten Informationen rund um die Uhr einholen und mit relativ wenigen Klicks und Eingaben im selben Medium kann ein sofortiges Investment ausgelöst werden (vorbehaltlich des Erreichens der Funding-Schwelle), ohne dass Brüche im Ablauf entstehen. Ohne Brüche meint, dass weder zeitliche Lücken entstehen noch ein Wechsel des Mediums (zum Beispiel vom Internet zum Telefon und/oder Postweg) erforderlich wird, um die Transaktion abzuschließen. Der vergleichsweise neue einfache Weg einer Erfolgsbeteiligung über ein Crowdinvesting wird zweifellos auch dazu führen, dass manch eine Person, die mangels hinreichender Attraktivität anderer Investmentformen bislang vollständig von Investments abgesehen hat, nunmehr tatsächlich bereit ist, ein Investment einzugehen.

Schwenken wir zu den potenziellen Gründern um. Auch aus dieser Perspektive, also von der Nachfrageseite einer Finanzierung her, kann ein zusätzlicher Bedarf entstehen. Es wird sicherlich Gründungswillige geben, die ihr Vorhaben deshalb nicht angehen, weil sie keine realistische Chance auf eine ausreichende Finanzierung sehen. Sie glauben möglicherweise nicht daran, ihre Finanzierungslücken auf klassischem Wege schließen zu können. Hier böte das Crowdinvesting zumindest einen zusätzlichen Ansatzpunkt, der für Gründer gegebenenfalls den Ausschlag dafür geben kann zu versuchen, ihre Geschäftsidee umzusetzen. Manch ein Gründer wird auch andere Wege der Finanzierung finden, zum Beispiel über Business Angels oder Fördermittel, jedoch werden die Chancen, eine Start-up-Finanzierung zu erhalten, durch das Vorhandensein des Crowdinvestings steigen.

Bei all dem ist zu beachten, dass es sich bei den über ein Crowdinvesting eingeworbenen Geldern nicht um „Stupid Money“ handelt wie bei Bankkrediten. Die Bank liefert als Kreditgeber in aller Regel nur Geld ab, ohne zusätzliche Leistungen wie Informationen, Kontakte oder Aufträge beisteuern zu können. Das sieht bei Venture-Capital-Gebern und Business Angels nicht selten anders aus. Sie sind teils in der Lage, „Smart Money“ bereitzustellen, also neben dem reinen Geld auch noch nützliche Geschäftskontakte oder handfeste Aufträge mitzubringen. Smart Money ist daher wertvoller als Stupid Money, aber im Erfolgsfall auch teurer. Das durch ein Crowdinvesting eingeworbene Geld lässt sich ebenfalls als eine Form von Smart Money ansehen. Denn: Natürlich kann und wird es auch so sein, dass unter den Crowdinvestoren Personen sind, die für das Start-up-Unternehmen mehr als nur Geld bieten können. Einige Crowdinvesting-Plattformen haben zum Nutzen ihrer jeweiligen Start-ups Foren beziehungsweise Investor-Relations-Bereiche eingerichtet. Dort finden sich gelegentlich Kommentare oder Hinweise von Investoren, die den Start-ups helfen. Oder sie nehmen direkt mit ihrem Start-up Kontakt auf, um Hilfestellung zu leisten. Damit kann die Finanzierung über ein Crowdinvesting durchaus als Smart Money gelten. Ob nun der Business Angel, der Venture-Capital-Geber oder die (große) Crowd „smarter" ist? Sehr smart ist auf jeden Fall der das Crowdinvesting begleitende Marketingeffekt, der durch die zugehörige Medienkampagne entsteht.

Bei nicht wenigen Venture-Capital-Gebern und Business Angels fragt man sich, ob sie wirklich Smart Money bereitstellen können und wollen. Bei Weitem nicht immer folgt den Ankündigungen auch die Tat. Und wie gesagt: So ganz unintelligent ist die Crowd nun auch wieder nicht. Dort befinden sich durchaus gelegentlich gute Helfer für das crowdgefundete Start-up, sei es mit guten Tipps und Hinweisen oder sogar mit handfesten Kontakten. Wenn man die auf manchen Crowdinvesting-Plattformen sichtbaren Forenbeiträge nachliest, dann ist dort beileibe nicht alles nutzlos. Die meisten nützlichen Kontakte werden allerdings nicht über Foren sichtbar, sondern über direkte Gespräche zwischen dem jeweiligen Crowdinvestor und dem Crowdunternehmen laufen.

Außerdem: Wenn über ein Crowdinvesting eine erste Finanzierungsbasis geschaffen wurde, dann tun sich weitere (etwas risikoscheuere) Kapitalgeber oftmals wesentlich leichter, Geld hinzuzugeben. Letztere erhalten dann allerdings nicht so hohe Erfolgsanteile wie früh eingestiegene Crowdinvestoren. Die Crowd kann die Basis legen, dabei ein erhöhtes Risiko eingehen und erhält dafür im Gegenzug die höchste Chance aller Kapitalgeber (mit Ausnahme der Gründer, die chancenmäßig noch höher liegen), von Wertsteigerungen zu profitieren. Das Motto des Crowdinvestors könnte lauten: Diesmal möchte ich zumindest eine Chance haben, ganz vorne dabei zu sein, wenn ein neues Microsoft entsteht.

Insgesamt: Vieles spricht dafür, dass ein Crowdinvesting sowohl von der Nachfrageseite (den Unternehmen) als auch von der Angebotsseite (den Investoren) mit Alleinstellungsmerkmalen verbunden ist. Es tritt also eine neue Investitions- und Finanzierungsform hinzu, die einen eigenen Charakter hat und damit sogar geeignet erscheint, den Finanzierungsmarkt im gewissen Rahmen in Gänze wachsen zu lassen. Wenn das Crowdinvesting also in der Lage ist, Start-ups entstehen zu lassen, die ansonsten überhaupt nicht an den Start gegangen wären, und wenn das Crowdinvesting gleichsam neue Investorenpotenziale hebt, dann ist es ihm tatsächlich gelungen, zusätzliche Finanzierungsvolumina zu erschließen. Das Aktivieren zusätzlicher Finanzierungspotenziale beschränkt sich allerdings nicht auf Start-ups. Auch etablierte Unternehmen und Immobilienprojekte können so neue Finanzierungen über genau hieran interessierte Investoren erhalten. Ein Wort zu Immobilienprojekten: Nach den Enttäuschungen vieler Anleger mit Immobilienfonds kann das Immobilien-Crowdinvesting ein Weg sein, Immobilienanleger zurückzugewinnen. Die Basis ist gelegt. Das Immobilien-Crowdinvesting verzeichnet derzeit hohe Wachstumsraten, in Deutschland sogar die höchsten im gesamten zugehörigen Crowdinvesting-Markt.

4. KAPITEL

Akteure eines Crowdinvestings

4.1 Kapitalsuchende (Unternehmen)

4.1.1 Zielsetzungen der Kapitalsuchenden

Kapitalsuchende, hier auch einfach als Unternehmen bezeichnet, können unterschiedliche Motive aufweisen, die sie veranlassen, sich für ein Crowdinvesting zu entscheiden. Nahe liegt als Motiv der Mangel an anderweitigen Finanzierungsmöglichkeiten. Allerdings kann es durchaus sein, dass andere Finanzierungsquellen zur Verfügung stehen, die jedoch für die Gründer unerwünschte Eigenschaften aufweisen. Dazu seien zwei in der Praxis immer wieder anzutreffende Beispiele gegeben. Erstens: Ein Business Angel erklärt sich (gnädigerweise) bereit, ein Start-up-Unternehmen zu finanzieren, verlangt allerdings im Gegenzug eine aus Sicht der Gründer unangemessen hohe Beteiligung dafür. Zweitens: Eine Privatperson bietet an, sich an der Gründung zu beteiligen, dies jedoch nur unter der Bedingung, ein umfängliches Mitspracherecht zu erhalten. In beiden Fällen bestünde für den Unternehmer also die Möglichkeit, ausreichendes Kapital zu bekommen, dies jedoch mit für ihn störenden Nebenwirkungen. Bei einem Crowdinvesting haben die fremden Investoren, wie von den Unternehmen oftmals präferiert, in aller Regel kein Mitspracherecht und keine Stimmrechte. Sie beeinträchtigen also die kapitalnehmenden Unternehmen nicht bei der Umsetzung ihrer Pläne.

Die Kapitalsuchenden werden bestimmt nicht nur auf die einzuwerbenden finanziellen Mittel schielen, sondern weitere Vorstellungen entwickeln, die mit ihrem Gründungsvorhaben in Zusammenhang stehen. Dies könnten sein:

- Möglichst hohe Gewinne zu erzielen und eine möglichst umfängliche Wertsteigerung ihres Unternehmens zu erreichen (Priorität sehr hoch),
- Selbstverwirklichung und ungestörtes Arbeiten und damit nach Möglichkeit kein Reinreden (vieler) Dritter in das Projekt (Priorität sehr hoch),
- kein unnötiger Aufwand (Priorität mittel bis hoch).

Daraus würden sich für die Unternehmer idealtypisch folgende Zielsetzungen ableiten lassen, die in zwei Punkten konträr zu dem sind, was sich die Kapitalgeber wünschen:

- Genügend Kapital zu erlangen, um den Geschäftsaufbau wunschgemäß umsetzen zu können,
- möglichst geringe Auszahlungen an Fremdinvestoren,
- ein möglichst geringes Mitspracherecht und möglichst wenige Informations- und Kontrollrechte für die Fremdinvestoren,
- möglichst geringer Verwaltungsaufwand.

Wenn die Kapitalnehmer bei der Gestaltung der Konditionen nun den Gedanken auf die Spitze treiben, die Auszahlungen an die Crowd sehr gering halten zu wollen, läuft das Projekt Gefahr, nicht genug Investoren zu gewinnen, selbst dann, wenn es von der Geschäftsidee her höchst spannend erscheint. Es müsste also hier eine Balance zwischen den Interessen der Unternehmer und denen der Crowdinvestoren gefunden werden, was sich in den vertraglich zu vereinbarenden Konditionen niederschlägt. Häufig kommt es zu einer turnusmäßigen Beteiligung der Investoren an den Jahresergebnissen zuzüglich einer Beteiligung an der Wertsteigerung des Start-ups, wobei Letztere mit Ablauf der Mindestbeteiligungsdauer fällig wird, sofern die Beteiligung aufgekündigt wurde. Auch ein Verkauf des Unternehmens kann zur Realisierung der Wertsteigerung bei den Crowdinvestoren führen.

Man könnte nun meinen: Wenn alle oder fast alle Crowdinvestoren zum Ende der Mindestbeteiligungsdauer kündigen, kann es gegebenenfalls zu Problemen bei deren Auszahlung kommen, wenn es keine Anschlussfinanzierung gibt. Betrachten wir dieses Problem näher. In der Tat können die Auszahlungen unter Umständen hoch sein. Beispiel: Die Crowdinvesting-Verträge

„garantieren“ typischerweise eine Abfindung in Höhe eines Mehrfachen (zum Beispiel des 6,5-Fachen) des Ergebnisses vor Zinsen und Steuern (EBIT) des letzten Geschäftsjahres vor der Kündigung oder des zum Beispiel 1,2-Fachen des Umsatzes aus dem gleichen Jahr. Der jeweils höhere Wert zählt hier in aller Regel. Da die Auszahlungen bei Kündigungen jedoch von den Ergebnissen abhängen, gilt: Sehr hohe Auszahlungen fallen nur dann an, wenn es auch hohe Ergebnisse gibt. Bei hohen Ergebnissen sollte es aber auch möglich sein, die Crowd auszuzahlen, zumal diese in Summe oft nur zu zehn oder 15 Prozent am Unternehmen beteiligt ist. In diesen Fällen muss schließlich nur ein Zehntel oder ein Sechs-Komma-Siebentel des Kapitals bedient werden, und das auch nur dann, wenn alle Crowdinvestoren gleichzeitig kündigen würden. Die Endauszahlungsproblematik wird für die Unternehmen also in aller Regel weniger ins Gewicht fallen, als vielleicht intuitiv zu meinen ist.

Ein gewisses Problem kann allerdings aufkommen, wenn die (ehemaligen) Start-ups im letzten Jahr vor der Kündigung verschwenderisch sind und nicht genug Geld beiseitelegen, um einen Massenausstieg der Crowd zu bewältigen. Was ist, wenn Geld fehlt und keine entsprechende Anschlussfinanzierung gefunden wird? Muss die Crowd warten oder verzichten? Die heutigen Crowdinvesting-Verträge sehen für einen solchen Fall fast immer einen Teilaufschub der Zahlungen an die Crowd vor. Für die Wartezeit sind jedoch dann Zinsen fällig, die zumeist hoch sind (wir geben standardmäßig sieben Prozent vor). Dies sollte Anreiz genug für das betroffene Start-up sein, hinreichend Geld für die Ausstiegswilligen bereitzuhalten.

Gemeinhin wird der Vorgang des Ausstiegs und der Auszahlung eines Investors als Exit bezeichnet. Eine zweite Form des Exits kann entstehen, wenn das Start-up verkauft wird. Die Verträge sehen normalerweise vor, dass die Crowd quotal am Verkaufserlös beteiligt wird.

Der erstgenannte Exit-Fall (per Kündigung) liegt zum Beginn der Finanzierung noch in weiter Ferne, ist allerdings eine äußerst wichtige Station bei einem Crowdinvesting und dies sowohl für den Investor als auch für das Start-up-Unternehmen. Für den Investor ist dieser Zeitpunkt deshalb so wichtig, weil er dann tatsächlich Kasse machen kann, vorausgesetzt das (Start-up-)Unternehmen ist richtig durchgestartet und es wurde eine Beteiligung an der Wertsteigerung vereinbart. Der Exit wird nicht selten sogar der stärkste Antrieb für das Engagement des Kapitalgebers sein. Für das Start-up-Unternehmen beziehungsweise für die Gründer wird der Exit möglicherweise ebenso einen wichtigen Einschnitt bedeuten, denn es fließt damit einiges an Kapital ab. Da die Gestaltung des Exits von so großer Bedeutung ist, wird dieser Punkt an späterer Stelle separat und ausführlich erörtert.

4.1.2 Auswahl der Finanzierungsform und ihrer Konditionen

Die Kapitalsuchenden werden in einem ersten Schritt prüfen, ob ein Crowdinvesting die für sie beste Finanzierungsmöglichkeit darstellt. Vielleicht ist es ja müßig für die Gründer „in spe", über weitere Finanzierungsalternativen nachzudenken. Dies wäre dann überflüssig, wenn realistischerweise keine Alternativen zu einem Crowdinvesting vorhanden sind: Bei Kreditinstituten ernten die Gründer womöglich nur ein mitleidiges Kopfschütteln, Venture-Capital-Gesellschaften finden das Projekt vielleicht zu klein, die Beantragung von Fördermitteln scheitert am Kleingedruckten der Förderrichtlinie und was nicht alles. Die Entscheidung für ein Crowdinvesting basiert also entweder darauf, dass die Gründer keine andere Finanzierungsalternative sehen oder, falls es in Reichweite befindliche Alternativen gibt, darauf, dass diese den Gründern weniger gut geeignet erscheinen.

Eine aus Sicht der Kapitalsuchenden unattraktive Alternative könnte zum Beispiel wie folgt aussehen: Eine Venture-Capital-Gesellschaft knüpft ihr finanzielles Engagement an die Bedingung, einen Anteil am Eigenkapital des Start-ups zu erhalten, den die Gründer als völlig überhöht ansehen. Warum fordern VC-Geber nicht selten so hohe Anteile? Erstens: Sie fordern dies, weil sie meinen, es durchsetzen zu können, da der Kapitalsuchende (vermeintlich) keine Alternative hat. Zweitens: Der VC-Geber muss seine – an anderen Stellen – auftretenden Ausfälle kompensieren und bei jedem neuen Investment deshalb mit einem Aufschlag kalkulieren. Der Venture-Capital-Geber begründet seine (hohe) Forderung meist mit dem Risiko. Er setzt sein Kapital oder das Kapital anderer hohen Risiken aus und meint, daher auch hohe Ansprüche stellen zu können oder zu müssen. Das soeben im Hinblick auf die VC-Geber Gesagte hat einen wahren Kern, lässt sich aber nicht auf alle diese Kapitalgeber übertragen. Was bleibt: Wenn der Gründer keine Alternative sieht, hat er schlechte Karten, bessere Konditionen bei einem VC-Geber (oder wem auch immer) auszuhandeln. Aber auch der VC-Geber hat irgendwo seine Schmerzgrenze und steigt bei deren Überschreiten aus.

Des Weiteren fordern Kapitalgeber gelegentlich Mitspracherechte, mit denen die Gründer nicht leben können oder wollen. In dieser Beziehung sind Kredite sehr bequeme Finanzierungsinstrumente, denn sie sind in aller Regel völlig frei von Mitspracherechten.

Eine Finanzierung über die Crowd eröffnet gewisse Vorteile, die andere Finanzierungsformen gegebenenfalls nicht in gleicher Weise mitbringen. Wenn schnell viele Crowdinvestoren gefunden werden können, dann ist dies ein erstes Indiz für die Marktfähigkeit des Projekts. Die Crowd hat damit ihren Glauben an das Projekt eindrucksvoll dokumentiert, was zwar keineswegs eine Garantie für den Erfolg des Projekts ist, aber zeigt, dass „normale" Menschen und gegebenenfalls potenzielle Käufer oder Nutzer der Produkte oder Leistungen des Start-ups offensichtlich sehr interessiert sind. Außerdem werden die Crowdinvestoren das junge Unternehmen nach Möglichkeit werbewirksam unterstützen, indem sie das Projekt etwa im Familien-, Freundes- und Bekanntenkreis propagieren. Eine klassische Kreditfinanzierung kann mit solch positiven Nebeneffekten wohl kaum aufwarten.

Unabhängig davon, ob es für die Gründer reelle Finanzierungsalternativen zum Crowdinvesting gibt oder nicht: Es bietet sich für die Gründer an, sich über die eigenen Vorstellungen im Hinblick auf die mit der jeweiligen Finanzierung verbundenen Bedingungen klar zu werden.

Eigenschaft	Art der Finanzierung			
	Fördergeld	Bankkredit	Business Angel	Crowdinvesting
Verfügbarkeit für Gründer	ja	nur wenn besichert	ja	ja
Gründer trägt Risiko für das Fremdgeld	fall-abhängig	ja	nein	nein
Netzwerkeffekt	in der Regel nein	nein	nicht selten ja	gelegentlich
Marketingeffekt	nein	nein	nein	ja
Geheimhaltung	ja	ja	ja	nur begrenzt möglich
Einflussmöglichkeit Dritter	in der Regel keine	keine	oftmals ja (teils erheblich)	nein
Bindungsdauer	unter-schiedlich	unter-schiedlich	fallabhängig	zumeist 5–8 Jahre
Exit-Druck für Gründer	nein	nein	ja	nein
Arbeitsaufwand	mittel	eher gering	mittel bis hoch	in der Regel hoch
Kosten	gering	gering	hoch	hoch

Abb. 9: Eigenschaften und Ausprägungen möglicher Finanzierungen für Gründer

Zu 1 (Verfügbarkeit für Gründer): Grundsätzlich können Gründer auf Fördermittel, auf eine Business-Angel- oder eine Crowdinvesting-Finanzierung zurückgreifen. Natürlich müssen bei Fördermitteln die Förderkriterien erfüllt sein und der jeweilige Träger muss zustimmen. Business Angels sind sehr selektiv und steigen zumeist ungern schon in einer ganz frühen Unternehmensphase ein. Den wenigsten Gründern gelingt es, an eine Business-Angel-Finanzierung zu kommen. Beim Crowdinvesting sieht es zumindest hinsichtlich der frühzeitigen Möglichkeit für Gründer, an Startgeld zu gelangen, schon besser aus als bei Business Angels. Allerdings sind die Crowdinvesting-Plattformen oft ähnlich selektiv wie Business Angels. Zu vermuten ist, dass beim Crowdinvesting jedoch von der Tendenz her mehr sich bewerbende Unternehmen eine Finanzierung erhalten.

Zu 2 (Gründer trägt Risiko für das Fremdgeld): Bei einer Finanzierung über Business Angels und über ein Crowdinvesting liegt das Risiko für das von draußen hinzukommende Kapital (in der Regel) vollständig bei den externen Kapitalgebern. Bei Bankkrediten liegt das Risiko in aller Regel vollständig beim Gründer, da er Sicherheiten wird liefern müssen. Bei Fördermitteln gilt die Faustregel: Wer als Gründer absichern kann, der muss absichern und trägt damit wiederum das Ausfallrisiko. Wer keine oder keine ausreichenden Sicherheiten bieten kann, wird oftmals vom Risiko ganz oder teilweise freigestellt.

Zu 3 (Netzwerkeffekt): Unter Netzwerkeffekt wird verstanden, dass die jeweilige Finanzierungsart typischerweise damit verbunden ist, wichtige Geschäftskontakte für die Gründer zu schaffen, insbesondere hinsichtlich des Vertriebs. Business Angels investieren oft in Unternehmen, die in ihnen vertrauten Branchen tätig sind. Ihnen wird nachgesagt, dass sie oftmals gute Geschäftskontakte herstellen und manchmal direkt schon Aufträge an die Gründer vermitteln können. Es ist sehr unterschiedlich, ob das tatsächlich funktioniert. Immerhin besteht darin ein potenzieller Vorteil einer Business-Angel-Finanzierung. Hin und wieder mag es aber auch jemandem aus der Crowd gelingen, entsprechende Kontakte herzustellen, wenngleich die Wahrscheinlichkeit hier viel geringer ist, dass so etwas gelingt, als bei einem Business Angel. Gelegentlich schafft es aber auch die vermittelnde Crowdinvesting-Plattform, den Gründern Kontakte zu besorgen. Die Wahrscheinlichkeit steigt, je spezialisierter die Crowdinvesting-Plattform auf ein bestimmtes Gebiet ist. Als Beispiel: Die Plattform aescuvest hat sich auf den Gesundheitsmarkt spezialisiert und ich kann mir gut vorstellen, dass das aescuvest-Team dort über tragfähige Kontakte verfügt. Bei Bankkrediten sind definitiv keine und bei Fördermitteln normalerweise ebenfalls keine Netzwerkeffekte zu erwarten.

Zu 4 (Marketingeffekt): Ein Entscheidungskriterium der Gründer wird nicht selten sein, inwieweit ihr Marketing durch die Kommunikationsmöglichkeiten der jeweiligen Crowdinvesting-Plattform unterstützt werden kann. Hier hat das Crowdinvesting ein echtes Alleinstellungsmerkmal im Vergleich zu anderen Finanzierungen. Keine andere Finanzierungsart, die für Gründer – aber auch für etablierte Unternehmen – in Betracht kommt, kann so viel Aufmerksamkeit erzeugen. Voraussetzung dafür ist, dass es gelingt, das Crowdinvesting mit einer ordentlichen Marketingkampagne zu verbinden. Das Crowdinvesting ist ein idealer Aufhänger für eine solche Kampagne. Ob das wunschgemäß oder sogar noch besser funktioniert, hängt von den Kanälen und vom Geschick der jeweiligen Crowdinvesting-Plattform ebenso ab wie von dem (Start-up-)Unternehmen selbst.

Zu 5 (Geheimhaltung): Das Crowdinvesting lebt von seiner öffentlichen Transparenz. Das mag die Geheimhaltungsbedürfnisse manch eines Start-ups stören. Allerdings müssen natürlich keine geheimen Details – zum Beispiel technischer Lösungen – preisgegeben werden. Es wird hier sicherlich eine nachvollziehbare globalere Beschreibung für die Crowd ausreichen. Manche Gründer haben aber Angst, dass ihre Idee von anderen aufgegriffen und schnell noch vor ihnen umgesetzt wird. Diese Bedenken sind aus meiner Erfahrung heraus nur in den seltensten Fällen begründet.

Zu 6 (Einflussmöglichkeit Dritter): Die Bank nimmt keinen Einfluss und ebenso wenig die „Förderstellen". Ausnahme: Wenn die Förderung über eine Beteiligung läuft, dann kann es gegebenenfalls zu einer gewissen Einmischung kommen – ein ziemlich seltener Fall bei Fördermitteln. Da die Crowdinvestoren in aller Regel keine Stimm- und Mitspracherechte erhalten, können die Gründer/Unternehmen unbehelligt von der Crowd arbeiten. Nur in (vertraglich zuvor festgelegten) Ausnahmefällen kann die Crowd sich einmischen. Richtig unbequem kann für Gründer/Unternehmen ein Business Angel werden. Letztgenannte lassen sich oftmals recht umfangreiche Mitspracherechte einräumen. Vor allem dann, wenn es dem Start-up nicht gelingt, bestimmte Zwischenziele (Milestones) zu erreichen, ist mit einer Einmischung oder mit anderen Konsequenzen zu rechnen. Allein der Gedanke, dass ein Business

Angel in verschiedene Dinge hineinreden darf, ist manch einem Gründer ein Graus. Dabei wollen die Business Angels ja nur helfen beziehungsweise ihr eingesetztes Kapital mehren oder retten – aus Gründersicht eine zweischneidige Sache. Ob dann letztlich aus Perspektive der Gründer die Vor- oder die Nachteile überwiegen, ist fallabhängig. Solange sich das Start-up auf der Sonnenseite befindet, überwiegen fast immer die positiven Aspekte der Einmischung, die dann zumeist sogar als höchst willkommene Unterstützung ankommt.

Zu 7 (Bindungsdauer): Bei Krediten sind die Laufzeit und damit die Bindungsdauer Vereinbarungssache. Bei Fördermitteln ist es recht unterschiedlich und teils auch vorab frei wählbar, wie die Laufzeit sein wird. Business Angels sind in der Regel erst einmal dauerhaft beteiligt, wollen aber zumeist nach einigen Jahren aussteigen und treffen oftmals entsprechende Vereinbarungen mit den Gründern. Beim Crowdinvesting geben die Plattformen meist Mindestlaufzeiten vor, die im Regelfall zwischen circa fünf und acht Jahren liegen.

Zu 8 (Exit-Druck für Gründer): Auch hier kann es mit Business Angels ungemütlich werden. Diese wollen meist so schnell wie möglich Kasse machen: Das Start-up soll nach Möglichkeit eine blitzsaubere Wachstumskurve hinlegen und dann teuer weiterverkauft werden. Viele Business Angels zielen auf eine Haltedauer von maximal fünf Jahren für das finanzierte Start-up ab. Bis dahin wollen viele Angels raus sein, also ihre Anteile verkauft haben. Da sie zumeist einen Minderheitsanteil haben (< 50 Prozent), müssen die Gründer im Verkaufsfall mit raus, um dem Käufer eine Anteilsmehrheit zu gewähren. Oft möchte der Käufer sogar alle Anteile haben. Business Angels lassen sich den gemeinsamen Ausstieg häufig schon zum Beginn ihres Engagements von den Gründern garantieren. Manch ein Gründer wird sich aus seinem Lebenswerk hinausgedrängt fühlen, versüßt durch möglicherweise hohe Geldbeträge, die er beim Exit erlöst. Dazu muss aber alles gut gelaufen sein.

Zu 9 (Arbeitsaufwand): Hier ist der Bankkredit im Allgemeinen die pflegeleichteste Finanzierungsvariante. Gespräche mit Business Angels können sehr langwierig und vorbereitungsintensiv sein. Beim Crowdinvesting ist der Haken, dass sehr saubere und nach außen hin bestens präsentable Unterlagen aufbereitet werden müssen, und im Normalfall wird ein Video über das eigene Vorhaben gedreht, in dem die Gründer sich präsentieren und das auf der Crowdinvesting-Plattform präsentiert wird. Hinsichtlich der Fördermittel ist es im Vorhinein schwer zu sagen, wie aufwendig die Angelegenheit wird. Nicht selten klingt zunächst alles ganz einfach und später funktioniert dann doch wieder nichts mit überschaubarem Aufwand und in absehbarer Zeit. Ich selbst habe beide Extreme erlebt beziehungsweise aus nächster Nähe mitbekommen: von schnellen und unbürokratischen Abläufen (beim INVEST-Zuschuss für Wagniskapital) bis hin zu einer über die Hausbank eines Gründers nach sehr langen Vorgesprächen am geplanten Unterschriftstag unter fadenscheinigen Gründen abgelehnte Fördermitteldurchreichung, die das betreffende Start-up ob der späten und völlig überraschenden Absage an den Rand des Ruins gebracht hat. Über eine andere Bank konnte die Förderung dann (erheblich zeitverzögert) gerettet werden.

Zu 10 (Kosten): Es fragt sich hier zunächst, was unter Kosten überhaupt alles erfasst werden soll. Sind es nur die zu zahlenden Gebühren und die zugehörigen Aufwendungen für externe Dienstleister, die einbezogen werden? Letzteres zum Beispiel für einen Fördermittelberater, für einen (Kapitalmarkt-) Anwalt, für Unterstützung beim Schreiben eines Businessplans oder für das Drehen eines Videos, das zu Präsentationszwecken benötigt wird. Und was ist mit dem eigenen Arbeitsaufwand? Soll dieser in Geld ausgedrückt ebenfalls zu den Kosten gehören? Wie steht es mit den zu zahlenden Zinsen und was ist mit den abzugebenden (Erfolgs-)Anteilen, die an Business Angels oder an die Crowd gehen? Nehmen wir alles zusammen. Daraus folgt ein Plus für den für Gründer selten zu habenden Bankkredit. Die Kosten bleiben hier in aller Regel relativ gering. Die Aufbereitung von Unterlagen bleibt meist in einem halbwegs überschaubaren Rahmen und die zu entrichtenden Zinsen sind zumindest aktuell gering. Fördermittel werden meist über die Hausbank abgewickelt und dies mit einem ähnlich geringen (eventuell leicht erhöhten) Aufwand wie bei einem herkömmlichen Bankkredit. Die Konditionen für Fördermittel sind meist besser als die für Bankkredite, sonst hätten die Fördermittel ja auch nichts Förderndes. Okay, Fördermittel sind oft auch dann zu bekommen, wenn die Bank nichts Eigenes herausgibt.

Bei Kontakten mit Business Angels sind die Informationsaufbereitung und die Verhandlungsphase für die Gründer oft ziemlich aufwendig und nicht selten langwierig. Es gibt aber durchaus Fälle, in denen das recht schnell und unkompliziert verläuft. Jeder Jeck ist anders. Gerade im Bereich der Business Angels gibt es ganz unterschiedliche Charaktere und damit auch unterschiedlich komplizierte Vorgehensweisen. Das Teure an Business Angels ist, dass sie den Gründern häufig relativ hohe Anteile abverlangen, damit sie ihr Geld herausrücken. Begründet wird das mit dem hohen Risiko, dem sie ihr Geld aussetzen, und den Zusatzleistungen, die sie für die Gründer erbringen, zum Beispiel die Beschaffung wichtiger Geschäftskontakte.

Beim Crowdinvesting gelten die Kosten als hoch, denn der Vorbereitungsaufwand ist durchaus nicht unbeträchtlich und löst in der Regel auch externe Kosten aus (zumindest für das zu drehende Video). Die Crowd erhält zumeist allerdings keine überhöhten Anteile an den Start-ups/Unternehmen. Tendenziell wird der Crowd-Anteil geringer sein als bei einem sich beteiligenden Business Angel. Den höheren Kosten einer Business-Angel- und einer Crowdinvesting-Finanzierung stehen jedoch meist auch höhere Leistungen gegenüber: Geschäftskontakte beziehungsweise Marketingeffekt.

Anhand der obigen Stichpunkte und der dahinter stehenden Gedanken lässt sich einerseits die grundsätzliche Eignung eines Crowdinvestings aus Sicht der Gründer überprüfen, andererseits aber auch dessen konkrete Ausgestaltung. Ist die Entscheidung pro Crowdinvesting aus Gründersicht grundsätzlich gefallen, dann stellt sich eine weitergehende Frage: Wird eine Plattform eingeschaltet oder wird das Einsammeln von Geld in Eigenregie organisiert? Letzteres könnte über eine Website erfolgen, die eigens für das geplante Projekt erstellt wird oder, falls das Start-up-Unternehmen schon existiert, über die firmeneigene Website. Kein ganz so leichtes Unterfangen, denn es ist dazu sehr viel Hintergrundwissen erforderlich, dies vor allem aus rechtlicher Sicht. Ein öffentliches Angebot von Unternehmensbeteiligungen kann nämlich nicht so einfach auf die Website gesetzt werden, ohne damit gegen rechtliche Regulierungen des Kapitalmarkts zu verstoßen und mit ganz erheblichen Haftungsrisiken konfrontiert zu werden. Die Crowdinvesting-Plattformen haben hingegen das Rad schon erfunden und die Umsetzung der öffentlichen Finanzierung kann schnell beginnen, kostet dort dann aber natürlich auch „ein wenig“. Letztlich: Seit der „Inthronisierung“ einiger rechtlicher Verschärfungen durch das Kleinanlegerschutzgesetz sind Eigenfundings per Crowdinvesting so gut wie ausgestorben.

Zu den in Eigenregie organisierten Crowdinvestings gibt es einige „historische“ Beispiele: Der britischen Brauerei BrewDog (Großbritannien 2011) gelang es ebenso, sich selbst zu funden, wie dem Unternehmen DatingByPhone (Deutschland 2012); und sogar die Crowdinvesting-Plattformen Companisto und Seedmatch sowie die inzwischen wieder geschlossenen Portale Welcome Investment und Gründerplus sammelten über die Crowd Geld für den eigenen Start beziehungsweise für ihre Weiterentwicklung ein. Für

Crowdinvesting-Plattformen ist das Eigenfunding natürlich auch heute kein Problem, denn sie kennen sich mit den neuen rechtlichen Belangen und Risiken ja bestens aus und müssen keine zusätzlichen Anstrengungen auf sich nehmen.

4.1.3 Erfolgsfaktoren aus Sicht der Gründer/Unternehmen

Der Erfolg eines Crowdinvestings lässt sich aus der Perspektive von Gründern und Unternehmen an drei Dingen messen. Erstens: Gelingt es, über das Crowdinvesting die benötigten finanziellen Mittel einzuwerben? Zweitens: Funktioniert die erwartete Marketingkampagne und bringt sie zahlende Kunden? Drittens: Gelingt es auf dieser Basis, ein erfolgreiches Unternehmen aufzubauen und den Erfolg über einen längeren Zeitraum zu halten?

Um die Crowd dazu zu bewegen, dass sie genügend Geld für ein (Start-up-) Unternehmen zur Verfügung stellt, könnte vielleicht ein schöner Schein schon ausreichen, also eine gelungene Darstellung des eigenen Projekts und der handelnden Personen. Die Projektinitiatoren haben allerdings eine echte Verantwortung, wenn sie eine Vielzahl von Investoren haben, die nicht enttäuscht werden sollen. Für die erfolgreiche Umsetzung des Projekts und für das Bestehen am Markt reicht ein gutes Erscheinungsbild nicht. Hier sind handfeste unternehmerische Fähigkeiten der Projektbetreiber gefragt. Das muss beziehungsweise sollte Letztgenannten klar sein. Falls Kompetenzen und Fähigkeiten im Team fehlen, muss unbedingt Abhilfe geschaffen werden.

Beziehen wir die Thematik zunächst einmal auf Gründer beziehungsweise auf Start-up-Unternehmen. Um Kapitalgeber zu interessieren und zu aktivieren, ist Folgendes zu tun: Zunächst muss das Projekt natürlich den potenziellen Kapitalgebern bekannt werden. Diese wären entweder direkt anzusprechen oder müssten anderweitig auf das Projekt aufmerksam werden. Ganz allgemein gilt bei der Suche nach Kapital: Eine unmittelbare Ansprache von Geldgebern ist immer dann möglich, wenn die Gründer die potenziellen Kapitalgeber kennen. Zu den allseits bekannten Kapitalgebern gehören zum Beispiel Banken, die – wie gesagt – für die Finanzierung von Gründungsvorhaben im Regelfall jedoch nicht zur Verfügung stehen. Oftmals bleibt den Gründungswilligen zunächst also nur die Ansprache ihres persönlichen Umfelds.

Sie können sich allerdings nun auch die Anlegerkontakte einer Crowdinvesting-Plattform zunutze machen. Dort tummeln sich vermehrt Kapitalgeber, die auf – ihnen interessant erscheinende – Projekte warten. Die Gründer müssten also eine Geschäftsidee haben oder entwickeln, die hinreichend vielen Personen aus der Crowd spannend und tragfähig erscheint. Damit unterscheidet sich das Erfolgsprofil zwar nicht grundsätzlich von dem eines normalen Gründungsvorhabens, es ist jedoch davon auszugehen, dass die Crowd (im Durchschnitt) eine intuitivere Herangehensweise hat als professionelle Kapitalgeber. Um darauf aus Gründersicht angemessen zu reagieren, ist es wichtig, eine klare und schnell verständliche Präsentation der eigenen Idee und deren geplanter Umsetzung zu liefern.

Nach dieser ersten Vorrede wird nunmehr auf die Kernpunkte eines erfolgreichen Projekts eingegangen. Zunächst stellt sich die Frage, worauf bei der Geschäftsidee zu achten ist. Sowohl das äußere Erscheinungsbild als auch die Erfolgswahrscheinlichkeit des Projekts lassen sich daran messen, wie folgende Fragen beantwortet werden können:

1. Wo liegt die Besonderheit der Geschäftsidee?
2. Was ist das Alleinstellungsmerkmal des Vorhabens?
3. Lässt sich das Geschäft längerfristig gegenüber Konkurrenten verteidigen?
4. Inwieweit ist das Team geeignet?
5. Mit welcher Intensität arbeitet das Team an dem Projekt?
6. Erfolgte eine systematische Vorbereitung?
7. Wie gut gelingt die Präsentation der Geschäftsidee?
8. Wie ist die Umsetzbarkeit einzuschätzen?
9. Wie hoch sind die Flexibilitäten?
10. Welche (weiteren) Hemmnisse gibt es?

Zu den einzelnen Punkten sei jeweils kurz Stellung bezogen: Die *Besonderheit einer Geschäftsidee* lässt sich beispielsweise daran festmachen, welcher Neuerungsgrad ihr beizumessen ist. Hierzu gehören zum Beispiel Ergebnisse aus Forschungsprojekten, die sich in marktfähige Produkte umsetzen lassen, Erfindungen, aber auch einfache Ideen, auf die noch niemand anderes gekommen ist oder vielleicht auch schlichtweg nicht umzusetzen gewagt hat. Ein *Alleinstellungsmerkmal* setzt nicht zwingend eine Neuerung im engeren Sinne voraus. Von Alleinstellung kann zum Beispiel auch dann gesprochen werden, wenn eine bereits anderweitig verwirklichte Geschäftsidee ganz simpel an einem anderen Standort erneut umgesetzt wird. Wie könnte es ansonsten etwa so viele erfolgreiche Bäckereien geben? Die sind ja von der Idee her nicht (alle) neu. Dennoch eignen sich Projekte, die keine echte Neuerung versprechen, nicht ganz so gut für ein Crowdinvesting wie echte „Hingucker“. Von der Eröffnung einer zusätzlichen Bäckerei wird vermutlich selten jemand übermäßig begeistert sein und erwarten, dass hier große Wertsteigerungspotenziale à la Facebook und Co realisiert werden können. Bei einem Crowdinvesting ist eher an solche Fälle zu denken, dass beispielsweise eine in den USA bereits erfolgreiche Geschäftsidee nunmehr nach Deutschland „exportiert“ wird.

Technische Neuerungen und Erfindungen haben oftmals den Vorteil, dass sie sich schützen lassen, etwa anhand eines Patents. Damit lässt sich die (potenzielle) *Konkurrenz* gegebenenfalls auf Distanz halten. Bei einfachen Ideen besteht weit eher die Gefahr, dass andere Marktteilnehmer mit der gleichen Sache auftreten und diese vielleicht sogar kostengünstiger umsetzen oder mit einem deutlich höheren Werbebudget in kurzer Zeit große Marktanteile erlangen. So könnten etablierte Unternehmen schnell die gute Idee eines kleinen Unternehmens aufgreifen und unter günstigeren Voraussetzungen auf den Markt bringen. Große Unternehmen verfügen regelmäßig über funktionierende Vertriebskanäle, in die neue Produkte nahtlos integriert werden können, während Start-ups solche womöglich erst mühsam aufbauen müssen. Manchmal lassen sich neue Produkte in Großunternehmen aber auch kostengünstig auf bestehenden Produktionslinien fertigen, während kleine Unternehmen vielleicht auf eine weniger kostensparende Einzel- oder Serienfertigung zurückgreifen müssen. O. K.: Das Start-up-Unternehmen sollte also einen realistischen und realisierbaren Plan haben, wie das eigene Produkt oder die eigene Dienstleistung erfolgreich am Markt etabliert werden kann und wie es sich gegenüber der Konkurrenz durchsetzen will.

Extrem wichtig für den Erfolg eines Start-ups ist das *Team der Gründer*. Diese Erfolgskomponente wird nicht selten unterschätzt. Personen, die eine geniale Idee haben, sind nicht notwendigerweise diejenigen, die auch für deren Umsetzung am besten geeignet sind. Es stellt sich also die Frage, welche Qualifikationen und Erfahrungen die Gründer haben, welche Fähigkeitslücken bei ihnen bestehen und wie diese Lücken etwa durch Hinzunahme anderer geeigneter Personen geschlossen werden sollen. Ein junges motiviertes Team allein reicht oftmals schlichtweg nicht aus, um erfolgreich am „bösen“ Markt bestehen zu können.

Eine fundierte und glaubwürdige Darstellung, dass das Gründerteam sein Projekt nach erfolgreicher Crowd-Finanzierung auch mit *Intensität* betreibt, ist sehr hilfreich. Umgekehrt betrachtet: Wenn in irgendeiner Weise bei den potenziellen Crowdinvestoren der Eindruck entsteht, dass die Gründer ihr Projekt nur nebenbei zu betreiben gedenken, dann ist dies der Sache kaum zuträglich. Konkret: Es entsteht womöglich der Verdacht, dass die Gründer anhand ihres Projekts ganz vorsichtig einen Testballon starten lassen wollen, jedoch sicherheitshalber noch in Vollzeit in ihren alten Jobs bleiben. Das wäre als mangelnde Intensität zu werten, zumindest aber als Faktor, der die Erfolgswahrscheinlichkeit mindert. Investoren mögen sich sorgen, dass die Gründer die Brocken zu schnell hinwerfen, wenn es (anfangs oder zwischenzeitlich) mal nicht so gut mit dem Projekt läuft.

Etwaige Lücken und Defizite lassen sich zum Teil sicherlich durch eine gewissenhafte *Vorbereitung* schließen. Man holt zum Beispiel im Vorfeld anwaltlichen Rat ein oder kauft sich extern anderweitige Expertise hinzu. Das kostet Geld und wird vielleicht sogar einen Teil der Mittel aufbrauchen, die durch ein Crowdinvesting zufließen, je nachdem, ob die Expertise vor oder nach dem Crowdinvesting gebraucht beziehungsweise eingeholt wird. Für den Crowdinvestor ist es also durchaus von Belang, zu wissen, welchen Stand das Projekt zum Zeitpunkt des Fundings hat. Sind die Vorbereitungen schon weit gediehen oder steht bislang nur die zündende Idee im Raum? Um dies einschätzen zu können, mag aus Sicht des potenziellen Investors die *Präsentation* des Unternehmens hilfreich sein. Die Präsentation sollte also nicht nur eine Darstellung der Geschäftsidee sein, sondern auch widerspiegeln, welche Voraussetzungen bestehen, über welche Ressourcen und Fähigkeiten die Gründer verfügen und welchen Stand die Vorbereitung hat. Das wird bei den meisten Crowdinvesting-Projekten mittels eines Präsentationsvideos und ergänzend dazu anhand eines schriftlichen Businessplans erfolgen. Die Qualität und Überzeugungskraft der Präsentation und des Businessplans wird die Wahrscheinlichkeit natürlich sehr stark beeinflussen, die Funding-Schwelle zu erreichen und vielleicht sogar bis zum Funding-Limit zu gelangen. Bei manchen erfolgreichen Fundings war die Show sogar besser als die Substanz. Es gab schon perfekt präsentierte und mustergültig inszenierte Projekte

(Beispiel: Tollabox[52]), die nach dem erfolgreichen Crowdinvesting die Segel streichen und sich per Insolvenz verabschieden mussten.

Ein weiterer erfolgsrelevanter Punkt ist selbstverständlich auch die *Umsetzbarkeit* des Projekts. Was nutzt eine zündende Idee, wenn ihre Umsetzung nicht realistisch ist: Wir fliegen zum Jupiter. Tolle Idee. Spätestens im zugehörigen Businessplan wird dann hoffentlich auffallen, dass sich dieses Vorhaben aus finanziellen Gründen oder warum auch immer nicht realisieren lässt, auch nicht über ein Crowdinvesting.

Nächster Punkt: *Flexibilität.* Hier geht es darum einzuschätzen, wie flexibel das Start-up-Unternehmen auf unerwartete oder veränderte Rahmenbedingungen reagieren kann. Ist das Team als flexibel einzustufen? Verbleiben finanzielle Reserven, um sich auf neue Situationen einzustellen? Gibt es Ausweichmöglichkeiten, wenn der angepeilte Markt nicht erfolgreich bearbeitet werden kann? Wenn diese und ähnliche Fragen gut und glaubhaft beantwortet werden können, dann wird sich daraus eine positive Einschätzung ergeben.

Schließlich ist zu überlegen und zu recherchieren, welche *Hemmnisse* es geben kann. Hier stellt sich beispielsweise die Frage, ob alle rechtlichen Rahmenbedingungen in Bezug auf eine erfolgreiche Umsetzung der Geschäftsidee bedacht wurden. So reicht es zum Beispiel nicht aus, ein Patent auf sein Produkt zu haben. Dieses muss auch durchsetzbar sein. Ein ungeschickt formulierter Patentantrag führt gegebenenfalls dazu, dass sich das Patent durch leichte Produktmodifizierungen von Dritten umgehen lässt. Ein weiterer kritischer Fall liegt vor, wenn Beschränkungen des Marktzugangs nicht richtig eingeschätzt wurden. In manchen Bereichen ist der Kuchen verteilt und neue Marktteilnehmer kommen nicht oder nur sehr schwer zum Zuge. Das ist manchmal dann gegeben, wenn andere Unternehmen die Kunden sind (Business-to-Business-Geschäft) und nicht die Endverbraucher. Im Businesskundenbereich bestehen zuweilen fest etablierte Seilschaften, in die neue Unternehmen kaum einzudringen in der Lage sind. Die Wahrscheinlichkeit, dass es derartige Probleme gibt, ist sicherlich spürbar geringer, wenn sich das Produkt oder die Dienstleistung an Endkunden richtet. Das muss aber nicht heißen, dass es im Business-to-Business-Bereich breitflächig Schwierigkeiten für neue Unternehmen gibt. Dies hängt von

52 Vgl. dazu auch Schramm. D.M./Carstens, J. (2014), unter anderem S. 100 ff.

der jeweiligen Branchenstruktur ab. Letztlich sollte das Gründerteam glaubhaft darlegen, dass es den Markt und sein Umfeld kennt und sich dort durchsetzen kann. Dies mag dadurch gelingen, dass (mindestens) eine Person im Team ist, die über einschlägige Erfahrungen im relevanten Markt verfügt und von der erwartet werden kann, die Hindernisse im spezifischen Geschäft abräumen zu können.

Was die Gründer über die geniale Idee hinaus bieten können, ist natürlich von großem Interesse für die Kapitalgeber und wird deren Einstellung zur Sache stark beeinflussen. Wenden wir uns Letzteren gleich in Kapitel 4.2 zu und versuchen dort zu ergründen, welche Zielsetzungen und Einstellungen die Kapitalgeber haben mögen. Zunächst folgt aber noch ein – teils neue Aspekte hinzubringendes – Interview mit dem Gründer eines Unternehmens, das sich crowdfinanzieren ließ. Außerdem geht es in Punkt 4.1.5 zuvor noch um die Auswahlkriterien, die ein Unternehmen beachten kann beziehungsweise sollte, das auf eine Finanzierung über ein Crowdinvesting abzielt.

4.1.4 Interview mit dem Start-up „rent-a-guide"

Zwar nicht repräsentativ, dennoch aber höchst interessant und aufschlussreich war mein Interview mit Florian Ziegler, dem Gründer von rent-a-guide, der mit ebendiesem Unternehmen ein erfolgreiches Crowdinvesting über die Plattform Innovestment durchlaufen konnte. Die ausführlichen Antworten wurden hier gekürzt und wenn sinnvoll in Stichworten wiedergegeben:

1. Warum hat sich rent-a-guide für ein Crowdinvesting entschieden?
   - *Vorab: Wir haben Erfahrungen mit eigentlich allen anderen für ein Start-up infrage kommenden Finanzierungsformen.*
   - *Diese anderen Formen hatten wir bereits ausgeschöpft mit Ausnahme einer noch möglichen Finanzierung über einen Business Angel.*
   - *Die Verhandlungen mit dem Business Angel dauerten uns zu lange und dieser wollte zudem einen aus unserer Sicht zu hohen Anteil an rent-a-guide.*
   - *Die Aufnahme zusätzlichen Fremdkapitals hätte noch eine weitere Besicherung erfordert, was nicht umsetzbar war.*

2. Welche Kriterien standen hinter der Auswahl der Crowdinvesting-Plattform?
   - *Die schnelle Reaktion von Innovestment. Andere von uns angesprochene Plattformen reagierten sehr langsam, was uns nicht gefiel.*
   - *Die Offenheit und die angenehme persönliche Betreuung.*
   - *Der Gedanke, dass die über Innovestment kommenden Investoren voraussichtlich gut zu uns passen würden.*
   - *Die höhere Vertraulichkeit der herausgegebenen Informationen bei Innovestment gegenüber manch einer anderen Plattform. Bei der Abwägung zwischen breiter Transparenz und Vertraulichkeit haben wir uns zugunsten der Vertraulichkeit entschieden.*

3. Wie wichtig war Ihnen der Werbeeffekt, der aus dem Crowdinvesting erhofft wurde?
   - *Der aus dem Crowdinvesting gegebenenfalls zu erwartende Werbeeffekt war uns nicht so wichtig.*

4. Ist der über das Crowdinvesting entstehende Werbeeffekt spürbar?
   - *Bei uns nicht messbar.*

5. Wie verlief der Auswahlprozess seitens der Crowdinvesting-Plattform?
   - *Das Team von Innovestment und der Beirat waren super.*
   - *Alles ging unkompliziert und schnell. Wir hatten allerdings auch exzellent vorbereitete Unterlagen, konnten bereits auf eine Erfolgsstory mit starken Umsatzzuwächsen verweisen und das Erreichen der Gewinnschwelle lag keineswegs mehr in weiter Ferne.*
   - *Leichte Verzögerungen gab es nur von unserer Seite, da wir noch ein paar „Altlasten" zu beseitigen hatten, bevor das Funding starten konnte.*

6. Welche Informationen wurden der Crowdinvesting-Plattform bereitgestellt?
   - *Kurzfassung des Businessplans, um uns bei Innovestment vorzustellen.*
   - *Ausführlicher Businessplan.*
   - *Video.*
   - *Bewerbungsgespräch bei Innovestment in Berlin.*
   - *Viele Telefonate zur Klärung verschiedenster Einzelheiten.*

7. Wie hoch schätzen Sie die Kosten und den Arbeitsaufwand für den Crowdinvesting-Prozess für rent-a-guide ein?
   - *Diese waren deshalb bei uns eher gering, weil wir aufgrund der Gespräche und Verhandlungen mit anderen Kapitalgebern ohnehin schon sehr gut vorbereitet waren und fast alle Dokumente schon vorher standen.*
   - *Für das erforderliche Video und einige Grafiken benötigten wir zwei bis drei Wochen.*
   - *Das Drehen des Videos kostete uns rund 2.000 Euro.*

8. Wie lange dauerte es von der Kontaktaufnahme mit Innovestment bis zum Erhalt des Fundingbetrags?
   - *Circa zwölf Wochen.*

9. Wie hoch war der Fundingbetrag und war dieser ausreichend?
   - *Unser Fundingziel lag bei 80.000 Euro. 100.000 Euro wurden erreicht, wovon uns nach Abzug der Provision für die Plattform noch 92.000 Euro verblieben. Später gab es allerdings noch einen Funding-Nachschlag.*

10. Wurden Ihre Erwartungen an das Crowdinvesting erfüllt?
    - *In vollem Umfang; nein, sogar übererfüllt. Das Crowdinvesting war und ist mit einer positiven Emotionalität verbunden, und dies sowohl von den Investoren aus als auch von unserer Seite her.*

11. Gab es Schwierigkeiten während des Crowdinvesting-Prozesses?
    - *Nein.*

12. Welche Verbesserungsvorschläge haben Sie für den Prozess?
    - *Die Obergrenze von 100.000 Euro für ein Funding über Innovestment ist nicht zweckdienlich, denn wir hätten durchaus noch weiteres Kapital sehr gut nutzen können, um es für zusätzliche Werbemaßnahmen einzusetzen. Uns gelang das Überspringen der 100.000 Euro nachträglich noch, da weniger als 20 Investoren vorhanden waren und die 100.000-Euro-Schranke erst dann gilt, wenn es mehr als 20 Investoren gibt.* [Anmerkung des Verfassers: Das Problem hat Innovestment inzwischen behoben, die „störende" 100.000-Euro-Obergrenze ist nicht mehr vorhanden.]

13. Halten Sie es in der Nachbetrachtung für richtig, ein Crowdinvesting durchgeführt zu haben?
    - *Eindeutig ja.*

14. Wie sehen Sie das Crowdinvesting im Vergleich zu anderen Finanzierungsformen?
    - *Absolut wettbewerbsfähig.*
    - *Die Erlangung von öffentlichen Fördermitteln ist zu kompliziert und zudem eher für Unternehmen geeignet, die im technischen Bereich unterwegs sind.*
    - *Die Bank verlangt Sicherheiten, womit sich unser Risiko weiter erhöht. Wir haben schon unser gesamtes Geld in das Projekt gesteckt und wollen nicht in eine Situation geraten, die unsere Existenz insgesamt gefährdet.*

15. Weitere Kommentare zum Crowdinvesting?
    - *Wir hatten eine gewisse Angst vor einem Shitstorm, wenn wir scheitern sollten, die Erwartungen nicht erfüllen oder Fehler machen. Das war auch einer der Gründe, eine Plattform zu nehmen, die nicht so viele Investoren hervorbringt, die dann aber mit vergleichsweise großen Einzelbeträgen kommen.*
    - *Eine sehr gute Erfahrung, die wir jederzeit gerne wieder machen würden.*

Das meiste aus dem Interview spricht für sich! Gute Gedankenanstöße. Allerdings hat nicht jedes Start-up die gleiche Einstellung und die gleichen Bedarfe wie rent-a-guide. Dem Vernehmen nach ist vielen jungen Unternehmen der über ein Crowdinvesting erzielbare Werbeeffekt (anders als bei rent-a-guide) auch sehr wichtig. So etwas hat natürlich Einfluss auf die Auswahl der Plattform, wenn man überhaupt eine Auswahlmöglichkeit hat. Immerhin sind die meisten Portale sehr selektiv und erteilen deutlich mehr Ab- als Zusagen.

4.1.5 Kriterien für die Auswahl einer Crowdinvesting-Plattform aus Sicht kapitalsuchender Unternehmen

Wenn ein Unternehmen sich nun entschieden hat, ein Crowdinvesting anderen Finanzierungsalternativen vorzuziehen, oder wenn es keine Alternativen dazu sieht, dann stellt sich die Frage, auf welchen Kriterien die Plattformauswahl fußen soll, vorausgesetzt es besteht hier überhaupt eine Auswahlmöglichkeit für das Unternehmen und es muss nicht genommen werden, was kommt:

1. Einschränkungen bei den Plattformen?

Es gibt Portale, die thematische und/oder regionale Einschränkungen haben, sich also zum Beispiel nur auf „grüne" Themen konzentrieren oder etwa nur Start-ups mit Sitz in Berlin oder wo auch immer annehmen. Welche Einschränkungen bei welchen Plattformen bestehen, kann natürlich recht schnell den Websites der Crowdinvesting-Anbieter entnommen werden.

2. Wie viel Kapital benötige ich und ist die Plattform in der Lage, eine Vermittlung in Höhe dieses Bedarfs zu arrangieren?

Wenn ein Start-up beispielsweise mindestens 200.000 Euro aus dem Crowdinvesting benötigt, dann scheiden logischerweise diejenigen Plattformen aus, die etwa an der 100.000-Euro-Funding-Grenze stoppen. Inzwischen gehen die weitaus meisten Plattformen jedoch über die 100.000 Euro.

3. Werbliche Unterstützung?

Sieht sich die Crowdinvesting-Plattform in der Lage, Anleger einzuwerben und richtig Alarm um mein Crowdinvesting herum zu machen, was den guten (Neben-)Effekt haben kann und soll, auch potenzielle Kunden auf mein Unternehmen aufmerksam werden zu lassen? Wie sieht es mit dem Investorenverteiler der Plattform aus, den Pressekontakten und mit dem Zugang zu sozialen Netzwerken und welche Werbemaßnahmen können arrangiert werden und so weiter? Konkrete an die Plattformbetreiber gerichtete Fragen helfen hier weiter. Gelegentlich werden Plattformen, wie überall im Wirtschaftsleben, aber auch mal mehr versprechen, als sie halten (können).

4. Welchen Erfahrungshorizont hat die Plattform?

Das spielt aus zwei Perspektiven eine Rolle. Erstens: Wer die längere Erfahrung hat, bietet tendenziell umfassendere und nicht selten auch bessere Lösungen. Die Erfahrung kann dabei an der bisherigen Lebensdauer der Plattform festgemacht werden, jedoch auch an den Erfahrungen des Plattform-Teams in den relevanten Themen (zum Beispiel gemessen an den Lebensläufen). Einschränkend zur Lebensdauer der Plattformen: Nicht jedes Portal lernt gleich schnell.

Zweitens: Wenn eine Crowdinvesting-Plattform schon länger tätig ist, erzeugt dies Vertrauen in ihre Stabilität und Seriosität. Dennoch sollte auch das für die Plattform arbeitende Team mit seinen Ausbildungs-, Bildungs- und Berufserfahrungen als Entscheidungshilfe herangezogen werden.

5. Gebühren der Plattform?

Zu beachten sind bei der Finanzierung selbstverständlich auch die Höhe der an die Plattform abzugebenden Provision sowie die erforderlichen Nebenkosten etwa für das Drehen des Videos. Letztlich blieben, wie das Projekt rent-a-guide beispielhaft zeigte, in diesem Falle von 100.000 Euro aus dem Funding nur circa 90.000 Euro übrig, die effektiv durch das Funding hinzugewonnen wurden. Herausgerechnet wurden hier 8.000 Euro für die Provision und 2.000 Euro für das gedrehte Video, das sich natürlich auch noch für andere werbliche Zwecke nutzen lässt. Es kann jedoch kostenmäßig auch deutlich mehr werden.

Ein nicht unbeträchtlicher Teil der Plattformen bietet begleitende Dienstleistungen für die Start-ups an, die zusätzlich abgerechnet werden. Einige Plattformen lassen sich sogar in größerem Umfang Zusatzleistungen extra bezahlen, die über die reine Kapitalvermittlung und die ganz unmittelbar damit verbundenen Arbeiten hinausgehen. Dem Vernehmen nach ist es keine Seltenheit, dass in Summe 20 Prozent des Funding-Volumens an die jeweilige Crowdinvesting-Plattform fließen, manchmal sogar noch mehr.

Wie sehen solche über die Kapitalvermittlung hinausgehenden Dienstleistungen beispielhaft aus, wobei manche Leistungen im unmittelbaren zeitlichen Zusammenhang mit dem Fundingprozess stehen und andere erst später erbracht werden? Hilfestellung bei der Erstellung der Unterlagen (Businessplan, Storytelling etc.) und beim Videodreh; Hilfestellung bei Vertragswerken, die über die beim Crowdinvesting üblichen individualisierten Standardverträge hinausgehen, oder rechtlich relevante Zusatzarbeiten (wenn es sich um Rechtsberatung handelt, muss ein Anwalt das übernehmen); spezifisch auf die Kunden des Unternehmens gerichtete Social-Media-Aktionen, Presse-Aktionen, Präsentation des Projekts auf Veranstaltungen, Organisation der Anlegerkommunikation, soweit über die Bereitstellung des Plattform-Forums hinausgehend; medienbezogene Begleitung nach dem Funding (kontinuierliche Medienarbeit, Monitoring); finanzbezogene Begleitung nach dem Funding; professionelle Exit-Begleitung.

Conda gehört zu den seltenen Plattformen, die ihre für die Start-ups zu erbringenden Dienstleistungen inklusive der zugehörigen Preise von Beginn an und für jeden sichtbar über ihre Website darlegen. Sie bietet drei Leistungspakete an (Silber, Gold, Platin), die jeweils mit unterschiedlichen Mindestgebühren und differierenden erfolgsabhängigen Zahlungen versehen sind. Hinzu kommt eine Bepreisung einzelner darüber hinausgehender Leistungen. Vorbildliche Transparenz in diesem Punkt! Hier die Leistungsübersicht von Conda:[53]

	SILBER	GOLD	PLATIN	
Präsentation auf Plattform	■	■	■	Wir präsentieren Ihr Projekt auf der CONDA CI-Plattform
Beteiligungsmodell und Vertragswerk	■	■	■	Sie erhalten alle Musterverträge zur Ansicht.
Formalcheck + Freigabe	■	■	■	Wir checken Ihre Texte auf Verständlichkeit und Prägnanz.
Guidelines + Anleitungen	■	■	■	Sie erhalten digitale Guidelines und Anleitungen für eine erfolgreiche Kampagnenführung.
aktive Kommunikation		■	■	Wir berichten auf unseren Social-Media-Kanälen sowie in unserem Newsletter über Ihr Projekt.
Veranstaltungen		■	■	Wir präsentieren Ihr Projekt gemeinsam auf allen CONDA-Veranstaltungen sowie, wo möglich, auf externen Events.
Beratung: Plattform Präsentation (online)		■	■	Wir beraten Sie für die optimale Präsentation Ihres Projekts
Zeichnungsscheine		■	■	Sie erhalten Zeichnungsscheine in digitaler Form, damit Ihre Investoren auch offline zeichnen können.
Newsbereich/Blog		■	■	Wir veröffentlichen Ihre News und Updates sowohl auf der CONDA-Startseite als auch im Newsbereich auf Ihrer Projektseite.
2 halbtägige Workshops			■	In 2 halbtägigen Workshops erhalten Sie wichtige Informationen, Tipps und Tricks für eine erfolgreiche Kampagnenführung und die Aufbereitung Ihrer Projektseite auf CONDA.

53 www.conda.at/wp-content/uploads/2014/10/conda-erstinformation_web.pdf, S. 10 f. (Zugriff: 23.1.2017).

	SILBER	GOLD	PLATIN	
exklusive Projekt-Presse-aussendung			■	Durch eine exklusive Presseaussendung über unsere PR-Agentur erzielen wir einen erheblichen Mediawert für Ihr Projekt.
Projektflyer			■	Auf Wunsch erhalten Sie von uns hochwertig gedruckte Flyer, um Ihr Projekt auch offline zu bewerben.
Social-Media-Aktionen			■	Durch eine Social-Media-Aktion (z. B. ein Gewinnspiel auf Facebook) präsentieren wir Ihr Projekt unserer Community.
Online-Marketing			■	Ihre Kampagne wird durch gezielte Online-Marketingaktivitäten auf Facebook und Google unterstützt.
Premium-Platzierung auf der Plattform			■	Für noch mehr Aufmerksamkeit platzieren wir Ihr Projekt während der gesamten Laufzeit prominent auf der Plattform.
Exklusiver Projekt-Newsletter			■	Ankündigung Ihres Projekts in einem exklusiven Newsletter an die CONDA-Community.

Abb. 10: Übersicht der Dienstleistungen der Crowdinvesting-Plattform Conda

6. Laufzeit und Kündigung?

Wann können die Crowdinvestoren erstmals kündigen und wann kann mein Start-up dies? Möchte ich die Crowd langfristig an meiner Seite haben oder nicht? Ein zu früher Ausstieg der Crowd kann mich vor Probleme stellen, falls ich das Kapital noch brauche. Nicht selten ist es so, dass der Geschäftsaufbau (viel) länger dauert als ursprünglich geplant. Wenn für den Aufbau zwei Jahre geplant wurden, dieser aber vier Jahre in Anspruch nimmt, dann wäre zum Beispiel eine dreijährige Mindestlaufzeit für das Crowdinvesting-Kapital zu kurz, es sein denn, man hat keine Schwierigkeiten, eine Anschlussfinanzierung zu ergattern.

7. Exit und Abfindungen am Ende der Mindestlaufzeit?

Welche Regelungen werden für den Exit vorgegeben, wobei unter Exit der Ausstieg der Crowd oder der Verkauf zu verstehen ist. Die Zahlungen an die Anleger, wenn diese zum Ende der Mindestlaufzeit ihrer Erfolgsbeteiligungen kündigen oder wenn die Plattform kündigt, hängen von der Höhe der Beteiligung und von dem angesetzten Multiplikator ab, der auf eine anfangs vertraglich festgelegte Ergebnisgröße des Unternehmens und gegebenenfalls alternativ auf den Umsatz angewendet wird. An dieser Stelle wäre von der Crowdinvesting-Plattform zu erwarten, dass Berechnungen zu verschiedenen Ausstiegsszenarien mit dem jeweiligen Crowdinvesting-Unternehmen durchgespielt werden. So lässt sich schon zum Beginn einschätzen, was auf mein Unternehmen zukommt, wenn es dann später so weit ist.

Was passiert, wenn das Unternehmen während der Laufzeit der Crowdinvesting-Verträge verkauft wird? Wie ist das vertraglich geregelt? In diesem Zusammenhang muss den Crowdinvestoren üblicherweise ein Ausstiegsangebot unterbreitet werden, das diese quotal am Verkaufspreis beteiligt beziehungsweise eine Ablösung ihrer partiarischen Darlehen ermöglicht. Es ist vertraglich zumeist festgelegt, dass die Crowdinvestoren über die Annahme des Angebots abstimmen. Über ein Pooling wird in der Regel ermöglicht, sämtliche partiarischen Nachrangdarlehen komplett in einem Rutsch zu übertragen oder abzulösen. Wenn eine zuvor festgesetzte Quote der Crowdinvestoren zustimmt, müssen alle Crowdinvestoren dem Votum folgen (Pooling). Damit kommt es zu einer einheitlichen Lösung, die die Chancen auf einen lukrativen Verkauf des Unternehmens verbessert. Auch zu diesem Thema sollte die Crowdinvesting-Plattform auskunftsfähig und -bereit sein.

8. Anschlussfinanzierung?

Wie wahrscheinlich ist eine Anschlussfinanzierung und wie sind die Rahmenbedingungen dafür? Eine Folgefinanzierung kann ich zum Beispiel für eine Expansion nutzen, um in nochmals viel größere unternehmerische Dimensionen zu gelangen. Bieten die von der Crowdinvesting-Plattform vorgegebenen Verträge eine gute Basis für Folgefinanzierungen, die noch während der Laufzeit der Verträge mit den Crowdinvestoren stattfinden könnten? Es wäre des Weiteren sinnvoll, sich auch dem Thema Verwässerung zu widmen. Dabei geht es darum, wie Folgefinanzierungen sich auf die Höhe der Anteile der Crowd auswirken. Wie sieht die Verwässerungsklausel im Vertrag zwischen meinem Start-up und den Crowdinvestoren aus? Dies ist ebenfalls eine Frage, die von der Plattform beantwortet werden sollte. Auch für die Anschlussfinanzierung kann die zuvor erwähnte Poolingvereinbarung wichtig sein. Fehlt eine solche Vereinbarung, kann dies unter Umständen äußerst nachteilig sein, wenn es um das Finden neuer Investoren geht, die später hinzukommen.

9. Anteile und Konditionen für die Investoren?
Die Unternehmensbewertung ist in den meisten Fällen für die Höhe der Erfolgsbeteiligung der Crowd maßgeblich. Ich als Gründer bevorzuge eine hohe Bewertung, um den Crowdinvestor kleinzuhalten. Dieser mag dann aber von einem Investment Abstand nehmen, da er keinen „fairen“ Anteil am Erfolg erwartet. Die Crowdinvesting-Plattform sollte ein Diskussionspartner für die Start-ups/Unternehmen sein, um möglichst passende Konditionen für die Investoren auszuloten. Dabei wäre auf ein angemessen erscheinendes Chance-Risiko-Verhältnis für die Investoren zu achten. Hier stellt sich die Frage, ob die jeweilige Crowdinvesting-Plattform entsprechend flexibel auf die Situation eingehen kann und will. Zu starr vorgegebene Anreizsysteme senken die Erfolgswahrscheinlichkeit.

10. Art der Investoren?
Die Plattformen haben zumeist eine eigene Crowd aufgebaut. Genauer gesagt handelt es sich dabei um Personen, die sich entweder im E-Mail-Verteiler der Plattform befinden oder die sich die von der Plattform präsentierten Projekte regelmäßig ansehen. Die beiden großen Plattformen für Start-up-Finanzierungen, Companisto und Seedmatch, dürften in etwa gleich strukturierte Crowds haben. Der größte Unterschied liegt darin, dass Companisto schon 5-Euro-Investments zulässt und Seedmatch ein Mindestinvest in Höhe von 250 Euro ansetzt. Companisto fischt also auch im Investitionsbereich von fünf bis 250 Euro und kann damit zusätzlich auch Kleininvestoren gewinnen. Auf die gesamte erzielte Fundingsumme bezogen werden die Kleininvestoren allerdings kaum ins Gewicht fallen. Die gefundeten Unternehmen haben bei einem Crowdinvesting über Companisto allerdings dann eine höhere Anzahl von Unterstützern. Und: Companisto fördert ein vorsichtiges Ausprobieren. Anleger werden nicht selten erst mit kleinen Beträgen starten und steigen dann später mit größeren „Tickets“ ein.

Die Art der plattformtypischen Investoren wird sich unterscheiden, wenn Crowdinvesting-Plattformen Projekte in anderen Risikoklassen anbieten. Ein Beispiel ist das Immobilien-Crowdinvesting-Portal Exporo. Immobilienprojekte gelten gemeinhin als weniger risikobehaftet als Start-up-Projekte. Entsprechend wird die Investorenschaft von Exporo sich nur teilweise mit der von Seedmatch und Companisto überschneiden. Ein weiteres Beispiel für eine Plattform, die regelmäßig auch risikoärmere Projekte präsentiert, ist Bettervest. Dort werden Energieeffizienz-Projekte angeboten, die einen positiven ökologischen Impact aufweisen und zumeist mit Festverzinsungen verbunden sind. Hierfür gibt es sicherlich teils auch wiederum eine eigene Investoren-Klientel.

Spielt die typische Investorenschaft für mich als Start-up eine Rolle? Ja, dies vor allem, wenn ich gleichzeitig an meine potenziellen Kunden denke. Wenn die Crowd der Plattform zu meinem Produkt passt, hat das Vorteile. Ein Denkanstoß dazu: Die weitaus meisten regelmäßigen Crowdinvestoren sind männlich, schätzungsweise sogar 90 Prozent. Wenn ich nun ein reines Frauenprodukt präsentiere, weist die Plattform-Crowd kaum eine Überschneidung mit meinen potenziellen Kunden auf. Gibt es für solche oder ähnliche Fälle passgenaue Crowdinvesting-Plattformen? Oder gibt es Portale, die konkrete Lösungen für die gewünschte kundenspezifische Kampagne haben?

11. Berichtspflichten und Kommunikation mit der Plattform?

Muss ich als Unternehmen ständig mit Informationen um mich werfen und die Crowd andauernd bespaßen oder lässt sich das gut mit den übrigen unternehmerischen Belangen und den ohnehin aufzubereitenden Informationen vereinbaren? Wie sehen meine vertraglichen Pflichten aus, in Richtung Crowd und in Richtung Crowdinvesting-Plattform kommunizieren zu müssen? Es hat sich eingebürgert, dass die Unternehmen Quartalsberichte erstellen und an die Crowd weiterreichen müssen, den Jahresabschluss natürlich und Ad-hoc-Mitteilungen, wenn es um Ereignisse von besonderer Bedeutung für das Unternehmen geht. Der Grundsatz für die Information der Crowd wird lauten, dass über die Entwicklung des Unternehmens zu berichten ist. Den Inhalt der Quartalsberichte betreffend könnte dies verlangt werden: Das Reporting wird zumeist sowohl einen Rückblick auf das zurückliegende Quartal enthalten sollen als auch eine Vorschau auf die kommenden Quartale, dies in der Regel zu den Themen Markt, Produkt, Finanzen, Wettbewerb, Marketing und Vertrieb, Prognose zu den Finanzen (Gewinn- und Verlustrechnung inklusive Erläuterung von Abweichungen zwischen Plan und Ist, Liquiditätsentwicklung), wichtige Meilensteine und die Änderung der Kapitalverhältnisse. Das erscheint mir angemessen.

Wichtig ist natürlich auch die Kommunikation mit der Plattform. Habe ich hier kompetente Ansprechpartner und stehen mir diese auch zeitnah zur

Verfügung? Oder sendet man mir nur Leitfäden und beschränkt die Restkommunikation auf ein Minimum? Wann muss ich für Hilfestellungen durch die Plattform separat bezahlen und wie viel? Die Erfahrung zeigt: Manche Plattformen sind recht generös, wenn es um Unterstützungen geht, andere wiederum lassen sich gelegentlich fürstlich dafür bezahlen, wenn es über die reinen Crowdinvesting-Abwicklungen hinaus Arbeit gibt. Das sollte vor dem Fundingprozess geklärt werden.

12. Kann mir die Crowdinvesting-Plattform reinreden?

Nicht zu vergessen ist natürlich, welche Rechte und Möglichkeiten der Plattformbetreiber beziehungsweise der Investor mir gegenüber hat. Kann jemand aus diesen Kreisen in bestimmten Situationen eingreifen, wenn zum Beispiel bestimmte Ziele nicht erreicht wurden oder ich weitreichende unternehmerische Entscheidungen treffe, mit der die Plattform beziehungsweise die Crowdinvestoren nicht einverstanden sein könnten. Extrembeispiel: Ich ändere den ursprünglichen Geschäftszweck. Ich baue Fahrräder statt Elektroautos. Darf ich das so ohne Weiteres oder nicht? Die Rechte der Investoren werden im Darlehens- beziehungsweise Beteiligungsvertrag geregelt. In diesem Vertrag wird der Geschäftszweck des Unternehmens üblicherweise genannt, und zwar zumeist exakt so, wie er im Gesellschaftsvertrag des Unternehmens steht. Das sagt allerdings nichts dazu aus, welche Folgen ein Abweichen davon oder eine nachträgliche Änderung des Geschäftszwecks hat. Es steht einfach so da, ohne dass eine bestimmte Verpflichtung daraus abzuleiten wäre, wenn nicht ausdrücklich etwas anderes dazu im Vertrag vereinbart wurde. Nicht ganz, denn das Investitionsangebot enthält (via Businessplan) eine Beschreibung des Geschäfts, in das der Anleger investiert. Kehrt der Projektinitiator (komplett) davon ab, kann der Crowdinvestor gegebenenfalls berechtigte Ansprüche stellen.

Die Plattformen haben in der Regel keine Möglichkeiten, sich einzumischen, es sei denn, der Dienstleistungsvertrag zwischen Plattform und Start-up/Unternehmen legt Mitspracherechte fest. Zumeist werden dort aber nur Auskunftsrechte der Plattformen vereinbart, die sich auf wichtige Informationen beziehen, die die Crowdinvesting-Plattform benötigt, zum Beispiel über die Änderung von Gesellschafterverhältnissen.

Die Plattform Innovestment fährt ein Modell, das im Sinne der Investoren eine stärkere Einmischung in die crowdfinanzierten Unternehmen ermöglicht. Das geht so: Die partiarischen Darlehen werden in einer Zweckgesellschaft gebündelt. Diese Gesellschaft beteiligt sich nach einem erfolgreichen Crowdinvesting an dem crowdfinanzierten Unternehmen. Es entsteht also keine direkte Beteiligung der Crowd an dem (Start-up-) Unternehmen. Die Zweckgesellschaft beteiligt sich stattdessen direkt am Eigenkapital des Unternehmens und kann dadurch echte Gesellschafterrechte wahrnehmen und durchsetzen. Je nachdem, wie hoch der Anteil ist und was der Gesellschaftsvertrag aussagt, wird es hier zu einer mehr oder minder ausgeprägten Einflussnahmemöglichkeit kommen. Das Modell von Innovestment ist vergleichsweise anlegerfreundlich und im Gegenzug gegebenenfalls etwas unbequemer für die Unternehmen, je nachdem, wie die Zusatzrechte aufgefasst werden.

Eine zusätzliche Checkliste für Start-ups befindet sich im Anhang 3, die jedoch einen etwas anderen Fokus hat und sich mit weiteren zentralen Fragen befasst, die ein Gründer sich stellen sollte, der ein Crowdinvesting beabsichtigt.

4.2 Kapitalgeber (Anleger)

4.2.1 Wer sind die Kapitalgeber?

Die beim Crowdinvesting aktiven Kapitalgeber werden hier auch als Anleger, Geldgeber, Investoren, Crowd- oder Mikroinvestoren bezeichnet. Durchaus nicht ganz uninteressant ist es zu wissen, wie der durchschnittliche Kapitalgeber aussieht. Ist er ein Querschnitt aus der (erwachsenen) Bevölkerung? Letzteres kann schon vorab mit ruhigem Gewissen eindeutig mit Nein beantwortet werden. Beginnen wir mit Vermutungen darüber, wie der typische Crowdinvestor aussieht. Erstens: Er ist online-affin, das heißt dem Internet gegenüber aufgeschlossen. Zweitens: Er ist auch bereit, Transaktionen über das Internet abzuschließen, also von keinen Ängsten geplagt, Verträge und eventuell auch Zahlungen über das Internet laufen zu lassen. Drittens: Er hat Geld übrig und hat zum Ziel, dieses profitabel anzulegen. Viertens: Er sieht sich in der Lage, zumindest ein halbwegs gutes Gefühl dafür zu entwickeln, ob ein Unternehmen Erfolgschancen hat oder eher nicht. Fünftens: Er ist nicht komplett risikoscheu und kommt damit zurecht, sein eingesetztes Geld

Risiken auszusetzen, um sich die Möglichkeit auf die Erzielung richtig guter Renditen zu eröffnen. Sechstens: Vielleicht trifft von all dem nichts zu, aber der Crowdinvestor ist schlichtweg persönlich mit den Projektinitiatoren oder der Crowdinvesting-Plattform verbunden. Sein Motiv: Der Investor vertraut den Gründern und/oder den Plattformleuten, weil er sie persönlich (gut) kennt. Er möchte seine Vertrauten unterstützen und kann ganz nebenbei vielleicht sogar eine richtig gute Rendite abstauben.

Einverstanden mit dieser Charakterisierung? In Bälde wird es mit Sicherheit detaillierte statistische Auswertungen dazu geben, wie sich die Investorenschaft typischerweise zusammensetzt. Wissenschaftliche Untersuchungen zu diesem Einzelaspekt des Crowdinvestings sind im Gange. Was gibt es jetzt schon aus dieser Richtung?

Eine erste zu Beginn des Jahres 2013 veröffentlichte Erhebung kommt zu dem Ergebnis, dass der typische Crowdinvestor zumeist männlich ist, im Schnitt 39 Jahre alt, beruflich in einer Branche tätig, die als finanzierungs- oder innovationsnah einzustufen ist, und der bereits Erfahrungen am Kapitalmarkt sammeln konnte.[54] Was sich daraus ableiten lässt: Komplett in der Breite angekommen war das Crowdinvesting zumindest zu Beginn des Jahres 2013 noch nicht. Gespräche, die ich mit Plattformen (oder besser gesagt mit deren Mitarbeitern) führte, ergaben zudem, dass ein nicht ganz unbedeutender Anteil der Investoren aus dem Bereich der professionellen Anleger stammt. Zwar ist die absolute Anzahl der Profi-Anleger, die mit im Crowdinvesting stecken, nicht besonders hoch, jedoch steigen diese gerne auch mal mit höheren Beträgen in die Projekte ein, sodass ihr Finanzierungsanteil nicht ganz so unbedeutend sein wird.

Aus meiner eigenen Plattformerfahrung bei Geldwerk1 lässt sich zudem sagen, dass sich (noch) erstaunlich viele potenzielle Anleger nicht allzu sehr damit anfreunden können, ihre Geldanlagen per Internet abzuwickeln. Das ergaben Gespräche mit Anlageinteressierten, die aus dem Kundenkreis unserer per Crowdinvesting präsentierten Unternehmen stammen. Für nicht wenige war es eine Hürde, ihr Investment über eine Internetplattform laufen zu lassen. Vermutlich wird das Crowdinvesting bisher nur einen kleineren Teil der potenziell interessierten Anleger erreichen. Die Ängste sind hierzulande offenbar größer als etwa in Großbritannien oder in den Niederlanden.

54 Vgl. Klöhn, L./Hornuf, L. (2013), S. 34.

Womöglich liegt es aber auch am vergleichsweise geringen Wissen über Finanzanlagen in Deutschland (das Thema Geldanlage wird in unserem Bildungssystem sträflich vernachlässigt und kommt vor allem in der Schule so gut wie überhaupt nicht vor). Der Zeitenwandel spielt hier allerdings dem Crowdinvesting in die Hände, denn vor allem jüngere Generationen nehmen die Abwicklung von Geldangelegenheiten über das Internet weitgehend schon als selbstverständlich hin. Dennoch fehlt ihnen breitflächig das Wissen über Geldanlagen.

Woraus lässt sich noch mehr über die typische Investorenschaft beim Crowdinvesting ablesen? Zum Beispiel bei Companisto und Seedmatch kann der eingeloggte Nutzer die Höhe der Einzelinvestments sehen. Dort würde er aktuell (am 11.1.2017) sehen, dass die mittelgroßen Investoren (1.000 bis 4.000 Euro) ein sehr starkes Gewicht mit Blick auf die zwischenzeitlich erreichten Fundingbeträge haben.

Inzwischen hat das Thema Crowdfunding und Crowdinvesting recht große Aufmerksamkeit in den Medien erlangt, womit sich die Investoren zunehmend auch aus der Breite der Bevölkerung rekrutieren könnten beziehungsweise werden. Ausbleibende Schreckensnachrichten und mehr noch Erfolgsstorys können ihr Übriges tun, um eine breite Basis von Investoren anzuziehen. Ich gehe davon aus, dass sich die Investorenschaft immer weiter in Richtung Normalverbraucher entwickeln wird, der als Mikroinvestor auftritt. In der ersten Hälfte des Jahres 2016 hat sich die Presse jedoch teils einseitig negativ auf das Crowdfunding/-investing eingeschossen. So wurde nicht nur ich von einer Journalistin gebeten, ihr die Vor- und Nachteile des Crowdinvestings darzulegen. In ihren Artikel kam dann letztlich eine lupenreine Sammlung der kritischen Punkte. Eine völlig einseitige und unausgewogene Darstellung. Das ist ein Teil des Journalismus: Extremaussagen müssen her, um die Aufmerksamkeit der Leser auf sich zu ziehen, so jedenfalls offenbar die Denkweise mancher Journalisten, vorbei an ihrer Ausbildung (soweit überhaupt vorhanden) und am eigenen Berufsethos. Nun gut, das war einer von wenigen Einzelfällen. Die weitaus meisten Medienbeiträge zum Thema Crowdfunding/-investing waren bisher ausgewogen, gelegentlich sogar eher positiv und wiederum in wenigen Einzelfällen fast ein wenig euphorisch. Insgesamt bleibt jedoch, dass es pressemäßig in 2016 eine Negativberichterstattungsphase gab, die wie verabredet zu sein schien. Dies wird manch einen potenziellen Anleger abgeschreckt haben.

4.2.2 Zielsetzungen der Kapitalgeber

Nachfolgend werden zunächst handfeste monetär geprägte Zielsetzungen der Kapitalgeber aufgegriffen und beschrieben, wenngleich auch andere Motive für ihr Engagement in Betracht kommen, die etwa sozial oder emotional geprägt sind. So kann die Teilhabe an Projekten als Crowdinvestor zum Beispiel auch die Selbstdarstellung dieser Personen unterstützen oder ihnen einfach ein gutes Gefühl geben.[55]

Die Kapitalgeber haben ein wesentliches Ziel, das mit dem harmoniert, was die Gründer wollen: an einem erfolgreichen Projekt beteiligt zu sein. Darüber hinaus ist es teils so, dass die Zielsetzungen von Kapitalsuchenden und Kapitalgebern gegenläufig sind. Die Ziele der Investoren werden gemeinhin diese sein:

- Möglichst hohe Rückflüsse in Relation zum investierten Kapital (Priorität sehr hoch),
- Mitspracherechte (Priorität zumeist sehr gering),
- möglichst umfängliche Informations- und Kontrollrechte (Priorität hoch in Bezug auf turnusmäßige Informationen über den Geschäftsverlauf und mittel bis gering hinsichtlich echter Kontrollrechte),
- möglichst geringer Verwaltungsaufwand (Priorität hoch).

Die Höhe der an den Investor fließenden Zahlungen (Rückflüsse) hängt von fünf grundlegenden Komponenten ab: 1. Dem Erfolg des (Start-up-) Unternehmens, 2. dem Umfang einer etwaigen Fest- beziehungsweise Mindestverzinsung, 3. dem Mechanismus der Erfolgsbeteiligung des Investors, 4. der Höhe seines Anteils und 5. der Durchsetzbarkeit seines Anspruchs. Alle diese Komponenten sind wichtig. Vorausgesetzt, das Unternehmen läuft gut, dann ergibt sich die Frage, wie nun konkret die Erfolgsbeteiligung an diesem aussieht. Die Crowdinvesting-Plattformen geben dafür zumeist einen festen Rahmen vor, der in einen Vertrag zwischen Gründern und Investoren mündet. Dieser Vertrag wird oft neben einer erfolgsunabhängigen Mindestverzinsung die Teilhabe der Kapitalgeber am laufenden Ergebnis des Unternehmens (aufgegriffen in Punkt 4.2.4) sowie zusätzlich eine auf den Kündigungszeitpunkt datierte Beteiligung an der Wertsteigerung

55 Vgl. zu den Motiven auch Hemer, J./Schneider, U./Dornbusch, F./Frey, S. (2011), S. 48 f.

des Unternehmens (behandelt in Punkt 4.2.5) beinhalten. Des Weiteren gibt es regelmäßig eine quotale Beteiligung am Veräußerungserlös, falls das Unternehmen während der Vertragslaufzeit verkauft wird. Manchmal gibt es aber auch nur reine Festverzinsungen, ohne jedwede Zusatzkomponente, wenn die Projekte als risikoarm gelten.

In den meisten Fällen hängt die Renditemöglichkeit des Investors auch stark von der anfänglichen Unternehmensbewertung für das Start-up beziehungsweise für das Wachstumsunternehmen ab. Die Höhe der Beteiligung wird im Regelfall in Abhängigkeit von der auf den Beginn des Investments vorgenommenen Unternehmensbewertung gestellt. Dabei gilt: Je höher die Bewertung ist, desto geringer wird der Anteil des Investors sein. Wenn also im Rahmen der anfänglichen Bewertung die erhoffte erfolgreiche Zukunft des Start-ups schon größtenteils vorweggenommen wurde, dann bleibt dem Kapitalgeber gegebenenfalls nur ein verschwindend geringer Anteil am späteren Erfolg. Schließlich spielt es natürlich auch eine Rolle, wie zuverlässig die Gründer im Hinblick auf die Zahlungsmoral dem Investor gegenüber sind und welche Möglichkeiten der Kapitalgeber hat, sich im berechtigten Streitfall durchzusetzen. Begonnen wird aber zunächst mit den beim Crowdinvesting üblichen Komponenten, einer gewissen Mindest- oder Festverzinsung, einer laufenden Erfolgsbeteiligung und einer Teilhabe an der Wertsteigerung.

4.2.3 Festverzinsung

Projekte mit vergleichsweise geringen Risiken, also Crowdinvestings für etablierte Unternehmen oder für Immobilien (Achtung: bei Weitem nicht alle Immobilieninvestments sind risikoarm; vor allem Immobilienentwicklungsprojekte können durchaus sehr risikobehaftet sein), werden oftmals ausschließlich mit einer Festverzinsung versehen. Bei Exporo liegt diese momentan (Mitte Januar 2017) bei fünf bis sechs Prozent. Viele Crowdinvestings laufen aber über partiarische Nachrangdarlehen, die eine jährliche Mindestverzinsung aufweisen, die zum Beispiel nur bei einem Prozent oder darunter liegt. Zudem wird sie nicht immer jährlich, sondern teils erst am Laufzeitende des Investments, also komplett nachschüssig, ausgezahlt. Diese Projekte – mit sehr geringen Basisverzinsungen – verfügen dann aber zumeist über (satte) Erfolgsbeteiligungen.

Es gibt durchaus auch andere Fälle, in denen die Festverzinsung schon recht auskömmlich ist. Bei den ersten vier präsentierten Projekten unserer Plattform Geldwerk1 wurden Mindestverzinsungen in Höhe von 2,5 Prozent (1. Projekt), vier Prozent (2. und 3. Projekt) sowie 4,7 Prozent (4. Projekt) angesetzt. Hinzu kamen jeweils unterschiedlich intensive Erfolgsbeteiligungen, die sich nach den Risikoeinschätzungen für die jeweiligen Projekte richteten. Im Insolvenzfall kann die Garantie für die Verzinsung (Mindestverzinsung und ein etwaiger erfolgsabhängiger Bonuszins) natürlich ebenso wenig gelten wie für die Rückzahlung des Darlehensbetrags.

Höhere Festverzinsungen als bei unseren bisherigen Projekten finden sich regelmäßig bei Projekten der Plattform Bettervest. Die Festzinsen liegen dort für die aktuellen Crowdinvestments (am 29.12.2016) bei sechs, sieben, 7,25 und acht Prozent. Im Gegenzug gibt es bei den Bettervest-Projekten dann entweder keine oder nur eine geringe erfolgsabhängige Zusatzverzinsung (momentan keine). Die Projekte bei Bettervest befassen sich übrigens mit Energieeffizienz (Photovoltaikanlagen, Blockheizkraftwerke und so weiter).

Ein kurzer Exkurs, da ich unterhalb der Bettervest-Projekte gerade den Risikohinweis lese. Der Gesetzgeber verlangt – unbesehen des tatsächlichen Risikos der Projekte – eine bestimmte einheitliche Formulierung, die das Maximalrisiko ganz pauschal beschreiben soll. Die Formel lautet so:

> *„Der Erwerb dieser Vermögensanlage ist mit erheblichen Risiken verbunden und kann zum vollständigen Verlust des eingesetzten Vermögens führen."*

Das ist der reinste Hohn für manch ein Projekt, dies sicherlich auch für einen Teil der Bettervest-Projekte. Ein eigenes Beispiel: Wir haben bekanntlich ein Crowdinvesting für ein seit mehr als 300 Jahren existierendes Weingut durchgeführt, bei dem umfangreiche Werte (Ländereien, Sachgüter und Weinvorräte) vorhanden sind und der Eigner des Weinguts mit seinem Privatvermögen haftet. Der vorgeschriebene Ausdruck „erhebliche Risiken" ist in diesem Fall irreführend. Ist das ein sinnvoller Anlegerschutz? Nein: Wenn der Anleger nämlich wiederholt auf vorgegebene, fallweise komplett abwegig erscheinende Warnhinweise trifft, dann wird er die Hinweise womöglich irgendwann nicht mehr wirklich ernst nehmen. Im Falle unseres Weinguts gab es völlige Irritationen bei einigen potenziellen Anlegern und wir mussten die wahren

Hintergründe mühsam im direkten Gespräch, per Telefon und per E-Mail erläutern. Uns ist nicht bekannt, wie viele Anleger sofort nach dem Lesen der netten Risikoformel das Handtuch geschmissen haben. Es gibt ja durchaus nicht wenige Crowdinvesting-Projekte, zu denen die strenge Formel passt. Das sind aber dann zumeist nur die waschechten Start-ups.

Nun ja: Der Gesetzgeber meint es schließlich gut, schüttet das Kind aber manchmal mit dem Bade aus. Die Projekte sind von der Risikolage her so unterschiedlich, dass eine einheitliche Formel nicht wirklich sinnvoll ist. Argumentiert wird von den Befürwortern der Einheitsformel zumeist: Dadurch werde das Maximalrisiko treffend beschrieben. Risiko ist aber nicht nur durch das maximale Schadensausmaß geprägt, sondern ganz erheblich auch durch dessen Eintrittswahrscheinlichkeit.

Letztlich: Wo sind derzeit so hohe Zinsen zu haben wie bei nicht wenigen der Crowdinvesting-Projekte? Kaum irgendwo. Aber: Selbstverständlich spielt die Risikokomponente auch immer eine Rolle und die muss der Anleger anhand der ihm im Rahmen des Crowdinvestings zur Verfügung gestellten Informationen (unbesehen der vorgegebenen pauschalen Risikoformel) selbst einschätzen. Eine recht gute Informationsbasis dafür liefern im Allgemeinen die jeweiligen Businesspläne beziehungsweise sie sollen und müssen diese liefern. Auch in der den Anlegern zur Verfügung gestellten Verbraucherinformation wird auf Risiken hingewiesen.

4.2.4 Partizipation am Ergebnis

Eine Beteiligung am Erfolg des Start-ups beziehungsweise des Wachstumsunternehmens kann in verschiedenster Weise vereinbart werden, wobei in der gängigen Praxis des Crowdinvestings grundsätzlich zwei Ansatzpunkte gewählt werden:

1. Eine Beteiligung am jährlichen Ergebnis des Unternehmens (zumeist am Ergebnis vor Steuern und Zinsen an die Crowd).
2. Eine Beteiligung an der Wertsteigerung des Unternehmens beziehungsweise am Verkaufserlös.

Ist jemand etwa als Gesellschafter an einer GmbH beteiligt, partizipiert er automatisch an beiden genannten Formen des Unternehmenserfolgs. Der

Gesellschafter erhält finanzielle Mittel aus Gewinnausschüttungen, vorausgesetzt es werden Gewinne erzielt und die Gesellschafterversammlung beschließt deren Ausschüttung. Des Weiteren kann der Gesellschafter seine Anteile veräußern und auf diesem Wege ebenfalls ein Plus erzielen, sofern der erzielte Veräußerungspreis dies hergibt. Das ist der gesetzlich vorgegebene Standardfall. Es besteht jedoch Vertragsautonomie und wenn die Gesellschafter im Rahmen des Gesellschaftsvertrags der GmbH etwas anderes vereinbaren, dann ist dies im Regelfall ohne Weiteres möglich. Ein Beispiel aus dem Gesetz dazu. In § 29 Abs. 3 GmbHG heißt es in Bezug auf die Gewinnverteilung:

> *„Die Verteilung erfolgt nach Verhältnis der Geschäftsanteile. Im Gesellschaftsvertrag kann ein anderer Maßstab der Verteilung festgesetzt werden.“*

In Satz 1 wurde der Standardfall der Gewinnverteilung angegeben. Durch den zweiten Satz wird die Möglichkeit eingeräumt, im Gesellschaftsvertrag eine andere Regelung bezüglich der Gewinnverteilung zu treffen. Schon anhand dieses Beispiels lässt sich erahnen, dass die vertraglichen Vereinbarungen bei einer Beteiligung an einem Unternehmen äußerst disponibel sind. Der Investor tut also gut daran, sich mit den vertraglichen Regelungen zu befassen und nachzuverfolgen, an welchen Stellen er tatsächlich am Erfolg des Projekts beteiligt wird und vor allem auch in welchem Umfang. Das stellen die Plattformen zum Glück fast immer in einer Übersicht dar, sodass vom Anleger nicht unbedingt alle Vertragsdetails durchgeackert werden müssen.

Bei einer typischen stillen Beteiligung etwa ist der Investor genauso wie bei partiarischen Nachrangdarlehen nicht am Vermögen der Gesellschaft beteiligt. In solchen Fällen würde er von einer etwaigen Wertsteigerung der Anteile nicht profitieren. Gleiches gilt für Genussrechte. Wenn nicht vertraglich anders geregelt, bleibt dem Investor damit in diesen Fällen eine der beiden Erfolgschancen verwehrt, nämlich die Beteiligung an Wertsteigerungen. Das kann den Umfang seiner Rückflüsse aus dem Investment, trotz erfolgreicher Geschäfte des Start-ups, möglicherweise enttäuschend werden lassen.

Was sich über die gesellschaftsrechtliche Struktur hier nicht automatisch ergibt, kann allerdings vertraglich gesondert vereinbart werden. Das heißt, der Investor könnte auch dann an der im Laufe der Jahre erzielten Wertsteigerung des Start-ups teilhaben, wenn der Standardfall des Finanzierens dies nicht hergeben würde. Es wird schlichtweg eine Vereinbarung getroffen, die regelt, in welcher Form der Investor an der Wertsteigerung teilnimmt. Eine Möglichkeit ist es, dem Kapitalgeber zuzusagen, dass er im Falle eines Verkaufs des Start-ups einen Anteil am Veräußerungserlös erhält. Genau so etwas findet sich in den meisten Verträgen, die zwischen Crowdinvestor und Start-up entstehen.

Wie kann der Crowdinvestor aber von der Wertsteigerung profitieren, wenn kein Verkauf stattfindet, also zum Beispiel bei seinem Ausstieg am Laufzeitende seines Investments? Zu diesem Zweck wird in der Praxis des Crowdinvestings zum einen die Mindestlaufzeit der Beteiligung des Anlegers festgesetzt (zum Beispiel auf fünf Jahre) und zum anderen die Art der rechnerischen Ermittlung seiner Abfindung, wenn er aussteigt. Dabei wird zum Beispiel ein Multiplikator auf das letzte Jahresergebnis des (Start-up-)Unternehmens angewendet. Beispiele für derartige Erfolgskomponenten lassen sich auf den Websites der meisten Crowdinvesting-Plattformen finden. Wer keine Idee hat, wo er suchen soll, der schaue einfach mal bei einer der beiden großen Plattformen (Companisto oder Seedmatch) nach.

Die Situation des Investors hinsichtlich seiner Erfolgsbeteiligung lässt sich so auf den Punkt bringen: Wenn der Kapitalgeber im Zuge der vertraglichen Vereinbarung zum Beginn des Investments nicht so genau hingesehen hat (und ihm nur ein minimaler erfolgsabhängiger Anteil winkt), dann nutzen auch satte Gewinne und eine Vervielfachung des Unternehmenswerts nicht allzu viel: Der Anteil des Investors am Erfolg bleibt möglicherweise recht dürftig und entspricht vielleicht nur einem Bruchteil der eigentlichen anteiligen Wertsteigerung, die der Investor hätte erhalten müssen, wenn es fair zugegangen wäre. Dies sei anhand eines Beispiels verdeutlicht.

Dargestellt wird hier zunächst der einfache Fall der Gründung einer GmbH in Standardform: Zwei Gesellschafter gründen eine GmbH, wobei Gesellschafter A und Gesellschafter B je 25.000 Euro des Stammkapitals der GmbH aufbringen. Wenn nichts Gegenteiliges im Gesellschaftsvertrag vereinbart wurde, dann gilt, dass A und B jeweils zur Hälfte an der Gesellschaft beteiligt sind. A hat einen Anspruch auf 50 Prozent des Gewinns, B ebenfalls, und im Falle der gleichzeitigen Veräußerung aller Gesellschaftsanteile erhält jeder die Hälfte des Kaufpreises. Es könnte aber auch so aussehen: Gesellschafter A zahlt nur 15.000 Euro ins Stammkapital ein und seine restlichen 10.000 Euro fließen in die Kapitalrücklage: gleicher Gesamtbetrag, der von seiner Seite aus kommt, aber andere Aufteilung. Da die Anteile an der Gesellschaft der Einzahlung in das Stammkapital folgen, hat Gesellschafter A nun nur noch einen Anteil von 37,5 Prozent (= 15.000 Euro / 40.000 Euro x 100), obgleich er in Summe nach wie vor 25.000 Euro beigesteuert hat. Auf ihn entfallen nämlich nur 15.000 Euro des Stammkapitals, das mit Gesellschafter B zusammen jetzt 40.000 Euro beträgt (10.000 Euro von A sind zusätzlich in der Kapitalrücklage). Der Anteil von A am Gewinn und am Verkaufspreis ist durch die neue Konstellation von zuvor 50 Prozent auf nunmehr 37,5 Prozent gesunken. Er wird im Grunde schlechter behandelt als Gesellschafter B, der nun 62,5 Prozent der Anteile erhält. So etwas lässt sich frei gestalten und in der Regel gibt es gute Gründe dafür, warum manchmal eine Ungleichbehandlung der Kapitalgeber erfolgt. Das Schicksal von Gesellschafter A teilt der Crowdinvestor. Er wird in aller Regel im Vergleich zu den Gründern deutlich unterproportional an den Erfolgen des Start-ups beteiligt. Ja, bei einem Crowdinvesting besteht eine relativ hohe Wahrscheinlichkeit, dass der Crowdinvestor eine Beteiligung erhält, die prozentual klar geringer ist als sein Anteil am insgesamt aufgebrachten Kapital.

Im Falle der Beteiligung vieler fremder Investoren an einem neuen Unternehmen wird das sogar berechtigt sein. Die Gründer leisteten viel Vorarbeit, um den Start des Unternehmens vorzubereiten, haben enorm viel Zeit investiert, gaben und geben viel eigenes Geld hinzu und nun kommen Außenstehende, die nichts weiter als ihr (geringes) Geld beitragen und erwarten, prozentual die gleiche Erfolgsbeteiligung zu erhalten. So betrachtet kann es nur als fair angesehen werden, wenn die Gründer bei gleichem Kapitaleinsatz einen spürbar höheren Anteil am Gesamtwerk erhalten. Dem ist auch so, wenn Business Angels hinzukommen. Auch diese werden pro eingesetztem Euro einen geringeren Anteil erhalten als die Gründer. Es fragt sich nur, wie umfangreich die Einbußen der Crowd (oder der Business Angels) zugunsten der Gründer sein sollen und über welchen Mechanismus dies läuft. Der Crowdinvestor braucht also Transparenz und sollte wissen, wie weit es für ihn hinuntergeht. Details zur Bemessung der Anteilshöhe, welche die Kapitalgeber erhalten, werden im folgenden Absatz aufgegriffen.

Die Bewertung des (Start-up-)Unternehmens zum Zeitpunkt der Beteiligung ist sehr wichtig für den Kapitalgeber, denn anhand dieser wird festgelegt, wie hoch sein Anteil am späteren Erfolg des Unternehmens ist. Zur Illustration folgendes Beispiel: Ein Investor beteiligt sich mit 250 Euro und die Unternehmensbewertung ergibt einen Wert in Höhe von 500.000 Euro

(Post-money). Sein Anteil würde in diesem Falle auf 0,05 Prozent beziffert (= 250 Euro / 500.000 Euro x 100). Würde der Wert des Unternehmens jedoch zu Beginn des Investments bereits auf satte 1.000.000 Euro (Post-money) taxiert, dann betrüge der Anteil des Investors nur 0,025 Prozent (= 250 Euro / 1.000.000 Euro x 100), also die Hälfte im Vergleich zu erstgenannter Situation. Bei jährlichen Gewinnen des neuen Unternehmens in Höhe von durchschnittlich 200.000 Euro und einer per Multiplikator ermittelten Wertbasis zum Ausstiegszeitpunkt in Höhe von 1.300.000 Euro (hier unterstellt: Faktor 6,5 auf den Gewinn) würden die Auszahlungen im Falle einer Beteiligung des Investors am Gewinn und an der Wertsteigerung wie folgt aussehen (Annahme: Laufzeit 6 Jahre):

Rückfluss an den Investor (Beispiel)	**0,05 % Anteil**	**0,025 % Anteil**
Beteiligung am Jahresergebnis in Höhe von 200.000 Euro über 6 Jahre (200.000 Euro x Anteil in % x 6 Jahre)	600 Euro	300 Euro
Beteiligung am Unternehmenswert beim Exit (200.000 Euro x Faktor 6,5 x Anteil in %)	650 Euro	325 Euro
Summe	**1.250 Euro**	**625 Euro**

Abb. 11: Beispiel für Rückflüsse an den Investor

Anhand dieses Beispiels wird ersichtlich, dass die Unternehmensbewertung zum Beginn und der Auszahlungsmechanismus zum Ende des Investitionszeitraums von entscheidender Bedeutung für die Höhe der Erfolgsbeteiligung sind. Dieses theoretische Beispiel sieht vom Ergebnis her ausgesprochen erfreulich für den Investor aus, denn er mehrt seine ursprünglichen 250 Euro ganz beträchtlich und kann mehr als zufrieden sein. Realistischer wird allerdings der etwas später dargestellte Verlauf sein, in dem Anlaufverluste vorkommen und die anfänglichen Unternehmensbewertungen viel höher sind.

Die Gründer werden eine hohe Unternehmensbewertung zu Beginn des Projekts bevorzugen und einen vertraglich festgelegten Mechanismus zum Ende der Laufzeit, der eine nicht allzu hohe Abfindung für den Kapitalgeber ergibt. Genau gegenteilig ist die Interessenlage des Kapitalgebers. Letzterer wird also im Rahmen seiner Beteiligung sinnvollerweise ins Kalkül ziehen, welche Bewertungsmodalitäten und Abfindungsregelungen vereinbart werden. Dies erfordert ein Sichten der Bedingungen, unter denen die Beteiligung eingegangen wird. Die Bewertung zum Start des Investments wird der

Anleger wohl oder übel hinnehmen müssen und schlichtweg entscheiden, ob er unter diesen Bedingungen einsteigt oder nicht.

Bei der Beteiligung an den jährlichen Ergebnissen kommt es nicht dazu, dass der Investor Verluste ausgleichen muss (jedenfalls ist mir ein solcher Fall bislang nicht untergekommen). Jedoch werden etwaige Verluste, die zum Beispiel in den beiden ersten Geschäftsjahren auftreten, manchmal zunächst mit den erzielten Gewinnen verrechnet, bevor es zu Erfolgsauszahlungen kommt. Die Regelungen dazu differieren.

Nehmen wir das folgende Beispiel:

- Mindestlaufzeit: 6 Jahre
- Jährliche Auszahlung: Beteiligung an den jährlichen Ergebnissen (nach Verrechnung mit etwaigen Verlustvorträgen)
- Bewertung beim Exit: Faktor 6 auf das EBIT

Unterstellt wird nunmehr folgende Entwicklung des Projekts X bei einer Laufzeit von sechs Jahren bis zum Exit, wobei angenommen wird, dass die Konditionen so vereinbart wurden, dass der Investor bei seinem Ausstieg einen Geldbetrag erhält, der anhand des Ergebnisses vor Zinsen und Steuern (EBIT) des letzten Geschäftsjahres multipliziert mit einem Faktor 6[56] ermittelt wird:

Beträge in Euro für Jahr	Gewinn bzw. Verlust	Ausschüttung	EBIT (für Bewertung)	Bewertung bei Exit
2017	–150.000	0		
2018	–50.000	0		
2019	0	0		
2020	100.000	0		
2021	150.000	50.000		
2022	200.000	200.000	300.000	1.800.000
Summe für 100%-Anteil	**250.000**	**250.000**		**1.800.000**
Summe für 0,05%-Anteil		**125**		**900**

Abb. 11: Beispiel für den Erfolgsanteil eines Investors

56 Vgl. dazu etwa auch das Beispiel des über die Plattform Seedmatch finanzierten Start-ups Cosmopol, auf das Seedmatch hinweist (http://blog.seedmatch.de/2011/10/07/wie-sie-mit-einem-investment-bei-seedmatch-gewinnen/).

Wäre der Investor nun mit 500 Euro beteiligt und die anfängliche Bewertung des Start-ups beliefe sich auf 1.000.000 Euro, dann läge die Beteiligungsquote bei 0,05 Prozent. In den beiden ersten Jahren weist das Start-up-Unternehmen Verluste auf und im dritten Jahr ein Nullergebnis. Es kann in diesen Jahren in Ermangelung von Gewinnen nicht zu Ausschüttungen kommen (wenn das vertraglich so geregelt ist). In den Jahren 4 und 5 werden die zuvor aufgelaufenen Verluste (= 200.000 Euro) zunächst mit den nun positiven Jahresergebnissen verrechnet. Das bedeutet: Erst im Jahr 5 wird erstmalig eine Gewinnausschüttung möglich, denn in genau diesem Jahr gelingt es, die vorherigen Verluste auszugleichen und einen darüber hinausgehenden Gewinn auszuweisen. Folglich wären die Zahlungsströme an den Investor in Summe diese: 125 Euro für die Ausschüttungen (= 0,05 Prozent von 250.000 Euro) und 900 Euro für den Exit (= 0,05 Prozent von 1,8 Millionen Euro), insgesamt also 1.025 Euro. Immerhin wäre dies etwas mehr als eine Verdopplung des eingesetzten Betrags (500 Euro) innerhalb von sechs Jahren, was einer jährlichen Verzinsung des eingesetzten Kapitals in Höhe von rund 17,5 Prozent entspräche.

Das Beispiel zeigt unter anderem, wie sich Anlaufverluste und deren Verrechnung mit späteren Gewinnen auf die Rückflüsse an den Investor auswirken können, und Anlaufverluste sind bei Start-ups durchaus an der Tagesordnung. Die Crowdinvesting-Plattformen sorgen aber zumeist dafür, dass die vorgegebenen Verträge eine in diesem Punkt anlegerfreundlichere Vertragsvariante aufweisen, in der keine Verrechnung der positiven Ergebnisse mit vorherigen Verlusten erfolgt! Mit anderen Worten: Sobald ein Gewinnjahr kommt, werden (unbesehen etwaiger vorheriger Verluste) ergebnisabhängige Auszahlungen an die Crowd fällig.

Zurück zu obigem Beispiel: Sichtbar wird hier auch, dass eine Verdopplung des Geldes im Zeitverlauf nicht unbedingt eine gigantisch hohe jährliche Rendite nach sich zieht, wenn wir auf die 17,5 Prozent blicken. Zunächst dies: Bei der Renditeberechnung bezieht man sich üblicherweise nicht (ganz primitiv) auf den Gesamtzeitraum. Würde dies dennoch getan, dann ergäbe das genannte Investment eine Rendite von 105 Prozent [= (1.025 Euro – 500 Euro) / 500 Euro x 100]. Nein, so geht das nicht: Ein vernünftiger Anleger berücksichtigt den Faktor Zeit mit, was sich sehr gravierend auf die Renditeeinschätzung auswirkt. Aus den 105 Prozent werden dann nämlich besagte 17,5 Prozent pro Jahr, wenn die Auszahlung aller Zuflüsse aus dem Invest endfällig (also auch der Ergebnisbeteiligungen) stattfindet. Wie komme ich auf die 17,5 Prozent? Ich unterstelle eine Anlage der 500 Euro zu einem jährlichen Zins in Höhe von 17,5 Prozent (vereinfacht ohne Zinseszins): 500 Euro x 17,5 Prozent x 6 Jahre = 525 Euro. Ich erhalte am Ende meine 500 Euro zurück und in Summe 525 Euro an Zinsen. Man könnte nun noch etwas spitzfindiger werden und die Möglichkeit hineinrechnen, die zwischenzeitlich erhaltenen Zinsen wiederum anzulegen (zum Beispiel mit einem Prozent Verzinsung). Das ändert das Ergebnis (geringfügig), nicht aber das Prinzip und die Tendenzaussage.

Um aus Sicht des Investors eine ganz fette Rendite zu erhalten, muss das Projekt so richtig durchstarten und nicht wie in meinem Beispiel eine einfach nur gute Erfolgsgeschichte sein, der vielleicht ja eine „geniale" Idee zugrunde liegt, deren Umsetzung aber auf die Unbilden der unternehmerischen Realität treffen mag. Schwierigkeiten, die auftreten können, sind zum Beispiel: Das Gründerteam ist zwar enthusiastisch und mit vollem Einsatz dabei, jedoch unerfahren und liefert zu Beginn des Engagements einige grobe Fehler ab, die zu längerfristigen Nachteilen führen. Oder: Es kommt zu erheblichen Meinungsverschiedenheiten zwischen den Gründern mit der Folge des Ausstiegs einer Person aus dem Gründerteam, die wesentlich für den Erfolg ist. Dann: Konkurrenz kommt auf und tritt schneller und massiver auf den Plan als erwartet. So oder so ähnlich könnten größere Schwierigkeiten aussehen, die zur Folge haben können, dass das Unternehmen (trotz der unglaublich guten Geschäftsidee und des großen Einsatzes) bis zum Zeitpunkt des Exits nur passabel abschneidet oder vielleicht sogar vorher schon aufgeben muss, schlimmstenfalls per Insolvenz.

Venture-Capital-Gesellschaften und Business Angels wissen es schon lange: Das Gründerteam und seine unternehmerischen Qualitäten sind noch wichtiger als die Genialität der Geschäftsidee. Oder anders gesagt: Ein gutes Team wird aus einer schlechten Geschäftsidee eher etwas machen können als ein schlechtes Team aus einer guten Idee. Letztlich sollte der Investor sich nicht allein von der Idee blenden lassen und sich unbedingt auch einen Eindruck über das Gründerteam verschaffen, besonders über dessen Erfahrungen und Potenziale.

4.2.5 Partizipation an der Wertsteigerung

Eines wird vielen Beteiligten an einem Crowdinvesting vorschweben, wenn es um ein Investment in Start-ups geht: die Hoffnung, an einer „gigantischen" Wertsteigerung ihres Start-up-Unternehmens teilhaben zu können. Und weiterhin ist klar, dass letztlich dann abgerechnet wird, wenn der Kapitalgeber aussteigt, also zum Exit-Zeitpunkt. Zwischenzeitlich profitiert der Investor hoffentlich bereits von laufenden Ergebnissen und/oder von gewissen Mindestverzinsungen. Wie bereits in Punkt 4.2.4 angedeutet, wird die laufende Ergebnisbeteiligung, anders als gegebenenfalls der Exit, im Regelfall nicht den wirklich ganz großen Geldzuwachs für den Investor bringen. Entsprechend spielt es sowohl für den Kapitalsuchenden als auch für den Kapitalgeber eine zentrale Rolle, wie die Konditionen für den Exit gestaltet werden. Das sieht anders aus, wenn es um ein Crowdinvesting für etablierte Unternehmen oder für Immobilien geht. In solchen Fällen mag das Risiko relativ gering sein und es wird passend zum Risiko eine zumeist deutlich geringere Gewinnchance eröffnet. Milde gestimmt wird der Investor dann aber zumeist mit einer recht auskömmlichen Festverzinsung, die besonders in der momentan zinsschwachen Phase am Kapitalmarkt höchst interessant ist. Die Crowdinvesting-Plattformen werden jeweils versuchen, das Chance-Risiko-Verhältnis ihrer Projekte in eine gute Balance zu bringen.

Start-ups: Die Gründer setzen beim Exit einen entscheidenden Anreiz für die Investoren, tun also gut daran, den Exit möglichst attraktiv zu gestalten. Die Plattform Welcome Investment zum Beispiel versprach (als sie noch auf Sendung war) den Investoren für den Fall ihres Ausstiegs nach Ablauf der Mindestlaufzeit des Investments:[57]

„*b) … beim Exit die finanzielle Einlage zurückzubekommen*
c) … beim Exit am EBIT fünffach beteiligt zu werden“.

Wie enorm entscheidend der Exit sein kann, möchte ich an dem Projekt FootFact darstellen, dem ersten erfolgreich über Geldwerk1 finanzierten Start-up. FootFact konnte als ziemlich risikobehaftetes Start-up eingestuft werden, denn das Produkt war zum Zeitpunkt des Fundings noch nicht fertig, wie bei nicht wenigen anderen Start-ups auch. Aufgrund des hohen Risikos wurde ein hoher Anreiz für die Crowdinvestoren geboten. Das Geschäft ist sehr stark skalierbar. Es hat die Chance, enorm zu wachsen, und dies bei vergleichsweise mäßigen Kostenerhöhungen.

57 Welcome Investment gab dies seinerzeit auf der eigenen Website unter der Rubrik „Investieren“ (wlcm.in/about-us; Zugriff: 26.11.2012) an. Zwischenzeitlich stellte diese Plattform ihren Betrieb ein und lebte (sehr viel später) in neuer Struktur wieder auf.

Je 1.000-Euro-Investment lag der Anteil des Crowdinvestors bei 0,1177527 Prozent. Zugesagt ist ein Faktor von 5 auf das Ergebnis (EBIT) des letzten Jahres vor der Kündigung. Wenn die Planung des Jahres 2019 (bis dahin wurde nur geplant) zugrunde gelegt wird, findet sich dort ein EBIT in Höhe von rund acht Millionen Euro. Wenn dieses Ergebnis im Jahr vor dem Ausstieg tatsächlich erreicht würde, dann würden aus den 1.000 Euro beim Exit rund 47.100 Euro. Welch eine Chance! Dem steht eine nicht unerhebliche Wahrscheinlichkeit gegenüber, dass die 1.000 Euro verloren gehen. Wenn man die bisherigen mehr als 400 Crowdinvesting-Projekte nachverfolgen würde, käme man mit ziemlicher Sicherheit zu dem Ergebnis, dass im Schnitt viel zu optimistisch geplant wurde. So könnte es letztlich auch bei FootFact sein. Aber wie soll man das heute schon wissen? Die Zukunft liegt noch vor uns und steht nicht schicksalhaft fest. Wenn FootFact nur ein Zehntel des soeben angesetzten Plan-EBITs erreichen würde, dann wäre das Crowdinvesting für die Investoren bereits ein sehr großer Erfolg. Es bleibt spannend.

Die Erfolgschancen sind selten so ausgeprägt wie bei dem gerade dargelegten Projekt, vorausgesetzt, die Planung wird einigermaßen erreicht. Die meisten Projekte sind deshalb weniger chancenreich, weil die Unternehmensbewertungen zum Fundingzeitpunkt viel höher sind. So ist es auch bei unserem Projekt 3R Systems, dessen Bewertung bei rund dem Zwölffachen liegt wie bei FootFact. Hohe Bewertungen verkleinern die Erfolgsanteile der Crowdinvestoren. Nehmen wir einfach mal das aktuell (am 29.12.2016) an oberster Stelle auf der Plattform Companisto aufgeführte Projekt: Bier-Deluxe. Die Bewertung (Pre-money) liegt bei fünf Millionen Euro. Im Vergleich: Bei FootFact waren es 800.000 Euro.

Ein Exit kann aber (je nach vertraglicher Vereinbarung) auch schon vor Ablauf der eigentlichen Mindestlaufzeit der Crowdinvestments umgesetzt werden, nämlich wenn ein vorzeitiger Verkauf stattfindet. Der Crowdinvestor wird dann in der Regel mit seiner Anteilsquote am Verkaufserlös (also dem Verkaufspreis) beteiligt. Gehen wir auf FootFact zurück. Gelänge es zum Beispiel, FootFact nach drei Jahren für zwei Millionen Euro zu verkaufen, dann erhielte der 1.000-Euro-Investor davon 0,1177527 Prozent. Das wären 2.355 Euro. Der Crowdinvestor kann allerdings nicht einfach so hinausgedrängt werden, wenn ihm das Angebot zu schlecht erscheint oder warum auch immer. Es muss eine „Mehrheit" von Crowdinvestoren zusammenkommen.

Welche Mehrheitsquote zur Angebotsannahme erforderlich ist, liegt vertraglich fest. Bei FootFact sind es 75 Prozent.

Erwerber für crowdfinanzierte Unternehmen zu finden ist – wie bereits geschildert – einfacher, wenn der Nachfolgeprozess gebündelt abläuft, das heißt wenn die Finanzierung des Start-ups in einer Hand liegt. Dies ist zum Beispiel dann der Fall, wenn das Investment von der Struktur her indirekt läuft wie bei der Plattform Innovestment, welche die crowdfinanzierten Anteile an den Start-ups komplett in einer eigens dazu gegründeten Gesellschaft (SPV) bündelt und sich dann über das SPV an dem Start-up beteiligt. Durch die Direktbeteiligung des SPV an dem jeweiligen Start-up ist ein Verkauf in einem Rutsch einfach, wenn ein Käufer gefunden wurde. Das SPV leitet den Crowdinvestoren dann jeweils ihre Anteile am Veräußerungserlös zu. Bei den meisten anderen Plattformen ist hingegen jeder einzelne Crowdinvestor direkt mit dem jeweiligen Start-up verbunden. Durch eine Poolingvereinbarung kann in diesem Fall aber ebenfalls ein einheitliches Handeln sichergestellt werden, das einen Verkauf begünstigt.

Genauer: Es kommt durchaus vor, dass ein Käufer den Hühnerhaufen der Crowdinvestoren nicht mit übernehmen möchte beziehungsweise von seinem Kaufangebot Abstand nimmt, wenn er die Crowd mitschleppen müsste. Für den Fall eines Verkaufs wäre dann erst der „Hühnerhaufen" an Crowdinvestoren mühsam herauszukaufen. Man kann sich vorstellen, dass nicht jeder Crowdinvestor aussteigen will, vor allem dann nicht, wenn ihm das Ablöseangebot zu niedrig erscheint. Lösen lässt sich die Problematik allerdings recht gut mit besagter Poolingvereinbarung, die inzwischen die meisten Plattformen organisieren und die von vornherein schon vertraglich mit vereinbart wird. Eine Poolingvereinbarung sorgt dafür, dass die Crowdinvestoren zu 100 Prozent einheitlich handeln, und zwar auch dann, wenn es Neinsager gibt. Das funktioniert auf die Weise, dass abgestimmt wird, und wenn zum Beispiel zwei Drittel der Crowd einem Ausstieg zu bestimmten Konditionen zustimmen, dann muss das letzte Drittel zu diesen Konditionen den Ausstieg hinnehmen und mitvollziehen. Kommt die zum Beginn des Crowdinvestings schon festgesetzte Mehrheit nicht zustande, dann unterbleibt der gemeinsame Ausstieg der Crowdinvestoren eben. Eine faire Lösung, wie ich finde.

Die aus einigen Diskussionen teils abzuleitende Unterstellung, dass sich Venture-Capital-Geber nicht an Unternehmen beteiligen, die viele Teilhaber aufweisen, lässt sich in dieser Stringenz sicherlich nicht aufrechterhalten.

Zumindest stimmt aber der Kern dieser Aussage, nämlich dass eine vorhandene Streufinanzierung die Anschlussfinanzierung erschwert. Die Streuung ist insofern unpraktisch, als der Nachfolger die Crowdinvestoren gegebenenfalls heraushaben will und dann jeder einzelne Crowdinvestor um sein Einverständnis gebeten werden muss, sich herauskaufen beziehungsweise abfinden zu lassen. O. K., die Crowdinvestoren haben ohnehin zumeist keine Stimm- oder Mitspracherechte und es stört daher nicht weiter, wenn ein paar von ihnen drinbleiben, wenn ein neuer (Groß-)Investor kommt. Im Übrigen: Das erste Portal, das eine Bündelung der Anteile der Investoren vorgenommen und auf diesem Wege eine mittelbare Beteiligungsstruktur geschaffen hat, war nach meinen Recherchen die niederländische Plattform Symbid.

Worauf ist letztlich aus Sicht des Kapitalgebers zu achten? Schön wäre es für ihn, wenn die Konditionen so vereinbart würden, dass die Zahlung zum Exit-Zeitpunkt unabhängig davon gestellt ist, ob eine Nachfolgelösung realisiert werden kann oder nicht. Das ist in der Praxis so gut wie immer so. Nach Ende der Mindestlaufzeit der Beteiligung kann der Investor kündigen und steigt damit aus. Je nach Vereinbarung hat er ein Recht darauf, seine Einlage zurückzuerhalten oder eine höhere Abfindung zu kassieren, die anhand eines vertraglich zugesicherten Mechanismus funktioniert (zumeist EBIT x Multiplikator beziehungsweise Umsatz x Multiplikator). EBIT bedeutet, dass die Investoren am „Ergebnis vor Steuern und Zinsen" beteiligt werden (**E**arnings **B**efore **I**nterest and **T**axes). Da sich Ergebnisgrößen durch bilanzpolitische Maßnahmen beeinflussen lassen, wird als „Auffanggröße" oftmals zusätzlich ein Umsatz-Multiplikator genutzt, da Umsätze kommen, wie sie kommen, und nur eine geringe Anfälligkeit gegenüber einer bilanzpolitischen Beeinflussung aufweisen. Der höhere Wert aus beiden Multiplikatoren gilt zugunsten des Anlegers. An dieser Stelle kommt durch, dass sich die Crowdinvesting-Plattformen tatsächlich etwas haben einfallen lassen, um die Interessen und Bedenken der Anleger möglichst gut und praktikabel zu berücksichtigen. Die Ausgewogenheit der Berücksichtigung der Belange von Start-ups und von Anlegern ist den mir näher bekannten Crowdinvesting-Plattformen enorm wichtig. In den Anfängen des Crowdinvestings waren die Vertragswerke im Vergleich zu heute noch recht lückenhaft, sodass es teils zu ungewollten Effekten und Schwierigkeiten kam, die mal zulasten der Anleger gingen und mal zum Nachteil der Start-ups gereichten. Die Verträge sind inzwischen bei den meisten Plattformen als gut oder sehr gut zu bezeichnen.

Kleiner Schwenk: Erstaunlicherweise wird gerade aus dem Banken- und Finanzbereich immer wieder mal die Frage an mich gerichtet, wie so hohe Verzinsungen überhaupt möglich sein können. Banken können nur geringe Zinsen geben und nun kommt ein bankenfreier Anbieter und schlägt diese um Längen. Wie soll das seriös gehen? Anhand dieser Frage merkt man, dass die Ausbildung im Banken- und Finanzbereich teils womöglich recht einseitig ist und wichtige Komponenten nicht erfasst. Die Erklärung ist ganz simpel: Vor allem Start-ups, aber auch andere Wachstumsunternehmen schaffen neue Werte, machen aus Geld nicht selten deutlich mehr Geld. Daran können sie die Geldgeber teilhaben lassen. Banken führen hingegen im Allgemeinen nur eine Hilfsfunktion aus, leben im Wesentlichen davon, Geld hin- und herzuschieben. Banken schaffen selten eigenständige Werte. Sie leben von Zinsen, Gebühren und Provisionen, beraten und legen Gelder an. Außerdem ist es ihnen erlaubt, Geld zu produzieren, indem sie Kredite herausgeben, deren Beträge sehr viel höher liegen als das bei der Bank als Einlagen tatsächlich vorhandene Geld.

Start-ups haben hingegen nicht selten stark skalierbare Geschäftsmodelle, die enorm wachsen und aus eigener Kraft sehr hohe Werte erzeugen können. Beispiel: Ein Gründer erhält anfänglich 200.000 Euro von Investoren. Sein Geschäft wächst und wächst. Im fünften Jahr liegt das Jahresergebnis seines Unternehmens bei satten zwei Millionen Euro. Durch eine hohe Erfolgskomponente (beim Crowdinvesting) erhalten die Geldgeber das Sechsfache ihres ursprünglichen Einsatzes. Anfangs undenkbar für viele, aber kein Problem für das Start-up, denn das zur Auszahlung der Kapitalgeber erforderliche Geld (hier dann 1,2 Millionen Euro) sollte bei einem Jahresergebnis von zwei Millionen Euro locker vorhanden sein.

4.2.6 Investitionsstrategien und Renditeerwartungen

4.2.6.1 Investment über deutsche versus ausländische Plattform

Neben der Auswahl spannender Projekte stellt sich für den Investor sicherlich auch die Frage, ob es für ihn einen Unterschied macht, über eine Crowdinvesting-Plattform zu gehen, deren Betreiber seinen Sitz in Deutschland hat oder im Ausland. Ein wichtiger Punkt dabei ist sicherlich die Sprache, in der die Plattform auftritt. Damit müssen Investoren und Gründer letztlich klarkommen. Aus deutschsprachiger Sicht: Es gibt natürlich auch Crowdinvesting-Plattformen, die aus dem Ausland betrieben werden, deren Website dennoch auch in deutscher Sprache gefasst ist. Dies ist etwa bei Plattformen im deutschsprachigen Ausland der Fall (zum Beispiel bei den Portalen Conda und 1000 x 1000 aus Österreich). Denkbar ist auch, dass – von uns aus gesehen – im Ausland ansässige originär fremdsprachige Plattformen eine deutschsprachige Version ihrer Website anbieten.

O. K., nicht jedes im Ausland ansässige Portal lässt deutsche oder andere – aus seiner Sicht – fremdländische Anleger oder Unternehmen zu. Wir kommen also nicht überall hinein und sollten daher rechtzeitig prüfen, ob wir überhaupt zugelassen werden. In aller Regel gibt es aber keine Einschränkungen. Den Anlegern wird aufgrund ihrer Internationalität der Zugang zumeist nicht verwehrt, den Unternehmen in den meisten Fällen schon. Nun: Wenn wir also als Anleger mit unserem Geld willkommen sind und mittels einer ausländischen Plattform investieren dürfen: Sollten wir das überhaupt tun?

Angenommen, die sprachliche Hürde ist für den Investor kein Problem, weil das ausländische Plattformangebot entweder in deutscher Sprache gefasst ist oder der potenzielle Kapitalgeber die jeweilige Fremdsprache gut genug beherrscht, in der die Plattform kommuniziert. Es fragt sich dann, ob die Sprache die einzige Hürde ist, die es zu beachten gilt. Die Antwort ist: nein. Sitzt die Plattform in einem anderen Land, dann sind die rechtlichen Rahmenbedingungen andere als die in Deutschland. Fast immer bedeutet das automatisch, dass im Streitfall das ausländische Recht gilt, weil das in den Plattformbedingungen so festgelegt ist. Nicht gut und nicht praktisch für uns, wenn etwas schiefgeht.

Im Krisenfall: Zu unterscheiden ist zunächst, ob der Streit mit der Plattform selbst oder mit der Start-up-Gesellschaft besteht, mit welcher der (Finanzierungs-)Vertrag abgeschlossen wurde. Für Letzteren ist grundsätzlich der Rechtsrahmen desjenigen Landes maßgeblich, in dem das Start-up-Unternehmen seinen Sitz hat. Wenn man sich zum Beispiel also an einem neugegründeten Unternehmen in Großbritannien beteiligt, dann ist grundsätzlich das britische Recht maßgeblich, sofern in den Verträgen nicht ausdrücklich etwas anderes vereinbart wurde, was allerdings extrem unwahrscheinlich ist.

Beteiligt sich der Investor an einem Projekt im Ausland, dann wird er im Konfliktfall zumeist auf deutlich mehr Schwierigkeiten stoßen sich durchzusetzen, als wenn das Projekt in heimischen Gefilden läuft. Er bewegt sich in einem fremden und gegebenenfalls für ihn selbst ungewohnten rechtlichen Rahmen, kann daher die Erfolgsaussichten und die Vorgehensweise schlechter einschätzen und muss vielleicht einen (teuren) des ausländischen Rechts kundigen Anwalt einschalten und so weiter.

Es lässt sich also grundsätzlich sagen, dass das Risiko für den Anleger in gewissem Maße steigt, sobald ein Auslandsbezug des Investments gegeben ist, sei es dadurch, dass der Sitz der vermittelnden Plattform oder der Sitz des zu finanzierenden Start-ups im Ausland liegt. Natürlich kann es auch vorkommen, dass eine in Deutschland ansässige Plattform eine Beteiligung an einem Start-up vermittelt, das im Ausland sitzt. Ob es einen solchen Fall schon gab, weiß ich aber nicht.

Da die Plattform im Regelfall nur Vermittler ist, wird bei Problemen mit dem Start-up nicht die Rechtsbeziehung des Investors zur Plattform, sondern vielmehr die zum Start-up selbst ausschlaggebend sein. Anders ist dies natürlich im Falle einer mittelbaren Beteiligung, also wenn es eine Zwischengesellschaft (SPV) des Plattformbetreibers gibt und der Betreiber darüber an den ausländischen Start-up-Unternehmen beteiligt ist. In dieser Situation besteht die Rechtsbeziehung zwischen Kapitalgeber und der deutschen Plattform und eben nicht zwischen Kapitalgeber und dem im Ausland ansässigen Start-up.

Ob der vollständige oder teilweise Auslandsbezug des Investmentvorgangs jedoch als entscheidender Grund dafür anzusehen ist, von einem Investment Abstand zu nehmen, muss natürlich jeder Investor für sich überlegen. Eine Rolle spielt dies in der Regel nur dann, wenn etwas schiefläuft, also zum Beispiel wenn das Start-up-Unternehmen die vereinbarte Geldsumme beim Exit nicht bezahlt.

4.2.6.2 Rendite und Risikostreuung

Um einschätzen zu können, welche Renditen in welchen denkbaren Szenarien entstehen, muss sich der Investor mit den vereinbarten Konditionen für das jeweilige Projekt auseinandersetzen. Zuvor sollte er sich allerdings Gedanken darüber machen, ob er ganz gezielt auf ein einzelnes Projekt setzt oder ob er das Risiko streut, indem er in mehrere oder sogar viele aussichtsreiche Projekte investiert. Begonnen sei mit dem Thema Risikostreuung.

Eine Möglichkeit: Statt 10.000 Euro in ein Projekt zu investieren, entscheidet sich der Crowdinvestor, diesen Betrag auf zehn Projekte aufzuteilen. Er erhöht damit seine Wahrscheinlichkeit, ein Projekt zu treffen, das „durchstartet“. Des Weiteren sinkt das Risiko, dass sein Gesamtinvestment in einem Totalverlust endet. Andererseits ist der Gewinn für ihn mit Abstand am höchsten, wenn er nur in ein Projekt investiert und genau das Richtige trifft. Um die mögliche Auswirkung einer Risikostreuung zu veranschaulichen, sei ein fiktives Szenario unterstellt:

Der Investor wählt zehn Projekte aus, die er für Erfolg versprechend hält, und investiert jeweils 1.000 Euro in jedes der zugehörigen Start-up-Unternehmen. Nun: Zwei der Projekte gehen komplett den Bach runter und der Einsatz ist weg. Drei weitere Projekte dümpeln mehr oder weniger vor sich hin und halten sich nach einiger Zeit halbwegs über der Nulllinie. Vier der Projekte laufen gut und erwirtschaften solide Überschüsse. Das zehnte Projekt startet tatsächlich durch, zwar nicht wie Microsoft seinerzeit, aber immerhin. In Euro:

Projekt	Einsatz	Kumulierte Gewinnbeteiligung über 5 Jahre	Abfindung am Laufzeitende	Überschuss je Projekt
1	1.000	0	0	–1.000
2	1.000	0	0	–1.000
3	1.000	20	1.000	+20
4	1.000	40	1.000	+40
5	1.000	60	1.000	+60
6	1.000	180	1.500	+680
7	1.000	200	1.600	+800
8	1.000	220	1.650	+870
9	1.000	250	1.750	+1.000
10	1.000	1.530	9.000	+9.530
Summe	**10.000**	**2.500**	**18.500**	**+11.000**

Abb. 12: Beispiel für Projektergebnisse als Basis für eine Renditeberechnung

Die ursprünglichen 10.000 Euro wurden nach Ablauf von fünf Jahren um 11.000 Euro auf 21.000 Euro gemehrt. Das entspricht ungefähr einer Rendite von 22 Prozent pro Jahr, nicht mehr. Wieso? Es handelt sich schließlich um mehr als eine Verdopplung. Dazu nehmen wird uns ein anderes Beispiel: Man nehme 10.000 Euro, lege sie mit gedachten 22 Prozent Festverzinsung irgendwo an und unterstellt, man könne die Zinsen zwischenzeitlich nicht anlegen (keine Wiederanlageprämisse). Folgendes passiert:[58]

Jedes Jahr erhält der Investor Zinsen in Höhe von 2.200 Euro, summiert über die fünf Jahre hinweg also 11.000 Euro. Hinzu kommt die Rückzahlung des Anlagebetrags in Höhe von 10.000 Euro, macht 21.000 Euro. Genau wie in der zuvor angestellten Zinsberechnung spülen die zehn Projekte dem Anleger in der Gesamtsicht finanzielle Mittel in Höhe von rund 21.000 Euro in die Kasse, dies ebenfalls bei einem Kapitaleinsatz von in Summe 10.000 Euro. Über alle Projekte hinweg würde das Crowdinvesting-Beispiel bei einer unterstellten Laufzeit von fünf Jahren also in einer jährlichen Rendite in Höhe von rund 22 Prozent enden.

Hätte der Investor nur in ein Einzelprojekt investiert, dann lägen die Renditen der Projekte 1 bis 9 unterhalb des Durchschnittswerts und nur bei Projekt 10 über dem Schnitt, sehr deutlich sogar. So extrem stark wirkt sich ein richtig durchstartendes Projekt auf den Gesamterfolg aus. Nur dann, wenn der Anleger (zufällig) das letzte Projekt ausgewählt hätte, läge er folglich über der durchschnittlichen Rendite, die über alle Projekte hinweg in diesem Beispielszenario entstünde. Die jährliche Rendite, isoliert für das Projekt 10, läge bei knappen 191 Prozent und käme zustande, wenn der Anleger seine gesamtem 10.000 Euro in dieses Projekt gelegt hätte, nach dem Motto: alles auf eine Karte. Aus seinem 10.000-Euro-Einsatz würde ein Rückfluss in Höhe von 105.300 Euro. Aber weiß man das vorher? Meist sind die Projekte mit den größten Chancen auch die mit den höchsten Risiken. Hinterher sind wir schlauer. Zu spät, wenn es schiefgeht. Dann: Hätten wir doch nur diversifiziert!

Wenn Plattformen geringe Mindestinvestitionsbeträge vorgeben, wird dadurch die Möglichkeit für Investoren besser, das Risiko zu streuen. Wenn sich also ein Anleger dazu entschließt, 250 Euro zu investieren, dann kommt nicht jedes Portal beziehungsweise jedes Projekt in Betracht. Lange Zeit hat beispielsweise die Plattform Innovestment dem Anleger ein Mindestinvestment in Höhe von 1.000 Euro vorgegeben. Das wird vermutlich einer ganzen Reihe von Anlegern zu hoch gewesen sein. Inzwischen

58 Das ist nur ein ungefährer Wert, denn letztlich hängt es auch von der zeitlichen Verteilung der Rückflüsse (jährliche Ergebnisbeteiligung und Schlusszahlung beim Exit) ab, wie hoch die Rendite, genauer berechnet, ist. Hier wird eine endfällige Auszahlung aller Beträge unterstellt.

ist Innovestment flexibler und gibt im Regelfall projektbezogen spürbar niedrigere Mindestbeträge vor.

Bei anderen Portalen, zum Beispiel Seedmatch (Mindesteinsatz 250 Euro), kann er sich damit an genau einem Start-up beteiligen, bei nochmals anderen Plattformen wiederum an mehreren, zum Beispiel bei Companisto sogar an 50 Projekten, da der Mindesteinsatz nur fünf Euro beträgt. Für Personen, die insgesamt nur über ein geringes Gesamtbudget verfügen, die aber trotzdem eine Strategie der Risikostreuung verfolgen möchten, scheiden also einige Plattformen beziehungsweise Projekte aus, die zu hohe Mindestbeiträge verlangen. Die inzwischen inaktive Plattform Fundsters ermöglichte manchmal sogar Beteiligungen ab einem Euro. Bei Geldwerk1 sind die Mindestbeträge im Laufe der Zeit angestiegen, von einstmals 20 Euro auf inzwischen 200 Euro, und fallweise wird es sogar noch höhere Einstiegsgrenzen geben, wie bei unserem Projekt 3R Systems. Geplant ist bei uns, die Mindestbeträge standardmäßig auf 200 Euro zu setzen und davon nur auf speziellen und gut begründeten Wunsch der Start-ups hin abzuweichen. Hintergrund ist, dass die sehr kleinen Anleger bei uns bislang nur geringfügig zur Funding-Gesamtsumme beitrugen und dennoch die gleichen Kosten auslösten wie große Investoren.

Die Risikostrategie ließe sich auch davon abhängig machen, wie viele Projekte der Kapitalgeber für „genial" hält, und er kann anhand dessen über die Streuung entscheiden. Genau genommen: Findet er nur ein geeignetes Projekt, dann könnte er entweder alles auf diese Karte setzen oder zunächst nur einen Teilbetrag riskieren, um den Restbetrag für später kommende andere „geniale" Projekte zurückzuhalten.

Leider hat die Transparenzschaffung der Plattformen bezogen auf die jeweils projektindividuellen Erfolgschancen für die Investoren nachgelassen. Zumeist gibt es nur (noch) generelle Musterberechnungen und man muss sich die Chancen für das gerade aktuelle Projekt mühsam selbst errechnen. Und immer noch werden vereinzelt mehr als fragwürdige Renditeberechnungen präsentiert mit Renditen von mehreren Hundert Prozent und gelegentlich sogar darüber, wobei die gesamten Auszahlungen an den Investor (in einer Summe) in Relation zu seinem anfänglichen Geldeinsatz gesetzt werden. Wo liegt das Problem dabei? Kein vernünftiger Investor berechnet seine Rendite, ohne die Laufzeit zu berücksichtigen, also die Bindungsdauer für sein Kapital zu beachten. Vermeintliche 400 Prozent Rendite wären auf die Laufzeit von zum Beispiel fünf Jahren zu verteilen und ergäben vereinfacht berechnet eine jährliche Rendite von 80 Prozent.

Eine Verdopplung meines Geldes innerhalb von fünf Jahren entspricht also einer jährlichen Rendite von 20 Prozent. Wäre die Laufzeit des Engagements zum Beispiel drei Jahre länger (bei gleichem Rückfluss), dann läge die jährliche Rendite bei einer Verdopplung nur noch bei 12,5 Prozent.

Die Plattform Companisto gibt zum Beispiel eine 8-jährige Mindestlaufzeit vor, was manch einem Investor zu lang erscheinen mag. Jedoch hat das Start-up-Unternehmen bei Companisto auch länger Zeit, den Erfolg aufzubauen, und wird wahrscheinlich nach Ablauf von acht Jahren wertiger sein als nach nur fünf Jahren. Es muss also nicht unbedingt nachteilig sein, länger in einem Investment zu stecken, denn es ist dann auch am Ende mit einer (gegebenenfalls nochmals deutlich) höheren Wertsteigerung zu rechnen. Folgendes an dieser Stelle: Der Investor muss zum Ende der Mindestlaufzeit nicht kündigen und kann auch länger engagiert bleiben, kann also auf einen höheren Wert warten. Aber die Unternehmen verfügen in aller Regel ebenfalls über ein vertraglich vereinbartes Kündigungsrecht, das mit Ablauf der Mindestbeteiligungsdauer von ihnen genutzt werden kann. Der Crowdinvestor könnte also nach Ablauf der Mindestbeteiligungsdauer gegebenenfalls hinausgedrängt werden. Nun gut, alle Konstrukte der Plattformen haben ihre Vor- und Nachteile, so auch bezogen auf die Kündigungsmodalitäten. Es wäre vieles zu beachten und ich muss zugeben, bei meinen Investments inzwischen nicht mehr alles sorgsam durchzusehen. Anfangs habe ich mir die Mühe noch gemacht.

Die Renditeberechnung anbelangend blieb eines bislang außen vor, was nicht ganz von der Hand zu weisen ist. Es geht um den Grundgedanken, dass es durchaus eine Rolle spielt, ob man Geld früher erhält oder später und ob die Geldflüsse sicher oder unsicher sind. Das gehört zu einer exakten Kalkulation (angesichts der Planungsunsicherheiten bei Start-ups stellt sich jedoch die Frage, ob Pfennigfuchserei bei der Kalkulation sinnvoll ist). Dennoch diese Hinweise: Die jeweiligen Zu- und Abflüsse wären jeweils mit einem angemessenen Zinssatz zu erfassen. Eine Kapitalwertermittlung wäre genau genommen das Richtige, um den Zeitwert des Geldes und das Risiko zu berücksichtigen.

Das soll hier nun anhand eines Beispiels vorgenommen werden. Dazu sei ein Beispiel konstruiert, bei dem es sich um etwas mehr als eine Verdopplung des Kapitaleinsatzes innerhalb von fünf Jahren handelt. Wir benötigen nun noch Details über die Zahlungszeitpunkte und müssen einen Abzinsungsfaktor festsetzen. Nehmen wir für Letzteren einfach 15 Prozent und rechnen in Euro:

Jahr	Auszahlung	Einzahlung aus Gewinn	Einzahlung aus Exit	Zahlungs-saldo	abgezinster Betrag
1	–250	0	0	–250	–250
2	0	20	0	20	15
3	0	30	0	30	20
4	0	50	0	50	29
5	0	60	390	450	224
Summe	**-250**	**160**	**390**	**300**	**38**

Abb. 13: Kapitalwertermittlung für ein Muster-Investment

Die Auszahlungen an den Investor liegen in Summe um 300 Euro über seinem anfänglichen Investmentbetrag. Huch: Der Kapitalwert ist mit 38 Euro zwar positiv und damit hat sich das Investment gelohnt, aber so arg hoch erscheint das nun auch wieder nicht. O. K., was wurde gemacht und wie ist das nun genau zu interpretieren? Die Abzinsung mit 15 Prozent erfolgt mit dem Gedanken, dass wir eine Alternativanlage hätten, die bei gleicher Risikolage wie bei unserem Crowdinvesting-Projekt eben eine Verzinsung im Umfang von 15 Prozent erwarten lässt. Die 15 Prozent enthalten eine Zins- und eine Risikokomponente. Als Ergebnis der Berechnung kommt heraus, dass wir die Alternativanlage übertreffen und einen höheren Kapitalwert erzielen als ebendiese vom Risiko her mit unserem Crowdinvesting gleichzusetzende Alternative (mit 15 Prozent Verzinsung). Gut. Allerdings wird hier deutlich, dass die frühe Auszahlung der 250 Euro für das Investment und die teils deutlich späteren Rückzahlungen dazu führen, dass unsere Rendite sich gegenüber einer schlichten Renditeberechnung (die ohne Umrechnung des Gesamterfolges auf einzelne Jahre stattfand) verschlechtert. Bei einem Abzinsungsfaktor in Höhe von 18,5 Prozent läge der Kapitalwert des Projekts bei null. Man könnte das nun so interpretieren, dass unsere Projektrendite hier bei 18,5 Prozent läge. Nicht übel, aber auch nicht der ganz große Durchbruch.

Ohne auf die theoretischen Grundlagen einer Abzinsung hier eingehen zu wollen, sei ein grober Anhaltspunkt für die Höhe eines passenden Abzinsungsfaktors gegeben. Bei risikobehafteten Projekten ist es kaum zu rechtfertigen, einen Abzinsungsfaktor zu wählen, der unterhalb von 15 Prozent liegt. Angemessene Abzinsungsfaktoren würden gegebenenfalls eher in einer Bandbreite von 20 Prozent bis 30 Prozent liegen, je nachdem, wie die konkrete Risikolage zu beurteilen ist.[59] Wenn man oben einen Abzinsungsfaktor in Höhe von 25 Prozent unterstellt hätte, käme man zu einem negativen Kapitalwert. Das Ergebnis wäre: nicht investieren. Weil: Unter Berücksichtigung des Risikos (das im Abzinsungsfaktor mit erfasst ist) sind die zu erwartenden Rückflüsse zu gering, um das Investment zu rechtfertigen.

Die soeben getätigte Aussage hinsichtlich der möglichen Abzinsungshöhe bietet reichlich Diskussionsstoff und gleichsam einen schönen Angriffspunkt für Formalisten, Theoretiker und Praktiker. Wer sich mit den Hintergründen der Kapitalwertermittlung befassen möchte, der wird unweigerlich an vielen Stellen auf praxisuntaugliche theoretische Modelle zur Ermittlung des Abzinsungsfaktors treffen. Was nun? Ein Rückgriff auf Vergleichswerte wäre eine Möglichkeit, an die allerdings ein Laie nicht ohne Weiteres kommen wird, es sei denn, er schmökert in anderen Crowdinvesting-Projekten, denn dort findet man zumeist die Unternehmenswerte!

Konzentrieren wir uns aber nun auf einen möglichen Exit-Fall und schalten dazu durch zu einem Praxisbeispiel, das im Blog der Plattform Seedmatch als Musterbeispiel für das Thema „Kündigung nach Ablauf der Mindestbeteiligungsdauer" präsentiert wird:[60]

> *„Investor A hat in Start-up B 2.500 Euro investiert und bei einer Bewertung von 2,5 Millionen Euro ein partiarisches Darlehen mit einem Anteil in Höhe von 0,1 Prozent erworben. Die für Start-up B individuell festgelegten Multiples betragen 1,0 für Umsatz und 6,0 für EBIT. Nach Ablauf der Mindestbeteiligungsdauer von fünf Jahren kündigt der Investor A seinen Vertrag über das partiarische Darlehen. Im Jahr der Kündigung erzielt das Start-up B einen Umsatz*

59 Die Plattform Seedmatch verwies auf einen Artikel des Magazins *Gründerszene*, in dem sogar ein Satz in Höhe von 50 Prozent für die Ermittlung eines internen Zinsfußes (IRR) genannt wird, und überträgt dies auf die Höhe des Abzinsungsfaktors für ein Investment; siehe www.gruenderszene.de/allgemein/unternehmensbewertung-erstellen-Start-up (letzter Zugriff: 20.12.2016). Das erscheint für den Durchschnittsfall eines Start-ups allerdings zu hoch gegriffen.

60 http://blog.seedmatch.de/2013/03/28/exitbeteiligung-wie-sie-als-crowdinvestor-langfristig-am-erfolg-eines-Start-ups-partizipieren/ (Zugriff 30.12.2016).

*in Höhe von 7,5 Millionen Euro und ein EBIT in Höhe von 1,1 Millionen Euro. Der Umsatz multipliziert mit dem Umsatz-Multiple ergibt einen höheren Wert, 7,5 Millionen Euro * 1,0 = 7,5 Millionen Euro, als das EBIT multipliziert mit dem EBIT-Multiple, 1,1 Millionen Euro * 6,0 = 6,6 Millionen Euro, sodass zur Ermittlung Ihres ‚Bonuszinses nach Kündigung' der Umsatz herangezogen wird. Investor A erhält – sofern es zwischenzeitlich nicht zu einer Verwässerung der Anteile (§ 14) gekommen ist – eine Auszahlung bei Kündigung in Höhe von 7,5 Millionen Euro * 0,1 Prozent = 7.500 Euro. Investor A erzielt damit eine Rendite in Höhe von (Gewinn / eingesetztes Kapital) = 5.000 Euro / 2.500 Euro = 200 Prozent.“*

Hier haben wir den von mir bereits kritisierten Fall, dass die Rendite (angegeben mit 200 Prozent) ohne Berücksichtigung der Laufzeit ermittelt wurde. Ignorieren wir also den letzten Satz von Seedmatch und sehen uns nur die vorherigen Rechenschritte und die absoluten Zahlen an. Der Mechanismus der Ermittlung des Exit-Erlöses nach Kündigung lässt sich hier sehr gut nachvollziehen!

Wenn ich mir die zum Thema Rendite von mir geschriebenen Dinge nochmals durch den Kopf gehen lasse, wird mir klar, was passieren kann, wenn bei einem Crowdinvesting drei ahnungslose Parteien aufeinandertreffen. Der typische Crowdinvestor ist sicherlich kein Fachmann im Hinblick auf die Renditeberechnung. Er wird erwarten können und müssen, dass ihm ein sauberes Angebot ohne Fallstricke unterbreitet wird. Macht er im Laufe der Zeit schlechte Erfahrungen, dann behält er sein Geld künftig zurück und wird auch anderen Personen von einem Crowdinvesting abraten, was sich über das Medium Internet schnell herumsprechen kann. Auch die Gründer werden zumeist keine Finanzexperten sein. Nicht auszudenken, wenn nun auch noch ein naiver Plattformbetreiber daherkommt und glaubt, es sei mit der Programmierung und Freischaltung einer Website getan, auf der sich Start-ups und Crowdinvestoren treffen und sich dann schon irgendwie verständigen werden. Die präzise Vorbereitung der Kapitalvermittlung ist eine ganz wesentliche Aufgabe der Plattformbetreiber. Dazu müssen langfristig tragfähige Strukturen und Vertragswerke her. Eine entsprechende Vorbereitung erfordert Fachleute und lässt sich allein mit engagierten Laien nicht machen. Das bedeutet für den Kapitalgeber, der die vertraglichen Details nicht durchschaut, ersatzweise einen Blick auf die Personen zu werfen, die die Plattform betreiben. Also: Ein wenig (Internet-)Recherche, welche Lebensläufe dahinterstehen und ob es sich bei den Hinterleuten der Plattform um gut ausgebildete, erfahrene und seriöse Personen handelt, wäre von Vorteil. Die relevanten Erfahrungen der handelnden Personen sind dankenswerterweise oftmals schon den Websites der jeweiligen Betreiber entnehmbar.

Eines hätte ich beinahe vergessen: Bei manchen Projekten gibt es neben der Beteiligung an Ergebnis und Wertsteigerung für die Investoren noch zusätzliche Vorteile, zum Beispiel Rabatte, wenn sie die Produkte des Unternehmens kaufen. Je höher der Geldeinsatz, umso höher sind oftmals die zusätzlichen Vorteile, die der Investor bekommt. Greifen wir uns einmal das Projekt Kumpan der Plattform Companisto heraus. Im Zusatzangebot steht unter anderem:[61]

> *„Investiere 1.000,00 Euro oder mehr – Erhalte zusätzlich zu Deiner Beteiligung einen 100,- Euro Einkaufsgutschein. Dieser Gutschein gilt beim Kauf eines Kumpan 1950, 1953 oder 1954L.“*

Für höhere oder niedrigere Investmentstufen werden hier ebenfalls Zusatzanreize gesetzt. Ähnliches zieht sich durch nicht wenige Plattformen und ihre Projekte. Sollte das auch in die Renditeberechnung einfließen? Oder ist es eher ein Mitnahmeeffekt? Reizt so etwas an, höher zu investieren? Auf jeden Fall lassen sich Investoren durch Rabatte oder andere Vorteile gegebenenfalls auch als Kunden für das jeweilige Start-up gewinnen.

4.2.7 Handelbarkeit der Crowdinvesting-Beteiligungen

Verglichen mit einer Aktienanlage hat das Crowdinvesting einige Vorteile, jedoch auch einen nicht ganz so unbedeutenden Nachteil. Aktien, die an der Börse gehandelt werden, lassen sich in aller Regel problemlos in Geld umwandeln. Die Liquidierbarkeit einer an einer Börse gehandelten Aktie ist quasi jederzeit gegeben. Beim Crowdinvesting ist der Anleger hingegen

61 www.companisto.com/de/investment/kumpan (Zugriff: 30.12.2016). Hinweis: Wenn das Funding beendet ist, verschwindet die Anzeige der Vorteile in der Regel von der Website.

über mehrere Jahre, zumeist über einen Zeitraum von fünf bis acht Jahren, an sein Investment gebunden.

Ganz so illiquide sind die Crowdinvesting-Anlagen dennoch nicht. Es existieren ein offizieller und drei inoffizielle Zweitmärkte für Crowdinvesting-Erfolgsanteile. Die Plattform Bergfürst hat eine Handelsplattform für Immobilien-Crowdinvesting-Anteile eingerichtet. Dies ist der einzige offizielle Markt. Der Haken an der Sache: Dieser Marktplatz gilt nur für die Bergfürst-eigenen Projekte und deren gibt es nicht wirklich viele. Die drei inoffiziellen Marktplätze sind ein Internet-Blog, ein Internet-Forum und eine Facebook-Gruppe.

Die Facebook-Gruppe „Crowd Investor" hat aktuell 303 Mitglieder, von denen sich ein Teil aus Anlegersicht rege über das Thema Crowdinvesting austauscht. Ein Großteil der Mitglieder beobachtet die Diskussion lediglich und schaltet sich nicht oder nur ganz selten ein. In dieser geschlossenen Gruppe werden hin und wieder Crowdinvesting-Anteile angeboten. Jedes Mitglied dieser Facebook-Gruppe kann Angebote oder Anfragen an die übrigen Mitglieder der Gruppe richten. Dies setzt allerdings eine Facebook-Mitgliedschaft sowie eine Anmeldung und Aufnahme in diese Gruppe voraus. Für manche eine zu große Hürde. Immerhin: Eine gewisse – wenngleich überschaubare – Handelsaktivität entstand an dieser Stelle. Ein weiterer inoffizieller Handelsplatz: Die Informationsplattform crowdstreet.de richtete unter http://crowdstreet.de/sekundaermarkt/ einen nach Plattformen gestaffelten Sekundärmarkt für Crowdfunding-Anteile ein, in dem sowohl Kaufgesuche als auch Verkaufsangebote vorzufinden sind. Dort sieht man nicht einmal so wenige Angebote, wenngleich bei den Verkaufsangeboten derzeit die Ladenhüter einen wesentlichen Teil ausmachen, also die Angebote für Problemfälle. Über die Website www.crowdinvesting-forum.de gelangt man zu einer weiteren Kauf- und Verkaufsmöglichkeit für Crowdinvesting-Erfolgsanteile.[62]

Inwieweit Zweitmärkte die Bereitschaft erhöhen, dass Investoren im Crowdinvesting aktiver sind, ist bislang nicht bekannt. Durch die – in gewissem Rahmen vorhandene – Handelbarkeit von Crowdinvesting-Anteilen ist es aber auch Späteinsteigern möglich, noch in ihre Wunschprojekte hineinzukommen, deren Finanzierung schon (längst) abgeschlossen ist.

62 http://www.crowdinvesting-forum.de/forums/23-Ankauf-amp-Verkauf-Sekund%C3%A4rmarkt-Zweitmarkt-f%C3%BCr-Crowdfunding-amp-Crowdinvesting?s=48201fd833650b65668482cb3aa65a1b (Zugriff: 30.12.2016).

Es stellt sich allerdings die Frage, auf welche Art und Weise die Übertragung der Crowdinvesting-Erfolgsanteile vom Verkäufer auf den Käufer vonstattengeht. Crowdinvesting-Anteile sind von ihrer rechtlichen Struktur her nicht darauf ausgerichtet, auf andere Personen übertragen zu werden. Bei stillen Beteiligungen, Genussrechten und partiarischen Nachrangdarlehen handelt es sich jeweils um eine Vereinbarung zwischen dem finanzierten Unternehmen und dem Investor, also um einen Vertrag zwischen zwei Parteien. Ähnlich wie bei einem Mietvertrag lassen sich die Vertragspartner nicht einfach während der Laufzeit ohne Zustimmung der Gegenseite austauschen. Die Mitwirkung des jeweils betroffenen Unternehmens ist zwingend erforderlich. Das sieht bei an der Börse gehandelten Aktien anders aus, denn diese lassen sich (im Regelfall) ganz ohne die Zustimmung des Unternehmens übertragen. Momentan laufen die meisten Crowdinvestings über partiarische Darlehen beziehungsweise Nachrangdarlehen. Wie ist deren Handelbarkeit einzustufen? Wir werden nicht umhinkommen, einen Blick in die Beteiligungsverträge zu werfen und dort nach der konkreten Regelung dieses Falles zu suchen.

Ein Beispiel dafür, wie eine solche vertragliche Regelung aussehen kann: *„Die Abtretung der Rechte aus dem partiarischen Darlehen im Ganzen durch den Investor kann ohne Zustimmung des Start-ups erfolgen."* Oder so: *„Der Investor darf seine Beteiligung im Ganzen an einen Dritten übertragen. Das Start-up erteilt hiermit im Voraus seine Zustimmung zu einer Übertragung. Die Übertragung ist dem Start-up unverzüglich schriftlich mitzuteilen."* Wenn wir eine derartige Vertragspassage vorfinden, wissen wir, dass die Anteile hier ohne Weiteres übertragbar sind. Eine störungsfreie Handelbarkeit von Crowdinvesting-Erfolgsanteilen ist eben nicht automatisch schon gegeben. Sie ist erst möglich, wenn es eine vertragliche Öffnungsklausel gibt (wie in den beiden gerade dargelegten Beispielen) oder wenn das finanzierte Unternehmen jeweils im Einzelfall zustimmt.

Übrigens: Nicht nur bei partiarischen Darlehen und Nachrangdarlehen, sondern auch bei stillen Beteiligungen und Genussrechten lässt sich über die Verträge eine Handelbarkeit einrichten, indem ein geeigneter Passus aufgenommen wird. Sehr hilfreich für uns als Anleger ist es, wenn die Plattformen uns auf die Handelbarkeit der – über sie vermittelten – Investments ausdrücklich hinweisen. Das erspart uns die Recherche, die eine gewisse Findigkeit erfordert.

4.2.8 Herdenverhalten

Wenn die Finanzierung eines Crowdinvesting-Projekts sehr schnell hochläuft, was sich anhand von „Tickern“ auf den Websites der Crowdinvesting-Plattformen oft gut beobachten lässt, verspüre ich den Impuls, selbst schnell ebenfalls in das Projekt einzusteigen zu wollen. Ich denke, dass sich die anderen schon etwas Vernünftiges dabei gedacht haben werden, ihr Geld in genau dieses Projekt zu investieren. Vielleicht wissen die alle etwas, was ich nicht weiß? So viele Investoren können sich doch nicht irren, oder? Ihr Engagement ist glaubhaft, denn sie setzen – auf der Website sichtbar – ihr Geld ein. Mit diesem Impuls stehe ich nicht allein da, wenngleich ich letztlich doch in sehr geringem Ausmaß dazu neige, derartigen Impulsen Folge zu leisten. Aber: Es ist wissenschaftlich bewiesen, dass es ein Herdenverhalten gibt. Zunächst dies: Auf Finanzmärkten kann immer wieder beobachtet werden, dass Anleger der Masse, also der Herde, hinterherlaufen. Wenn ein Anlageprodukt, aus welchen Gründen auch immer, anfangs gut läuft, dann kommen oftmals sehr viele Anleger in sehr kurzer Zeit hinzu. Man spricht hier auch von einem Ansteckungseffekt. Diese Effekte gehen in beide Richtungen, betreffen also auch den massenhaften Ausstieg aus Anlagen, was manchmal sogar panikartiges Verhalten auslöst. Solche Effekte können im Extremfall sogar Finanzmarktkrisen auslösen.

O. K., wir waren beim Crowdinvesting. Hier wird sich das Herdenverhalten nur in eine Richtung bewegen, zum Einstieg. Der Ausstieg ist nicht kurzfristig realisierbar und kann daher nicht panikartig erfolgen. Beispiel: Bei einem Crowdinvesting-Projekt sehen wir auf der Website, dass innerhalb von Minuten sehr viele Investoren hinzukommen, fast im Sekundentakt. Halt, an dieser Stelle kann man sich nicht wirklich ganz sicher sein, dass die Sache stimmt. Das Hochlaufen könnte womöglich künstlich erzeugt worden sein. Dazu diese (theoretische) Überlegung: Eine Plattform verfügt über viel Startkapital und versorgt „Strohleute“ mit Geld, damit sie die auf der Plattform erscheinenden Projekte zügig auffüllen. Wir als Beobachter kennen den Hintergrund nicht, nehmen das Hochlaufen für bare Münze, schalten den Kopf aus und investieren ganz schnell, bevor es (vermeintlich) zu spät ist und wir diese einmalige Investitionsgelegenheit haben vorbeiziehen lassen. Vielleicht machen etwaige „Strohmann-Investoren“ dann sogar noch von ihrem Rücktrittsrecht Gebrauch.

Das Problem bei der Sache ist im Grunde nur die womöglich ausgebliebene vernünftige Überprüfung des Projekts durch uns. Wir gehen Abkürzungen, die wir später vielleicht bereuen werden. Erst hinterher sehen wir etwa, dass es einen Haken hinsichtlich der konkreten Konditionen des Investments gibt. Zu spät. Vollkommen unseriös wäre es natürlich, wenn es bei einer Plattform komplett gefakte „Ticker" gäbe, die ein Hochlaufen nur suggerieren und uns damit in das Projekt hineinziehen sollen.

Wie reagiere ich nun konkret auf schnell hochlaufende Ticker beim Crowdinvesting? Einige Projekte sah ich mir bereits an, bevor die Laufzeit für das Crowdinvesting begann. Das ist bei einigen Plattformen möglich, denn sie geben bereits im Vorfeld gewisse Informationen über die Projekte heraus, die eine Ersteinschätzung möglich werden lassen. Anhand dieser Infos sowie über zusätzliche Recherchen bildete ich mir eine Meinung über die Projekte, ohne zu diesem Zeitpunkt schon durch einen Ticker beeinflusst worden zu sein. Danach sehe ich mir die ab dem Funding-Start zur Verfügung gestellten Detailinformationen in Ruhe an und konzentriere mich zunächst auf mein eigenes Urteil. Wenn ich offene Punkte sehe und Fragen habe, versuche ich das über den Blog auf der jeweiligen Plattform (falls vorhanden) oder über eine passende Facebook-Gruppe zu klären.

Zum Ticker: Dauerhaft würde es aus Sicht einer Plattform keinen Sinn ergeben, Projekte künstlich mit eigenen Mitteln hochzupushen. Letztlich geht es aber um den Plattformstart, der als Erfolg gelten soll. Was auch passieren kann, ist, dass eine Plattform denjenigen Projekten, die kurz vor der Funding-Schwelle stehen, noch über diese Hürde hinweghilft, indem sie den erforderlichen Restbetrag selbst beisteuert, dies gegebenenfalls wiederum über Strohleute oder vielleicht sogar offen.

Was unterstelle ich hier eigentlich alles? Meist ist es so: Was schiefgehen kann, geht schief, irgendwann und irgendwo. Würde eine Plattform sich für unzutreffende Ticker-Anzeigen entscheiden, dann ginge sie Haftungsrisiken ein, wenn etwas schiefliefe und wenn sie auffiele. Ob es das wert ist? Ich halte die Extremfälle für ziemlich unwahrscheinlich. Eher wird es gelegentlich so sein: Die eine oder andere Plattform mag vielleicht selbst an der einen oder anderen Stelle mit eigenem Geld eingreifen, um den Ticker anfänglich hochgehen zu lassen oder um einen Restbetrag zur Überwindung der Funding-Schwelle hinzuzugeben, ohne dass wir dies als Anleger sehen können. Wenn das Investment der Plattform Bestand hat, wäre das sogar legitim. Die Plattform wird dann eben zu einem der Crowdinvestoren und setzt ihr Kapital den gleichen Chancen und Risiken aus wie die übrigen Mikroinvestoren.

Dem Herdentrieb nachzugeben ist nicht ohne Risiken, denn: 1. Die Herde kann sich irren. 2. Unsere Information über das Verhalten der Herde kann falsch sein.

Was tun? (A) Vertrauen in die eigene Einschätzung behalten, auch wenn die Masse (vermeintlich) weiß, was sie macht. (B) Nicht blenden lassen und trotz des schnellen Hochlaufens auch dieses Projekt mit gleicher Sorgfalt durchgehen wie alle anderen Projekte. (C) Die Crowd nicht komplett außer Acht lassen, denn ihr schnelles und massives Investieren hat durchaus auch eine gewisse Signalwirkung, dies mit allen Vorbehalten, die zuvor genannt wurden.

Uns liegt durchaus eine Zusatzinformation vor, wenn die Ticker schnell gen Finanzierungsschwelle beziehungsweise gen Limit zeigen. Companisto unterstützte den psychologischen Effekt des Hochlaufens lange Zeit dadurch, dass die dortigen „Uhren" keine gleichmäßige Skala hatten. Beispiel: Beim Projekt Wonderpots standen seinerzeit beim ersten Punkt zehn Prozent, beim zweiten 50 Prozent, beim dritten 100 Prozent, beim vierten 200 Prozent und beim achten Punkt 1.000 Prozent. Die Abstände zwischen den Punkten waren optisch gleich, während die Zunahme der Prozentzahlen dabei jedoch stärker anstieg. Die Überlegung von Companisto mag gewesen sein: Zu Beginn des Fundings interessieren die Beobachter die Feinheiten des Voranschreitens mehr als im späteren Bereich der Finanzierung. Die Darstellungsweise kommt dem Informationsbedarf vielleicht entgegen. Dennoch war es eine optische Verzerrung, die bei schnellem Hinsehen zu Fehlinterpretationen führen konnte. Companisto hat die Darstellung später geändert und informiert nun schon seit Längerem ohne „Verzerrung" über das Hochlaufen der Fundings. Bei der Deutschen Mikroinvest findet der Investor keine Statusanzeigen, die das jeweils erreichte Finanzierungslevel anzeigen. Man wirbt dort sogar damit, den Mikroinvestor auf diese Weise unbeeinflusst entscheiden zu lassen:[63]

> *„Es gibt keinen Grund, Investmentstände anzuzeigen und hochlaufen zu lassen, außer Investoren zu beeindrucken und zu beeinflussen. Das finden wir falsch."*

Zurück zur Herde: Es gibt von Projekt zu Projekt klare Unterschiede im Hinblick auf die Schnelligkeit der Finanzierung und es gibt natürlich auch Ausfälle

63 www.deutsche-mikroinvest.de (Zugriff 30.12.2016).

in dem Sinne, dass für manche Projekte keine ausreichenden Mittel zusammenkommen. Allerdings lässt sich auch ein gewisses Herdenverhalten bezogen auf die Plattformen entdecken. Die Projekte von Seedmatch und Companisto finden besonders große Beachtung vonseiten der Investoren. Die Crowd bevorzugt offensichtlich diese beiden Plattformen. Es lässt sich also auch hier ein gewisses Herdenverhalten beobachten. Womöglich betrifft das auch die Bewerbungen von Start-ups bei den Plattformen. Ohne dafür konkrete Beweise zu haben, gehe ich davon aus, dass auf dem Tisch von Seedmatch und Companisto deutlich mehr Bewerbungen von Start-ups landen als bei anderen Crowdinvesting-Plattformen hierzulande. Nicht mitgedacht habe ich hier Immobilien-Crowdinvesting-Plattformen wie Exporo, Zinsland und Zinsbaustein.

Die Einstellungen und Vorstellungen, die Kapitalsuchende und Kapitalgeber vermutlich oder wahrscheinlich haben, und die Rahmenbedingungen, in denen sie sich bewegen, wurden dargelegt. Was fehlt, ist ein weiterer wichtiger am Crowdinvesting Beteiligter, nämlich der Plattformbetreiber, der als Kapitalvermittler tätig wird, und sein Team.

4.3. Kapitalvermittler (Plattformen)

4.3.1 Zielsetzungen der Plattformbetreiber

Als Plattformbetreiber wird derjenige bezeichnet, der anhand einer Internetplattform (auch als Internetportal, elektronischer oder virtueller Marktplatz bezeichnet) als Mittler zwischen Kapitalgeber und Kapitalsuchendem fungiert. Der Plattformbetreiber stellt eine Website ins Internet, die die Funktion eines elektronischen Marktplatzes einnimmt. Über die jeweiligen Internetportale werden den Kapitalgebern und den Kapitalsuchenden zunächst Informationen zur Verfügung gestellt. Des Weiteren dient das Portal als Basis dazu, die Kommunikation zwischen Investoren und Kapitalsuchenden zu systematisieren und zu erleichtern. Fast immer sind auf den Plattformen neben den obligatorischen Businessplänen auch kurze Imagefilme über die Projekte verfügbar.[64] Dann: Die Plattformen geben einen Rahmen vor, in dem die Gestaltung der Rechtsverhältnisse zwischen Investoren und zu finanzierenden Unternehmen liegen wird, sie strukturieren den Informationsfluss und den

64 Vgl. Klöhn, L./Hornuf, L. (2012), S. 245.

Prozessablauf der Investitionen. Dabei achten sie auf die Einhaltung der gesetzlichen Vorgaben (beziehungsweise sollten dies tun). Betrachten wir aber zunächst die typischen Zielsetzungen der Plattformen.

Die Plattformbetreiber werden in erster Linie auf Folgendes abzielen:

1. Möglichst viele, voluminöse und erfolgreiche Projekte über die Plattform laufen zu lassen,
2. möglichst hohe Zahlungen zu erhalten (aus Provisionen und gegebenenfalls aus zusätzlichen Dienstleistungen),
3. möglichst geringe rechtliche Risiken einzugehen,
4. einen möglichst geringen Aufwand zu haben,
5. einen guten Ruf zu erlangen und zu halten,
6. manch eine Plattform tritt mit dem (vorrangigen) Ziel an, die (Finanz-)Welt zu verbessern.

Zu den Punkten 1 und 2: Eine Haupteinnahmequelle der Portale sind die Provisionen, die auf die vermittelten Finanzierungsbeträge erhoben werden. Das reizt die Plattformen automatisch dazu, viele Projekte freizugeben und auf möglichst hohe Finanzierungsbeträge zu achten. Für den langfristigen Erfolg der Plattformen ist es allerdings enorm wichtig, reichlich gute und sehr gute Projekte zu haben und möglichst wenige gescheiterte Projekte (Insolvenzen). Das senkt die Neigung der Plattformen beträchtlich, wackelige Projekte zu präsentieren. Entsprechend sorgfältig wird bei den weitaus meisten Plattformen der Auswahlprozess für die zu präsentierenden Projekte sein.

Die Provisionen der Crowdinvesting-Plattformen liegen zumeist zwischen fünf Prozent und zehn Prozent des erzielten Fundingbetrags. Nicht selten genehmigen sich Plattformen aber auch noch andere Gebühren: zum Beispiel Listing-Gebühren; Entgelte für bestimmte Dienstleistungen, die über die Kapitalvermittlung hinausgehen; Exit-Beteiligungen und so weiter. Wenn über die Vermittlung von Kapital hinausgehend weitere Dienstleistungen erbracht werden, dann sollte dies möglichst über eine separate Gesellschaft erfolgen, um gegebenenfalls zu unterstellende Interessenkonflikte zu reduzieren beziehungsweise zu vermeiden. Es könnte kapitalmarktrechtlich problematisch sein, als Plattform gleichzeitig als Mittler zu fungieren und zu beraten. Ein Vermittler sollte ein Mindestmaß an Neutralität aufweisen. Wenn er gleichzeitig der Berater für dasselbe Projekt ist, könnte gegebenenfalls ein Neutralitätsverlust angenommen werden.

Welche Zusatzleistungen die jeweiligen Plattformen den ein Crowdinvesting eingehenden Unternehmen zu welchem Preis anbieten, bleibt für Außenstehende zumeist im Dunkeln. Nur ganz wenige Plattformen bringen Licht in die Sache, beispielsweise das österreichische Portal Conda, das auch in Deutschland aktiv ist. Details zu den Vergütungsstrukturen der Portale finden sich im nachfolgenden Gliederungspunkt 4.3.2.

Zu Punkt 3: Um ihre rechtlichen Risiken zu minimieren, legen die Plattformen im Regelfall Allgemeine Geschäftsbedingungen (AGB) vor, die für ihr Tun und Lassen maßgeblich sind (soweit ihnen keine gesetzlichen Bestimmungen entgegenstehen). Die Portale werden die AGB nach Möglichkeit so stricken, dass die Gegenseite entweder von Streitfällen absieht, weil dies für sie aussichtslos wäre, oder so, dass sie als Portalbetreiber bei etwaigen Auseinandersetzungen eine möglichst gute Ausgangsposition haben. Zumindest wird das vermutlich die grundsätzliche Richtschnur der Plattformen sein. In Teilen enthalten die AGB sogar etwas Gutes für die Gegenseite, die Nutzer. Hier ist es in keiner Weise anders als im übrigen Geschäftsleben: Wer die AGB vorgibt, der ist im Zweifelsfall im Vorteil. Allerdings darf nicht vergessen werden, dass es gesetzliche Vorgaben und reichlich Rechtsprechung gibt, wodurch wirklich unangemessene AGB kaum (noch) vorzufinden sind.

Zu Punkt 4: Einen möglichst geringen Aufwand hat die Plattform dann, wenn die Abläufe softwaretechnisch weitgehend automatisiert ablaufen und/oder wenn die weiteren Akteure, also Investoren und Gründer, möglichst viel Arbeit übernehmen, sprich selbsttätig die erforderlichen Dokumente erstellen und austauschen. Des Weiteren kann die Plattform auch darauf setzen, bestimmte Dinge ungetan zu lassen, zum Beispiel auf eine Überprüfung der Bewerber und deren eingereichter Unterlagen zu verzichten oder diese nur bezogen auf die Präsentierbarkeit vorzunehmen. Die Praxis zeigt allerdings, dass die Plattformen sich bei der Überprüfung und Einschätzung der Bewerber (viel) Mühe geben, um keine schlechten Projekte zu bringen oder, besser gesagt, um möglichst gute Projekte anzubieten. Hier ist es wie bei anderen Produkten und Dienstleistungen, bei denen gute und vertrauensvolle Kundenbeziehungen vonnöten sind, um im Geschäft zu bleiben.

Zu Punkt 5: Aus meiner bisherigen Erfahrung heraus prüfen die Crowdinvesting-Plattformen die für ein Funding infrage kommenden Unternehmen alles andere als oberflächlich. Ihren guten Ruf im Auge behaltend wird wahrscheinlich von den meisten Plattformen sogar sehr intensiv geprüft. Hinsichtlich der Sachkunde dafür unterscheiden sich die Plattformen freilich. Punkt 5, also einen guten Ruf zu erlangen und zu halten, übertrifft nach meiner Einschätzung eindeutig die zu unterstellende Neigung, einen geringen Aufwand zu betreiben. Das ist natürlich ganz im Sinne der Crowdinvestoren, die darauf angewiesen sind, keinen Murks vorgelegt zu bekommen. Die auf der Plattform präsentierten Informationen müssen/sollten für den Investor verlässlich sein. Zwar sollten die Crowdinvesting-Plattformen keine Meinungsbildung in Bezug auf die Qualität der Geschäftsmodelle und der Teams der auf ihrer Website freigeschalteten Unternehmen betreiben, jedoch für die Daten- und Informationsqualität Sorge tragen. Ist das gegeben, kann die Crowd selbst entscheiden, ob ein Projekt für gut oder weniger gut gehalten wird.

4.3.2 Vergütungsmodelle

Folgende grundsätzliche Möglichkeiten bestehen für einen Plattformbetreiber, seine Marge aus der Bereitstellung des elektronischen Marktplatzes zu ziehen beziehungsweise anhand der Erbringung und Abrechnung additiver Leistungen zu verdienen:

Zulasten der kapitalsuchenden Unternehmen:

1. Erhebung einer Emissions-, Listing- oder Mindestgebühr, die von den präsentierten Unternehmen zu entrichten ist,
2. Success Fee auf den Gesamtfinanzierungsbetrag, wenn der Schwellenwert für die Finanzierung erreicht beziehungsweise überschritten wurde (wird bei fast allen Plattformen allein von den Kapitalsuchenden, also den Unternehmen, erhoben),
3. Honorar für die Anlegerbetreuung/-kommunikation,
4. Exit-Beteiligung,
5. Honorar für Beratungen oder andere zusätzliche Dienstleistungen.

Zulasten der Anleger:

1. Erhebung einer Gebühr für das Recht der potenziellen Kapitalgeber, Projekte (im Detail) einsehen zu dürfen (ist äußerst selten),
2. Gebühr für Investoren dafür, investieren zu dürfen (derzeit nicht ersichtlich),
3. Beteiligung der Plattform an den Erlösen der Anleger (sehr selten),

4. Gebühr für die Nutzung eines Handelsplatzes, auf dem die Beteiligungen der Investoren gehandelt werden.

In der Realität einiger ausgewählter deutscher Crowdinvesting-Plattformen sieht es bezogen auf deren Vergütungsmodelle wie folgt aus:

Plattform	zulasten der Crowdinvestoren		zulasten der Projektunternehmen	
	fix	variabel	fix	variabel
Seedmatch	-	-	-	vom Fundingbetrag abhängige Zahlung
Companisto	-	10 % Gewinnbeteiligung	Verwaltungspauschale	10 % des erzielten Fundingbetrags
Innovestment	-	-	5.000 Euro Emissionsgebühr plus 350 Euro monatliche Servicegebühr	5 % des erzielten Fundingbetrags
FunderNation	-	-	-	8 % des erzielten Fundingbetrags plus 0,5 % pro Jahr für Investorenkommunikation/ Pooling
Deutsche Mikroinvest	-	-	-	6,25–10 % des Fundingbetrags
Conda	-	-	2.000–3.500 Euro Vorbereitungsgebühr	7,5–11,5 % des erzielten Fundingbetrags plus 1,5 % jährl. Servicegebühr
Kapilendo venture	-	-	Platzierungsgebühr bei erfolgreicher Finanzierung	
Unternehmerich	-	0,25 % der Investitionssumme	Projekteinrichtung 0,5 % vom Funding; Ratinggebühr max. 1 % vom Funding; Treuhand- und Transaktionsgebühr 0,3 % vom Funding + 0,1 % pro Jahr der Laufzeit; erfolgsabhängige Servicegebühr	
Geldwerk1	-	-	fallabhängige Mindestgebühr (wird auf erfolgsabhängige Gebühr angerechnet)	max. 10 % des erzielten Fundingbetrags

Abb. 14: Vergütungsmodelle in Deutschland aktiver Crowdinvesting-Plattformen (nur für Start-ups und Wachstumsunternehmen)[65]

65 Die Zusammenstellung basiert auf den Angaben auf den Websites der Plattformen (Stand 12.1.2017). Weitere Gebühren fallen für Überweisungen an, die in der Regel von den Unternehmen zu tragen sind. Und: Es kann sein, dass ich nicht alle Gebühren gefunden habe.

Darüber hinaus: Die Zahlungsabwicklung über einen externen Anbieter (zum Beispiel die Secupay AG) löst in aller Regel zusätzliche Gebühren aus, die in obiger Abbildung nicht erfasst sind. Wenn die Crowdinvesting-Plattform die Gelder der Investoren selbst annehmen und an die Unternehmen weiterreichen würde, bräuchte sie dafür eine Erlaubnis nach dem Zahlungsdiensteaufsichtsgesetz (ZAG). Da die Plattformen über diese Erlaubnis normalerweise nicht verfügen, muss ein befugter externer Zahlungsabwickler eingeschaltet werden.

Und weiter: Die Plattformen rechnen teils noch zusätzliche für die Unternehmen auf Wunsch erbrachte (nützliche) Dienstleistungen ab. Davon bleiben die Crowdinvestoren aber unbehelligt.

Während die Anlegergebühren auf den Websites in aller Regel komplett aufzufinden sind, sieht das im Hinblick auf die Gebühren für die ein Crowdinvesting eingehenden Unternehmen anders aus. Selten werden von den Plattformen auf der eigenen Website alle Vergütungen offengelegt, die auf die angehenden Crowdinvesting-Unternehmen zukommen. Selbst wenn es nähere Angaben gibt, herrscht nicht überall volle Transparenz. Ein Beispiel: Bei Unternehmerich wird nicht klar, ob die Servicegebühr jährlich zu entrichten ist oder nicht.[66]

Die Zurückhaltung bei der öffentlich sichtbaren Informationsherausgabe im Hinblick auf die Konditionen für (Start-up-)Unternehmen hat folgende zwei Hauptgründe: Zum einen unterscheidet sich der von der Plattform zu betreibende Aufwand von Projekt zu Projekt, was sich dann auch in unterschiedlichen Vergütungsmodalitäten widerspiegelt. Das halte ich für legitim. Es erschwert aber die Vorabeinschätzung der Kosten für die Unternehmen über die Website. Zum anderen ist es immer auch eine Verhandlungssache, wie hoch die Vergütungen letztlich sind. Wenn ein Start-up oder ein Wachstumsunternehmen eine extrem hohe Strahlkraft hat und sich die jeweilige Crowdinvesting-Plattform damit wirklich schmücken kann, ist die Verhandlungsposition für das (Start-up-)Unternehmen ausgesprochen gut, um die Konditionen im eigenen Sinne beeinflussen zu können. Es ist aber auch so, dass die großen Crowdinvesting-Plattformen aufgrund der zu erwartenden hohen medialen Reichweite ihrerseits generell eine gute Verhandlungsposition aufweisen. Eine Vorabbekanntgabe der genauen Vergütungen würde den Verhandlungsspielraum gegebenenfalls begrenzen.

66 Vgl. www.unternehmerich.de/Fuer-Unternehmen/Fuer-Unternehmen-1.html (Zugriff: 24.1.2017).

Mit welchen auf den Websites nicht angegebenen Vergütungen muss ein Unternehmen rechnen, das ein Crowdinvesting anstrebt? In erster Linie sind es Dienstleistungsvergütungen, zum Beispiel für Marketingmaßnahmen. Welche Plattform welche Handgriffe zusätzlich abrechnet, ist über die Plattform-Websites kaum herauszufinden. Eine recht hohe Transparenz bietet das österreichische, auch in Deutschland tätige Portal Conda.

Was mir teils noch begegnete, sind Exit-Beteiligungen für die Plattformen. Manch eine Crowdinvesting-Plattform lässt sich von den Unternehmen vertraglich gegebenenfalls eine gewisse prozentuale Beteiligung am Exit-Erlös zusichern. Das liegt zeitlich weit hinten und schmerzt die meisten Unternehmen zum Zeitpunkt des Vertragsabschlusses nicht.

4.3.3 Rentabilität der Plattformen

Ob die jeweiligen Vergütungsmodelle wohl hinreichend Geld in die Kassen der Crowdinvesting-Plattformen spülen, um ihr Überleben zu sichern? Wenngleich: Das ist sicherlich nicht das Maß aller Dinge, denn die Portalbetreiber möchten bestimmt auch (auskömmliche) Gewinne erzielen. Lässt sich das beurteilen? Einfach wäre es, sich die Jahresabschlüsse der Plattformen anzusehen, die über den Bundesanzeiger sichtbar werden müssten, allerdings zeitverzögert. Wir werden jetzt erst einmal nur die 2015er-Abschlüsse sehen können. Gesagt, getan.

Dem veröffentlichten Jahresabschluss von Companisto für das Geschäftsjahr 2015 fehlt leider die Gewinn- und Verlustrechnung (was in der Größenordnung dieses Unternehmens zulässig ist). Aus dem zum Jahresende 2015 gegenüber dem Vorjahr gestiegenen „nicht durch Eigenkapital gedeckten Fehlbetrag" lässt sich aber auf Verluste für 2015 schließen. Für die Seedmatch GmbH wird im Bundesanzeiger nicht einmal der Jahresabschluss aus 2014 angezeigt (Stand 12.1.2017). Merkwürdig. Es besteht immerhin eine Veröffentlichungspflicht, der innerhalb eines Jahres nach dem Abschlussstichtag nachzukommen ist.

Unabhängig von den vorhandenen und nicht vorhandenen historischen Zahlen stelle ich einige Überlegungen an: Wenn es einer Crowdinvesting-Plattform beispielsweise gelingt, eine Million Euro pro Jahr an Kapital zu vermitteln, sie erhält im Schnitt eine Provision von neun Prozent auf das Finanzierungsvolumen und ansonsten keine weiteren Gebühren, dann wird sie mit Sicherheit noch weit davon entfernt sein, Gewinne zu schreiben. Neun Prozent von einer Million Euro ergeben 90.000 Euro und davon müssten die Kosten für das Betreiben der Plattform nebst marktüblichen Gehältern gedeckt werden können. Illusorisch. Man bedenke, dass die Ingangsetzung eines Crowdinvesting-Portals bereits aufwendig ist und daher im Vorfeld schon erhebliche Anlaufkosten entstehen. Hinzu kommen die laufenden Kosten vor allem für das erforderliche Personal. Ein Portalbetreiber benötigt einen langen Atem, um erfolgreich zu sein, und für viele Plattformen wird es sicherlich schwer, die erste Durststrecke durchzustehen. Das geht oft nur durch viel „ehrenamtliche" Arbeit der Plattforminitiatoren.

Wenn ein Portalbetreiber versucht, „schnell mal eben" eine Crowdinvesting-Website zu konstruieren und kostengünstig auf den Markt zu gelangen, werden seine Erfolgschancen minimal sein. Die Vorstrukturierung des zugrunde liegenden Crowdinvesting-Modells sowie die Vorbereitung passender Vertragswerke sind keineswegs trivial. Nun: Es ließe sich der Weg beschreiten, das Modell einer anderen Plattform zu kopieren, sich die zugehörigen Verträge zu beschaffen und zu hoffen, durch gutes Marketing genug andere Plattformen überholen zu können. Ja, aber wo ist der Mehrwert gegenüber der Konkurrenz? Wird man die Aufmerksamkeit der Anleger gewinnen und diese auch noch überzeugen können?

Zunächst sind sorgfältige Recherchen und eigene Vorüberlegungen über geeignete Gestaltungsformen erforderlich, die dem angebotenen Crowdinvesting zugrunde gelegt werden. Die bisherige Praxis ist recht variantenreich. Die Vertragswerke müssen zudem „wasserdicht" sein und die Abwicklung der Kapitalvermittlung über die eigene Plattform hat sicher und gesetzeskonform abzulaufen, dies gilt unter anderem natürlich für die Zahlungsabwicklung. Der Betreiber muss zudem wissen, welche rechtlichen Problematiken auf ihn zukommen können und wie sich diese handhaben lassen. Und er muss mindestens eine Erlaubnis als Finanzanlagenvermittler nach § 34f GewO für sich erwirken. Des Weiteren betreffen den Portalbetreiber alle übrigen Handgriffe, die ein Gründer zum Start seines Geschäfts zu tätigen hat, inklusive der Finanzierung des eigenen Gründungsprojekts. Die Crowdinvesting-Plattformen Companisto, Welcome Investment und Seedmatch haben sich sogar selbst über ein Crowdinvesting (teil-)finanziert.

In der vorherigen Auflage dieses Buches (aus dem Jahr 2014) ging ich davon aus, dass zumindest der seinerzeitige Branchenprimus Seedmatch mit hoher

Wahrscheinlichkeit die Gewinnzone erreicht haben wird. Inzwischen hege ich Zweifel daran, dass es in Deutschland (im Jahr 2016) bereits eine Crowdinvesting-Plattform gab, die die Gewinnschwelle erreichen konnte, wobei ich das Immobilien-Crowdinvesting ausklammern möchte. Ausgangspunkt meiner Zweifel sind die mir inzwischen bekannt gewordenen enorm hohen Marketingaufwendungen führender Plattformen. Das war die große Unbekannte in meiner seinerzeitigen Einschätzung, wo die Plattform Seedmatch wohl stehen möge.

Hier eine ganz grobe Musterberechnung für eine halbwegs große Crowdinvesting-Plattform.

Annahmen:

- Erzieltes Funding pro Jahr: 9 Millionen Euro
- Durchschnittliche Provision 8 %: 720.000 Euro
- Erhaltene Dienstleistungsentgelte: 700.000 Euro
- Personalkosten (10 Personen Vollzeit mit durchschnittlich 55.000 Euro pro Jahr inkl. zugehöriger Personalnebenkosten): 550.000 Euro
- Marketingaufwand (insb. Werbung): 750.000 Euro
- Bezogene Fremdleistungen (inkl. eventuell abzugebender Provisionen): 60.000 Euro
- Sonstiger Aufwand (Rechtsberatung, IT-Service, Miete, Reisekosten etc.): 60.000 Euro

Daraus würden sich Erträge in Höhe von 1,42 Millionen Euro ergeben und Aufwendungen ebenfalls im Umfang von 1,42 Millionen Euro. Wenn die Musterberechnung hinkommt, dann zeigt sich: Es wird zumindest eng sein. Schwierig einzuschätzen sind neben den Marketingaufwendungen insbesondere auch die erhaltenen Dienstleistungsentgelte sowie im gewissen Rahmen auch die in den sonstigen Aufwendungen enthaltenen Kosten für Rechtsberatung.

Ob der Branchenprimus Companisto 2016 wohl im Plus lag? Denkbar. Weniger gut wird es aber bislang noch bei den übrigen Plattformen aussehen, die Start-up- und Wachstumsunternehmen finanzieren. Wirklich schwer zu sagen. Manch eine Plattform arbeitet mit Minimalbudgets, befindet sich also quasi noch im Amateurstadium. Ein entsprechendes Herumbasteln mit zwei bis drei (Teilzeit-)Mitarbeitern, die viel Enthusiasmus und Zeit in ihr Wirken stecken und bei denen das Motto „Verzicht, Verzicht" lautet, wird es bestimmt auch geben. Der einen oder anderen Plattform muss man also noch Zeit einräumen, um sich zu entwickeln. Erfolge fallen auch im Crowdinvesting nicht vom Himmel. Es ist ganz sicher kein Zufall, dass die eine Plattform viele und die andere nur wenige Fundings zu verzeichnen hat, und es ist kein Zufall, dass die länger am Markt befindlichen Plattformen im Durchschnitt mehr erreichen als die später hinzugekommenen. Was auch zu sehen ist: dass die Lerneffekte von Plattform zu Plattform unterschiedlich ausgeprägt sind. Von den beiden Frühstartern aus dem Jahr 2011, namentlich Seedmatch und Innovestment, hat sich erstgenanntes Portal bislang als anpassungsfähiger erwiesen und sich entsprechend schneller weiterentwickelt, was sich in den an den Fundings gemessenen Erfolgszahlen beider Anbieter widerspiegelt. Aktuell schwächelt Seedmatch allerdings ein wenig und hat lediglich ein Projekt auf der Website (Stand: 24.1.2017). Hoffentlich kein schlechtes Zeichen. Zu den Stärken und Schwächen der Plattformen aber später noch mehr.

Der Website www.crowdfunding.de lässt sich entnehmen, wie die Stände der Crowdinvesting-Plattformen von Januar bis Dezember 2016 sind (nachfolgend nur bezogen auf die Finanzierung von Unternehmen; also ohne Immobilien und Energie):[67]

Nr.	Plattform	Funding-Volumen in Euro	Anzahl finanzierter Projekte
1	Companisto	9.885.495	20
2	Seedmatch	4.515.250	12
3	Kapilendo Venture	1.629.300	3
4	Unternehmerich	1.149.250	2
5	Conda Deutschland	964.500	3
6	aescuvest	605.500	3
7	Geldwerk1	242.120	2
8	Innovestment	203.400	2
9	FunderNation	184.400	2
10	Venturate (jetzt Kapilendo)	101.000	1
11	Katrim	77.500	2

Abb. 14: Ranking der Crowdinvesting-Plattformen für (Start-up-)Unternehmen nach erzielten Fundingvolumina

67 http://www.crowdfunding.de/marktdaten/ (Zugriff 12.1.2017).

Marktführer im Crowdinvesting insgesamt (also auch inklusive Immobilien und Energie) ist übrigens die Immobilien-Crowdinvesting-Plattform Exporo mit einem Fundingvolumen für 2016 in Höhe von etwas mehr als 20 Millionen Euro, verteilt auf 21 Projekte.

4.3.4 Kommunikationspolitik, Marketing und Netzwerke

Die Gestaltung der eigenen Website ist ein ganz wesentlicher Erfolgsfaktor für die Crowdinvesting-Plattformen. Die Anbieter präsentieren ihr Geschäftsmodell zum Teil in ganz unterschiedlicher Form. Einige Plattformen informieren den Betrachter sehr umfassend und dennoch anschaulich und verständlich. Anderen gelingt es weniger gut, ihr Modell zu präsentieren. Der eine oder andere Anbieter gibt (wohl im Sinne der Übersichtlichkeit) zu stark verkürzte Informationen zu den Konditionen seiner Investmentmöglichkeiten. Außerdem: Auf vereinzelten Websites habe ich mich halb totgesucht, um an alle für mich relevanten Infos zu gelangen. Nicht jeder Plattform scheint klar zu sein, dass im Crowdinvesting Transparenz und Klarheit enorm wichtig sind. Viele potenzielle Investoren ziehen garantiert weiter zur nächsten Plattform oder zu anderen Themen, wenn sie etwas nicht finden oder nicht verstehen. Die Informationsqualität differiert von Plattform zu Plattform durchaus nicht unbeträchtlich.

Informativ und spannend zu verfolgen sind die auf den meisten Crowdinvesting-Portalen vorhandenen Ticker, die das aktuell erreichte Finanzierungslevel jedes einzelnen Projekts anzeigen (was auch kritisch gesehen werden kann). Wie dem auch sei: Für mich ist ein glasklarer Zusammenhang zwischen der Gestaltung der Website (inklusive einer gelungenen Informationspolitik) und dem Plattformerfolg zu sehen. Ein gutes Beispiel dafür ist der schnelle Aufstieg von Companisto. Die beiden erfolgreichsten deutschen Crowdinvesting-Plattformen (für Unternehmen), Companisto und Seedmatch, gehören nach meiner Beurteilung auch zu den Portalen, die über die attraktivsten und informativsten Websites verfügen. Andere Plattformen bieten aber ebenfalls sehr gute Websites, beispielsweise Conda Deutschland.

Crowdinvesting-Plattformen starten im Vorfeld ihrer Freischaltung zumeist umfangreiche Pressekampagnen, die sich über Printmedien erstrecken und vor allem natürlich auf das „heimische“ Medium, das Internet. Das eine oder andere Portal erkauft sich beim führenden Suchmaschinenanbieter sogar einen der ersten Plätze im Werbeblock, der sich direkt oberhalb der Suchtrefferliste befindet und sich für manch einen ungeübten Sucher kaum von „echten" Treffern (die nach Relevanz gestaffelt sein sollten) abhebt. Insgesamt lässt sich vermuten, dass die großen Plattformen beträchtliche Mittel in die Suchmaschinenoptimierung und vor allem auch in die Online-Werbung stecken. Bestimmte Plattformen werden mir andauernd irgendwo eingeblendet.

Schwenken wir von den Plattformen zu den dort präsentierten Unternehmen. Die Wahrscheinlichkeit, dass ein Unternehmen Erfolg hat, steigt mit seinem Bekanntheitsgrad. Es gibt Plattformen, die „ihre Crowd" geschickt in das Marketing ihrer präsentierten Unternehmen einzubinden versuchen. Dazu steht auf der Companisto-Website unter anderem dies:[68]

> *„Im Dialog mit der Zielgruppe zu bleiben ist im Zeitalter der Interaktivität ein wichtiger Schlüssel zum Unternehmenserfolg. Durch zahlreiche Features, wie zum Beispiel virtuelle Pinnwände und Kommentarfunktionen, ist die Companisto-Plattform darauf ausgerichtet, den Austausch zu ermöglichen. […] Ein weiterer wertvoller Aspekt für Start-ups ist die Möglichkeit, über Companisto Open-Innovation-Prozesse zu initiieren. Durch die Einbeziehung der Crowd kann das Angebot weiterentwickelt und laufend an die Marktbedürfnisse angepasst werden. Crowdinvesting ist mehr als bloße Finanzierung."*

Eine derartige Unterstützung der Start-ups kann ein nicht ganz unbedeutendes Kriterium für Gründer sein, um die Finanzierungsform des Crowdinvestings auszuwählen und auf eine Plattform zuzugreifen, die so etwas bestmöglich organisiert. Dabei ist zu bedenken: Wenn eine (positive) Diskussion über Crowdinvesting-Projekte in Gang kommt, dann wird sich das möglicherweise auch über soziale Netzwerke und Blogs multiplizieren. Entsprechend viele Personen können so auf derartige Projekte aufmerksam werden. Eine Verbreitung über soziale Netzwerke und Blogs wird von vielen Nutzern im Vergleich zu Werbebotschaften vermutlich als deutlich glaubwürdiger angesehen, weil sie die so erhaltenen Informationen womöglich als echte und unverfälschte Meinungen Gleichgesinnter ansehen werden. Sowohl einzelne Start-up-Projekte können davon profitieren als auch die jeweilige Crowdinvesting-Plattform. Die

68 www.companisto.com/de/your-Start-up-on-companisto (Zugriff: 30.12.2016.)

Verbreitung in sozialen Netzwerken funktioniert zumeist jedoch nicht, ohne dass künstlich nachgeholfen wird. In diesem Sinne hilft es natürlich, wenn die Crowdinvesting-Plattformen über umfangreiche und zielgerichtete Verteiler verfügen. Das sieht etwa so aus: Die Plattform ist in zum Thema passenden Xing-Gruppen präsent, hat reichlich Facebook-Freunde eingesammelt, die angefunkt werden können, informiert ihre auf der eigenen Plattform registrierten Nutzer per E-Mail, Newsletter und so weiter.

Beweglichkeit in sozialen Netzwerken ist ebenso von Vorteil wie die Präsenz in Printmedien, auf themenrelevanten Veranstaltungen, im Hörfunk und am besten auch im Fernsehen. Etwas nervig finde ich die Bannerwerbung im Internet, die ich auch immer wieder von einigen Crowdinvesting-Plattformen sehe. das mag eine Befindlichkeit von mir sein. Mich stört das ungebetene Einblenden von Werbung und für mich ist es ein Ausdruck von mangelnder Rücksichtnahme. Manch ein Anbieter wird das aber so sehen: *„Der Zweck heiligt die Mittel. Hauptsache, es wird mehr verkauft."*

Meine eigene Plattformerfahrung zeigt aber auch, dass die meisten Investoren eben noch nicht allzu online-affin sind! Sie nutzen das Internet zwar zur Suche, zum Austausch von Nachrichten und für die Bestellung von Dingen, aber eben weniger für die Abwicklung von Finanzgeschäften. Gerade wenn es um vierstellige Beträge und darüber geht, werden Finanzanlagen zumeist nicht über das Internet abgeschlossen. Ausnahme: Online-Banking über die eigene „Hausbank". Die Vorbehalte sind oftmals immer noch zu groß. Wer also nur versucht, Investoren über Online-Kanäle zu gewinnen, und sie nur auf diesem Wege zum Online-Investieren auf seiner Crowdinvesting-Plattform zu animieren gedenkt, der wird beträchtliche Potenziale liegen lassen müssen. Das wird sich nur langsam ändern.

Für die Crowdinvesting-Plattformen wird es also wichtig sein, sich von Beginn an über die Art und Weise des Marketings klar zu sein. Neben den klassischen Werbekanälen (etwa Printmedien, Fernsehen, Radio, Vorträge) sollte es für Crowdinvesting-Portale selbstverständlich sein, ihr heimisches Medium, das Internet, zu nutzen. Bei all dem können die Plattformen darauf setzen, dass die Thematik Crowdinvesting momentan sehr zugkräftig und damit attraktiv für Medien fast sämtlicher Couleur sein wird. So werden sich derzeit recht gut Artikel und Beiträge zum Crowdinvesting sowie zugehöriger Projekte in den Medien lancieren lassen, ohne dass dafür ein allzu großer Werbeetat vorhanden sein muss.

4.3.5 Verhaltenspflichten und Geschäftsbedingungen der Plattformen

Die Crowdinvesting-Plattformen sind Anlagevermittler und somit für die Anlage selbst nicht verantwortlich. Wenn die Beteiligungs-/Darlehensverträge zwischen den Crowdinvestoren und den (Start-up-)Unternehmen abgeschlossen werden, dann liegt die Verantwortlichkeit beim Anbieter (dem Emittenten) der Vermögensanlage, also bei dem zu finanzierenden Unternehmen. Bedeutet: Das Unternehmen ist zum Beispiel für einen sachgerechten Businessplan, saubere Verträge und das Vermögenanlageninformationsblatt (VIB) verantwortlich. Auch wenn die Plattform bei der Anfertigung der Dokumente unterstützend mitgewirkt hat: Die Verantwortung bleibt für sehr vieles doch bei dem Unternehmen, das ein Crowdinvesting eingeht. Selbst ein Verfehlen der Ausnahmen von der Prospektpflicht geht zulasten des (Start-up-)Unternehmens. Die Plattform hat Sorge dafür zu tragen und ist verantwortlich, dass der Investitionsprozess über ihre Website sauber läuft, die Informationen vollständig und zeitgerecht an die Investoren gelangen, sie ist für bestimmte Abfragen zuständig (zum Beispiel Erfahrung der Anleger bei Anlagen über 1.000 Euro), für die Platzierung von Warnhinweisen, für sogenannte statusbezogene Informationen, für eine Widerrufsbelehrung hinsichtlich der von ihr vermittelten Vermögensanlagen und natürlich auch dafür, eine gültige Erlaubnis für die Anlagevermittlung zu haben.

Es sind darüber hinaus juristisch betrachtet keine übermäßig strengen Maßstäbe an die Auskunfts- und Informationspflicht der Plattformen zu stellen. Im eigenen Interesse, insbesondere um Investoren zu gewinnen, werden die Plattformen jedoch recht umfassend und gut über die angebotenen Anlageprodukte (in diesem Fall Crowdinvesting-Erfolgsanteile) informieren. Es stellt sich die Frage, ob den Crowdinvesting-Plattformen bestimmte zusätzliche Informations- und Verhaltenspflichten abverlangt werden sollen und ob dies gesetzlich festgelegt werden muss oder soll. Folgende Pflichten und Verantwortlichkeiten wären grundsätzlich denkbar, die den Portalbetreibern auferlegt werden könnten, für die sie rechtlich derzeit nur eingeschränkt zuständig sind: Verantwortlichkeit für eine transparente und vollständige Information gegenüber den Investoren (das obliegt in erster Linie den Unternehmen), eine Pflicht zur Überprüfung der auf die Plattform gestellten Projekte hinsichtlich ihrer Seriosität (besteht bisher nicht; was sollte hier geprüft werden?), eine Pflicht zur Plausibilisierung der Angaben über die Projekte (bisher keine Pflicht für die Plattformen), Information der Investoren über etwaige Implausibilitäten oder sogar Verweigerung der Freischaltung von Projekten auf der Plattform, wenn bestimmte Anforderungen nicht erfüllt sind (besteht wohl nur, wenn wichtige Dokumente fehlen).

Da der Emittent schon zentrale Verantwortlichkeiten hat, wäre es nicht sinnvoll, einen zweiten Verantwortlichen für dieselben Dinge zu benennen. Auch ein Verschieben der Verantwortung von den Unternehmen zu den Plattformen hin wäre nicht sinnvoll, denn warum sollte man den Emittenten einer Anlage aus seiner Verantwortung ganz oder teilweise entlassen? Das passt nicht in die Struktur unseres Rechtssystems.

Außerdem: Je umfangreicher die Pflichten eines Plattformbetreibers sind, umso arbeitsaufwendiger und damit teurer wird es für den Betreiber. Damit ginge der bisherige Vorteil des Crowdinvestings, nämlich mit überschaubaren Transaktionskosten auszukommen, womöglich ganz oder teilweise verloren. So wären die Plattformen wahrscheinlich darauf angewiesen, entweder die erfolgsabhängigen Provisionen zu erhöhen oder neben diesen zusätzlich eine Listing-Gebühr zu erheben, um zum Beispiel die Kosten für eine sorgfältige Überprüfung der (Start-up-)Unternehmen abzudecken.

Ein Beispiel dazu: Wenn eine Plattform die Finanzierung eines Projekts mit einem Volumen in Höhe von 100.000 Euro vermittelt hat und eine Provision von neun Prozent erhält, sind dies 9.000 Euro. Davon müssen nicht nur alle Abläufe und die zugehörigen Handgriffe für die konkrete Projektabwicklung abgedeckt werden, sondern auch die Überprüfung des jeweiligen Projekts. Nicht zu vergessen: Die Abwicklungsarbeiten und die Überprüfung aller nicht zustande gekommenen Finanzierungen beziehungsweise aller abgelehnten Projekte müssen ebenfalls anteilig aus der Provision gespeist werden. Natürlich muss die Summe der Provisionen auch noch viele weitere Kosten der Plattform abdecken (insbesondere auch das Vorhalten der Infrastruktur).

Man braucht nicht allzu viel Fantasie, um sich vorstellen zu können, dass in der oben beispielhaft geschilderten Situation zwar eine gewisse Überprüfung denkbar ist, jedoch wohl kaum eine tief greifende Durchleuchtung jedes einzelnen Projekts. Es könnte allenfalls funktionieren, wenn die Plattform eine sehr hohe Quote an erfolgreich gefundeten Projekten (sehr wenige Fehlversuche) hätte und/oder hohe Fundingvolumina je Einzelprojekt verzeichnen könnte. Würde für ein Einzelprojekt zum Beispiel eine Million Euro an

Kapital vermittelt und könnte die Plattform sieben Prozent Provision darauf berechnen, dann ließe sich anhand der zu erwartenden 70.000 Euro vom Plattformbetreiber schon so einiges auf die Beine stellen. Eine sehr sorgsame Prüfung des Projekts wäre dann kostenmäßig (nachträglich) mehr als in Ordnung gewesen. Hier werden eventuell Mischkalkulationen möglich, wobei kleinere Projekte von großen quersubventioniert werden. Wie gesagt, bei dauerhaft kleinen Volumina ist der Handlungsspielraum für sorgsame Überprüfungen vergleichsweise gering. Das wird vor allem beim Crowdfunding im engeren Sinne ein echtes Problem sein.

Wäre es angemessen, für eine solche Kapitalvermittlung umfängliche Verhaltenspflichten in Gang bringen zu wollen? Wenn sich der Plattformbetreiber gegebenenfalls völlig aus der Pflicht ziehen kann, dann steht der Anleger womöglich schutzlos da. Man versucht in Deutschland nun (nach dem Vorbild der USA), die Problematik des Anlegerschutzes für den Fall des Crowdinvestings über gesetzliche Regelungen zum Beispiel damit zu lösen, dass der Anleger nur begrenzt investieren darf. Er unterliegt einer sogenannten Zeichnungsgrenze und wird auf diese Weise zwar nicht vor einem Fehlverhalten der Gründer oder der Plattformen geschützt, jedoch vor sich selbst. Das maximale Investment ist pro Anleger auf 10.000 Euro je Projekt innerhalb eines Jahres begrenzt (ausgenommen sind Kapitalgesellschaften, die unbegrenzt investieren dürfen). Man kann es so sehen: Die Investoren werden hier durch den Gesetzgeber bevormundet, ohne dass am Kern des Problems gearbeitet wird, nämlich dass nur seriöse und nachvollziehbare Projekte auf die Plattformen gelangen.

Ein Blick in die USA: Der CROWDFUNDING Act (als Bestandteil des JOBS Act) bürdet den Portalbetreibern dort so einiges auf. Die Regelungen sind sehr umfangreich. Nachfolgend sei ein kleiner Ausschnitt dargelegt, begrenzt auf einige mir wichtig erscheinende Punkte:[69]

(1) Die Portale müssen sich registrieren lassen und Mitglied einer „national securities exchange commission“ sein.

(2) Sie dürfen keine Anlageberatung durchführen oder bestimmte Angebote empfehlen.

(3) Je Projekt dürfen innerhalb eines Jahres maximal eine Million USD eingesammelt werden.

69 Vgl. http://crowdexpert.com/articles/new_jobs_act_titleiii_rules_overview_first_thoughts/ (Zugriff: 13.1.2017). Dort lassen sich auch die weiteren Regelungen nachlesen.

(4) Privatanleger, die weniger als 100.000 Euro pro Jahr verdienen, können bis zu 2.000 USD, maximal aber fünf Prozent ihres Einkommens, investieren. Wer mehr als 100.000 USD im Jahr verdient, darf bis zu zehn Prozent des jährlichen Einkommens investieren, jedoch in Summe nicht mehr als 100.000 USD.
(5) Es müssen Maßnahmen ergriffen werden, um das Risiko betrügerischer Angebote zu reduzieren.
(6) Die Plattform hat für umfangreiche Informationsflüsse Sorge zu tragen und außerdem Kommunikationskanäle bereitzustellen, um Diskussionen über die Projekte zu ermöglichen.

Wie bereits angedeutet: Aus meiner Sicht ist weniger mehr. Eine den US-amerikanischen Gepflogenheiten (weitgehend) entsprechende Regulierung des Crowdinvesting-Markts in Deutschland oder Europa halte ich für wenig sinnvoll. Man könnte und sollte den Markt im gewissen Rahmen sich selbst einspielen lassen, ohne zusätzliche kostentreibende und dennoch weitgehend nutzlose Vorschriften zu erlassen. Wichtig und unabdingbar sollte es allerdings sein, den Crowdinvestor in geeigneter und klarer Form auf die Risiken seines Tuns hinzuweisen und natürlich die Projekte sowie deren Konditionen sauber darzustellen. Die Plattformen werden im eigenen Interesse ohnehin schon für gute Qualitätsstandards sorgen. Ansonsten verlieren sie schnell ihren guten Ruf und werden im Wettbewerb der Plattformen höchstwahrscheinlich untergehen.

Was könnte der deutsche Gesetzgeber dennoch in der Gesamtsicht sinnvollerweise tun? Ein gewisser Teil der aus den USA stammenden Regelungen ließe sich durchaus in gleicher oder ähnlicher Weise übernehmen, ohne allzu viel Schaden anzurichten: Der Beitritt zu einer Selbstregulierungsorganisation (obiger Punkt 1) sollte kein Problem sein (in Deutschland gibt es inzwischen etwas in dieser Richtung: den Bundesverband Crowdfunding e.V., dessen Mitglieder sich verpflichten, einen auf das Crowdfunding/-investing ausgerichteten Verhaltenskodex einzuhalten); eine gewisse Sorgfaltspflicht im Hinblick auf die Reduzierung der Wahrscheinlichkeit, betrügerische Angebote auf die Plattform gelangen zu lassen (Punkt 5), ist als machbar anzusehen; gute Informationsflüsse sicherzustellen (Punkt 6) sollte ohnehin selbstverständlich sein. Derartiges dürfte den Portalen durchaus zuzumuten sein, ohne dass die Plattformen erdrückt werden.

Die Plattformen verfügen über AGB und stellen darüber hinaus teils Musterverträge für die Beteiligungen ins Netz, die jeweils individuell an die Projektsituation angepasst und schließlich zumeist zwischen Kapitalgebern und Kapitalsuchenden abgeschlossen werden. In den AGB der Plattformen geht es unter anderem darum, unter welchen Bedingungen sich Außenstehende auf der Internetplattform registrieren können und welche Rechte und Pflichten sich für die Parteien ergeben, wenn sie bestimmte Aktionen auf der beziehungsweise über die Plattform tätigen. Bei den beteiligten Parteien handelt es sich um den Plattformbetreiber, die Kapitalgeber, die Kapitalsuchenden sowie die registrierten Nutzer der Plattform.

Die AGB geben einen Rahmen vor und stellen unter anderem klar, was Aufgabe der Plattform ist. Dabei verdeutlichen die Betreiber insbesondere auch, was nicht ihre Aufgabe und nicht ihr Verantwortungsbereich ist. Damit unterstützen die auf der Plattform veröffentlichten AGB den Plattformbetreiber ganz nebenbei auch bei der Abwehr etwaiger Ansprüche, die von Außenstehenden, also insbesondere von Investoren und Unternehmen hergeleitet werden könnten. Je geringer die eigenen Versprechungen und die im Rahmen der AGB selbst auferlegten Sorgfaltspflichten sind, desto schwerer wird es Dritten fallen, im Schadensfall erfolgreich Ansprüche gegen den Plattformbetreiber durchzusetzen. In manchen Punkten wäre es seitens der Portale sogar geradezu fahrlässig, keine Haftungsausschlüsse beziehungsweise Haftungsbegrenzungen in die AGB aufzunehmen. Das ist im Übrigen keine Besonderheit der Crowdinvesting-Plattformen, sondern zieht sich vielmehr durch das gesamte Geschäftsleben.

Hervorgehoben wird in den AGB der Crowdinvesting-Portale die oft relativ hohe Risikobehaftung des Investments. So findet sich etwa in den AGB von Seedmatch dies:[70]

> *„Der Erwerb dieser Vermögensanlagen ist mit erheblichen Risiken verbunden und kann zum vollständigen Verlust des eingesetzten Vermögens führen. Der Investor sollte daher nur Gelder investieren, deren eventuellen Verlust er sich leisten kann. Seedmatch richtet sich ausschließlich an Investoren, die ausreichend Erfahrung und Kompetenz haben, um die Risiken dieser Vermögensanlagen zu verstehen und eigenverantwortlich Investmententscheidungen zu treffen."*

70 www.seedmatch.de/agb (Zugriff: 13.1.2017), dort unter Punkt 7.

Companisto schreibt in den AGB: [71]

> *„Crowdinvestings bieten große Chancen, sind jedoch Risikoinvestments. Im schlechtesten Fall besteht die Gefahr des Verlustes der gesamten Investition, Crowdinvestings sind daher nicht zur Altersvorsorge geeignet. Eine Nachschusspflicht besteht jedoch nicht. Das Risiko kann minimiert werden, indem man als Investor seinen Investmentbetrag auf mehrere Crowdinvestings verteilt und nicht alles in einem Crowdinvesting investiert. Diese Strategie wird häufig von professionellen Anlegern angewandt, da so das Risiko auf mehrere Investments gestreut wird. So können erfolgreiche Investments andere, weniger erfolgreiche Investments ausgleichen."*

Bei der inzwischen inaktiven Plattform Fundsters findet sich im Verkaufsprospekt auf Seite 16 diese Formulierung: [72]

> *„Für den Anleger besteht das Risiko des Totalverlustes der Vermögensanlagen. Er müsste zudem seine mögliche Erwerbspreisrefinanzierung sowie etwa noch zu leistende Steuernachzahlungen aus eigenen Mitteln finanzieren. Das maximale Risiko des Anlegers besteht in einer Überschuldung, die bis zur Privatinsolvenz des Anlegers führen kann."*

Letzteres ist ein sehr schönes Beispiel dafür, welch merkwürdige Formulierungen manchmal in einem Verkaufsprospekt stehen, vielleicht sogar stehen müssen. Der erste Satz ist klar, der Rest „ein wenig" unpassend in Bezug auf den konkreten Fall des Crowdinvestings und leitet den Anleger hier anhand extrem übertrieben dargestellter Risiken womöglich (etwas) in die Irre. Man stelle sich nun einen Anleger vor, der 50 Euro investieren möchte. Was soll er über diese Äußerungen denken? Wie soll nun der Mechanismus sein, der ihn mit seinem 50-Euro-Investment in die Privatinsolvenz treibt? Nun ja, bei den Verkaufsprospekten geht es schließlich darum, gesetzlichen Anforderungen nachzukommen sowie etwaige Haftungen so gut es geht auszuschließen, und eben

71 www.companisto.com/de/page/business-terms (Zugriff: 13.1.2017), dort unter Punkt 13.1.

72 www.fundsters.de/fileadmin/user_upload/documents/Verkaufsprospekt.pdf (Zugriff: 13.1.2017).

nicht um einen tieferen Sinn. Hier wird klar, wie „hilfreich" ein Verkaufsprospekt für einen Anleger sein kann, wenn er diesen überhaupt liest. Aber dem Gesetz ist nun Genüge getan und die BaFin freut sich. Keine Diskussion: Risikohinweise halte ich für sehr wichtig! Sie sollten jedoch nach meiner Auffassung klar und unverzerrt sein. Dazu gehört es auch, übertriebene Risikodarstellungen zu vermeiden. Sonst passiert es, dass Risikohinweise von vielen (potenziellen) Investoren als reine gesetzliche Formalie angesehen werden.

Abgesehen von der zitierten Prospektformulierung klingen die Risiko- beziehungsweise Warnhinweise der Crowdinvesting-Plattformen fast alle ganz ähnlich, zumal sie dabei im Kern auch auf die bereits erwähnte gesetzliche Pflichtformel zurückgreifen:

> *„Der Erwerb dieser Vermögensanlage ist mit erheblichen Risiken verbunden und kann zum vollständigen Verlust des eingesetzten Vermögens führen."*

Mit solchen Hinweisen, ergänzt durch weitere Risikobeschreibungen, möchten die Portale vermeiden, sich mit dem Vorwurf konfrontiert zu sehen, die Investoren nicht hinreichend über die Risiken des Investments aufgeklärt zu haben. Unterlassen die Plattformen eine solche Aufklärung, dann droht ihnen im Verlustfall womöglich, für die Ausfälle bei den Investoren in Anspruch genommen zu werden. Immerhin bedarf dies dann aber einer Klage der Investoren. Wer wird aber so etwas schon für ein 100-Euro-Investment anstrengen? Wenn, dann geht es um die größeren Beträge.

4.3.6 Weitere Modelle

Denkbar ist es, dass der Plattformbetreiber statt oder ergänzend zu Provisionen an den (Start-up-)Unternehmen beteiligt wird und auf diese Weise eine Entlohnung erhält. Die Leistung der Plattform könnte ganz oder teilweise dadurch vergütet werden, dass sie Anteile an dem Unternehmen erhält („consulting for equity"). Inzwischen konnte ich allerdings keine Plattform mehr finden, die ein solches Modell fährt. In gewisser indirekter Art und Weise macht Companisto dies, denn diese Plattform beteiligt sich zu zehn Prozent an den Gewinnen, die der Investor aus seiner Erfolgsbeteiligung realisiert.

Umsetzbar sind auch Modelle mit sogenannten Equity-Kickern. Letztere sind so ausgestaltet, dass der Investor an der Wertsteigerung partizipieren kann, indem ihm über ein Options- oder Wandlungsrecht die Möglichkeit eingeräumt wird, später Anteile an dem (Start-up-)Unternehmen zu vorher festgelegten Konditionen zu erhalten. Dies kommt dann in Betracht, wenn der Investor nicht ohnehin schon am Eigenkapital des Unternehmens beteiligt ist. Eine Beteiligung am Eigenkapital fehlt etwa bei typischen stillen Beteiligungen, bei Genussrechten, bei partiarischen Darlehen und bei Nachrangdarlehen. Anhand eines Wandlungsrechts könnte der Kapitalgeber seine zuvor nicht mit einer Beteiligung am Eigenkapital des Unternehmens verbundene hybride Finanzierung in eine Beteiligungsform umwandeln, die ihn am Eigenkapital teilhaben lässt. Er würde dann zum Beispiel automatisch auch an Erlösen aus einer Veräußerung der Anteile partizipieren. Ein Optionsrecht räumt ihm die Möglichkeit ein, sich in einem bestimmten Zeitraum an dem Unternehmen zu einem Preis zu beteiligen, der schon zu Beginn des Investments festgelegt wurde. Anders erklärt: Ein Equity-Kicker ermöglicht es, Fremdkapital beziehungsweise fremdkapital- oder eigenkapitalähnliches Kapital zu einem späteren Zeitpunkt in Unternehmensanteile umzumünzen, und dies nicht selten zu Vorzugskonditionen. Dies würde allerdings zu einer Verkomplizierung führen und ist dem Anleger womöglich nicht so gut zu vermitteln – war nur ein Gedanke.

Es gibt auch sogenannte virtuelle Equity-Kicker, die erfolgsabhängige Sonderzahlungen am Ende der Laufzeit eines Investments vorsehen. Bei einem virtuellen Equity-Kicker handelt es sich genau um das, was in der Crowdinvesting-Praxis oft als Abfindung vereinbart wird, wenn gekündigt wurde. Der per Multiplikator auf das EBIT berechnete erfolgsabhängige Bonuszins ist genau so etwas.

Zuvor wurde bereits angesprochen, dass Crowdinvestoren den Unternehmen gegebenenfalls „smart money" bieten können, das heißt Geld plus Zusatznutzen. Venture-Capital-Geber und Business Angels können teils auch wichtige zusätzliche Leistungen bieten. Nun wäre es gegebenenfalls sinnvoll, im Rahmen des Crowdinvestings zu honorieren, wenn jemand in der Lage und willens ist, mehr als nur Geld beizusteuern. Das ließe sich auf zwei Wegen umsetzen. Wer als Anleger handfeste nutzbringende Zusatzleistungen für das Unternehmen anzubieten hat, dem könnte ein höherer Anteil am Unternehmen gewährt werden. Ich befürchte allerdings, dass dies als

Ungleichbehandlung von Crowdinvestoren gewertet werden und Probleme verursachen könnte. Praktikabler wird es sein, eine separate Abrede zu treffen, wodurch der „smarte" Crowdinvestor Sonderzahlungen für den Fall erhält, dass seine Zusatzleistungen fruchten. Wenn Crowdinvesting-Plattformen mit Sonderzahlungen für zusätzliche Leistungen winken, könnte dies durchaus (noch) mehr „smart money" aus der Crowd herauslocken. Damit bestünde zudem auch ein Anreiz für gut vernetzte Crowdinvestoren, aktiv zu werden und sich Zeit dafür zu nehmen, den von ihnen mitfinanzierten Start-ups behilflich zu sein.

In der 1. Auflage dieses Buches schrieb ich:

> *„Zu überlegen wäre, ob es Sinn machen kann, sogenannte Metaplattformen für ein Crowdinvesting einzurichten. Auslösend für diesen Gedanken war ein Portal, das in einem völlig anderen Gebiet eine Metasuche durchführt: Der Anbieter Swoodoo durchsucht beispielsweise andere Portale, die Flugpreise vergleichen, sowie die Websites von Fluglinien. Ziel dieser Suche ist es primär, die günstigsten Flugangebote herauszufiltern, jedoch auch, diese nach anderen Suchkriterien zu ordnen. Analog zu diesem für Flüge eingerichteten übergeordneten Suchportal könnte eine Crowdinvesting-Plattform eingerichtet werden, die andere Crowdinvesting-Portale durchsucht und die dortigen Angebote nach bestimmten Kriterien sortiert und vergleicht. Auf diesem Weg könnten sich Interessenten, also potenzielle Mikroinvestoren, schnell einen Überblick darüber verschaffen, welche Start-up-Projekte jeweils im Umlauf sind, ohne jede einzelne Crowdinvesting-Plattform selbst durchforsten zu müssen. Der Betreiber einer solchen Metaplattform müsste dann überlegen, auf welche Weise er sein Geld mit seiner Plattform verdient. Die gegebenenfalls vielen Aufrufe seiner Website würden etwa die Schaltung von Werbung gegen Entgelt möglich werden lassen."*

Die Zeit hat mich überrollt, denn solche Metaplattformen gibt es inzwischen: zum Beispiel das Crowdfinance-Portal. Dort finden sich Crowdinvestings, Crowdfundings und Crowdlendings (Letzteres in diesem Portal als Social Banking bezeichnet) aller wichtigen Plattformen und es wird ein Rating der Projekte über das Crowdfinance-Portal ermöglicht. Für potenzielle Investoren hat dies den Charme, nicht jedes Mal alle Plattformen einzeln durchsuchen zu müssen. Er sieht auf einen Blick, was gerade auf dem Markt ist beziehungsweise neu hinzukommt. Gerade auch für unbekanntere Crowdinvesting-Plattformen ist das eine zusätzliche Chance, mit ihren Projekten gesehen zu werden (wenn sie denn erfasst wurden).

Ein ganz anderer Aspekt: Unter anderem die Plattformen Bettervest und Deutsche Mikroinvest bieten „Beteiligungen" in Gestalt von Nachrangdarlehen an, die lediglich mit einer festen Verzinsung einhergehen. Es handelt sich dabei nicht um Beteiligungen an Unternehmen, sondern um Darlehensverhältnisse, die einem normalen Kredit sehr ähnlich sind und sich nur durch die Nachrangabrede davon unterscheiden. Ein Beispiel ist das über Bettervest aktuell laufende Projekt „Errichtung von 8 Solar-Boutiquen im Senegal – Bioenergie", das per Darlehen (mit einem qualifizierten Rangrücktritt) läuft und jährlich mit 7,25 Prozent verzinst wird. Der Investor erhält also eine jährliche feste Verzinsung und am Ende der Laufzeit (in diesem Projekt nach acht Jahren) einen Anspruch auf Rückzahlung seines anfänglich eingesetzten Betrags. Qualifizierter Nachrang bedeutet verkürzt dargestellt, dass der Investor erst nach allen anderen Fremdgläubigern sein Geld erhält, wenn etwas schiefläuft (Insolvenz) oder das Unternehmen freiwillig liquidiert wird. Außerdem erhält er kein Geld, wenn durch die Auszahlung an ihn eine Insolvenz ausgelöst würde.

Es gibt allerdings auch Plattformen, die sich auf die Vermittlung von Krediten ohne den besagten Nachrang spezialisiert haben, die von Privatpersonen an andere Privatpersonen und/oder von Privaten an Unternehmen gegeben werden, namentlich auxmoney, smava und Lendico. Ist das aus Sicht eines Anlegers nicht auch ein Crowdinvesting? Er kann sich über diese Plattformen schließlich unter anderem auch an Unternehmen/Start-ups beteiligen. Im Unterschied zu dem von mir anfangs definierten Crowdinvesting gibt es bei auxmoney und Co allerdings (wie teils auch bei Bettervest und bei der Deutschen Mikroinvest) keine Ergebnisbeteiligungen, sondern „nur" feste Verzinsungen. Die feste Verzinsung kann aber durchaus interessant sein, zumal die Ausfallquote bei den Crowdlendings (also den Investitionen der Crowd in Kredite) nicht selten im Vergleich zu einem Crowdinvesting für Start-ups geringer ist.

Indes kann sich der interessierte Investor zum Beispiel bei auxmoney umsehen und sich dort unter anderem auch an Geschäftsentwicklungen per

Kreditvergabe „beteiligen" und dabei recht ordentliche Zinsen erhalten. Ich stecke beispielsweise (neben zahlreichen anderen Kreditgebern) mit 100 Euro in der Finanzierung eines Kredits über 12.350 Euro, den eine Mode- und Kostümdesignerin für den Aufbau ihrer Selbstständigkeit aufgenommen hat. Die mir vertraglich zugesicherte Verzinsung beträgt 13,7 Prozent. Die zugehörigen Zins- und Tilgungsbeträge landen nun monatlich auf meinem Konto. Es gibt keine Erfolgsbeteiligung nach dem Motto „nach oben offen", aber ein gutes Chance-Risiko-Verhältnis. Die durchschnittliche Ausfallquote über alle Projekte hinweg gibt auxmoney mit 1,99 Prozent an.[73]

Wie dem auch sei: Es gibt nicht nur fließende Übergänge vom Crowdinvesting zum Crowdfunding, sondern auch zum Crowdlending. Solche Vermischungen finden sich bereits innerhalb der Plattformen wie etwa den festverzinsten Projekten bei Bettervest, der Deutschen Mikroinvest und über sogenannte Venture loans bei Companisto. Die festverzinsten Darlehen sind normalen Krediten sehr ähnlich. Gleichzeitig bieten die gerade genannten Plattformen in unterschiedlicher Intensität daneben erfolgsabhängig verzinste Projekte an, die das typische Crowdinvesting ausmachen. Bei Companisto überwiegen die mit erfolgsabhängigen Vergütungen für die Crowdinvestoren ausgestatteten Projekte deutlich, während es bei Bettervest inzwischen die festverzinsten Projektbeteiligungen (per Nachrangdarlehen) sind, die vorrangig angeboten werden.

73 www.auxmoney.com/kredit/geldanlage-investment.html (Zugriff: 14.1.2017).

5. KAPITEL

Rechtliche Strukturierung des Engagements und deren Folgen für die Akteure

5.1 Auswirkungen des Kleinanlegerschutzgesetzes

Ausgelöst durch den ob seiner Dimension spektakulären Einzelfall der Prokon-Pleite sah sich der Gesetzgeber aufgerufen, die Gesetzeslage zu verschärfen. Man glaubte offenbar, die Verluste der Anleger seien durch das von Prokon genutzte Finanzierungsinstrument des Genussrechts entstanden oder zumindest begünstigt worden, was ich für Quatsch halte. Nicht das Instrument, über das die Finanzierung lief, sondern das nicht gut genug laufende Geschäft war meines Erachtens das eigentliche Problem. Die Überschüsse aus dem operativen Geschäft reichten bei Prokon offenbar auf Dauer nicht aus, um den Kapitaldienst (Zinsen und Rückzahlungen) zu speisen. Für das endgültige Aus sorgten – zahlreichen negativen Presseberichten nachfolgende – panikartige Ausstiege beziehungsweise Ausstiegsversuche von Prokon-Anlegern, die in dieser Dimension nicht bedient werden konnten. Dem armen Genussrecht dichtete man bei all dem eine (nicht unerhebliche) Mitschuld an.

Im Jahr 2014 gelangten dann die ersten Gesetzentwürfe in Umlauf, die in der Crowdinvesting-Szene mit großem Entsetzen zur Kenntnis genommen wurden. Es schien zunächst, als hätte sich der Gesetzgeber das Ziel gesetzt, durch Knebeln bestimmter Finanzierungsarten (unter anderem des Crowdinvestings) die Anleger schützen zu wollen. Dazu dachte er sich zum Beispiel auch Maßnahmen aus, die die Abläufe des Crowdinvestings erschwert und behindert hätten (zum Beispiel sollten bestimmte Dokumente nun postalisch verschickt werden müssen, deren Übertragung bislang online möglich war, wie fast überall anders auch). Nach umfangreicheren Diskussionen im Rahmen des Gesetzgebungsprozesses wurde das Schlimmste (und Unsinnigste) aber glücklicherweise weggelassen oder zumindest entschärft. Die Crowdinvesting-Szene hatte sich seinerzeit formiert, argumentierte sehr gut und im Ergebnis kam es zu einer für das Crowdinvesting und die Anleger tragbaren Lösung, was zum Auftakt des Gesetzgebungsprozesses, also bei Erscheinen des ersten Entwurfs, wahrscheinlich kaum jemand für möglich gehalten hatte. Die Aufnahmebereitschaft und Flexibilität des Gesetzgebers war größer, als ich das je gedacht hätte.

Was hat sich nun konkret gegenüber der vorherigen Zeit geändert? Gekommen ist, teils verkürzt dargestellt, dies:[74]

Die Crowdinvesting-Ausnahmen (Befreiung von der Prospektpflicht sowie daraus resultierende Folgepflichten) sind nun geknüpft an:

- Sie gelten für partiarische Darlehen und für Nachrangdarlehen;
- die vom Emittenten angebotenen Vermögensanlagen dürfen max. 2,5 Millionen Euro umfassen;
- Maximalbeträge je Anleger (die keine Kapitalgesellschaften sind):
  - bis 1.000 Euro ist ein Investment ohne Weiteres möglich;
  - oberhalb von 1.000 Euro ist ein frei verfügbares Vermögen (in Form von Bankguthaben und Finanzinstrumenten) in Höhe von mindestens 100.000 Euro zu bestätigen oder dass sich der Anlagebetrag maximal auf zwei Netto-Monatsgehälter beläuft;
- die Obergrenze liegt bei 10.000 Euro;
- bei Kapitalgesellschaften gibt es keine Betragsgrenzen für ein Investment;
- die Anlagevermittlung erfolgt ausschließlich über eine für ein Crowdinvesting zugelassene Internetplattform.

Was kommt auf eine Crowdinvesting-Plattform nun zu? Sie muss über eine Erlaubnis gemäß § 34f GewO verfügen, um mit partiarischen Darlehen und

74 Vgl. Aschenbeck-Florange, T./Drefke, T. (2015a), S. 287.

Nachrangdarlehen hantieren zu dürfen. Dazu ist ein Sachkundenachweis zu erbringen und eine Berufshaftpflichtversicherung abzuschließen. Außerdem müssen zahlreiche Bestätigungen und Nachweise besorgt werden, die der Aufsichtsbehörde (dazu wird in aller Regel die örtliche IHK erhoben) vorzulegen sind. Das erfordert einen echten Behördenmarathon. Aber: Ich war positiv überrascht, wie schnell fast alle Behörden heutzutage sind. Es waren zig Nachweise und Bestätigungen einzuholen. Selten hat es länger als eine Woche gedauert und wenn, dann nur knapp darüber. Manchmal erhielt man den Nachweis sogar noch vor Ort. Richtig langwierig war es allerdings mit der Versicherung, weil die Versicherungsgesellschaften (bis auf zwei) überhaupt noch keine Erfahrungen mit dem Thema Crowdinvesting hatten und die (überschaubaren) Risiken nicht eigenständig einschätzen konnten oder wollten.

Störend wird sich für eine Reihe von Plattformen der erforderliche Sachkundenachweis ausgewirkt haben. Wer zum Beispiel erfolgreich eine Banklehre absolviert hat, gilt automatisch als sachkundig, dies auch dann, wenn er dabei niemals etwas vom Crowdinvesting oder von partiarischen Darlehen gehört hat. Nicht wenige Plattformen haben (oder hätten zumindest der Form halber) jemanden mit Banklehre oder eine auf ähnliche Art und Weise als qualifiziert geltende Person hinzunehmen müssen. Nicht jede Plattform wird sich das aber geleistet haben können – Schließung. Es geht allerdings auch, eine spezielle Eignungsprüfung zu absolvieren.

Recht lustige Effekte kann der zu erbringende Sachkundenachweis für Crowdinvesting-Plattformen haben. Er erfordert, dass mindestens ein Geschäftsführer dabei sein muss, der formal als qualifiziert gilt, wie gesagt zum Beispiel jemand mit einer Ausbildung als Bankkaufmann. Das Hantieren mit hybriden Finanzierungsinstrumenten, mit denen das Crowdinvesting hierzulande fast ausschließlich arbeitet, kommt – soweit ich das in Erfahrung bringen konnte – in dieser Ausbildung nicht vor: ein schwarzes (Wissens-)Loch an einer für das Crowdinvesting wichtigen Stelle. Hingegen gelte ich als Professor mit dem Schwerpunkt Rechnungswesen/Controlling, der sich intensiv mit hybriden Finanzierungsinstrumenten und letztlich mit allen für das Crowdinvesting relevanten Einzelthemen befasst hat, als nicht qualifiziert. Nun gut, der Gesetzgeber und „seine" Behörden können schließlich nicht jeden Einzelfall überprüfen. Und: Ich könnte ja auch eine Eignungsprüfung absolvieren. Nun: Wir haben einen Banker im Plattform-Team, der mein Defizit ausgleicht.

Unter anderem müssen die Plattformen auch noch dies arrangieren:

- Gesetzlich vorgegebene Warnhinweise auf der Plattformwebsite sichtbar platzieren,
- ein abgestimmtes Vermögensanlageninformationsblatt (VIB) bei der BaFin hinterlegen, was allerdings auch das (Start-up-)Unternehmen selbst erledigen könnte,
- den Anleger vor der Kapitalvermittlung mit sogenannten statusbezogenen Angaben über die Plattform und das vermittelte Finanzprodukt versorgen.

Meines Erachtens sind es fünf rechtliche Regelungen, die zu kritisieren sind und deren Änderung absolut sinnvoll wäre:

In allererster Linie missfällt die Begrenzung des maximalen Investitionsbetrags für Anleger, die keine Kapitalgesellschaften sind, auf schlappe 10.000 Euro je Projekt innerhalb eines Jahres. Vielleicht werden deutsche Bürger in Zukunft auch noch beim Kauf eines Autos bei 10.000 Euro gestoppt, weil sie als unmündig gelten und sich ruinieren könnten. Wir hatten es bei Geldwerk1 schon mit einigen Anlegern zu tun, die uns fragten, was das denn solle. Darunter waren durchaus welche, die der Verlust des 10-fachen Betrags nicht im Geringsten in Bedrängnis bringen würde. Diese Leute können also jetzt nicht mehr mit ihren Wunschbeträgen am Crowdinvesting teilhaben, weil der Gesetzgeber ihnen dies verwehrt und meint, sie schützen zu müssen. Sie wollen so nicht geschützt werden. Sie sind an dieser Stelle bereit, ein erhöhtes Risiko einzugehen, um ihr Geld chancenreich anzulegen. Die 10.000-Euro-Grenze ist ein echter Bremsklotz für alle am Crowdinvesting Beteiligten: für die dadurch gegebenenfalls schlechter durchfinanzierten Unternehmen, für die um höhere Renditechancen gebrachten Anleger und die weniger Provision einnehmenden Crowdinvesting-Plattformen. Man muss schon eine Kapitalgesellschaft haben, um die 10.000-Euro-Grenze (beliebig) überschreiten zu dürfen.

Eine zweite Schwelle hat der Gesetzgeber hinsichtlich des maximalen Fundings je Unternehmen pro Jahr gesetzt, nämlich 2,5 Millionen Euro. Damit fallen große Crowdinvestings wie seinerzeit beim Projekt Weissenhaus (7,5 Millionen Euro) inzwischen aus dem normalen Crowdinvesting-Betrieb heraus. Jedenfalls gilt die Grenze weithin als zu niedrig. Gerade auch technische Entwicklungen bedürfen nicht selten einer Kapitalspritze, die weit über 2,5 Millionen Euro hinausgeht.

Drittens: Keine plausible Erklärung konnte ich dafür finden, dass Genussrechte und stille Beteiligungen nicht von den gleichen Befreiungstatbeständen profitieren dürfen wie partiarische Darlehen und Nachrangdarlehen. Ein vierter Punkt ist die aus meiner Sicht mangelnde Nützlichkeit und Praktikabilität des Selbstauskunftsverfahrens für Anleger, die mehr als 1.000 Euro investieren möchten. Und fünftens sollte es ermöglicht werden, einen angemessenen Risikohinweis in Richtung Anleger herauszugeben. Für einen Teil der Crowdinvesting-Projekte ist der gesetzlich geforderte „Extrem-Risikohinweis" in dieser Ausprägung deplatziert. Als Beispiel: Über unsere Plattform hatten wir ein Crowdinvesting für ein 311 Jahre altes Weingut durchgeführt und mussten schreiben: „Der Erwerb dieser Vermögensanlage ist mit erheblichen Risiken verbunden und kann zum vollständigen Verlust des eingesetzten Vermögens führen." Ein hanebüchener Unfug für ein solches Projekt. Es ist zwar nicht risikofrei, aber von *erheblichen* Risiken kann dort wohl kaum die Rede sein, zumal das Weingut eine satte Vermögensmasse hat (Ländereien, Gebäude, Maschinen, umfängliche Reservevorräte und so weiter), die im Ernstfall liquidiert werden könnte.

Ein letztes Wort zur Prospektpflicht: Die meisten Crowdinvesting-Plattformen werden den zu finanzierenden Unternehmen neben der Provision für das Funding noch kostenpflichtige Zusatzleistungen anbieten, wie Anlegerverwaltung und Investorenmanagement, Produzieren von Videos für die Präsentation, Hilfestellung beim Wording des Businessplans, Marketingmaßnahmen und gegebenenfalls die Prospekterstellung. Wer das als Unternehmen alles in Anspruch nimmt, der muss schon ein recht hohes Finanzierungsvolumen anstreben, da er ansonsten womöglich von den Zahlungen für die Zusatzleistungen „aufgefressen" wird. So kostet etwa die Prospekterstellung wahrscheinlich allein schon mindestens 15.000 Euro. Alles in allem fielen in derartigen Fällen inklusive des Prospekts schnell mal 30.000 bis 40.000 Euro an, wenn zum Beispiel 150.000 Euro eingesammelt wurden. Nun gut, eine mit dem Crowdinvesting verbundene und gelungene Marketingkampagne kann sehr wertvoll sein. Die Grundregel: Ein Ertragen der Prospektpflicht ist nur bei sehr hohen zu erwartenden Fundingbeträgen in Erwägung zu ziehen. Außerdem: Die bezahlpflichtigen Zusatzleistungen sollten mit den Plattformen vorher im Einzelnen abgeklärt werden, um hier keine nachträglichen Überraschungen zu erleben.

5.2 Rechtsformen und Verträge

Grundsätzlich lassen sich die Rechte und Pflichten der Akteure eines Crowdinvestings ziemlich frei gestalten, denn über entsprechende vertragliche Vereinbarungen kann fast alles, was von den Beteiligten gewollt ist, rechtlich haltbar fixiert werden. Allerdings gibt es manchmal auch Einschränkungen durch unabdingbare gesetzliche Vorgaben oder durch die Rechtsprechung. Einfluss auf die Rechtsfolgen hat zunächst die gewählte Art der Beteiligung, anhand deren die Geldgeber an den von ihnen ausgewählten Projekten beteiligt werden. Jedoch bestehen im Rahmen der jeweiligen Beteiligungsformen oftmals recht weite Spielräume, die sich durch die konkrete vertragliche Ausgestaltung nutzen lassen.

Beim Crowdinvesting wird regelmäßig sehr stark von gebräuchlichen Standardlösungen abgewichen. Es wurden und werden hier vielmehr individuelle Lösungen gesucht, die zur besonderen Situation des Crowdinvestings passen. Das mag einer der Gründe gewesen sein, warum das Crowdinvesting überhaupt erst so spät startete, obgleich die grundsätzlichen gesetzlichen Rahmenbedingungen schon lange Bestand haben. Es musste erst einmal jemand den Mut haben, ganz neue und sehr individuell geprägte Lösungen zu entwickeln und anzubieten. In Deutschland hatten die Plattformen Seedmatch und Innovestment diesen Schneid. Andere Crowdinvesting-Anbieter konnten das einmal hochgezogene Grundkonzept dann als Blaupause für ihr eigenes Agieren nehmen. Ja, der rechtliche Hintergrund des Crowdinvestings ist sehr komplex, wenngleich die Investoren davon oft nicht allzu viel mitbekommen.

Welche rechtlichen Dinge gibt es neben der Art der Beteiligung noch? Die vom Plattformbetreiber vorgegebenen Allgemeinen Geschäftsbedingungen (AGB) sind natürlich auch von einer gewissen Relevanz. Beginnen wir aber mit den Beteiligungsformen.

Klassischerweise werden Finanzierungsformen danach kategorisiert, ob sie dem Eigenkapital oder dem Fremdkapital zuzurechnen sind. Die Vielfalt der in der Praxis anzutreffenden Finanzierungsformen lässt diese Zweiteilung allerdings fraglich erscheinen, zumal es eine Reihe von Finanzierungsformen gibt, die sich im Graubereich zwischen Eigen- und Fremdkapital befinden und bei denen die Einsortierung in eine der beiden Reinformen, also Eigen- oder Fremdkapital, willkürlich erscheint.[75] Die manchmal künstlich erscheinende

75 Vgl. dazu auch Elschen, R. (1993), S. 586 ff.

Einordnung in eine dieser beiden Kategorien hat allerdings Folgen. Diese können etwa steuerlicher Natur sein, die Bilanzierung betreffen oder die Einschätzung der Kreditwürdigkeit eines Unternehmens beeinflussen. Insofern wäre es unter Umständen fahrlässig, die (teils willkürliche) Einordnung in die beiden genannten Kategorien zu ignorieren.

Grundsätzlich ist jedwede Art der gesellschaftsrechtlichen Beteiligung an einem crowdfinanzierten Unternehmen denkbar, zum Beispiel als Gesellschafter an einer GmbH, AG, KG oder OHG. Bei diesen Rechtsformen entsteht entweder ein formaler Aufwand (zum Beispiel die notarielle Beurkundung bei der GmbH), was Zeit und Geld kostet und sich daher kaum eignet, um eine größere und mit geringen Beträgen beteiligte Crowd in Projekte zu integrieren, oder der Investor wird zum Vollhafter (OHG und KG), der auch Verluste zu tragen hat. Ansonsten stört noch die Prospektpflicht für breit gestreute Beteiligungen oberhalb von 100.000 Euro. Der erforderliche Formalismus und dessen Kosten würden den Investitionsbetrag in nicht wenigen Fällen verbrauchen. Wer Gesellschafter einer GmbH werden möchte, der benötigt dazu eine notarielle Beurkundung. Dafür berechnet der Notar eine Gebühr, die kleine Investitionsbeträge komplett unsinnig werden lässt.

Nachfolgend werden zum einen die Arten des Engagements eines Kapitalgebers den Kategorien des reinen Eigen- oder Fremdkapitals zugeordnet. Zum anderen werden diejenigen Arten der Hingabe finanzieller Mittel, die gleichzeitig typische Eigenschaften des Eigen- und des Fremdkapitals aufweisen, als hybride Finanzierungen (auch: Mezzanine-Kapital) einsortiert.

reines Eigenkapital	Mezzanine	reines Fremdkapital
Anteile an: • GmbH • UG • AG • OHG • KG sowie an Mischformen dieser Rechtsformen	• typische stille Beteiligung • atypische stille Beteiligung • Genussrecht • partiarisches Darlehen • Nachrangdarlehen • Wandel- und Optionsanleihen	• Darlehen mit fester Verzinsung

Abb. 15: Kategorisierung ausgewählter Engagements des Investors nach Eigenkapital-, Mezzanine- und Fremdkapitalfinanzierung

Bei einem fremdkapitalbasierten Engagement eines Kapitalgebers liegt faktisch ein Kreditverhältnis vor. Der Kreditgeber hat ein Recht auf Rückzahlung des an den Kreditnehmer ausgeliehenen Geldbetrags. Charakteristisch für Fremdkapital sind folgende Eigenschaften:[76]

1. Keinerlei Stimmrechte oder sonstige Mitspracherechte der Kapitalgeber,
2. das Kapital wird zeitlich befristet zur Verfügung gestellt,
3. es besteht ein Rechtsanspruch der Kapitalgeber auf Rückzahlung des zur Verfügung gestellten Nominalbetrags, wobei im Regelfall entweder turnusmäßige (zum Beispiel monatliche oder jährliche) oder endfällige Rückzahlungen (Tilgungen) durch den Schuldner erfolgen,
4. die Kapitalgeber erhalten eine festgelegte Verzinsung ihres hingegebenen Geldbetrags,
5. die Kapitalgeber werden weder am Gewinn noch am Verlust noch an den stillen Reserven des Unternehmens beteiligt.

Wenn es sich bei dem zur Verfügung gestellten Geld um eine Reinform des Fremdkapitals handelt, die exakt den obigen Kriterien folgt, dann sprechen wir von einem „üblichen“ Kredit. Der Definition des Crowdinvesting-Begriffs ist zu entnehmen, dass eine Beteiligung am Erfolg des Start-ups vorliegend muss, um die Mindestvoraussetzungen zu erfüllen, sich Crowdinvesting nennen zu lassen. Ein übliches Kreditverhältnis, entsprechend den oben aufgeführten fünf Kriterien, begründet also kein Engagement, das als Crowdinvesting zu bezeichnen ist. Wir befinden uns dann vielmehr im Crowdlending, also zum Beispiel bei auxmoney, smava und Lendico. Sobald allerdings etwa von Punkt 4 des obigen Kriterienkatalogs abgewichen wird, indem eine Erfolgsbeteiligung gewährt wird, handelt es sich um ein Crowdinvesting, dies auch dann, wenn die übrigen Kriterien des Fremdkapitals ganz oder teilweise erfüllt bleiben. Und: Wenn Nachrangdarlehen (mit qualifiziertem Rangrücktritt) herausgegeben werden, fällt das ebenfalls in die Kategorie Crowdinvesting, dies auch dann, wenn keine Erfolgsbeteiligung gegeben ist.

Da in der Praxis des Crowdinvestings (nicht ohne Grund) fast ausnahmslos hybride Finanzierungsformen eingesetzt werden, die Eigenschaften von

76 Vgl. Perridon, L./Steiner, M./Rathgeber, A. (2009), S. 383.

Fremd- und Eigenkapital gleichzeitig aufbieten, seien diese speziellen Formen der Finanzierung nunmehr ausführlicher beschrieben, wobei die für ein Crowdinvesting in der Praxis (bislang) nicht oder zumindest so gut wie nicht relevanten Formen hybrider Finanzierungsinstrumente ausgelassen werden (zum Beispiel Gesellschafterdarlehen, Wandel- und Optionsanleihen, Vorzugsaktien)[77].

5.3 Hybride Finanzierungsformen

5.3.1 Kennzeichen und Ausprägungen hybrider Finanzierungsformen

In diesem Kapital mag es für den Hobbyleser womöglich an einigen Stellen zu sehr in die Tiefe gehen. Immerhin handelt es sich aber bei den hybriden Finanzierungsinstrumenten bezogen auf das Crowdinvesting in Deutschland aus rechtlicher und betriebswirtschaftlicher Sicht um ein zentrales Gebiet. Hybride Finanzierungsformen, auch Mezzanine-Finanzierungen genannt, stehen wirtschaftlich zwischen Eigen- und Fremdkapital, werden allerdings etwa steuerlich zwingend einer dieser beiden Kategorien zugeordnet. Mezzanine-Finanzierungen weisen aber Beschaffenheiten auf, die typischerweise dem Eigenkapital zugeschrieben werden, und haben gleichzeitig Eigenschaften, die prägend für Fremdkapital sind. So stehen unter anderem Genussrechte, partiarische Darlehen und atypische stille Beteiligungen in einer solchen Zwitterstellung.

Vier der – abhängig von der jeweiligen Gesetzeslage – für ein Crowdinvesting besonders relevanten Formen hybrider Finanzierungsinstrumente sind in nachfolgender Tabelle im Überblick mit ihren zentralen Eigenschaften aufgeführt und werden in den kommenden Absätzen 5.3.2 bis 5.3.4 ausführlich erläutert:

77 Vgl. zur Vielzahl von hybriden Finanzierungsinstrumenten auch Brokamp, J./Ernst, D./Hollasch, K./Lehmann, G./Weigel, K. (2008).

	atypische stille Beteiligung	Genuss-recht	partiarisches Darlehen	Nachrang-darlehen
Beteiligung am Gewinn	ja	ja	ja (optional an einer anderen Erfolgsgröße)	nein
Beteiligung am Verlust	ja, aber in der Regel begrenzt auf die Einlage	in der Regel ja, aber nur bis zur Höhe des Einsatzes	nein	nein
Beteiligung am Vermögen	ja	nein	nein	nein
Beteiligung am Liquidations-erlös	ja	optional	nein	nein
Schuld-rechtliche Vereinbarung	nein	ja (oft mit Nachrang gegenüber anderen Gläubigern)	ja	ja (natürlich mit Nachrang gegenüber anderen Gläubigern)
Stimm- und Mitspracherecht	in der Regel nein	nein	nein	nein

Abb. 16: Eigenschaften von vier ausgewählten hybriden Finanzierungsinstrumenten

Dass die Grenzziehung zwischen Eigen- und Fremdkapital nicht einfach ist, zeigt sich anhand der sogenannten stillen Beteiligung. Je nach konkreter Ausgestaltung der stillen Beteiligung wird diese Form des finanziellen Engagements dem Eigen- oder Fremdkapital zugeordnet, mit entsprechend abweichenden rechtlichen Folgen. Der Riss geht also mitten durch ein- und dieselbe Art der Beteiligung. Gleiches gilt für Genussrechte. Insofern ist es durchaus von Bedeutung für die Akteure, sich mit den jeweiligen (gesellschafts-)rechtlichen Vereinbarungen und deren Folgen ein wenig zu befassen, zumal es dabei auch steuerlich abweichende Einstufungen gibt.

In der Praxis des Crowdinvestings wird das (Start-up-)Unternehmen zumeist eine GmbH sein, bei der die Gründer auch die Eigentümer (= Gesellschafter) der GmbH sind. Inzwischen tauchen Start-ups vermehrt auch als Unternehmergesellschaften (UG) auf. Diesen Unternehmen tritt der Mikroinvestor dann zum Beispiel als still Beteiligter bei, hat damit aber nicht die gleiche Stellung wie „echte" Gesellschafter. Seine Rechte und Pflichten sind weniger umfangreich als die der „echten" Gesellschafter der GmbH, der UG oder welcher Rechtsform auch immer.

5.3.2 Stille Beteiligungen

In den Anfängen des Crowdinvestings wurden des Öfteren stille Beteiligungen als rechtliche Vehikel genutzt. Durch gesetzliche Einschränkungen wurde die stille Beteiligung allerdings zum seltenen Fall im Crowdinvesting. Das kann sich jedoch schnell ändern, wenn der Gesetzgeber sinnvoll reagiert und die für partiarische Darlehen und Nachrangdarlehen vorhandenen Ausnahmeregelungen auch für stille Beteiligungen gelten lässt. Es ist nicht unwahrscheinlich, dass bei nächster Gelegenheit eine solche gesetzliche Änderung kommen wird. Die stille Beteiligung ist den partiarischen Darlehen nämlich teils zum Verwechseln ähnlich. Anhand der stillen Beteiligung wird beispielhaft dargestellt, wie sich das Crowdinvesting mit rechtlichen Vehikeln verbindet. Die Grundstruktur der typischen Crowdinvesting-Projekte lässt sich in gleicher oder ganz ähnlicher Weise mit anderen Finanzierungsinstrumenten umsetzen. Letztlich ist das jeweilige Finanzierungsinstrument tatsächlich nur ein Vehikel und es macht wenig bis keinen Sinn, das jeweilige Vehikel für etwaige Probleme (wie das Genussrecht im Fall der Prokon-Pleite) mitverantwortlich zu machen.

Eine stille Beteiligung liegt immer dann vor, wenn sich eine natürliche oder juristische Person am Unternehmen einer anderen Person mit einer Vermögenseinlage oder in Gestalt erbrachter Arbeitsleistung beteiligt. Stille Beteiligungen können in recht unterschiedlicher Art und Weise ausgestaltet werden. Vorteil der stillen Beteiligung gegenüber einer herkömmlichen Beteiligung (zum Beispiel als GmbH-Gesellschafter) an einem Unternehmen ist, dass das Hinzutreten und Ausscheiden von stillen Gesellschaftern recht einfach und unkompliziert gehandhabt werden kann. Es wird lediglich ein privatrechtlicher Vertrag zwischen Unternehmen und Investor abgeschlossen, der nicht notariell beurkundet werden muss, wie dies etwa zur Erlangung der Eigentümerstellung an einer GmbH zwingend erforderlich ist. Typisch und gleichsam namensgebend für eine stille Beteiligung ist, dass der Beteiligte nicht nach außen hin in Erscheinung tritt, also „still" bleibt. Der „Stille" kommt weder im Namen der Gesellschaft vor noch wird er als Gesellschafter im Handelsregister eingetragen.

Bei der stillen Gesellschaft handelt es sich um eine Beteiligungsform, die einer Personengesellschaft von der Kategorisierung her gleichgestellt wird. Stille Beteiligungen sind allerdings nicht nur an originären Personengesellschaften (zum Beispiel OHG oder KG), sondern auch an Kapitalgesellschaften (zum Beispiel GmbH oder AG) möglich. Damit käme eine sogenannte GmbH & Still oder eine AG & Still zustande, wobei diese Bezeichnungen nicht offiziell als Namensbestandteil geführt werden dürfen, denn es handelt sich bei der stillen Beteiligung (lediglich) um eine Vereinbarung im Innenverhältnis der Beteiligten. Die Gesellschaften firmieren im obigen Fall allein unter dem Zusatz GmbH oder AG.

Wichtig zu wissen für einen still Beteiligten ist natürlich, was mit seiner Beteiligung bei verschiedenen Ereignissen geschieht. Was passiert beispielsweise, wenn die Gesellschaft verkauft wird? Nun: Die stille Beteiligung bleibt davon unberührt, denn der „Stille“ hat einen Vertrag mit der Gesellschaft, der auch im Falle eines Verkaufs der Gesellschaft weiterhin Bestand hat. Den „Stillen“ wird man also nicht so schnell los. O. K.: Lässt sich die stille Beteiligung veräußern? Ja, jedoch wird der Verkauf an die Zustimmung der Gesellschaft gebunden sein. Insofern ist eine eigenständige Disponierbarkeit des still Beteiligten hier im Regelfall nicht gegeben. Warum aber sollte die Gesellschaft die Zustimmung verweigern? Mir fällt kein guter Grund für eine Verweigerung ein.

Was passiert, wenn der still Beteiligte aussteigen will, ohne von der Zustimmung der Gesellschaft abhängig zu sein? Er kann seine Beteiligung kündigen. Die entsprechenden Kündigungsmodalitäten (zum Beispiel auch die Kündigungsfristen) sind vertraglich festgelegt. Für stille Beteiligungen werden im Rahmen eines Crowdinvestings regelmäßig Mindestlaufzeiten vereinbart. Der Investor kann in diesem Fall erstmals nach Ablauf der Mindestlaufzeit aussteigen und erhält dann entweder seinen ursprünglichen Einsatz zurück oder eine darüber hinausgehende Abfindung. Weiterhin werden Kündigungsfristen festgelegt, die für den Zeitraum nach Ablauf der Mindestbeteiligungsdauer gelten. Ganz am Rande: Es gibt mehrere Möglichkeiten, wie ein stille Beteiligung enden kann. Deren gibt es drei: Kündigung durch den „Stillen“, Kündigung durch die Gesellschaft (beides oftmals nach einer Mindestlaufzeit) oder an einem fest definierten Laufzeitende. Im Beteiligungsvertrag werden die Kündigungsmodalitäten festgelegt, die jeweils zur Anwendung kommen sollen.

Was der still Beteiligte bei seinem wie auch immer zustande kommenden Ausscheiden erhält, hängt zunächst vom Typus der stillen Beteiligung ab. Unterschieden wird in zwei Grundtypen: die typische stille und die atypische stille Beteiligung, wobei sich diese beiden Typen je nach konkreter Ausgestaltung durchaus sogar recht deutlich voneinander unterscheiden können.

Bei einer atypischen stillen Beteiligung ist der Investor sowohl am Gewinn und Verlust der Gesellschaft beteiligt als auch an ihrem Vermögen. Er hat bei Auflösung der Gesellschaft oder bei seinem Austritt aus dieser einen Anspruch auf Teilhabe am Liquidationserlös beziehungsweise am Vermögenszuwachs der Gesellschaft, also letztlich auch an der Wertsteigerung. Mit der Vermögensbeteiligung gehen in der Regel Mitsprache- und Kontrollrechte des Investors einher. Jedoch ist die konkrete Vereinbarung von Rechten und Pflichten des atypischen stillen Gesellschafters durchaus disponibel, was unter anderem die Mitsprache- und Kontrollrechte betrifft. Die Gründer werden im Regelfall kein Interesse daran haben, dass den (vielen) Anlegern Mitspracherechte an „ihrem" Unternehmen eingeräumt werden. Im Allgemeinen werden die Anleger ihrerseits kein allzu großes Interesse daran entwickeln, an den Entscheidungen des Unternehmens mitzuwirken. Die Vereinbarung über die atypische stille Beteiligung wird bei einem Crowdinvesting im Normalfall so sein, dass der stille Gesellschafter keinerlei Mitspracherechte hat und sich mit einigen Informations- und Kontrollrechten zufrieden geben muss, wobei die Kontrollrechte auf ein Minimum reduziert sein können.

Bei der typischen stillen Beteiligung ist der stille Gesellschafter am Gewinn und nur wenn konkret vereinbart auch am Verlust der Gesellschaft beteiligt. Anders als bei der atypischen stillen Gesellschaft wird der still Beteiligte weder an deren Vermögen noch an einem Liquidationserlös beziehungsweise an den stillen Reserven beteiligt. Letzteres hat zur Folge, dass der typische still Beteiligte weder im Falle der Liquidation der Gesellschaft noch bei seinem Austritt einen Anspruch auf Teilhabe an der Wertsteigerung des Unternehmens hat. Er kann lediglich seinen ursprünglichen Einsatz zurückfordern. Weiterhin hat der typische still Beteiligte in der Regel keine Mitsprache- und Kontrollrechte. Natürlich hat er aber ein Recht darauf, bestimmte Informationen zu erhalten.

Entscheidend dafür, dass bei einem Crowdinvesting seinerzeit zumeist eine atypische stille Beteiligung angeboten wurde, ist, dass dem Investor so die Chance eingeräumt wird, bei seinem Austritt „Kasse zu machen". Letztlich ist der (hoffentlich hohe) Abfindungsanspruch das wesentliche Incentive für den Investor, sich an einem Start-up zu beteiligen, fußt doch die Höhe seiner Rendite zumeist vorrangig auf dem, was er beim Ausstieg erzielt.

Auf den Punkt gebracht: Bei einer typischen stillen Beteiligung kann der Investor im Falle seines Ausscheidens lediglich davon ausgehen, seinen ursprünglichen Einsatz zurückzuerhalten. Er profitiert zwischenzeitlich von seinen Gewinnanteilen, sofern Gewinne erzielt werden. Bei einer atypischen stillen Beteiligung kann er hingegen mit einer Abfindung rechnen, die ihn neben der Rückzahlung seines Einsatzes zusätzlich an der Wertsteigerung des Unternehmens teilhaben lässt. Wie hoch seine Beteiligung am Wertzuwachs ist, hängt davon ab, was vertraglich vereinbart wurde. Dies könnte beispielhaft so aussehen, dass der atypisch still Beteiligte seinen Einsatz zurückerhält und zusätzlich einen Betrag in Höhe des anteiligen Ergebnisses vor Zinsen und Steuern (EBIT) des letzten Geschäftsjahres multipliziert mit einem Faktor 6. Letzteres würde dann die Teilhabe an der Wertsteigerung konkret werden lassen. An dieser Stelle wird klar, warum für ein Crowdinvesting die atypische stille Beteiligung eine so attraktive Lösung ist. Sie beteiligt automatisch sowohl an Gewinnen als auch an der Wertsteigerung des Unternehmens und kann ohne kostenintensive Formalitäten eingegangen werden. Bei der typischen stillen Beteiligung entfällt hingegen der Automatismus, an der Wertsteigerung teilzunehmen, die ja vermutlich ein ausschlaggebender Anreiz für den Mikroinvestor dafür sein wird, sich zu beteiligen.

Wie nun die stille Beteiligung im Einzelnen ausgestaltet ist, hat nicht nur Folgen für die Rechte des Investors auf Anteile am Gewinn, auf seinen Abfindungsanspruch sowie auf Mitsprache und Kontrolle, sondern wirkt sich auch auf steuerlicher Ebene aus.

5.3.3 Genussrechte

Genussrechte, auch als Genussscheine oder umgangssprachlich als Genüsse bezeichnet, werden in Deutschland inzwischen nicht mehr allzu häufig für das Crowdinvesting genutzt, da die Erleichterungen des Kleinanlegerschutzgesetzes für „Genüsse" nicht gelten. Sie können allerdings durchaus schnell wieder aufkommen, wenn der Gesetzgeber sie den partiarischen Darlehen und den Nachrangdarlehen gleichstellt. Ich halte das Kommen einer solchen Gesetzesänderung sogar für wahrscheinlich, früher oder später.

Bei Genussscheinen handelt es sich genau genommen um verbriefte Genussrechte, also als Wertpapier handelbare Genussrechte. Die im Jahr 2014 von Conda übernommene Crowdfunding-Plattform Mashup Finance bot seinerzeit ein Crowdinvesting an, das auf Genussrechten basierte. Auch das ebenfalls in Conda aufgegangene Portal Bankless24 sowie die Deutsche Mikroinvest stützten ihre Crowdinvestings darauf.

Je nach konkreter Ausgestaltung kann das Genussrecht eher Eigenkapital- oder eher Fremdkapitalcharakter aufweisen. Für Genüsse ist typisch, dass die Kapitalgeber einen Rückzahlungsanspruch haben und am Erfolg des von ihnen mitfinanzierten Unternehmens teilnehmen, jedoch über keine Mitsprache- beziehungsweise Stimmrechte verfügen. Das passt von der Grundstruktur her bereits sehr gut zum Crowdinvesting. Weiter: Die Teilhabe am Erfolg des Unternehmens kann recht unterschiedlich ausgestaltet sein. So kommt etwa eine lupenreine Gewinnbeteiligung in Betracht. In der Regel wird der Genussrechtsinhaber aber auch am Verlust beteiligt, dies jedoch maximal bis zur Höhe seines eingesetzten Kapitals. Des Weiteren unterscheiden sich verschiedene Genussrechtsvereinbarungen dadurch, ob sie eine Beteiligung des Kapitalgebers am Liquidationserlös vorsehen oder nicht. Schließlich gibt es Genussrechte mit festgelegter und welche mit nicht festgelegter Laufzeit.

Eine sinnvolle Ausgestaltung von Genüssen für Zwecke des Crowdinvestings sähe so aus: Der Investor wird am Gewinn beteiligt, wobei die Gewinne zuvor mit etwaigen Verlusten verrechnet werden. Das Genussrecht hat eine fest definierte Laufzeit, zum Beispiel fünf Jahre. Am Laufzeitende hat der Investor einen Rückzahlungsanspruch in Höhe seines eingesetzten Kapitals. Darüber hinaus hat er Anspruch auf eine Prämie, die sich am Wert des Unternehmens zum Ausstiegszeitpunkt orientiert und der ein fest definierter Ermittlungsmodus zugrunde liegt. Eine derartige indirekte Teilhabe an der Wertsteigerung eines Unternehmens, ohne am Unternehmen selbst beteiligt zu sein, wird auch als Non-Equity-Kicker bezeichnet. Der Non-Equity-Kicker macht das Genussrecht für den Crowdinvestor oft erst interessant. Wie bei der atypischen stillen Beteiligung kann er – hier nun über den Weg des Kickers – von der Wertsteigerung des Unternehmens profitieren. Der Kapitalgeber erhält beim Genussrecht – wie gesagt – weder Mitsprache- noch Stimmrechte.

Das Beschriebene ist eine von vielen denkbaren Ausgestaltungen des Genussrechts, die sehr einer stillen Beteiligung ähnelt, dies sogar so sehr, dass es in Grenzfällen zu Umqualifizierungen (zum Beispiel aus steuerlicher Sicht) kommen kann. Der einzige prägende Unterschied zwischen diesen beiden Finanzierungsformen ist, dass bei einer stillen Beteiligung eine Zweckgemeinschaft vorliegt, bei Genussrechten hingegen nicht. Da in den jeweiligen Vereinbarungen jedoch manchmal nicht ausdrücklich auf das Vorliegen oder Nicht-Vorliegen einer Zweckgemeinschaft Bezug genommen wird, wäre also gegebenenfalls eine Interpretation des Willens der Kapitalgeber erforderlich, um zu klären, um welches Instrument es sich hier gerade handelt. An dieser Stelle wird noch einmal klar, wie nahe sich verschiedene Finanzierungsinstrumente stehen können.

5.3.4 Partiarische (Nachrang-)Darlehen

Ein Crowdinvesting ließe sich über verschiedene Finanzierungsvehikel umsetzen, ohne dass Investoren oder (Start-up-)Unternehmen einen Unterschied feststellen würden. Dennoch griff der Gesetzgeber zwei (beliebige) Vehikel heraus, um diese zu privilegieren: das partiarische Darlehen und das Nachrangdarlehen. Beide Arten des Darlehens können von den per Kleinanlegerschutzgesetz festgeschriebenen Erleichterungen – insbesondere hinsichtlich des Entfallens der Prospektpflicht – profitieren. Daher dominieren diese beiden rechtlichen Vehikel das Crowdinvesting hierzulande zurzeit. Genau genommen stehen die zugehörigen Regelungen im Vermögensanlagengesetz (VermAnlG). Beim Crowdinvesting werden die beiden „freigegebenen" Finanzierungsformen sogar in erster Linie kombiniert eingesetzt, nämlich als sogenannte partiarische Nachrangdarlehen. Beide Darlehensarten werden also sehr häufig miteinander vermischt.

Von einem partiarischen Darlehen ist die Rede, wenn ein Kredit keine feste Verzinsung hat, sondern mit einer Erfolgsbeteiligung kombiniert wird. Das klingt sehr nach Genussrecht und die Unterschiede sind in der Tat gering. Wie Abbildung 16 zu entnehmen ist, besteht der einzige zwingende Unterschied zwischen Genussrecht und partiarischem Darlehen in der Verlustbeteiligung, die beim Genussrecht üblich und beim partiarischen Darlehen definitiv nicht gegeben ist. Jedoch: Genussrechte können auch ohne Verlustbeteiligung sein. Genau an dieser Stelle werden die Grenzen zwischen partiarischem Darlehen und Genussrecht fließend.

Die Erfolgsbeteiligung kann beim partiarischen Darlehen in verschiedener Weise vereinbart werden. Üblich sind Gewinn- oder Umsatzbeteiligungen. Aber auch andere Formen der Erfolgsbeteiligung sind denkbar, so etwa die Beteiligung an einem zuvor definierten Deckungsbeitrag. Da die Ermittlung von Gewinn und Umsatz handelsrechtlichen Regelungen unterliegt und der Rechnungslegung des Unternehmens entnommen werden kann, eignen sich diese Größen recht gut, um als Bezugsgröße für die Erfolgsmessung bei partiarischen Darlehen zu dienen. Beim Deckungsbeitrag ist dies anders, da dieser keine in der externen Rechnungslegung vorzufindende Größe ist. Es müsste hier konkret vertraglich festgelegt werden, wie der Deckungsbeitrag definiert sein soll.

Partiarische Darlehen haben gegenüber den Finanzierungsformen, die bei einem Crowdinvesting anfangs vorrangig praktiziert wurden, einen wesentlichen Vorteil: Sie lösen auch dann keine Prospektpflicht im Sinne des Vermögensanlagengesetzes aus, wenn die Finanzierungssumme 100.000 Euro überschreitet, wie dies bei allen anderen bisher dargelegten Finanzierungsformen mit Ausnahme des Nachrangdarlehens der Fall ist. Es ist jedoch darauf zu achten, die partiarischen Darlehen so auszugestalten, dass keine Bankenerlaubnis im Sinne des § 32 KWG erforderlich wird. Ansonsten würde ein enorm (!) hoher Aufwand entstehen. Die Bankenerlaubnis kann vermieden werden, wenn das partiarische Darlehen entweder mit einem qualifizierten Nachrang oder mit einer banküblichen Besicherung ausgestattet wird.[78] Eine Besicherung ist im Falle des Crowdinvestings oft nicht wirklich praktikabel. So verfügen Start-up-Unternehmen in den seltensten Fällen über Vermögenswerte, die einer Besicherung dienen könnten. Daher wird hier in aller Regel ein sogenannter „qualifizierter Nachrang“ vereinbart, um nicht in das Kreditrecht abzurutschen. Bei manchen Immobilienprojekten käme allerdings eine bankübliche Besicherung in Betracht (die Immobilie könnte als Sicherheit genutzt werden). Da sich die jeweiligen Sicherheiten jedoch auf zahlreiche Investoren aufteilen müssten, wäre das Handling sehr schwierig. Wenn die Besicherung dennoch realisierbar wäre, ließe sich die Notwendigkeit ausschalten, einen qualifizierten Nachrang vereinbaren zu müssen, um der Prospektpflicht zu entgehen.

78 Vgl. www.bafin.de/SharedDocs/Veroeffentlichungen/DE/Merkblatt/mb_140311_tatbe stand_einlagengeschaeft.html (Zugriff 15.1.2017) unter Punkt III „Bestellung einer Sicherheit, die geeignet ist, den Tatbestand des Einlagengeschäfts auszuschließen“.

Was bedeutet dieser Nachrang genau? Ein Nachrang ist gegeben, wenn der Darlehensgeber (in unserem Fall also der Crowdinvestor) im Insolvenzfall des Darlehensnehmers hinter alle anderen Gläubiger zurücktritt, das heißt, erst dann Geld zurückerhält, wenn die übrigen Fremdgläubiger befriedigt wurden. Um aus dem Bankenrecht draußen zu bleiben, reicht nach Auffassung der BaFin allerdings eine einfache Nachrangabrede nicht aus. Der Nachrang beziehungsweise Rangrücktritt muss besonders streng formuliert sein. Hinzutreten muss genau genommen folgende Vereinbarung:[79] *„Die Geltendmachung des Anspruchs auf Rückzahlung wird so lange und so weit ausgeschlossen, wie die Rückzahlung einen Grund für die Eröffnung des Insolvenzverfahrens herbeiführt.“* Eine derartige Verstärkung des Nachrangs wird mit dem Begriff „qualifiziert“ umschrieben. Dabei ist ausdrücklich sowohl die Nachrangigkeit des Anspruchs auf Zinszahlungen und Erfolgsbeteiligungen festzulegen als auch die der Tilgungszahlungen. Crowdinvesting-Plattformen, die mit einem partiarischen Darlehen arbeiten möchten, könnten sicherheitshalber eine Abstimmung mit der BaFin vornehmen, um eine spätere unerwartete Umqualifizierung – mit entsprechend unangenehmen Folgen – zu vermeiden. Genussrechte und atypische stille Beteiligungen sind hingegen auch ohne die Verabredung eines qualifizierten Nachrangs ziemlich sicher davor, als bankenrechtliches Einlagengeschäft eingestuft zu werden.[80]

Nachteilig im Sinne eines Crowdinvestings ist an einem „herkömmlichen“ partiarischen Darlehen zunächst, dass zwar am Ende der Laufzeit ein Rückzahlungsanspruch besteht, jedoch keine Beteiligung am Wertzuwachs. Das gilt zumindest für die „Reinform“ dieses Darlehens. Es besteht jedoch ein Gestaltungsspielraum. Vereinbaren lässt sich zum Beispiel eine Sonderzahlung am Laufzeitende, beim Crowdinvesting dann typischerweise als „Bonuszins bei Exit oder Kündigung“ tituliert. Das partiarische Darlehen würde mit einem sogenannten Non-Equity-Kicker ausgestattet, also einer an der Wertsteigerung des Unternehmens orientierten Sonderzahlung zum Ausstiegszeitpunkt des Crowdinvestors. Genau diese Modifikation braucht das Crowdinvesting, um eine gute Anreizstruktur für den Investor zu schaffen. Vielfach sind derartige Kicker in den Verträgen zwischen den (Start-up-)Unternehmen und den Crowdinvestoren enthalten, zur Freude der Crowd.

79 Vgl. ebenda unter Punkt 5 dritter Ansatz.

80 Vgl. ebenda unter Punkt 5 cc) „Stille Gesellschaften; Genussrechte“.

Seedmatch formuliert die auf das Crowdinvesting spezifisch ausgerichtete Gestaltung des partiarischen Darlehens so:[81]

> *„Das Renditepotenzial eines Investments bei Seedmatch setzt sich gemäß den partiarischen Darlehensverträgen aus mehreren Bausteinen zusammen. Die Musik spielt im Wesentlichen bei den sogenannten Bonuszinsen im Exit- oder Kündigungsfall. Zusätzlich zu diesen beiden sich gegenseitig ausschließenden, einmaligen Bonuszinsen gibt es noch einen gewinnabhängigen, jährlichen Bonuszins, wie ihn bspw. die Start-ups Ledora und erdbär an ihre Investoren ausgezahlt haben, sowie einen jährlichen Festzins von 1 Prozent, die aber beide in der Gesamtbetrachtung des Renditepotenzials nicht sonderlich ins Gewicht fallen – beim Investieren in Start-ups wird die wesentliche Rendite in der Regel erst am Ende der Beteiligung, also durch Exit oder Kündigung, erzielt.“*

Mit Exit-Ereignis ist bei Seedmatch ein Verkauf gemeint.

Ein kurzes Zwischenfazit: Die Darlegungen zum partiarischen Darlehen lassen deutlich werden, dass die Hintergründe eines Crowdinvestings durchaus an einigen Stellen äußerst komplex sind, wenngleich weder die Investoren noch die Start-ups in der Regel mit dieser Komplexität behelligt werden. Sie können von den vordergründig einfachen Strukturen profitieren. Hinter der schlichten Fassade befindet sich allerdings oftmals ein recht ausgetüfteltes Räderwerk, wenn die jeweilige Plattform auf Zack ist. Die Strukturierung eines Crowdinvestings und der Aufbau einer Crowdinvesting-Plattform sind absolut nichts für Anfänger. Hut ab von meiner Seite aus für das, was die meisten Plattformen leisten. Und: Die Lerneffekte, die Flexibilität und die Weiterentwicklungen einiger Portale sind sehr ausgeprägt, die Reaktionszeiten kurz. Vereinzelt gibt es auch Plattformen, die ein wenig träge reagieren, lange an einem einmal installierten Modell festhalten, das sich nicht allzu sehr bewährt hat, und die letztlich nur langsam vom Fleck kommen. Eine für das Crowdinvesting – unabhängig von den gerade geschilderten Vehikeln – interessante Strukturierung kommt jetzt: die indirekte Beteiligung.

81 http://blog.seedmatch.de/2013/03/28/exitbeteiligung-wie-sie-als-crowdinvestor-langfristig-am-erfolg-eines-Start-ups-partizipieren/ (Zugriff 15.1.2017).

5.4 Indirekte Beteiligungen

Die häufigste Form der Beteiligung beim Crowdinvesting entsteht direkt zwischen den einzelnen Crowdinvestoren und den (Start-up-)Unternehmen. Die Plattform vermittelt in diesem Fällen nur:

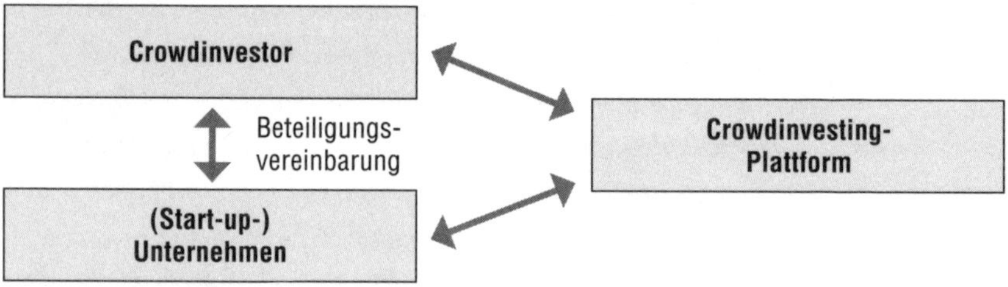

Es geht aber auch indirekt, indem eine Zwischengesellschaft (SPV) genutzt wird, um die Anteile der Crowdinvestoren zunächst zu bündeln (zum Beispiel bei Innovestment):

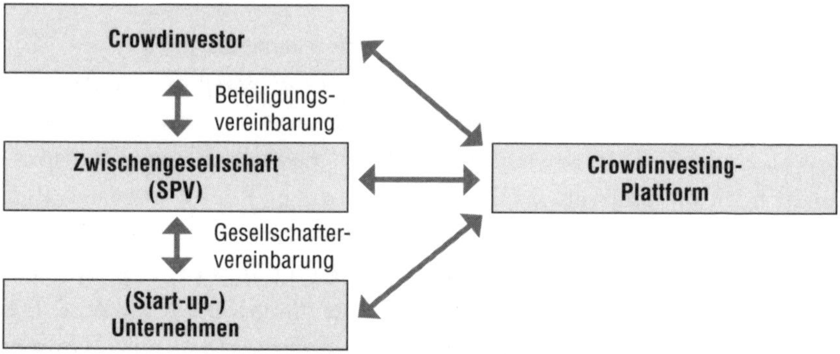

Zwar vermittelt die Plattform hier ebenfalls, schaltet aber eine eigens für diesen Zweck errichtete Gesellschaft zwischen, an der sich die Crowdinvestoren in der Regel per partiarischem Nachrangdarlehen beteiligen. Die Zwischengesellschaft beteiligt sich dann wiederum an dem jeweiligen (Start-up-)Unternehmen.

Eine dem Crowdinvesting nahekommende Form des Investments plante seinerzeit die FoundingCrowd GmbH mit Sitz in Berlin. Der Investor sollte sich dabei an der FoundingCrowd GmbH beteiligen können, die wiederum in diverse Start-up-Unternehmen investieren wollte.[82] Anders als beim echten Crowdinvesting hätte der Mikroinvestor bei dieser Plattform allerdings keine

82 Vgl. auch http://crowd-investment.de/foundingcrowd/ (letzter Zugriff 15.1.2017).

Möglichkeit gehabt, sich selbst die Projekte auszusuchen. Vielmehr wäre er gemeinsam mit anderen Investoren zu 63 Prozent in Form einer atypischen stillen Beteiligung an der FoundingCrowd GmbH beteiligt gewesen, so der Plan. Der Investor hätte die von FoundingCrowd ausgewählten Projekte alle nehmen müssen und quasi in einen Fonds investiert, der das Geld der Mikroinvestoren nach eigenem Gutdünken in Start-ups investiert. Das geht aber nicht mal einfach so, denn FoundingCrowd wäre mit diesem Modell in das komplizierte „Fondsrecht" hineingeraten.[83] Genau genommen handelt es sich hierbei um das Kapitalanlagegesetzbuch (KAGB). Wahrscheinlich ist aus dem geplanten und angekündigten Konzept deshalb nichts geworden. Aufgrund der starken Regulierung von Fonds gibt es in Deutschland bislang ein solches Modell bezogen auf das Crowdinvesting noch nicht.

Die inzwischen nicht mehr aktive Plattform Fundsters regelte das Crowdinvesting in der Weise, dass die Crowdinvestoren an der Fundsters AG eine typische stille Beteiligung erhielten, während die AG mit dem vom Investor gewünschten Start-up über eine atypische stille Beteiligung verbunden wurde. Der Mikroinvestor war und ist bei den dort noch laufenden Projekten also nur indirekt mit dem von ihm ausgewählten Start-up verbunden, ohne aus dieser Konstellation jedoch Nachteile zu haben. Klar, rechtlich ist die Konstruktion etwas anders, aber vertraglich wird der Mikroinvestor im Grunde so gestellt, als wäre er direkt an dem Start-up beteiligt. Vom Ergebnis her „merkt" der Investor im Prinzip nicht, dass er kein direkt Beteiligter ist. Natürlich wurde das gesamte Konstrukt von Fundsters offengelegt und genau beschrieben. Der Investor sollte also (bestens) informiert sein.

Die Risikolage ist bei den indirekten Beteiligungsmodellen allerdings nicht die Gleiche wie bei einer direkten Beteiligung. Hält der Crowdinvestor nämlich direkte Anteile an einem Unternehmen, dann gibt es keine Zwischengesellschaft (SPV), die womöglich absterben könnte. Ist er – wie bei der indirekten Beteiligung – jedoch an einer Zwischengesellschaft beteiligt und über diese nur auf Umwegen an „seinem" Unternehmen, dann bleibt er auf das Weiterleben der Zwischengesellschaft angewiesen.

Die Plattform Companisto nutzte eine solche indirekte Form der Beteiligung der Investoren an den Projektunternehmen zeitweise ebenfalls. Die

83 Vgl. dazu auch www.bafin.de/DE/Aufsicht/FinTech/Crowdfunding/Crowdinvesting/crowdinvesting_node.html (Zugriff 15.1.2016) unter der Überschrift „Wann ist die Plattform erlaubnispflichtig gemäß KAGB?".

Kapitalgeber erhielten eine stille Beteiligung an der Betreibergesellschaft der Plattform, der Companisto GmbH, mit der das Recht verbunden war, am Erfolg des ausgewählten Start-ups zu partizipieren. Companisto hatte damit – wie Fundsters – zunächst zahlreiche an der eigenen GmbH beteiligte Mikroinvestoren, die an ihr still beteiligt waren. Companisto schloss seinerseits jeweils einen Vertrag über eine stille Beteiligung mit jedem einzelnen (Start-up-)Unternehmen ab. Anders als bei FoundingCrowd konnte sich aber der Crowdinvestor bei Companisto aussuchen, an welchen Start-ups er (indirekt) beteiligt sein wollte. Die Crowdinvestoren standen also nur mittelbar – über den Umweg der Companisto GmbH – mit dem Start-up in Verbindung. Dieses Modell hat Companisto – vermutlich der Einfachheit halber – fallen lassen und sich der Direktbeteiligung per partiarischem Nachrangdarlehen zugewandt.

Die niederländische Plattform Symbid ließ ihr Crowdinvesting wohl als erstes Portal über eine ebensolche indirekte Struktur der Erfolgsbeteiligung laufen und verfügt somit schon über längere Erfahrungen damit. Keine schlechte Sache für den Crowdinvestor aus folgendem Blickwinkel: Er muss sich im Falle von Problemen nicht mit den Start-up-Unternehmen auseinandersetzen. Das übernimmt zwangsläufig die Plattform, da sie schließlich direkt an den Start-ups beteiligt ist. Wenn der Mikroinvestor hingegen vertraglich direkt mit dem gefundeten Unternehmen verbunden ist, dann kann er nur hoffen, dass sich „seine“ Plattform um Problemlagen kümmert oder (vertraglich festgelegt) kümmern muss und auch eine entsprechende Durchgriffsmöglichkeit hat.

5.5 Folgefinanzierungen und Verwässerungsproblematik

Wenn ein Crowdinvesting gestartet wird, sollte auch an die Zeit nach dem unmittelbaren Funding gedacht werden. Für viele Start-ups werden später weitere Finanzierungen nötig oder sinnvoll sein. Konkret: Im Vorfeld eines Crowdinvestings sollten etwaige Folgefinanzierungen mit eingeplant werden und es sollte darauf geachtet werden, die Beteiligungsverträge dazu passend zu gestalten. Aus den frühen Erfahrungen der ersten ein bis zwei Jahre, die teils mit größeren Schwierigkeiten hinsichtlich von Anschlussfinanzierungen behaftet waren, hat die Branche gelernt. Ich selbst habe die Brisanz des Themas Anschluss- beziehungsweise Folgefinanzierungen zunächst unterschätzt und dem in den ersten Buchauflagen – rückwirkend betrachtet – zu wenig Raum gegeben.

Zunächst die Eckpunkte:

1. Eine ganze Reihe der nach einem erfolgreichen Funding gescheiterten Start-ups begründete ihr Ende mit ausgebliebenen Folgefinanzierungen.
2. Es wurde und wird immer wieder berichtet, dass Business Angels und andere potenzielle spätere Kapitalgeber die Crowdinvesting-Start-ups meiden, weil sie der „Hühnerhaufen" Crowd stört oder besser gesagt, dass für das eigene Hinzukommen – ausgelöst durch das vorherige Crowdinvesting – keine zufriedenstellende Ausgangslage vorhanden sei.
3. Wenn später neue Investoren hinzukommen, müssen die Altinvestoren (Erfolgs-)Anteile abgeben: Es kommt zu einer Verwässerung der Altanteile. Die Altinvestoren (unter anderem aus der Crowd) haben dann einen kleineren Anteil an einem größeren Kuchen. Aus Sicht der Altinvestoren stellt sich die Frage, ob die Sache fair geregelt wurde.

Zu 1: Die Verweise auf ausgebliebene Folgefinanzierungen mögen in einigen Fällen Schutzbehauptungen gewesen sein, denn damit kann ja jemandem anderes die Hauptschuld zugewiesen werden, der „völlig unberechtigterweise seine Finanzierungszusage nicht eingehalten hat". Dennoch wird es zum Teil wirklich so gewesen sein, dass die Rahmenbedingungen für Folgefinanzierungen von vornherein hätten besser gewesen sein können.

Wenn ich selbst in Crowdinvesting-Projekte investiere, achte ich darauf, dass das zugehörige Start-up sein Geschäft mit dem von der Crowd erlangten Geld bereits aufbauen kann und nicht von späteren Entscheidungen anderer Finanziers (die absagen könnten) abhängig ist. Klar, die Absagen kommen meist nur dann, wenn es nicht läuft, manchmal aber auch aus anderen Gründen. Als Alternative akzeptiere ich: Die Folgefinanzierung ist fest und rechtssicher zugesagt oder ich habe als Crowdinvestor ein Rücktrittsrecht (oder etwas Vergleichbares) für den Fall, dass die Folgefinanzierung ausbleibt. Momentan läuft bei uns das Funding für ein Projekt (3R Systems), in dessen Beteiligungsvertrag mit den Crowdinvestoren eine entsprechende Klausel eingebaut wurde, da das Projekt im hohen Maße von Folgefinanzierungen abhängig ist. Sie wurde aber nicht als Rücktrittsrecht, sondern als auflösende Vertragsbedingung formuliert. Die Crowdinvestoren erhalten dabei ihren Einsatz ungekürzt zurück, wenn die Folgefinanzierung in einem fest definierten (nicht allzu langen) Zeitraum ausbleibt. Die Lösung wurde gewählt, weil die Folgefinanzierer erst einmal eine gute Kapitalbasis sehen möchten, die über die Crowd kommen soll, um selbst (reichlich) Kapital beizusteuern. Der Geschäftsaufbau beginnt hier nicht sofort nach dem Crowdinvesting, sondern erst wenn die Folgefinanzierungen unter Dach und Fach sind. Das Geld der Crowd bleibt also zur Erfüllung einer etwaigen Rückzahlungspflicht zunächst unangetastet.

Zu 2: Worüber regt sich manch ein potenzieller Anschlussfinanzierer beim Crowdinvesting auf? Die Ansprüche, welche die Mikroinvestoren gegenüber dem crowdfinanzierten Unternehmen haben, werden von Käufern des Unternehmens manchmal als Belastung angesehen. Natürlich entstehen aus jeder Art der Finanzierung Belastungen, auch aus Krediten. Die Besonderheit bei der Crowd ist eben, dass sie eine Crowd ist und die Ablösung der Crowdfinanzierung einen ganzen Haufen an Personen betrifft. Nicht selten sind es mehrere Hundert. Bei einem Bankkredit hat man nur ein Gegenüber und bei „normalen" Unternehmenseigentümern zumeist etwa zwei bis fünf Personen. Business Angels oder andere potenzielle Anschlussfinanzierer oder Übernehmer werden sich gegebenenfalls über die durch das Crowdinvesting entstandene spezielle Ausgangssituation mokieren. Das wissen die Crowdinvesting-Plattformen und die meisten von ihnen gestalten die Verträge entsprechend schlau. Es werden Pooling-Vereinbarungen in die Verträge geschrieben, die bei Zustandekommen einer Mehrheit von ausstiegswilligen Crowdinvestoren ein einheitliches Handeln garantieren. Wenn sich eine Mehrheit ergibt (die auch oberhalb von 50 Prozent festgesetzt werden kann), dann müssen die übrigen Crowdinvestoren „zwangsweise" mit aussteigen. Anders wird es aber in der Regel nicht funktionieren, ein einheitliches Handeln zu sichern. Über eine Pooling-Klausel kann ein komplett gleich gerichtetes Handeln erzeugt werden, womit die Chancen steigen, einen lukrativen Verkauf beziehungsweise eine gute Anschlussfinanzierung zu erhalten.

Zu 3: Nimmt das (Start-up-)Unternehmen später neue Investoren hinzu, dann werden diese natürlich ebenfalls am Unternehmen beteiligt und der prozentuale (Erfolgs-)Anteil der bisherigen Crowdinvestoren sinkt. Man spricht hier auch von Verwässerung der Anteile. Die Folge ist: Der Gewinnanteil der Mikroinvestoren wird prozentual geringer und der Umfang ihrer Beteiligung beim Exit ebenfalls.

Zunächst ist zu sagen, dass die beim Hinzutreten neuer Investoren stattfindende Kapitalerhöhung den Unternehmenswert erhöht, denn über die Kapitalerhöhung fließen dem Unternehmen weitere finanzielle Mittel zu, wodurch sich die Liquidität des Unternehmens verbessert. Natürlich ist das Unternehmen mehr wert, wenn es über zusätzliches Geld verfügt. Das Geld ist erstens da und hat seinen Wert und kann zweitens gewinnbringend genutzt werden, indem das Unternehmen zum Beispiel Investitionen tätigt, die das Geschäft sichtbar verbessern. Durch die Verringerung ihres Anteils verlieren die Altinvestoren nicht automatisch.[84] Das Prinzip: Sie erhalten weniger von einem größeren Kuchen. Der Wert kann sogar durch die neue Kapitalmaßnahme überproportional steigen, wenn vom Unternehmen klug investiert wird. Dadurch kann es durchaus dazu kommen, dass die Vergrößerung des Kuchens dem Crowdinvestor mehr Plus bringt als die Verkleinerung seines Anteils als Minus.

Für denjenigen, der dennoch besorgt ist: Am einfachsten wäre es, wenn die hinzukommenden Investoren den Altinvestoren, also der Crowd, deren Beteiligung abkaufen würden. Dann könnten definitiv keine Bedenken mehr bestehen, dass sich aus dem Hinzutreten neuer Investoren eventuell gewisse Nachteile ergeben könnten. Was auch ginge: Die Mikroinvestoren werden fair abgefunden und steigen aus. Erst im Anschluss daran treten die neuen Investoren ein.

Wenn schon vor Ablauf der Mindestbeteiligungsdauer und damit vor der Abfindung der Altinvestoren ein zusätzlicher Kapitalbedarf besteht, dann wäre der Ausschluss neuer Investoren gegebenenfalls unklug. Vielleicht lassen sich ja Bankkredite bekommen, wodurch Kapital zufließt, ohne dass es zu einer Verwässerung der Erfolgsbeteiligung kommt. Aber nochmals: Die Anteilsverwässerung ist im Grunde kein echtes Problem. Es werden sich für den Crowdinvestor zumeist nur geringe Veränderungen seines Gesamtbezugs ergeben und dies tendenziell eher nach oben als nach unten. Voraussetzung ist natürlich, dass die neuen Mittel halbwegs intelligent verwendet werden und nicht nur auf dem Sparbuch des Unternehmens liegen. Es kommt natürlich auch gelegentlich vor, dass die zusätzliche Kapitalspritze zu einer erheblichen Wertsteigerung führt.

Schlecht wäre es allerdings, wenn die Unternehmensbewertung bei der Hereinnahme neuer Investoren unangemessen gering wäre und sie dadurch einen zu hohen Anteil erhalten würden. Das kann aber auch nicht im Interesse der Gründer sein, denn auch sie verlieren Anteile; es sei denn, sie selbst sind die hinzukommenden Investoren und erhalten neben ihren bisherigen Anteilen zusätzlich neue (billige) Anteile.

Bitte die Planung auf spätere Kapitalerhöhungen durchsuchen und darauf achten, wie das in der Finanzplanung erfasst ist. Unzutreffend wäre die Planung

84 Vgl. dazu etwa auch Berk, J./DeMarzo, P. (2011), S. 524f.

für unsere Zwecke als Investoren, wenn die Planergebnisse inklusive der Effekte aus einer späteren Kapitalerhöhung dargestellt würden, jedoch unsere durch die Kapitalerhöhung entstehende Verwässerung planerisch unberücksichtigt bliebe.

Wie man an dieser Stelle sieht, ist das Thema Crowdinvesting nicht ganz ohne Tücken. Der Crowdinvestor kann letztlich nicht alles exakt nachverfolgen. Wie viel Zeit soll er zum Beispiel bei einem Einsatz von vielleicht 250 Euro in die Überprüfung und Kalkulation seiner möglichen Rendite stecken? Ja, er muss auf die Plattform, ihre Fähigkeiten, ihre Fairness und ihre saubere Informationspolitik vertrauen. Übrigens: Ich habe das soeben Gesagte, also den Abgleich des Businessplans mit der Verwässerungsthematik, in meinen ersten sechs Crowdinvestments als Anleger auch nicht durchgeführt, weil ich zu den jeweiligen Investitionszeitpunkten schlichtweg noch nicht an diese Problematik dachte. Mir ist das erst beim seinerzeitigen Verfassen der 2. Auflage dieses Buches aufgefallen. Manchmal stellt man eben erst dann fest, dass es noch Zusätzliches zu beachten gibt, wenn man veranlasst wird, die Dinge zu Ende zu denken.

Companisto beschreibt die Verwässerungsthematik so:[85]

> *„Wenn es bei einem Start-up im Rahmen einer Anschlussfinanzierung zu einer Kapitalerhöhung kommt, dann werden die Beteiligungen aller Gesellschafter und der Companisten verwässert. Dies bedeutet, dass wenn das Stammkapital beispielsweise um 5 Prozent erhöht wird, sich die Beteiligungsquote der Companisten entsprechend verringert.*
>
> *Eine Verwässerung ist in der Venture Capital-Branche ganz üblich. Dies betrifft jedoch nicht nur die Companisten, sondern auch die Gründer und grundsätzlich auch Business Angels und VCs. Ohne eine Verwässerung wären Anschlussfinanzierungen ansonsten auch nicht möglich. Schon allein aus Eigeninteresse der Gründer (die Gründer betrifft eine Verwässerung ja am stärksten) werden die Gründer die Verwässerung jedoch so gering wie möglich halten. Grundsätzlich sind Anschlussfinanzierungen – und damit verbunden Kapitalerhöhungen – aber sehr zu begrüßen, denn dadurch wird der Unternehmenswert stark gesteigert. Es ist sehr viel besser ein kleineres Stück von einem großen Kuchen zu haben als ein großes Stück von einem kleinen Kuchen."*

Das ist durchaus nett und zutreffend formuliert.

85 www.companisto.com/de/glossary/verwaesserung (Zugriff: 8.1.2017).

5.6 Bilanzierung

In Deutschland ansässige Unternehmen haben grundsätzlich einen Jahresabschluss gemäß Handelsgesetzbuch (HGB) zu erstellen, der aus einer Bilanz und einer Gewinn- und Verlustrechnung besteht sowie einen Anhang zu enthalten hat. Ein Crowdinvesting kann sich in mehrfacher Hinsicht auf die Bilanzierung bei den betroffenen (Start-up-)Unternehmen auswirken. Zunächst geht es darum, in welcher Weise die von den Investoren zur Verfügung gestellten Mittel bilanziell erfasst werden. Sobald dem Unternehmen Geld von den Investoren zugeflossen ist, erhöhen sich die liquiden Mittel beziehungsweise das Bankguthaben auf der Aktivseite der Bilanz. Wie die Erfassung des Finanzierungsvorgangs auf der Passivseite zu erfolgen hat, ist unter Umständen nicht so leicht abzuleiten. Konkret geht es darum, ob die jeweilige Finanzierung dem Eigen- oder dem Fremdkapital des Unternehmens zuzuordnen ist oder keinem von beiden. Folgender Aufstellung kann entnommen werden, welche Fälle eindeutig sind und welche Fälle von der Detailkonstruktion des jeweiligen Finanzierungsinstruments abhängen. Die Betrachtung bezieht sich nur auf die nationale Bilanzierung gemäß HGB.

Erfassung:	typische stille Beteiligung	atypische stille Beteiligung	Genussrecht	Partiarisches Darlehen	GmbH-Anteil oder Aktie
immer als Eigenkapital					X
immer als Fremdkapital	X			**X***	
je nach Gestaltung als Eigen- oder als Fremdkapital		X	X		

* Grundsätzlich ist ein partiarisches Darlehen im Fremdkapital zu bilanzieren. Je nach Ausgestaltung kommt aber gegebenenfalls doch eine Bilanzierung im Eigenkapital in Betracht, wenn das Darlehen zum Beispiel mit einem qualifizierten Nachrang versehen wird und die Verzinsung gleichzeitig sehr stark ergebnisabhängig gestellt wird (was beides im Crowdinvesting üblich ist); steuerlich ist von einer Einordnung im Fremdkapital auszugehen.

Abb. 17: Erfassung von Finanzierungsinstrumenten als Eigen- oder Fremdkapital[86]

Bei GmbH-Anteilen und Aktien ist der Fall eindeutig: Es handelt sich bilanziell immer und ausnahmslos um Eigenkapital. Aufgrund der Gläubigerstellung

86 Vgl. unter anderem auch Brokamp, J./Ernst, D./Hollasch, K./Lehmann, G./Weigel, K. (2008), S. 124ff.

bei der typischen stillen Beteiligung und der fehlenden Verlustbeteiligung bei partiarischen Darlehen kommt bei diesen Instrumenten trotz gewisser eigenkapitalähnlicher Eigenschaften „eigentlich“ nur ein Ausweis im Fremdkapital in Betracht. Die übrigen in Abbildung 17 aufgeführten Finanzierungsinstrumente sind manchmal dem Eigen- und manchmal dem Fremdkapital zuzuordnen, abhängig bisweilen nur von Details in der vertraglichen Gestaltung. Stille Beteiligungen, Genussrechte und partiarische Darlehen, aber auch einige ähnlich gestaltete Finanzierungsinstrumente werden Mezzanine-Kapital genannt. Es hat sich bislang keine einheitliche Meinung herausgebildet, ob Mezzanine-Kapital bilanziell tatsächlich zwingend entweder dem Eigen- oder dem Fremdkapital zugerechnet werden muss oder alternativ dazu in einen gesonderten Posten eingestellt werden kann, der zwischen dem Eigen- und Fremdkapital steht. Der Ausweis im Rahmen eines Sonderpostens könnte etwa so aussehen:[87]

Passiva
A. Eigenkapital ***B. Equity Mezzanine*** ***C. Debt Mezzanine*** D. Fremdkapital

Abb. 18: Mögliche Erfassung von Mezzanine-Kapital auf der Passivseite der Bilanz

Sehen wir uns die Bilanzierungspraxis an: In der Bilanz der Drägerwerk AG & Co. KGaA auf den 31.12.2011 tauchten Genussscheine an zwei Stellen auf der Passivseite auf:

Passiva
Gezeichnetes Kapital Kapitalrücklage Gewinnrücklagen Bilanzgewinn ***Genussscheinkapital (Serie D)*** **Eigenkapital**
Rückstellungen für Pensionen und ähnliche Verpflichtungen Sonstige Rückstellungen **Rückstellungen**
Genussscheinkapital (Serien A+K) Verbindlichkeiten gegenüber Kreditinstituten Verbindlichkeiten aus Lieferungen und Leistungen Übrige Verbindlichkeiten **Verbindlichkeiten**
Summe Passiva

Abb. 19: Auszug aus der Bilanzgliederung der Drägerwerk AG & Co. KGaA auf den 31.12.2011

87 Vgl. ebenda, S. 2.

Bei Drägerwerk gibt oder gab es ganz offensichtlich unterschiedliche Arten von Genussscheinen, wobei die der Serie D als Eigenkapital und die der Serien A und K als Fremdkapital eingestuft wurden. Ausschüttungen auf Genussscheine der Serien A und K bei Dräger sind als Zinsaufwand zu erfassen, weil die entsprechenden Genussscheine als Verbindlichkeiten gelten. Die Dividenden auf die Genüsse der Serie D wurden in der Gewinn- und Verlustrechnung bei Dräger in einer gesonderten Position gezeigt, die nach dem Steueraufwand und vor dem Jahresüberschuss/-fehlbetrag steht und als „Ausschüttung auf das Genussscheinkapital" ausgewiesen wurde. Die dazu passende GuV von Dräger sieht auszugsweise so aus:

Gewinn- und Verlustrechnung der Drägerwerk AG & Co. KGaA vom 1.1. – 31.12.2011
Sonstige betriebliche Erträge Personalaufwand Abschreibungen ... Zinsergebnis ***(inkl. Ausschüttungen auf Genussscheine der Serien A+K)***
Ergebnis der gewöhnlichen Geschäftstätigkeit
Außerordentliche Erträge Außerordentliche Aufwendungen
Außerordentliches Ergebnis
Steuern vom Einkommen und Ertrag Sonstige Steuern
Ergebnis vor Ausschüttung auf das Genussrechtskapital
Ausschüttung auf das Genussrechtskapital (Serie D)
Jahresüberschuss
Gewinnvortrag
Bilanzgewinn

Abb. 20: Auszug aus der Gewinn- und Verlustrechnung des Geschäftsjahres 2011 der Drägerwerk AG & Co. KGaA

Ob die hybriden Finanzierungsinstrumente nun im konkreten Fall als Eigen- oder als Fremdkapital in der Bilanz auszuweisen sind, ist mitunter fallabhängig. Wie das Beispiel Drägerwerk eindrücklich anhand der dort zu bilanzierenden Genussscheine zeigt, hängt die Bilanzierung nicht vom Namen des Instruments ab, sondern vielmehr von seiner ganz konkreten Ausgestaltung. Um hier zu einer sachgerechten Entscheidung zu gelangen, ist ein Kriterienkatalog abzuarbeiten, der im Zusammenhang mit der

Problematik der zutreffenden Bilanzierung von Genussscheinen vom Institut der Wirtschaftsprüfer (IDW) entwickelt wurde und sich auf andere hybride Finanzierungsformen übertragen lässt. Normalerweise werden Genussscheine als Fremdkapital bilanziert. Aber was ist schon normal? Wenn die Genussscheine im konkreten Fall so ausgestaltet sind, dass sie nachfolgende Kriterien erfüllen, dann müssen sie bilanziell dem Eigenkapital zugerechnet werden:[88]

(1) Erfolgsabhängigkeit der Vergütung,
(2) Verlustbeteiligung (bis zur Höhe des eingesetzten Kapitals),
(3) Langfristigkeit der Kapitalüberlassung und
(4) Nachrangigkeit.

Die gleichen Kriterien lassen sich heranziehen, um zu bestimmen, ob die weiteren Mezzanine-Finanzierungen (zum Beispiel partiarische Nachrangdarlehen) in der Bilanz dem Eigen- oder dem Fremdkapital zugeschlagen werden. Alle vier aufgeführten Kriterien müssen den Vorstellungen des IDW zufolge kumulativ erfüllt sein, um eine Bilanzierung im Eigenkapital folgen zu lassen. Sobald eines der genannten Kriterien nicht erfüllt ist, hat grundsätzlich eine Bilanzierung im Fremdkapital stattzufinden, dies vorbehaltlich der Überlegung, eigens einen Sonderposten zu bilden, der sich zwischen dem Eigen- und dem Fremdkapital befindet.

5.7 Steuerliche Aspekte

Bei der einstmals am häufigsten praktizierten Form des Crowdinvestings, der atypischen stillen Beteiligung, gilt der Investor grundsätzlich als Mitunternehmer im Sinne des § 15 Einkommensteuergesetz (EStG), da er am Vermögen der Gesellschaft beteiligt ist und über umfangreichere Kontrollrechte verfügt. Folgerichtig fallen beim Gesellschafter (also beim Mikroinvestor) Einkünfte aus Gewerbebetrieb an und ihm werden die Gewinnanteile aus der stillen Beteiligung zugerechnet. Liegt eine typische stille Beteiligung vor, dann sind die Gewinnanteile steuerlich hingegen den

88 Vgl. Institut der Wirtschaftsprüfer (1994), Stellungnahme HFA 1/1994, S. 420.

Einkünften aus Kapitalvermögen zuzuordnen. Einkünfte aus Kapitalvermögen und Einkünfte aus Gewerbebetrieb werden steuerlich unterschiedlich erfasst und weisen zum Beispiel voneinander abweichende Freibeträge auf. Die jeweilige Zuordnung einer atypischen stillen und einer typischen stillen Beteiligung im Hinblick auf die steuerlichen Einkunftsarten hat nicht ganz unerhebliche Folgewirkungen. Während Einkünfte aus Kapitalvermögen grundsätzlich einer 25-prozentigen Abgeltungsteuer unterliegen, ist bei den Einkünften aus Gewerbebetrieb der individuelle Einkommensteuertarif des Investors maßgebend, der je nach persönlicher Situation derzeit zwischen 14 Prozent (Eingangssteuersatz) und 45 Prozent (Spitzensteuersatz) liegt. Wenn der Crowdinvestor auf seine Einkünfte aus Kapitalvermögen Abgeltungsteuer zu entrichtet hat, jedoch einem Einkommensteuertarif unterhalb von 25 Prozent unterliegt, dann kann er den geringeren Tarif auf Antrag geltend machen (§ 32d Abs. 6 EStG). Mit anderen Worten: Steuerpflichtige, die einen Einkommensteuertarif haben, der höher ist als 25 Prozent, profitieren davon, wenn es sich um Einkünfte aus Kapitalvermögen handelt, denn ihnen werden nur die geringeren 25 Prozent abgezogen. Lägen hingegen Einkünfte aus Gewerbebetrieb vor, dann müssten diese mit dem höheren Einkommensteuersatz belastet werden. Zu beachten ist noch, dass in beiden Fällen, also bei Einkünften aus Kapitalvermögen und aus Gewerbebetrieb, zusätzlich Solidaritätszuschlag und gegebenenfalls Kirchensteuer erhoben werden.

Zieht der Investor Früchte aus einem Genussrecht, dann liegen – wie im Falle einer typischen stillen Beteiligung – in der Regel Einkünfte aus Kapitalvermögen vor. Gleiches gilt in der Regel für partiarische Darlehen. Letztlich bedeutet das für den Investor, dass sein Erfolgsanteil bei typischen stillen Beteiligungen, Genussrechten (je nach Ausgestaltung) und partiarischen Darlehen grundsätzlich einer pauschalen Abgeltungsteuer in Höhe von 25 Prozent unterliegt sowie einem darauf erhobenen Solidaritätszuschlag in Höhe von 5,5 Prozent zuzüglich gegebenenfalls Kirchensteuer. Die Gesamtbelastung beträgt im Falle der Abgeltungsteuer 26,375 Prozent, wenn keine Kirchensteuer zu entrichten ist.[89] Sie liegt bei 27,82 Prozent, wenn der Kirchensteuersatz acht Prozent auf die Einkommensteuer beträgt (in Baden-Württemberg und Bayern), und bei rund 28,0 Prozent, wenn

89 Vgl. auch Gebhardt unter anderem (2015), S. 32.

der Kirchensteuersatz bei neun Prozent liegt (in den übrigen Bundesländern). Übrigens: Die Crowdinvesting-Plattform wird die Abführung der Kapitalertragsteuer normalerweise organisieren und dann auch die Erstellung einer entsprechenden Steuerbescheinigung arrangieren, die der Anleger erhält. Einzutragen hat der Investor das in der Anlage KAP zu seiner Einkommensteuererklärung, vorausgesetzt, er überschreitet den Sparerpauschbetrag.

Bei einer atypischen stillen Beteiligung hingegen liegt eine Mitunternehmerschaft seitens des Investors vor und er hat für die entsprechenden Einkünfte Einkommensteuer gemäß seinem persönlichen Steuertarif (Bandbreite: 14 Prozent bis 45 Prozent) zuzüglich Solidaritätszuschlag und gegebenenfalls Kirchensteuer zu zahlen. Hier müsste der Investor die Anlage G (Zeilen 8-11) zu seiner Einkommensteuererklärung nehmen, um die Erträge dort einzutragen.

Eine GmbH unterliegt der Gewerbesteuer und kann anders als eine Personengesellschaft keinen Gewerbesteuerfreibetrag beanspruchen. Das ändert sich durch das Hinzukommen eines atypisch still Beteiligten. Der GmbH & atypisch Still steht wie einer Personengesellschaft der gewerbesteuerliche Freibetrag von 24.500 Euro zu. Der atypisch still Beteiligte löst also tatsächlich einen Gewerbesteuervorteil für die GmbH aus und verbessert dadurch die Gewinnsituation für sich. Oberhalb des Freibetrags fällt dann natürlich Gewerbesteuer an. Steuern sind oftmals sehr kompliziert und so hat diese Angelegenheit hier noch nicht ihr Ende. Das Einkommensteuergesetz (EStG) sieht unter anderem für den Fall einer atypischen stillen Beteiligung, die oberhalb des Freibetrags Gewerbesteuer auslöst, gemäß § 35 EStG eine Anrechnung auf die Einkommensteuer vor, sodass die aus der Gewerbesteuer zunächst entstandene Belastung auf Ebene des Mikroinvestors wiederum schwindet. Für die Anrechnung müsste in der Anlage G irgendwo noch ein Eintrag erfolgen. Wo genau, konnte ich aus den unklaren Angaben im Steuerformular nicht entnehmen. Welch ein Dschungel!

Hier folgt eine Übersicht der steuerlichen Auswirkungen verschiedener für das Crowdinvesting relevanter Gestaltungen auf Ebene des Investors:

Steuer	typische stille Beteiligung	atypische stille Beteiligung	Genussrecht	Partiarisches Darlehen	GmbH-Anteil oder Aktie
Gewerbesteuer	nein	ja, wenn Freibetrag überschritten*	in der Regel nein (abhängig von Einstufung)	nein	nein
Abgeltungsteuer (25%)*	ja	nein	in der Regel ja (abhängig von Einstufung)	ja	ja
Einkommensteuer**	wahlweise statt Abgeltungsteuer	ja (ermäßigt um etwaig angefallene Gewerbesteuer)	in der Regel nein (abhängig von Einstufung); wahlweise statt Abgeltungsteuer (falls relevant)	wahlweise statt Abgeltungsteuer	wahlweise statt Abgeltungsteuer

* Die Gewerbesteuer ist hier allerdings in der Gesamtsicht keine Zusatzbelastung, denn bei den anderen Finanzierungsformen trägt die Gesellschaft die gesamte Gewerbesteuer, was den Gewinnanteil der Beteiligten vorab schon mindert. Durch den Freibetrag ergibt sich in der Regel sogar ein Steuervorteil der atypischen stillen Beteiligung gegenüber den anderen Fällen.

** Abgeltung- und Einkommensteuer sind jeweils immer zuzüglich Solidaritätszuschlag und gegebenenfalls zuzüglich Kirchensteuer zu verstehen.

Abb. 21: Steuerliche Aspekte verschiedener Finanzierungsformen im Überblick

Festhalten lässt sich bereits an dieser Stelle, dass die steuerlichen Folgen der jeweiligen Art des Investments zwar nachvollziehbar sind, dies aber eher für Steuerberater als für typische Crowdinvestoren. Um die steuerliche Problematik noch auf die Spitze zu treiben, sei das Augenmerk auf Folgendes gerichtet: Die vertragliche Gestaltung der hybriden Finanzierungsformen ist bekanntermaßen ja durchaus disponibel, wovon im Zuge eines Crowdinvestings reichlich Gebrauch gemacht wird. Das kann durchaus zu steuerlichen Risiken führen. Je nach Ausgestaltung der stillen Beteiligungen oder der Genussrechte können sich für den Investor gegebenenfalls ungewollte steuerliche Einstufungen ergeben. Der Investor wird sich bestimmt über jedweden steuerlichen Hinweis der jeweiligen Plattform freuen, der ihm in seiner Situation nutzbringend ist. Ansonsten helfen nur eigene Recherchen oder der Steuerberater. Der typische Crowdinvestor wird das Thema Steuern bei der Entscheidungsfindung über das Investment vermutlich ignorieren, da der

Aufwand für die Nachverfolgung der Thematik zu groß ist. Ihn holt die Sache allerdings spätestens dann ein, wenn er Rückflüsse aus dem Investment erhält und seine Einkommensteuererklärung zu erstellen hat. Mir sind übrigens in meiner Situation die mit einer 25-prozentigen Abgeltungsteuer belegten Einkünfte aus Kapitalvermögen im Zweifel lieber.

Verluste aus den beim Crowdinvesting zumeist genutzten partiarischen Nachrangdarlehen lassen sich steuerlich natürlich unter den Einkünften aus Kapitalvermögen absetzen. Benötigt wird dazu ein Nachweis über den Verlust für das Finanzamt (zum Beispiel über ein „Leerausgehen“ bei einer Insolvenz).

6. KAPITEL

Chancen und Risiken eines Crowdinvestings

6.1 Chancen eines Crowdinvestings

Eine ganz wesentliche Chance des Crowdinvestings liegt darin, dass zahlreiche crowdgefundete Unternehmen happy sind, genügend Geld für den Aufbau ihres Vorhabens zu erhalten. Weit über 400 Unternehmen sind es in Deutschland inzwischen (bis Anfang 2017), die vom Crowdinvesting profitieren konnten. Natürlich wird nicht wenigen davon auch der durch die Crowdinvesting-Kampagne erzeugte Marketingeffekt geholfen haben. Eine zusätzliche Chance für Unternehmen ist auch eine zusätzliche Chance für die volkswirtschaftliche Entwicklung inklusive des Entstehens neuer Arbeitsplätze. Und: Anlegern wird über das Crowdinvesting eine chancenreiche und sinnstiftende Möglichkeit geboten, ihr Geld anzulegen.

Das Crowdinvesting ist besonders in der aktuellen Niedrigzinsphase eine willkommene Anlagealternative, bietet aber auch ganz generell attraktive Chancen. Wo besteht schon die Möglichkeit, daran teilzuhaben, wenn der Kuchen richtig größer wird? Start-ups bieten oft enorme Wachstumschancen. Ja, es sind Chancen. Soll man sie einfach vorbeiziehen lassen? Es gibt keine Garantie dafür, dass der Kuchen in jedem Einzelfall größer wird, er kann sogar komplett verschwinden und der Investor verliert seinen Einsatz. In Summe bringen Start-ups aber einen beträchtlichen Zuwachs. Ohne Start-ups kommt eine Volkswirtschaft, die prosperieren will, nicht aus. Uns geht es in Deutschland unter anderem deshalb so gut, weil zahlreiche Start-up-Unternehmen nachkommen und nach einiger Zeit das überkompensieren, was anderweitig wegfällt (zum Beispiel bei Großkonzernen). Wenn man sich nun an vielen Start-ups beteiligt, dann ist es extrem unwahrscheinlich, gleich überall Verluste zu schreiben. Das Crowdinvesting bietet eben die Möglichkeit, am Aufbau und am Wachstum der Wirtschaft in der ersten Reihe mitzumachen und davon zu profitieren.

Zum Vergleich: Nehmen wir uns eine Aktie aus dem DAX 30 heraus und sehen uns die Entwicklung über drei Jahre an: BASF. Zum Startpunkt (am 13.9.2013) ging es bei 69,71 Euro los, es lief auf und ab und drei Jahre danach (am 13.9.2016) lag die Aktie bei 71,59 Euro. Welche Wertsteigerung! Fast nichts. Zwischenzeitlich gab es Dividenden (zwischen 3,5 und 4,1 Prozent). Zieht man nun seine Gebühren für den An- und Verkauf und für das Depot ab, dann wird man wahrscheinlich nicht einmal eine Nullrunde gedreht haben. Welche großen Wertsteigerungen soll es auch schon bei DAX-30-Unternehmen geben? Deren prozentual größte Wertsteigerungsphasen liegen in der Regel weit in der Vergangenheit, als sie noch lange nicht an der Börse waren. Als Anleger hätte man in einer solchen Frühphase dabei sein sollen. Aber wie? Das wäre mit höchster Wahrscheinlichkeit nur mit viel Geld und mit (zufälligen) persönlichen Kontakten möglich gewesen. Über das Crowdinvesting hat jedermann die Chance, ganz früh in Unternehmen einzusteigen, die später womöglich groß herauskommen.

Sollte das Crowdinvesting aus irgendwelchen Gründen nun aber überdurchschnittlich viele schlechte Start-ups auf sich ziehen, dann hätte man mit Zitronen gehandelt. Das Gegenteil zeichnet sich derzeit jedoch ab. Die Crowdinvesting-Start-ups liegen zumindest in einem Punkt aktuell besser als normale Start-ups, nämlich wenn auf die Versagensquote der per Crowdinvesting finanzierten Neulinge – gemessen an Insolvenzen – geschaut wird. Diese liegt bei den crowdfinanzierten Start-ups (Stand: Anfang 2017) bei knappen 15 Prozent und damit unterhalb der entsprechenden Quote für alle Start-ups, deren Scheiternsquote etwa 50 Prozent innerhalb von vier Jahren betragen wird.[90] Die relativ gute Lage mag unter anderem daran hängen, dass Crowdinvesting-Plattformen als Gatekeeper fungieren und sich im Regelfall nach Kräften bemühen, eine gute Auswahl zu treffen, um keine Flops zu produzieren.

---

90 Vgl. www.statisticbrain.com/Start-up-failure-by-industry/ (Zugriff: 15.1.2017).

6.2 Erfolgsstorys

Das Crowdinvesting ist noch jung. Entsprechend gibt es bisher nur wenige Crowdinvesting-Projekte, die ihre Mindestlaufzeit erreicht haben und bei denen die Crowdinvestoren kündigen konnten. Eine Kündigung ist Voraussetzung für die Rückzahlung des Kapitaleinsatzes an den Crowdinvestor plus Auszahlung eines „Bonuszinses nach Kündigung", wenn das Projekt erfolgreich genug ist. Da der Bonuszins eine ganz wesentliche Erfolgskomponente für die meisten Projekte sein wird oder kann, fehlt also weithin noch ein wichtiger Baustein, um den Gesamterfolg der weitaus meisten Projekte zu beurteilen. Eine zweite zentrale Erfolgsquelle kann der Exit per Verkauf des Unternehmens sein, an dem die Crowdinvestoren beteiligt sind. Es kann allerdings nur eines geben: entweder den Bonuszins nach Kündigung oder den Bonuszins nach einem Verkauf. Jährliche Erfolgsbeteiligungen und/oder Mindestverzinsungen gab es schon bei einer ganzen Reihe von Projekten, diese führen allerdings nicht zu den wirklich großen Gewinnen, sondern bieten im Grunde nur eine solide Grundverzinsung. Einige der per Crowd finanzierten Unternehmen wurden vorzeitig verkauft und spülten den Mikroinvestoren teils schon recht passable Gelder in die Kassen:

Projekt	Plattform	Art der Exits	Fundingsumme	Crowdinvestoren	Rendite
Erdbär	Seedmatch	Rückkaufangebot	250 T€	277	300 %
Cashboard (ex Refined Investment)	Seedmatch	Rückkaufangebot	450 T€	340	48,5 %
Lottohelden	Seedmatch	Exit	459 T€	538	33 %
5 Cups and some sugar	Companisto	Exit	300 T€	742	45 %
Bloomy Days	Seedmatch	Rückkaufangebot	100 T€	167	30 %
LeaseRad	Seedmatch	Rückkaufangebot	320 T€	427	dreistellig
Doxter	Companisto	Exit	100 T€	423	?
Foodist	Companisto	Exit	1.470 T€	2.399	?
Companisto (Eigenfunding)	Companisto	Rückkaufangebot	100 T€	445	100 %
smarchive (jetzt GINI)	Seedmatch	Rückkaufangebot	100 T€	136	25 %

Abb. 22: Erfolgsprojekte im Crowdinvesting[91]

91 Quellen: http://www.crowdfunding.de/rendite-erfolge-Start-up-crowdinvesting/ und www.zeit.de/2015/51/crowdinvesting-risiko-rendite (Zugriff jeweils: 5.1.2017).

Zur Erläuterung von Abbildung 22: Rückkaufangebot bedeutet, dass die Gründer/Eigentümer des Projektunternehmens der Crowd ein Angebot unterbreiten, die Crowdinvesting-Erfolgsbeteiligungen vorzeitig abzulösen. Die Crowdinvestoren können entscheiden, ob sie das Angebot annehmen. Die Erdbär-Crowdinvestoren konnten von einem solchen Rückkaufangebot profitieren. Sie erhielten für jeden 250-Euro-Anteil 1.000 Euro zurück. Vorher gab es schon einen gewinnabhängigen Bonuszins. Das ist bei etwas mehr als drei Jahren Laufzeit ein echter Erfolg für die zugehörige Crowd und bislang der größte zu vermeldende Triumph (Stand: Anfang 2017) im Crowdinvesting. Dennoch: Hier kann erst ansatzweise schon von einem Durchstarter die Rede sein. Die erste sensationelle Erfolgsstory lässt noch auf sich warten. So etwas braucht seine Zeit. LeaseRad nennt sich inzwischen JobRad und ist zurzeit der zweitgrößte Crowdinvesting-Erfolg.

Für das Crowdinvesting scheint es zunächst noch nicht so gut auszusehen, wenn man den 57 Versagensprojekten vergleichsweise wenige echte Erfolge gegenüberstellt. Die ungünstige Relation zwischen Insolvenzen und Erfolgsstorys hat schon zu Negativbeiträgen in der Presse geführt. Dabei wurde verkannt, was (fast) jeder Business Angel weiß, nämlich dass die Verluste zuerst kommen und dann zeitverzögert erst die echten Erfolge. Bei Start-ups liegt es in der Natur der Sache, dass nicht wenige davon über die Wupper gehen und davon die meisten innerhalb der ersten drei Jahre. Der Aufbau eines erfolgreichen Geschäfts fällt nicht vom Himmel. Zumeist ist dies harte Arbeit, die sich über mehrere oder sogar viele Jahre erstreckt. Bis zum Erreichen der Gewinnzone dauert es für viele der überlebenden Start-ups oft erst einmal drei oder vier Jahre. Manche sind schneller, manche langsamer und manchen gelingt es nie, die Gewinnschwelle zu überspringen. Wenn jemand nun zum Beispiel nach drei Jahren einen Strich zieht und rechnet, dann wird er einer Reihe von Insolvenzen nur wenige echte Erfolgsfälle gegenüberstellen können. Ein unfairer Vergleich. Man kann davon ausgehen, dass die statistische Schieflage frühestens zehn Jahre nach dem Start des Crowdinvesting-Themas halbwegs herausgewachsen ist. Die Zeitverschiebung zwischen anfänglichem Verlust und späterem Erfolg muss sich erst über zahlreiche erfasste und auch angeschlossene Projekte hinweg nivellieren. In der jetzigen noch relativ frühen Phase des Crowdinvestings bleibt uns zunächst nur, sich jedes Projekt von Beginn bis zum Exit vorzunehmen und daraus Rückschlüsse zu ziehen.

Natürlich gibt es schon Zwischenstände, aber es ist schwierig, an aktuelle Daten zu gelangen, da die Ergebnisse in der Regel nur den in den Projekten steckenden Crowdinvestoren übermittelt werden und diese zur Verschwiegenheit verpflichtet sind. Ich darf also auch nichts über meine Crowdinvesting-Investments sagen. Dennoch hier ein erfreuliches Beispiel, über das mich Coskun Tuna von Seeding Alliance (ex Rankseller) informierte: Bei dem über die Plattform Seedmatch Anfang 2012 gefundeten Start-up Rankseller (heute: Seeding Alliance) handelt es sich um einen Online-Marktplatz, der zunächst Blogger mit Unternehmen verband und inzwischen als Pionier für Native Advertising (authentische Platzierung von werblichen Inhalten) gilt. Bereits im ersten Jahr (2012) erzielte das seinerzeit noch Rankseller heißende junge Unternehmen einen erfreulichen hohen Umsatz, den die meisten crowdfinanzierten Start-ups in so kurzer Zeit nicht erreichen. Ausgehend von dieser schon recht guten Basis konnte der Umsatz innerhalb von vier Jahren fast verfünfzehnfacht werden. Dem Umsatzwachstum folgte zeitverschoben im Jahr 2016 dann auch ein enormer Ergebnissprung. Seeding Alliance könnte einer der echten Durchstarter im Crowdinvesting werden.

Erst Ende 2021 werden genügend viele Projekte ihre Mindestlaufzeiten erreicht haben, um erste valide Rückschlüsse ziehen zu können, wie gut das Crowdinvesting hinsichtlich der Erfolgsgeschichten abschneiden kann. Man muss dabei bedenken, dass die Companisto-Projekte in der Regel Mindestlaufzeiten von acht Jahren aufweisen und diese wichtige Plattform zudem nicht von Beginn des Crowdinvestings an in Deutschland dabei war.

6.3 Risikobegriff und Verlust des Kapitaleinsatzes

Umgangssprachlich wird unter Risiko gemeinhin verstanden, dass die spätere Realität von einem zuvor gewünschten oder erwarteten Ergebnis negativ abweichen kann. Für die Risikoeinschätzung sind dabei zwei Faktoren von Relevanz: zum einen die Eintrittswahrscheinlichkeit des negativen Falles und zum anderen sein Ausmaß. Je höher die Wahrscheinlichkeit für eine negative Abweichung ist und je größer der denkbare Schaden, umso höher wird das Risiko eingestuft.

Anders als in der Umgangssprache wird der Risikobegriff in der Wissenschaft nicht selten umfassender definiert, etwa so:

Risiko ist die mögliche Abweichung vom Ziel- beziehungsweise vom Erwartungswert.

Bei einer solchen Beschreibung wird also eine Abweichung in beide Richtungen betrachtet. Es fließt hier demzufolge nicht nur eine negative, sondern auch eine positive Abweichung von der erwarteten Situation mit in den Risikobegriff ein, also sowohl eine Verlustgefahr als auch eine Gewinnchance. Über die Chancen eines Crowdinvestings wurde zuvor schon einiges berichtet. Nachfolgend wird gezielt auf Verlustsituationen und ihre möglichen Ursachen eingegangen, die unter dem Stichwort „Risiken eines Crowdinvestings" zusammengefasst werden. Es wird also im Grunde ein umgangssprachlicher Risikobegriff genutzt, um die nun folgenden Inhalte zu beschreiben. Das Thema Risiko soll dabei aus drei verschiedenen Perspektiven beleuchtet werden: des Investors, des Unternehmers und des Plattformbetreibers.

Bevor das geschieht, betrachten wir den Investor aus Richtung einer weit gefassten Risikoperspektive und stellen uns die Frage, ob der Crowdinvestor eine risikofreudige Person ist, was zunächst anzunehmen wäre. Folgende Situation sei gegeben: Eine Person ist gewillt, 1.000 Euro zu investieren, und hat die Wahl zwischen zwei Anlagealternativen. Die erste Möglichkeit besteht darin, dass sie mit einer Wahrscheinlichkeit von 100 Prozent nach einem Jahr 1.100 Euro zurückerhält. Die zweite Möglichkeit ist, dass sie nach einem Jahr mit je 50-prozentiger Wahrscheinlichkeit entweder 2.200 Euro oder 0 Euro zurückbekommt. Wenn dem Investor beide Alternativen gleich gut erscheinen, dann gilt er als risikoneutral, denn der Erwartungswert liegt in beiden Situationen gleichermaßen bei 1.100 Euro. Wählt er Variante 1, also das sichere Geld, dann ist er risikoscheu. Entscheidet er sich für Variante 2, dann wird er als risikofreudig bezeichnet, denn er zieht bei gleichem statistischen Ergebnis die Variante mit dem größten Verlustrisiko vor (Rückfluss 0 Euro), die gleichzeitig aber auch die größere Chance in sich birgt (Rückfluss 2.200 Euro).

Bei einem Crowdinvesting ist die Streuung der möglichen Ergebnisse relativ hoch. Daher wird das Crowdinvesting eher risikofreudige Investoren ansprechen. Oder ist die Sicht so nicht zutreffend? Es müsste sich eine sichere Geldanlage als Vergleich ergeben, die den gleichen Erwartungswert bei geringerer Spreizung der möglichen Ergebnisse hergibt. Momentan sind die sicheren Anlagen aber derart mies verzinst, dass fast alles besser ist als diese. Nun gut, das ist aber womöglich ein zeitlich begrenztes Problem. Zurück zur Risikoneigung des Investors.

Die soeben getätigte Einstufung ist ein wenig tückisch, denn die Risikoeinstellung des Investors wird auch maßgeblich von der Höhe des eingesetzten Betrags abhängen. Mit anderen Worten: Setzt der Investor wenig Geld ein (zum Beispiel nur zehn Euro), dann wird er weitaus eher zu risikofreudigem Verhalten neigen (Beispiel: Lotto), setzt er hingegen viel Geld ein (also zum Beispiel 50.000 Euro), dann wird er wahrscheinlich risikoscheu agieren. Es ist also recht unwahrscheinlich, dass Personen grundsätzlich risikofreudig oder grundsätzlich risikoscheu sind. Die Risikoeinstellung wird situationsbezogen variieren. Aufgrund der oftmals geringen Einstiegsbeträge ermöglicht ein Crowdinvesting vermutlich, die Risikofreudigkeit von Personen zu begünstigen, und genau das wird für Start-ups gebraucht! Nicht konservative Banken sind hier gefragt, sondern risikofreudige Geldgeber, die Chancen suchen.

In etwa ab dem Jahr 2018 wird sich nach und nach zeigen, ob sich die Geschäftsrisiken der bislang über ein Crowdinvesting gefundeten Unternehmen eher in positiver oder eher in negativer Weise realisiert haben werden, denn inzwischen sind weit über 400 Projekte im Umlauf. Ende 2014 erreichten erste wenige Projekte ihre Mindestlaufzeit und die zugehörigen Investoren konnten aussteigen. Natürlich wurde und wird auch zwischenzeitlich für die Anleger bereits sichtbar, wie sich ihr Investment entwickelt(e), denn sie werden schließlich über ihr Start-up auf dem Laufenden gehalten, oftmals anhand von Quartalszahlen. Wir hatten allerdings festgestellt, dass der Ausstiegszeitpunkt für den Erfolg des Investors die zentrale Zielmarke ist. Dort wird abgerechnet und letztlich transparent, ob die Angelegenheit ein Erfolg war oder nicht. Misserfolge können sich darin äußern, dass ein Teil- oder Totalverlust des eingesetzten Geldes eintritt. Manch ein Kapitalgeber wird jedoch auch schon die Situation als nicht erfolgreich bezeichnen, dass er nur sein Geld zurückerhält und sein eingesetztes Kapital unverzinst blieb.

Wir befassen uns nunmehr aber vornehmlich mit der möglichen extremen Schattenseite des Investments, nämlich einem Gesamtverlust des hingegebenen Kapitals. Vorausgeschickt sei, dass der Mikroinvestor je nach Vertragsgestaltung auch mehr verlieren könnte als seinen Kapitaleinsatz. Denkbar wäre eine Vereinbarung des Geldgebers mit dem von ihm mitfinanzierten Start-up-Unternehmen, die eine Verlustbeteiligung festschreibt, welche über das eingesetzte Kapital hinausgeht, also etwa eine Nachschlusspflicht im Falle von Verlusten. Eine derartige Vereinbarung konnte ich jedoch bislang bei den von mir analysierten Plattformen und Projekten nicht auffinden. Möglich wäre so etwas theoretisch dennoch und der Investor sollte die Vertragsdokumente auf eine etwaige Nachschusspflicht hin durchsehen oder den Angaben dazu auf der Plattform-Website vertrauen. Wir gehen nunmehr vom Regelfall aus, nämlich dass der Verlust auf das eingesetzte Kapital begrenzt bleibt.

Das Risiko für die Geldgeber, die sich im Zuge eines Crowdinvestings engagieren, ließe sich aus zwei Gründen als relativ hoch einstufen. Zum einen sind junge Unternehmen ohnehin risikobehaftet und haben (naturgemäß) eine statistisch höhere Ausfallquote als bereits am Markt befindliche etablierte Unternehmen. Zum anderen könnte daran gedacht werden, dass die Anonymität des Internets vielleicht manch eine Person eher dazu einladen mag, unseriöse (Projekt-)Angebote zu unterbreiten, als wenn es sich um eine Face-to-Face-Kommunikation und/oder um ein rechtlich stärker strukturiertes und kontrolliertes Verfahren handelt. Zu vermuten ist allerdings, dass die Misserfolge im Regelfall eher auf ein (ungewolltes) geschäftliches Versagen zurückzuführen sind und weitaus seltener auf kriminelle Energie. Hier stellt sich die Frage, ob strengere gesetzliche Maßregelungen hermüssen, um die Seriosität zu erhöhen. Der Bankenbereich ist ein eindrückliches Beispiel dafür, wie wenig gesetzliche Maßregelungen nutzen. Trotz der enormen Regulierung häufen sich dort die Problemfälle.

Gesetzliche Auflagen führen – ganz nebenbei – zu einer Gängelung der ganz großen Mehrheit der seriösen Wirtschaftsteilnehmer. Die Erfüllung von Auflagen – oder den Plattformbetreibern auferlegte Kontrollen – erhöht die Kosten der jeweiligen Finanzierungsform und kann deshalb ein Crowdinvesting sogar unwirtschaftlich werden lassen. Meines Erachtens sollte es im Wesentlichen schon ausreichen, dass der mögliche Investitionsbetrag (testweise) gering gewählt werden und somit das Risiko für den Geldgeber vom Ausmaß her begrenzt bleiben kann. Natürlich muss auch auf die Risiken hingewiesen werden, keine Frage.

Eine empirische Untersuchung von Heckmann[92] kommt zu dem Ergebnis, dass nur jedes vierte neu gegründete Unternehmen überlebt, wobei er

92 Vgl. Heckmann, M. (2009), S. 179.

sich auf den Zeitraum von 1997 bis 2006 bezieht. Nicht klar ist allerdings, ob zum Beispiel folgender Fall angemessen in der Statistik über Betriebsschließungen erfasst ist: Ein Unternehmen wird zunächst als Gesellschaft bürgerlichen Rechts (GbR) gegründet und die Gründer beschließen, daraus eine GmbH werden zu lassen. Da die Umwandlung einer GbR in eine GmbH nicht möglich ist, bleibt nur die Übertragung des Betriebs aus der GbR in die GmbH, wobei anschließend in der Regel eine Auflösung der GbR erfolgt. Aus Sicht der Statistik wird an dieser Stelle dann vermutlich ein Unternehmen als geschlossen gelten (die GbR), obgleich dies wirtschaftlich gesehen nicht der Fall ist, denn das ehemalige Geschäft der GbR lebt an anderer Stelle, nämlich in der GmbH, weiter. Ein Versagen liegt nicht vor. Wie viele solcher beziehungsweise vergleichbarer Fälle unbereinigt in der Statistik stehen, bleibt offen. Es kann außerdem durchaus sein, dass ein Gründer eine andere, bessere Beschäftigung gefunden hat und deshalb seinen Betrieb wieder schließt. Aus der empirischen Untersuchung von Heckmann lässt sich letztlich nicht ersehen, wie viele planmäßige Schließungen in der Statistik enthalten sind und so das Ergebnis drastischer erscheinen lassen, als es tatsächlich ist.

Es gibt weitere stichhaltige Argumente, die dafür sprechen, dass die statistisch ermittelte Schließungsquote in Höhe von rund 75 Prozent zu hoch gegriffen ist, dies nun auch speziell bezogen auf ein Crowdinvesting: Bei einem Crowdinvesting ist aufgrund der vertraglichen Verpflichtungen gegenüber den Mikroinvestoren mit freiwilligen Schließungen eher nicht zu rechnen. Und: Heckmann fand auch heraus, dass die Überlebenswahrscheinlichkeit derjenigen Start-ups größer ist, die ein höheres Startkapital aufweisen.[93] Bei den anhand eines Crowdinvestings finanzierten Start-ups ist durchaus davon auszugehen, dass sie im Durchschnitt besser „durchfinanziert“ sind als andere Start-ups. Das würde für eine bessere Überlebenschance der crowdfinanzierten Unternehmen im Vergleich zu den übrigen Start-ups sprechen. Weiter: Die aus einem Crowdinvesting stammenden Start-ups haben schon einen Selektionsmechanismus durchlaufen und auch das spricht für eine tendenziell erhöhte Überlebensquote dieser jungen Unternehmen. Die meisten Crowdinvesting-Plattformen sind sehr genau bei der Auswahl der auf ihre Plattform zu setzenden Start-ups und sorgen nicht nur dafür, dass der gröbste

93 Vgl. ebenda, S. 129.

Unfug fernbleibt, sondern sind darüber hinaus auch sehr bemüht, nur die besten Projekte anzunehmen. Crowdinvesting-Plattformen stehen ständig im Blickpunkt der Crowd und wissen, dass ihr Erfolg untrennbar mit einer geringen Verlustquote verbunden ist. Gespräche mit Verantwortlichen von Crowdinvesting-Plattformen ergaben, dass dort die Besorgnis äußerst groß ist, zu viele scheiternde Projekte zu haben.

Denn: Das Erreichen der Funding-Schwelle ist ein Indiz dafür, dass eine ganze Reihe von Investoren das Geschäftsmodell des Start-up-Unternehmens für tragfähig hält, sonst wären sie nicht bereit, Geld beizusteuern. Zudem kann das neue crowdfinanzierte Unternehmen damit rechnen, zahlreiche Unterstützer für das eigene Projekt zu haben, denn die Mikroinvestoren werden sicherlich versuchen, ihr Unternehmen nach ihren Möglichkeiten zu fördern. Das sind Voraussetzungen, die nicht jedes „normale" Start-up-Unternehmen hat.

Fragt sich nun aber auch, warum die Ausfallquote im Bereich des Crowdinvestings mit bislang knapp 15 Prozent offenbar geringer ist als bei Investments von Business Angels und Venture-Capital-Gebern. Zu den Gründen dafür gibt es zwar Vermutungen, aber noch keine stichhaltigen Beweise. Venture-Capital-Geber können sich eher einen Patzer oder mehrere erlauben, wenn nur der eine oder andere große Durchbruch an anderer Stelle gelingt. Beim Crowdinvesting steht jedes Einzelinvestment viel stärker für sich und muss für sich allein erfolgreich sein, ohne dabei in einer bei VCs üblichen „Mischkalkulation" versteckt werden zu können. Das prägt das Handeln.

Summa summarum: Ich gehe davon aus, dass die mittels eines Crowdinvestings finanzierten Unternehmen eine signifikant geringere Ausfallquote aufweisen werden als der Durchschnitt der sonstigen neu gegründeten Unternehmen. Trotz aller positiven Argumente muss meines Erachtens damit gerechnet werden, dass vermutlich höchstens zwei Drittel der crowdfinanzierten Unternehmen langfristig überleben werden.

Den Crowdinvestor interessiert aber nicht unbedingt die Gesamtlebensdauer „seines" Start-ups, sondern nur das Überleben in seinem Beteiligungszeitraum. Ein Verenden des Unternehmens nach seinem Ausstieg kratzt ihn gegebenenfalls wenig. Ich schätze, dass die Unternehmenssterblichkeit beim Crowdinvesting innerhalb des Mindestzeitraums (zumeist fünf bis acht Jahre) für die Beteiligung in einer Größenordnung von 20 Prozent bis 25 Prozent anlangen könnte. Wie gesagt: Brauchbare Statistiken kann es dazu noch nicht geben, denn das Thema ist noch zu jung und die Übertragung von Werten aus (vordergründig) vergleichbar erscheinenden Fällen droht zu stark zu hinken.

Fakt ist: Da das Crowdinvesting neu ist und die ersten Mindestlaufzeiten für die Beteiligungen der Kapitalgeber beginnend mit dem Schluss des Jahres 2014 erst nach und nach enden, kann zum jetzigen Zeitpunkt noch keine seriöse Aussage über die Ausfallwahrscheinlichkeit getätigt werden. Erst ab dem Jahr 2021 wird genug brauchbares statistisches Material vorhanden sein, um erste wirklich valide Aussagen treffen zu können. Es bleibt mit Spannung abzuwarten, wie viele über ein Crowdinvesting finanzierte Unternehmen am (geplanten) Ausstiegszeitpunkt der Mikroinvestoren noch existieren und wie viele Fälle zu Totalverlusten des eingesetzten Kapitals geführt haben werden.

6.4 Meinungen zum Thema Risiko bei Crowdinvesting

Bislang (also bis Anfang Februar 2017) liegt die Anzahl der Insolvenzen bei den crowdfinanzierten Unternehmen bei 57 (nach meinem Stand der Recherchen), dies bezogen auf eine Basis von circa 430 über ein Crowdinvesting gefundeten Projekten[94], womit sich bisher eine Ausfallquote von überraschend geringen rund 13 Prozent errechnet. Hornuf und Schmitt berichten in ihrer Veröffentlichung „Success and Failure in Equity Crowdfunding“ von einer Ausfallquote in Höhe von 15 Prozent bezogen auf Crowdinvestings in Deutschland, die von 2011 bis 2015 stattfanden.[95] Wer hätte das zu Beginn des Crowdinvestings gedacht? Nicht zuletzt aus dem Lager der Business-Angel- und der Venture-Capital-Szene kamen seinerzeit viele sehr pessimistische Einschätzungen. Nicht selten wurden Ausfallquoten von über 50 Prozent für das Crowdinvesting prognostiziert.

Ein paar Worte zu den Statistiken, die das Crowdinvesting betreffen: Es existieren zwar durchaus zentrale Erfassungen der Crowdinvesting-Projekte und -Pleiten, jedoch können diese keinen Anspruch auf Vollständigkeit oder komplette Richtigkeit erheben. Sie basieren auf freiwilligen Angaben der Crowdinvesting-Plattformen. Einige kleine Plattformen geben keine oder

94 Das ist nur eine ungefähre Größe, denn nicht alle Projekte ließen sich erfassen. Meine Hauptquelle war die Website crowdfunding.de.

95 Vgl. Hornuf, L./Schmitt, M. (2016), S. 17.

nur unvollständige Informationen zu ihren Projekten heraus. Hinsichtlich der Pleiten gibt es zwei Blogs, die ausgefallene Projekte sammeln (www.crowdfunding.de/pleiten-Start-up-crowdinvesting/ und http://crowdstreet.de/2014/01/30/liste-der-crowdfunding-problemfaellen/). Die dortigen Angaben dürften ziemlich aktuell und vollständig sein, denn findige Leute aus der Crowdinvesting-Szene finden und melden immer ganz schnell die Ausfälle. Ganz sicher kam man sich dennoch nicht sein, dass dort alle Insolvenzen erfasst sind.

Die größten Verluste löste das über die Plattform Seedmatch arrangierte einstige Vorzeigeprojekt Protonet mit einem Fundingvolumen in Höhe von 3,2 Millionen Euro aus, die über 2.046 Crowdinvestoren zuflossen. Danach folgen die über Companisto gefundeten Projekte Freygeist mit 1,5 Millionen Euro verteilt auf 1.107 Crowdinvestoren und Returbo mit versenkten 1,1 Millionen Euro von 1.382 Anlegern. Weitere Pleiten, die Seedmatch betreffen, sind die Projekte Tollabox mit 600.000 und Vibewrite mit rund 560.000 Euro. Companisto ereilte es Mitte Januar 2017 mit seinem Projekt TripRebel, bei dem 1.091 Crowdinvestoren mit in Summe 700.000 Euro betroffen sind. Ebenfalls mehr als eine halbe Million Euro blieben bei C.H. Wolf[96] (Bergfürst; knappe 582.000 Euro) und bei Twinkind (Venturate; 850.000 Euro) auf der Strecke, wovon bei letzterem Projekt allerdings ein ganz wesentlicher Teil auf einen einzelnen Lead-Investor entfiel. Und weiter: Über Wonderpots (Companisto) wurden 500.000 Euro und über FoodieSquare (Seedmatch + Companisto) in Summe rund 534.000 Euro in den Sand gesetzt.

Als eine gewisse Überraschung gilt die Insolvenz von Twinkind. Handelt es sich hier doch um ein Crowdinvesting, das von Business Angels flankiert wurde (sogenanntes Curated Crowdfunding) und daher mehr Sicherheit suggerierte als „herkömmliche“ Crowdinvestings. Ein früher Imageverlust für das Curated Crowdfunding. Sicherlich ist das aber keineswegs repräsentativ für das Curated Crowdfunding, denn von der Sache her macht die Flankierung durch Business Angels Sinn, die es ja gewohnt sind, Projekte systematisch auszuwählen, und die oft recht gute Auswahlstrategien entwickelt haben. Wie man sieht, sind Business Angels aber auch nur Menschen.

96 Ob es nun nach der Insolvenz mit C.H. Wolf noch in irgendeiner Form weitergeht, habe ich nicht nachverfolgt. Zwischenzeitlich gab es offenbar die Hoffnung auf einen Neustart aus der Insolvenz heraus. Vgl. auch www.sz-online.de/nachrichten/uhrenmarke-wolf-hofft-auf-neustart-3428548.html (Zugriff: 16.1.2016).

Zu den besonders abträglichen Ausfällen zählt das Projekt Vibewrite. Dazu später unter „Ärgerliche Projekte" mehr.

Angesichts der Quote von knapp 15 Prozent Crowdinvesting-Versagensfällen lässt sich sagen, dass sich bisher offenbar weniger Risiken realisiert haben als befürchtet. Es liegt nahe, anzunehmen, dass die Risiken tatsächlich nicht so hoch sind wie zunächst gedacht. Es ist allerdings immer noch recht früh für eine valide Einschätzung, denn viele der Start-ups gibt es noch nicht allzu lange und sie hatten insofern noch nicht genug Zeit, um endgültig zu versagen. Es wird unter den existierenden crowdfinanzierten Start-ups ganz sicher einige weitere geben, die die Gewinnzone nicht (rechtzeitig) erreichen und irgendwann aufgeben müssen, wenn das Startgeld aufgebraucht ist und weitere Finanzierungen (mangels Perspektive) ausbleiben.

Verfolgt man die bisherigen Diskussionen zu den erwarteten Ausfallrisiken beim Crowdinvesting, dann findet sich – vielleicht auch etwas Deutschland-typisch – eine Reihe warnender Stimmen. Manchmal war von Ausfallquoten von um die 50 Prozent die Rede.[97] Das hielt ich von Beginn an für völlig schwarzmalerisch. Zum Zeitpunkt des Schreibens der 1. Auflage dieses Buches war ich bezogen auf die Risikoaspekte des Crowdinvestings also keineswegs beunruhigt, allerdings dennoch ein wenig reservierter als jetzt, nachdem seither mehr als vier Jahre vergangen sind. Inzwischen konnte ich zusätzliches Wissen erlangen, neue Erfahrungen sammeln und einige wertvolle Hintergrund- und Insiderinformationen erheischen. Dies alles hat zu einer spezifisch auf das Thema Crowdinvesting zugeschnittenen Einschätzung geführt, die im Vergleich zu anderen Prognosen im ersten Moment optimistisch erscheinen mag, aber mit validen Argumenten unterlegt ist.

Die Einschätzungen von Skeptikern bezogen auf die Ausfallquoten der über ein Crowdinvesting finanzierten Unternehmen liegen extrem weit neben der bis zum heutigen Tage geltenden Realität und auch weit neben dem, was fürderhin zu erwarten ist. Warum irren die Skeptiker bislang? Wird sich das Blatt noch zum Negativen wenden und werden die Unheilspropheten letztlich doch recht behalten? Vorab: Besonders kritische Stimmen kommen natürlich immer auch aus Lagern, die das Crowdinvesting als Konkurrenz sehen oder die sich aus einer negativen Stimmungslage

97 So im Ergebnis auch: www.zeit.de/2013/17/geldanlage-crowdinvesting-start-up-unternehmen/seite-3 (Zugriff 24.1.2017), wobei sich der Autor auf eine britische Studie bezieht.

persönliche Vorteile versprechen. Das ist überall so. Daher ist es wichtig, alle Argumente zu kennen, sie zu überprüfen, anschließend abzuwägen und sich ein vernünftiges Gesamtbild zu machen.

Hier einige Splitter: Meschowski/Wilhelmi sahen in ihrem ansonsten guten Beitrag hohe Ausfallquoten im Crowdinvesting vorher. Sie gingen davon aus, dass 52 Prozent der Investitionen negative Renditen aufweisen würden.[98] Dabei bezogen sie sich auf statistisches Material aus den USA aus dem Bereich der Angel-Investoren, also der Business Angels. Die Übertragbarkeit der Ergebnisse ist aus zwei Blickwinkeln infrage zu stellen. Erstens: Hier werden Crowdinvestings mit Angel Investments gleichgesetzt. Zweitens: Die Rahmenbedingungen für Start-up-Unternehmen in den USA und in Deutschland weichen voneinander ab, sodass Statistiken aus den USA keine gute Prognosekraft für deutsche Verhältnisse aufweisen. Zwar nennen Meschowski/Wilhelmi die richtigen Ansatzpunkte für Risiken, die mit dem Crowdinvesting zusammenhängen, schätzen allerdings die Ausprägung meines Erachtens übermäßig negativ ein. Klöhn/Hornuf sehen dies teils ähnlich pessimistisch.[99] Vielleicht ist es ein Spezifikum vieler Juristen, Risiken besonders stark in den Vordergrund zu rücken. Trotz der nicht allzu gelungenen Argumentation in Bezug auf die Risikoaspekte handelt es sich sowohl bei Meschowski/Wilhelmi als auch bei Klöhn/Hornuf um Beiträge, die wertvolle Erkenntnisse zum Thema Crowdinvesting beisteuern und zum Nachdenken anregen. Wem gelingt es schon, durchgängig gut zu argumentieren?

Aus anderen Quellen kommen gelegentlich ebenfalls negative Stimmen, welche die Risiken besonders betonen. Herausgegriffen sei ein besonders unglückliches Beispiel: Daniel Bauer von der Schutzgemeinschaft der Kleinaktionäre äußerte gegenüber dem *Handelsblatt*: *„Die Investmentform gleicht mehr einem Kasino, da neun von zehn Start-ups scheitern“*[100], wobei hier das Crowdinvesting gemeint ist. So reden Interessenvertreter, denen es nur um Effekte geht, nicht aber um eine vernünftige Einschätzung.

Die Einseitigkeit mag manchmal interessengesteuert sein, hat aber nicht selten auch kognitive Ursachen. Für manche ist es schwierig oder sogar

98 Meschowski, A./Wilhelmi, F.K. (2013), S. 1412.

99 Vgl. Klöhn, L./Hornuf, L. (2012), S. 255 f. u. S. 258.

100 www.handelsblatt.com/finanzen/boerse-maerkte/anlagestrategie/crowdinvesting-weitere-insolvenzen-koennten-folgen/8733338-2.html (Zugriff: 24.1.2017).

unmöglich, die eigenen Erfahrungen und das eigene Wissen auf ganz neue Situationen zu übertragen. Das wird bei der noch sehr jungen Finanzierungsform des Crowdinvestings hin und wieder sehr deutlich. Die 1:1-Übertragung von blanken Statistiken, welche die Ausfallquoten „herkömmlicher" Start-up-Unternehmen zeigen, auf das Crowdinvesting ist aus mehreren Gründen unpassend. Dazu folgt gleich im Detail noch mehr. Zunächst aber zu den Ecken, aus denen die Risiken kommen.

6.5 Risikoklassen

Wer über Geld verfügt, der kann auf eine Unzahl von Möglichkeiten zurückgreifen, dieses zu verwenden. Wir setzen uns hier aber nur mit dem Teilausschnitt der Geldanlage auseinander.[101] Das Geld soll sich nach Möglichkeit mehren. Bleibt es auf einem unverzinsten Girokonto, so entwertet es sich – der Inflation geschuldet – im Zeitverlauf. Da die Inflationsrate derzeit gering ist, läuft die Entwertung momentan nur langsam: schleichender Wertverfall.

Angestrebt wird zumeist eine möglichst ertragreiche Geldanlage. Hohe Ertragschancen sind zumeist aber auch mit hohen Risiken verknüpft. Es gibt im Regelfall zwar eine starke Korrelation der beiden Komponenten Chance und Risiko, aber eben auch nicht mehr als das. Als Beispiel sollen sogenannte CFDs (Contracts for Difference) herhalten. Das Risiko bei dieser Anlageform ist für Privatanleger zumeist enorm, ohne dass es im Vergleich dazu eine angemessen hohe Chance gibt. Bei CFDs befinden sich die hohen Chancen nämlich nicht selten nur beim Gegenpart, also beim Konstrukteur beziehungsweise Herausgeber dieser Anlagen.

Ab und zu wird es uns aber gelingen, gute Verzinsungen mit einem geringen Verlustrisiko zu kombinieren. Nachfolgend werden allein die Risikokomponenten eingeschätzt. Eine Kategorisierung verschiedener Geldanlagen nach Risikoklassen findet sich in Abbildung 23. Hinweis: Das Risiko nimmt von der Kategorie „unsicher" zur Kategorie „extrem unsicher" teilweise sprunghaft zu, und das nicht selten, ohne dass an dieser Stelle die Chance im gleichen Maße steigt (zum Beispiel bei CFDs).

101 Vgl. Beck (2015b), S. 183ff.

konservativ		risikobehaftet		
sicher	**recht sicher**	**weniger sicher**	**unsicher**	**extrem unsicher**
Sparbuch	festverzinsliche Wertpapiere	Aktien	Aktien (Nebenwerte)	hochspekulative Anleihen
Tagesgeld	Anleihen mit guter Bonität	Aktienfonds	Aktienfonds (mit Nebenwerten)	Optionen
Termingeld	Rentenfonds Europa	Rentenfonds	Währungs-anleihen	Zertifikate
Festgeld	Geldmarktnahe Fonds	Mischfonds	**Crowdinvest. in Start-ups**	Optionsscheine
Sparbrief		Kredite		Futures
Pfandbrief		**Crowdinvest. in etablierte Unternehmen**		Differenz-kontrakte (CFDs)
Geldmarktfonds		**Crowdinvest. in Immobilien**		
Bausparvertrag				
Bundesanleihe				

Abb. 23: Anlagenformen und Risiko[102]

Je nach persönlicher Situation und je nach Risikoneigung kann beziehungsweise sollte der Anleger sich aus unterschiedlichen Risikokategorien bedienen. Wer viel Geld übrig hat, kann risikoreicher investieren als jemand, der allein auf die Absicherung seiner Altersvorsorge zielt. Das Crowdinvesting gilt gemeinhin als risikobehaftete Anlage. Aber innerhalb des Crowdinvestings kann es recht große Unterschiede geben. Die Extreme: Es gibt etablierte und sehr stabile Unternehmen und es gibt (teils besicherte) Immobilienprojekte, die geringe Risiken aufweisen und in die Kategorie „recht sicher" eingestuft werden könnten. Der andere Crowdinvesting-Extrempunkt liegt bei Projekten, bei denen das Produkt noch geschaffen werden muss und das zugehörige Unternehmen noch weit von der Markteinführung entfernt ist. Solche Projekte könnten fast schon in die Kategorie „extrem unsicher" gehören. Über das Crowdinvesting kann der Anleger im Kern aber seine Anlagen in den Kategorien „weniger sicher" und „unsicher" speisen. In ein ausgewogenes Anlageportfolio gehören neben sicheren und recht sicheren Anlageformen (diese bilden zumeist den Schwerpunkt) auch Investments, die den risikobehafteten

102 Vgl. ebenda, S. 186.

Bereichen zuzuordnen sind, wenngleich man den Sektor „extrem unsicher" getrost weglassen kann. Es ist aber immer situationsspezifisch, wie weit ein Anleger sich aus risikoreicheren Anlagenformen bedienen oder diese lieber vermeiden sollte. Wer etwa seine Altersvorsoge per Geldanlage sichern möchte, der wird besser auf der sicheren Seite bleiben. Für den, der genug Geld übrig hat, bietet sich aber durchaus eine Beimischung risiko- und chancenreicher Anlagen und somit ein Bedienen aus den entsprechenden Anlageklassen an.

6.6 Unseriöse Akteure

6.6.1 Plattformen

Beim Crowdinvesting können nicht nur die Projekte, sondern auch die Mittler, die Plattformen also, eine Risikoquelle sein. Ganz vereinfacht lässt sich denken: Die Portale könnten Geld von den Mikroinvestoren einsammeln und damit verschwinden. Freilich ginge das nicht allzu lange gut, denn (fast) nirgendwo spricht sich etwas Negatives schneller herum als im Internet. Theoretisch (und natürlich auch praktisch) könnte jemand eine Website programmieren (oder programmieren lassen), darüber ein Crowdinvesting anbieten und mit den eingesammelten Beträgen das Weite suchen. Der Aufwand, eine frequentierte Website aufzubauen, ist in aller Regel jedoch enorm hoch. Im Hinblick auf ein Crowdinvesting wäre die Anfangsinvestition meines Erachtens derart umfangreich, dass sich so etwas wohl nicht lohnen würde. Es reicht schließlich nicht aus, eine attraktive Website zu erstellen und reichlich Besucher darauf zu lenken (was schon sehr schwierig ist), es müssen auch Verträge mit und Zahlungen von den Nutzern zustande kommen. Ob es genug Leichtfertige gibt, die auf eine gefakte Website hereinfallen, ist zu bezweifeln.

Wenn einfache Produkte oder Leistungen verkauft werden, kann ein Betrüger wesentlich leichtfüßiger agieren als bei einem Thema wie dem Crowdinvesting, das einer ziemlich aufwendigen Beschreibung und Konstruktion bedarf. Dennoch: Völlig auszuschließen ist nichts. Interessanterweise konnte ich den – ansonsten manches Mal arg bedenkenträgerischen – juristischen Beiträgen zum Crowdinvesting so gut wie nichts zum Thema Betrug durch Crowdinvesting-Plattformen entnehmen. Dort geht es eher um vertragliche Ansprüche, die ein Investor gegenüber einer Plattform haben kann, beispielsweise Auskunfts-, Aufklärungs- und Rücksichtnahmepflichten. Von einem denkbaren Betrug durch die Plattformen im Sinne des Einkassierens von Geld und des Verschwindens mit ebendiesem ist nicht die Rede.[103] Nun gut, vielleicht ist ein solcher Fall auch ziemlich weit hergeholt, dennoch aber nicht komplett unmöglich.

Was ist zu tun? Man könnte auf Plattformen setzen, die schon ein wenig Historie vorzuweisen haben, also zum Beispiel schon drei Jahre oder mehr erfolgreich und ohne (massive) Kritik am Markt agieren. Für die Zukunft wäre es auch denkbar, eine Zertifizierung von Crowdinvesting-Plattformen vorzunehmen, meinetwegen auf freiwilliger Basis. So etwas gibt es auch in anderen Bereichen der Wirtschaft.

Ich konnte mich inzwischen schon an einige Plattformen gewöhnen, zumal ich einzelne der dort handelnden Personen kennen und schätzen gelernt habe. Von den wichtigsten Crowdinvesting-Plattformen turnen ständig Geschäftsführer und Mitarbeiter auf Veranstaltungen zum Crowdinvesting und -funding herum. Diese sind in der Szene bekannt und könnten sich nach einem Betrug nirgends mehr sehen lassen. Aufgrund des relativ starken Personenbezugs in der Szene eignet sich dieses Geschäft nicht allzu sehr für Betrügereien vonseiten der Plattformen. Aber woher soll jeder Investor wissen, ob die Personen der Plattformen existieren, bekannt sind und was auch immer für eine Vertrautheit hilfreich ist?

Was eher ein gewisses Problem bei Crowdinvesting-Plattformen sein könnte, wenn man schon mühsam nach dem Schlechten sucht, wäre gegebenenfalls die eine oder andere kleine oder mittlere Schummelei im Rahmen des Vermittlungsgeschäfts. Das kennt man etwa auch von Banken schon. Was fällt mir dazu bezogen auf Crowdinvesting-Plattformen (theoretisch) ein? Verdeckte Gebühren, zugesagte und dann nicht durchgeführte Überprüfungen, die Nichteinhaltung von Sicherheits- und/oder Datenschutzbelangen und solche Sachen. Warum sollte eine Plattform so vorgehen? Crowdinvesting-Plattformen haben es nicht so leicht wie zum Beispiel Banken, die kaum rechtliche Konsequenzen befürchten müssen, wenn sie unsauber arbeiten. Bei Banken sind es immer kleine Einzelfälle, die angesichts ihrer im Einzelfall sehr geringen Bedeutung im Regelfall überhaupt nicht (juristisch) verfolgt werden. Beim Crowdinvesting sieht das anders aus, denn die

103 Vgl. Meschkowski, A./Wilhelmi, F.K. (2013), S. 1411 ff. sowie Klöhn, L./Hornuf, L. (2012), S. 237 ff.

Crowdinvestoren finden sich oftmals (über Internet-Kommunikationswege) und können sich im Negativfalle besser verbünden als verstreute kleine Bankengeschädigte. Wenn Crowdinvesting-Plattformen unsauber arbeiten, wird dies in der Szene relativ schnell bekannt.

Dennoch: Was könnte das Negative sein? Um Anleger anzulocken, könnte eine Plattform vorgaukeln, dass alles gebührenfrei bleibt. Hinterher wird dem Investor dann mit Verweis auf das Kleingedruckte von den späteren Rückflüssen etwas abgezwackt. Die eine oder andere Bank lässt grüßen. Mir ist im Crowdinvesting bislang allerdings nichts von derartigen Dingen bekannt geworden und ich habe schon über mehrere Plattformen hinweg in verschiedenste Crowdinvesting-Projekte investiert sowie Kommentare und Diskussionen unter Anlegern mitverfolgt.

Wo liegt ein weiteres Risiko? Dem Anleger wird im Rahmen des Investitionsprozesses von den Plattformen in der Regel das Abhaken (und vorherige Lesen) von mindestens sechs Dokumenten abverlangt. Der Gesetzgeber lässt grüßen. Die gesetzlichen Vorgaben führen zu einem Verlust an Transparenz, weil viele Crowdinvestoren nicht all das Geforderte werden durchlesen können oder wollen. Die meisten Anleger sind daher auf eine Kurzfassung angewiesen, die von den Plattformen zu leisten ist. Viele Crowdinvestoren beschränken sich auf das Lesen der auf den Websites der Plattformen angegebenen Eckpunkte des Investments nebst der dazu gegebenen Erläuterungen. Das erfordert ein gewisses Vertrauen dahingehend, dass die jeweilige Crowdinvesting-Plattform eine saubere Kurzfassung der Rahmenbedingungen und Konditionen präsentiert. Als Ersatz für das genaue Lesen und Verstehen wird daher oftmals das Vertrauen in die Plattform dienen (müssen). Diese Konstellation könnte vielleicht zum Nachteil der Investoren ausgenutzt werden. Anzeichen für einen Vertrauensmissbrauch seitens der Crowdinvesting-Plattformen konnte ich allerdings bislang nicht finden.

6.6.2 Kapitalnehmer

Auch den Gründern beziehungsweise Unternehmern könnte man unterstellen, dass sie sich das über die Plattform eingeworbene Geld einfach unter den Nagel reißen und damit verschwinden. Tja, aber die Welt ist auch für sie klein. So leicht kommt ein Gründer nicht weg, zumal er schon bekannt ist und von Mitarbeitern der Plattform gesehen wurde. Grundsätzlich wäre so etwas jedoch denkbar und: Alles, was schiefgehen kann, geht schief, irgendwann mal an irgendeiner Stelle. Das ist im gesamten Wirtschaftsleben so. Nun fragt sich, ob das Crowdinvesting hier übermäßig anfällig ist oder sein kann. Auch jemand, der einen Bankkredit aufgenommen hat, kann sich mit dem Geld aus dem Staub machen, hat allerdings hinterher die Bank an der Hacke. Vereinzelt gab es Presseartikel, in denen unterstellt wurde, dass das Einsammeln von Geld über das Internet für (angebliche) Projekte den Böswilligen Tür und Tor öffnen würde. Die Realität ist jedoch bisher eine andere.

Im Hinblick auf das Crowdinvesting gibt es keine Anzeichen oder Argumente, die im Guten oder im Bösen hier eine Ausnahme erwarten lassen. Bisher klappt hierzulande alles recht gut und es wurde nicht bekannt, dass einer oder mehr Kapitalnehmer beim Crowdinvesting tatsächlich ein echtes betrügerisches Handeln an den Tag gelegt hätten. Zwar lief nicht alles komplett sauber ab, aber ein echter Betrug im juristischen Sinne war in Deutschland im Crowdinvesting noch nicht dabei. Woran liegt das?

Die Auswahlprozeduren der Crowdinvesting-Plattformen funktionierten bislang offenbar weitgehend gut, wenngleich es ganz vereinzelt durchaus auch kritische Projekte gab. Es werden Dokumente ausgetauscht und es finden persönliche Gespräche zwischen Kapitalnehmern und Plattformen statt. Der Auswahlprozess ist vermutlich intensiver als bei der Aufnahme eines Bankkredits, wahrscheinlich zumeist sogar wesentlich intensiver. Das reduziert Unsicherheiten und erschwert betrügerisches Handeln. Für Betrügereien sind Distanz und Anonymität wichtig. Das Crowdinvesting ist hingegen eher durch Nähe gekennzeichnet. Der Informationsaustausch zwischen Plattform und Gründer ist umfangreich und es wäre sehr schwierig und äußerst zeitaufwendig für einen Betrüger, hier ein Fantasiegebilde aufzubauen, das als Realität verkauft werden kann. Die Plattformen werden in der Regel verschiedenste Nachweise und Dokumente von den Unternehmen verlangen und sich mit den Projektinitiatoren treffen, unter anderem um diese kennenzulernen.

Das gibt natürlich im Einzelnen noch keine letzte Sicherheit, reduziert aber die Risiken. Man muss schließlich bedenken, dass die Geschäftsidee richtig gut und durchdacht sein muss. Wenn ein Betrüger so etwas könnte, bräuchte er nicht zu betrügen. Es wird einem Betrüger zumeist nicht gelingen, sich so weit in ein Thema einzuarbeiten. Wenn ihm das gelänge, würde es für ihn durchaus Sinn machen, das (Start-up-)Projekt durchzuziehen und zum erfolgreichen Unternehmer zu werden. Beim Crowdinvesting wird es nicht einfach so funktionieren, mal eben eine Story zu stricken, damit leichtgläubige Personen zu überzeugen, Geld zu kassieren und weg. Dazu sind die Plattformen, welche die Projekte auswählen, einfach nicht naiv genug, denke ich. Dennoch: Im weniger austauschintensiven Crowdfunding (i.e.S.) wurde schon über Negativfälle berichtet. Dort gab es aber international gesehen schon extrem viele Projekte. Das kann nicht überall sauber laufen. Aufgrund der Projektvielzahl im Crowdfunding – mit zumeist relativ kleinen Projekten – ist es dort für die Plattformen schwieriger, einen dem Crowdinvesting vergleichbar intensiven Informations- und Dokumentenaustausch zu arrangieren.

Konkret gab es zum Beispiel diesen offensichtlichen Betrugsversuch, der ein Projekt der weltweit größten Crowdfunding-Plattform, Kickstarter, betraf. Zitat:[104]

> *„So wurde bei rockpapershotgun.com nun ein größerer Betrugsversuch aufgedeckt. Das ‚Projekt‘ hörte auf den Namen Mythic: The Story of Gods and Men, das ist aber auch schon so ziemlich das einzige, was sich die ‚Verantwortlichen‘ selbst ausgedacht haben. Neben diversen Fotos der Büroräume der Burton Design Group, die mit der ganzen Sache nichts zu tun hat, wurden auch Fotos von Händlern für Schwerter-Repliken missbraucht. Die gesamte Beschreibung des vermeidlichen Projektes wurde gar 1:1 von The Banner Saga, ebenfalls ein Kickstarter-Projekt, übernommen.*
>
> *Die Initiatoren gaben sich als ehemalige Microsoft-, Activision- und Blizzardmitarbeiter aus, beim Spiel sollte es sich um ein ‚Action-Strategie-Rollenspiel‘ mit Open-World-Setting handeln. Dafür wollten die Verantwortlichen 80.000 Dollar haben. Das allein klingt schon sehr suspekt.*
>
> *Glücklicherweise konnte der Betrugsversuch rechtzeitig entdeckt werden, sodass nur knapp 5.000 Dollar von insgesamt 83 Unterstützern zusammenkamen. Selbst davon werden die Verantwortlichen allerdings nicht einen Cent zu Gesicht bekommen.“*

104 Zitiert aus: www.gamestar.de/news/branche/2567349/crowd_funding.html (letzter Zugriff: 16.1.2017).

Beim Crowdfunding wird gelegentlich das Problem gesehen, dass Initiatoren von Projekten zwar Geld entgegennehmen, jedoch gar nicht ernstlich bemüht sind, die versprochenen Ergebnisse zu liefern. Irgendwann erklären sie dann später, dass ihre Bemühungen nicht gefruchtet hätten und das Geld nun verbraucht sei. Dazu dies:[105]

> *„Ein Projekt, bei dem von gezieltem Missbrauch gesprochen werden kann, ist Code Hero von Primer Labs. Das Spiel sollte ein Spiel über die Entwicklung von Spielen werden und erreichte auf Kickstarter 170.000 US-Dollar – und damit weit mehr, als die ursprünglich angepeilten 100.000 US-Dollar. Am Ende standen die Spender jedoch ohne Produkt da. Code Hero kam bis heute nicht auf den Markt und Alex Peake, der Chef von Primer Labs, tauchte zunächst unter. Einige Wochen später äußerte er sich zu dem Projekt und erklärte, dass die Kosten für das Spiel massiv unterschätzt wurden und es einfach nicht finanzierbar wäre. Das Geld sei allerdings weg.*
>
> *Wiederum etwas später kündigte Peake an, ein Code Hero MMO (Multi-Mass-Online-Game), ebenfalls über Crowdfunding realisieren zu wollen. Zwischendurch gab es eine Alpha-Version des Spiels, aber auch sie ist wieder aus dem Internet verschwunden. Peake vertröstet seine Spender bis heute immer wieder und entschuldigt sich für die mangelnde Kommunikation. Mittlerweile kann man aber davon ausgehen, dass hier die Spender eindeutig und absichtlich betrogen wurden.“*

Dass so etwas beim Crowdinvesting passiert, ist vergleichsweise unwahrscheinlich, denn die Überprüfungsprozesse werden hier (tendenziell) intensiver sein, wozu auch ein eingehender Check des Projektteams zählen sollte. Natürlich werden auch die Businesspläne der Projektinitiatoren beim Crowdinvesting von Plattformenleuten in aller Regel eingehend und sachkundig überprüft. Unstimmigkeiten sollten dabei gemeinhin auffallen. Wenn etwas nicht passt (zum Beispiel die Finanzplanung), dann muss nachgearbeitet werden oder das Projekt geht nicht „auf Sendung“. Klar, irgendwann wird dabei auch mal etwas schiefgehen, denn nicht alles lässt sich vorab sehen. Dennoch: Die Anfälligkeit

105 Zitiert aus: www.tech.de/ratgeber/crowdfunding-projekte-so-schuetzt-ihr-euch-vor-betruegern-1002041.html (letzter Zugriff: 16.1.2017).

gegenüber betrügerischen Aktionen hält sich meines Erachtens im Crowdinvesting deutlich in Grenzen, zumindest wenn die Crowdinvesting-Plattformen weiterhin sorgfältig prüfen und filtern. Beim Crowdfunding sind viele Projekte hingegen so klein, dass ein eingehender Prüfprozess unwirtschaftlich und damit faktisch nicht realisierbar ist. Ich sehe hier also deutliche Unterschiede zwischen einem Crowdfunding i.e.S. und einem Crowdinvesting. Genau deshalb macht es auch wenig Sinn, beide Themen in einen Topf zu werfen. Die Problemlagen und Risiken sind andere, ebenso die Chancen.

Was auch passieren kann, ist, dass im Rahmen eines Crowdfundings materielle Gegenleistungen fest zugesagt wurden, jedoch in minderwertiger Form beim Geldgeber eintreffen. Eine solche Problemlage lässt sich allerdings wiederum nicht ohne Weiteres auf das Crowdinvesting übertragen. Die durch Projektinitiatoren (also beim Crowdinvesting durch die Unternehmer) ausgelösten Betrugsrisiken sind beim Crowdfunding ausgeprägter als beim Crowdinvesting. Und weiter: Man sollte die sehr geringe Fallzahl von bekannt gewordenen Betrugsfällen im Crowdfunding zu der sehr hohen Gesamtzahl an Crowdfunding-Projekten in Relation stellen. Zwischenfazit: Ich bin nicht ernsthaft besorgt an dieser Stelle.

Für virulenter als das Betrugsthema halte ich zwei andere Risiken: 1. Die schleichende Aushöhlung, die sich im Grenzbereich der Legalität bewegt beziehungsweise bewegen kann. Das wird jetzt sofort aufgegriffen. 2. Das Problem der Erfolglosigkeit. Das wird gleich in Punkt 6.7 behandelt.

Bei der schleichenden Aushöhlung spreche ich nicht davon, dass der Kapitalnehmer mit dem Geld verschwindet. Er geht womöglich sehr viel subtiler vor. Nunmehr wird die Situation beschrieben, dass der Crowdinvestor von den Unternehmern gegebenenfalls in irgendeiner Weise übervorteilt wird. Dazu: Der Erfolg, an dem der Mikroinvestor beteiligt wird, ist bei Weitem nicht immer objektiv feststellbar. Es gibt also womöglich Zweifel an der Höhe der vom (Start-up-)Unternehmen gezeigten Ergebnisse, was durchaus deutliche Auswirkungen auf die jährlichen Bonuszinsen und auf die Endabrechnung nach Kündigung haben kann. Selbst wenn die relevante Erfolgsgröße scheinbar eindeutig definiert ist, verbleiben Einflussmöglichkeiten der Gründer auf das ausgewiesene Ergebnis. Mittels legaler bilanzpolitischer Maßnahmen lässt sich der Gewinn (genau genommen der Jahresüberschuss) eines Unternehmens durchaus steuern. Eine entsprechende Bilanzpolitik kann über drei grundsätzliche Wege erfolgen:

1. **Ausnutzung gesetzlich zulässiger Wahlrechte,**
2. **Nutzung von Ermessensspielräumen,**
3. **Sachverhaltsgestaltungen.**

Zu Punkt 1: Das der Bilanzierung in Deutschland zugrunde liegende Handelsgesetzbuch (HGB) überlässt dem Bilanzierenden Wahlrechte, die es ihm in gewissem Rahmen ermöglichen, Gewinne im Zeitverlauf zu verschieben. Allzu viele Wahlrechte gibt das HGB allerdings inzwischen nicht mehr her. Neu hinzugekommen ist gemäß § 248 Abs. 2 HGB jedoch das Wahlrecht, selbst geschaffene immaterielle Vermögensgegenstände des Anlagevermögens zu aktivieren, dies mit Ausnahme von Marken, Drucktiteln, Verlagsrechten, Kundenlisten und Ähnlichem. Je nach Art des Geschäfts kann dies durchaus ein Wahlrecht mit nicht ganz unbeträchtlichen Auswirkungen auf den Ausweis der Jahresergebnisse sein. Ein weiteres Wahlrecht eröffnet § 250 Abs. 3 HGB, indem zugelassen wird, ein sogenanntes Disagio entweder in die Bilanz aufzunehmen und über die Laufzeit aufzulösen oder dies zu unterlassen und den Gesamtbetrag als sofortigen Aufwand in der Gewinn- und Verlustrechnung zu erfassen. Auch dies lässt Ergebnisgestaltungen zu, die eine zeitliche Verschiebung von Ergebnissen zur Folge haben. § 255 Abs. 2 HGB überlässt es dem Bilanzierenden, die Bestandteile der Herstellungskosten in gewissem Rahmen zu gestalten und auch damit wiederum zeitliche Verschiebungen im Hinblick auf die Jahresergebnisse auszulösen. Und weiter: Nach § 274 Abs. 1 Satz 2 HGB lassen sich wahlweise aktive latente Steuern ausweisen oder eben nicht. Die Ausnutzung dieser Wahlrechte wirkt auf die Ansätze in der Bilanz, zumeist allerdings auch auf den Jahresüberschuss/-fehlbetrag und kann damit zum Zwecke der Ergebnisregulierung eingesetzt werden. Dies war nur eine Auswahl der Bilanzierungswahlrechte, die für eine Ergebnisgestaltung im Zeitverlauf genutzt werden können.

Den Unternehmern wäre es also durchaus möglich, die Ergebnisse in den ersten Jahren ihrer Unternehmertätigkeit im gewissen Rahmen niedriger auszuweisen, um damit verbundene Geldflüsse (Zinsen und Bonuszinsen) an die Crowdinvestoren möglichst gering zu halten. Wenn die Mikroinvestoren dann ausgestiegen sind und ihre Gelder bereits erhalten haben, könnten die Gründer die Ergebnisse des Unternehmens hingegen steigen lassen und diese ungeteilt vereinnahmen. Ob sich ein solches Vorgehen für die Gründer lohnt, hängt natürlich auch davon ab, ob, und wenn ja, in welchem Maße neue Investoren hinzukommen, wenn die Crowdinvestoren raus sind.

Hier soll nicht unterstellt werden, dass Gründer derart eigensinnig handeln und die Ergebnisse zu ihrem eigenen Vorteil „gestalten". Es geht lediglich darum, auf die Möglichkeit hinzuweisen, dass so etwas passieren kann. Aus Sicht der Investoren empfiehlt es sich also, diesen Punkt nicht völlig aus dem Auge zu verlieren. Anzumerken ist hier allerdings, dass die Anzahl gesetzlich zulässiger Wahlrechte in den letzten Jahren insgesamt reduziert wurde. Wahlrechte sind jedoch beileibe nicht die einzigen Ansatzpunkte für eine legale Ergebnissteuerung. Oftmals finden sich Sachverhalte, die der Interpretation bedürfen, wobei es nicht selten im Ermessen des Bilanzierenden steht, wie der jeweilige Fall zu werten ist. Es bleiben also Ermessensspielräume.

Zu Punkt 2: Ermessenspielräume liegen insbesondere dann vor, wenn die rechtlichen Regelungen nicht bis ins Detail gehen. Es gibt immer wieder Fälle, in denen Zweifel über das jeweilige Ausmaß einer ergebniswirksamen Problematik bestehen. Folgendes Beispiel: Das Unternehmen wurde verklagt und der Ausgang des anhängigen Prozesses lässt sich schwer vorhersagen. Muss das Unternehmen nun eine Rückstellung bilden und wenn ja, in welcher Höhe? Wenn die Wahrscheinlichkeit oberhalb von 50 Prozent liegt, den Prozess zu verlieren, dann ist eine Rückstellung zu bilden. Bei einer Wahrscheinlichkeit unterhalb von 50 Prozent hat der Ansatz einer Rückstellung zu unterbleiben. Was ist nun, wenn die Wahrscheinlichkeit um die 50-Prozent-Grenze herum liegt? Es ist durchaus von Belang, in welche Richtung der Ausschlag geht, denn: Die Bildung einer Rückstellung geht zulasten des Unternehmensergebnisses im betreffenden Jahr. Grenzfälle, die von der konkreten Argumentation abhängen, können also durchaus bedeutend dafür sein, wie hoch das jeweilige Jahresergebnis des Unternehmens ausgewiesen wird.

Und weiter: Wenn Forderungen aus Bilanzierungssicht kritisch sind, also die Wahrscheinlichkeit, diese einbringen zu können, unterhalb von 50 Prozent liegt, dann müssen diese zulasten des Ergebnisses wertberichtigt werden. Auch hier kann wieder ein Grenzfall vorliegen, denn teils lässt sich die Wahrscheinlichkeit nur recht grob einschätzen, was wiederum Gestaltungsspielräume zulässt. Der „bösartige" Gründer würde dann gegebenenfalls in dem Jahr noch viele Problemfälle zu Ungunsten des Ergebnisses einbuchen, in dem mit den Investoren endabgerechnet wird. Später, wenn die Investoren bereits abgefunden worden sind, dreht sich das Jahresergebnis dann wieder ins Bessere. Nicht benötigte Rückstellungen würden dann zugunsten des Ergebnisses aufgelöst.

Ein weiteres Beispiel zur Ausschöpfung von Ermessensspielräumen liegt bei den Abschreibungen. So existieren etwa unterschiedliche Abschreibungsmethoden, die anwendbar sind. Wird zum Beispiel eine degressive Abschreibung[106] auf bestimmte abnutzbare Vermögensgegenstände vorgenommen, dann werden die Abschreibungsbeträge in den ersten Jahren hoch sein und in diesem Zeitraum zu verminderten Ergebnissen führen. In späteren Jahren, wenn der Investor womöglich bereits ausgestiegen ist, dreht sich die Situation. Die Abschreibungsbeträge werden vergleichsweise gering sein und die Ergebnisse steigen. Dazu sei ein Vergleich zwischen degressiver und linearer Abschreibung vorgenommen, wobei Anschaffungskosten des betreffenden Vermögensgegenstandes in Höhe von 40.000 Euro angesetzt werden, eine Nutzungsdauer von zehn Jahren unterstellt und bei der degressiven Abschreibung ein Satz von 25 Prozent angenommen wird:

	Degressive Abschreibung		**Lineare Abschreibung**	
Jahr	**Abschreibung**	**Restbuchwert**	**Abschreibung**	**Restbuchwert**
1	**10.000 Euro**	30.000 Euro	**4.000 Euro**	36.000 Euro
2	**7.500 Euro**	22.500 Euro	**4.000 Euro**	32.000 Euro
3	**5.625 Euro**	16.875 Euro	**4.000 Euro**	28.000 Euro
4	**4.219 Euro**	12.656 Euro	**4.000 Euro**	24.000 Euro
5	3.164 Euro	9.492 Euro	4.000 Euro	20.000 Euro
6	2.373 Euro	7.119 Euro	4.000 Euro	16.000 Euro
7	1.780 Euro	5.339 Euro	4.000 Euro	12.000 Euro
8	1.335 Euro	4.005 Euro	4.000 Euro	8.000 Euro
9	1.001 Euro	3.003 Euro	4.000 Euro	4.000 Euro
10	3.003 Euro*	0 Euro	4.000 Euro	0 Euro
* Abschreibung auf 0 Euro (oder auf 1 Euro Erinnerungswert) zum Ende der Nutzungsdauer				

Abb. 22: Vergleich degressive und lineare Abschreibung im Zeitverlauf

Betrachten wir die Summe der degressiven und der linearen Abschreibung in den ersten vier Jahren (in obiger Abbildung jeweils fett markiert). Aus der degressiven Abschreibung ergibt sich in Summe ein Aufwand in Höhe von

106 Die degressive Abschreibung ist steuerlich zwar nicht mehr zulässig, kann aber handelsbilanziell weiterhin genutzt werden, dies unter der Voraussetzung, dass sie der Realität nicht widerspricht.

27.344 Euro, bei der linearen Abschreibung jedoch nur im Umfang von 16.000 Euro. Folge ist, dass das über die ersten vier Jahre summierte Ergebnis vor Steuern im Falle der degressiven Abschreibung um 11.344 Euro geringer wäre als bei Nutzung der linearen Abschreibung. Dies ist nur ein weiteres von zahlreichen denkbaren Beispielen, bei denen Wahlmöglichkeiten auf die Ergebnisse des Unternehmens im Zeitverlauf wirken können.

Zu Punkt 3: Die größte Problematik im Hinblick auf die Beeinflussung von Ergebnissen wird sich zumeist aus Sachverhaltsgestaltungen ergeben können. Unter Sachverhaltsgestaltungen wird verstanden, dass es dem Unternehmen grundsätzlich überlassen bleibt, die Geschäfte nach eigenem Ermessen zu führen, sprich: Verträge abzuschließen oder nicht beziehungsweise Inhalte und Zeitpunkte von Verträgen zu bestimmen. Welche typischen Problemfälle können sich daraus ergeben? Eine erste Schwierigkeit liegt darin, in welcher Höhe die Gehälter der Geschäftsführer festgelegt werden. Über die Geschäftsführergehälter bestimmen die (stimmberechtigten) Eigentümer des Unternehmens und das werden bei einem Crowdinvesting entweder ausschließlich oder zumindest mehrheitlich die Gründer sein, die dann in aller Regel auch die Geschäftsführer sind. Das läuft faktisch darauf hinaus, dass die Gründer ihre Gehälter als Geschäftsführer (oder als Angestellte) selbst festsetzen und „bei Bedarf“ erhöhen. Und es geht noch weiter: Welche Nebenleistungen gönnen sich die Gründer? Nette Dienstwagen? Luxuriöse Büros? Familienangehörigen und Freunden werden Vorteile zulasten des Unternehmens verschafft? Der Fantasie sind kaum Grenzen gesetzt.

An dieser Stelle lässt sich sagen, dass die Hauptproblematik vermutlich weniger darin liegen wird, dass „kriminelle Energie“ der Gründer zu Nachteilen für Investoren führen wird, sondern vielmehr das alltägliche Gezerre darum, wer letztlich wie viel vom Kuchen erhält. Die Problematik spielt sich in der Realität zumeist eher auf einer etwas subtileren Ebene ab, kann aber manchmal auch ausarten. Das Subtile muss schlichtweg weitestgehend hingenommen werden, denn nicht jeder Handgriff und jede Entscheidung kann kontrolliert und bei Bedarf sanktioniert werden. Jedoch gilt es, die groben „Ungerechtigkeiten“ in den Griff zu bekommen. Hier drängen sich folgende Fragen auf: Wie kann sich ein Investor vor Manipulationen größeren Ausmaßes schützen? Welche Informations- und Kontrollmöglichkeiten hat oder benötigt er? Reicht es aus, wenn ein Wirtschaftsprüfer in die Bücher schaut und ein Testat erteilt?

Letztlich muss die Sache praktikabel bleiben. Es lassen sich beispielsweise einige Eckpunkte vertraglich festzurren:

1. Deckelung der Gehälter für die im Unternehmen mitwirkenden Gründer inklusive Nebenleistungen an diese und an Angehörige; für den Fall, dass die Deckelung überschritten wird, könnte man auch eine rein rechnerische Korrektur der Ergebnisse vereinbaren, sodass der Mikroinvestor bezogen auf die Ausschüttungen und die Abfindung so gestellt wird, als wären die Gehälter (und Nebenleistungen) geringer.
2. Bestimmung von ergebnismindernden (weiteren) Tatbeständen, die bei der Ermittlung der Jahresergebnisse und der Wertsteigerung außen vor bleiben.
3. Verpflichtung des (Start-up-)Unternehmens, den Jahresabschluss von einem Wirtschaftsprüfer prüfen zu lassen und nicht nur das Testat, sondern auch den Prüfungsbericht an die Mikroinvestoren herauszureichen (diese Forderung geht aber fast schon zu weit).

Zu sagen ist dazu, dass im Grunde jedwedes Investment in Unternehmen der Gefahr unterliegt, dass die Geldgeber übervorteilt werden, also auch etwa vermeintlich gut geschützte Aktionäre oder auch Business Angels oder VC-Geber. Man sehe sich zum Beispiel die riesigen Gehälter von Vorständen an oder die (unnötig) pompösen Hauptverwaltungen mancher Konzerne. Auch stellt sich oftmals die Frage, ob es in diesem Ausmaß nötig ist, um gute Geschäfte zu machen, oder ob dies unnütze Ausgaben sind, die nur zulasten der Aktionäre gehen.

Die obigen Punkte 1. und 3. lassen sich recht problemlos vereinbaren. Deutlich mehr Schwierigkeiten bereitet der zweite Punkt, der darauf hinausläuft, faire Kriterien für die Bemessung der Wertsteigerung vorzugeben. Hier wird sich mit Sicherheit noch das eine oder andere im Hinblick auf das Crowdinvesting entwickeln können. Aber ist das überhaupt sinnvoll und praktikabel? Innerhalb der von mir durchgesehenen Verträge, die von den Plattformen vorgegeben und zwischen Investor und Start-up abgeschlossen werden, konnte ich teils Klauseln finden, die den Umgang mit der Bereinigung von Einmaleffekten oder zum Beispiel unangemessen hohen Geschäftsführergehältern regeln. Keine einfache Angelegenheit und bislang nirgendwo so detailliert formuliert, dass alle Eventualitäten berücksichtigt wurden. Das ist aber auch extrem schwierig, denn der Einfallstore gibt es viele, sehr viele. Ein wenig Vertrauen muss einfach da sein. Das gilt nicht nur für das Crowdinvesting, sondern für alle anderen Arten der Beteiligung (auf Zeit) auch. Wer Aktien von DAX-Unternehmen hat, dem droht das gleiche Schicksal. Auch dort erfolgt bei Weitem nicht immer ein „fairer" Ausweis des Gewinns. Luxusgehabe auf höchster Ebene und das manchmal vorhandene Bestreben, (kommerziell unsinnige) Prestigeprojekte umzusetzen, gehen zulasten der Dividenden, ohne dass es ein Korrektiv gibt. Nur: Beim Crowdinvesting ist man seinem Investment viel näher und sieht dann naturgemäß auch mehr. Im Falle von Konzernen verschwindet sehr vieles in einer „Blackbox" mit noch viel weniger Transparenz und mit deutlich umfangreicheren Ansatzpunkten für Manipulationen (im Hintergrund).

Aus Sicht des Investors erscheint es – bei flüchtiger Betrachtung – vorteilhaft, auf Vertragspassagen zu treffen, die derartige Problemfelder (zum Beispiel Obergrenzen für Gehälter der Geschäftsführung) aufgreifen. Die Thematik aber auch nur annähernd lückenlos regeln zu wollen ist völlig illusorisch, was ich mit meiner obigen Darstellung ausgewählter bilanzpolitischer Möglichkeiten ausdrücken wollte. Vor diesem Hintergrund stellt sich die Frage, ob ein solcher vertraglicher Regelungsversuch überhaupt Sinn macht. Wer dies seitens des Unternehmens ernsthaft will, der würde genug Wege finden, die Regelungen zu umgehen. Und: Wer soll die Einhaltung denn kontrollieren? Man könnte zum Beispiel einen Wirtschaftsprüfer beauftragen, der extra für dieses Thema einen Prüfungsauftrag erhielte. Das würde nicht unerhebliche zusätzliche Kosten auslösen, die wer trägt? Aus meiner Erfahrung heraus: Diese Regelung herauslassen und Vertrauen schenken ist an dieser Stelle die praktikabelste Lösung. Das bedeutet nicht, dass an anderen Stellen ebenfalls auf strikte Vereinbarungen verzichtet werden sollte. Es muss immer geschaut werden, ob eine Reglung auch handhabbar ist.

6.6.3 Eingriff durch Dritte

Hier geht es in erster Linie um Sicherheitslücken im System, durch die ein außenstehender Dritter eindringt und sich des Geldes bemächtigt. Um dies zu verhindern, müssen die Zahlungswege so sicher wie eben möglich sein und etwaige Kontodaten der Nutzer müssen vor unbefugtem Zugriff geschützt werden. Eine 100-prozentige Absicherung wird zwar nicht gelingen können, aber wo geht das schon?

Letztlich liegt es in allererster Linie in der Verantwortung der Crowdinvesting-Plattformen, ihre Website, die darüber laufenden Informationen und Daten und natürlich die Zahlungswege abzusichern. Doch auch Mikroinvestoren und Gründer sollten im ureigenen Interesse einige Sicherheitsbelange beachten, die für viele inzwischen selbstverständlich sind, meiner Erfahrung nach jedoch bei Weitem nicht für jeden. Also: Die Zahlungen in Richtung Plattform lassen sich per Überweisung (online oder offline) beziehungsweise per Lastschriftverfahren vornehmen und je nach Portal alternativ auch über andere Zahlungswege. Wissenswert ist zudem, ob das Funding zunächst an den Plattformbetreiber fließt, direkt an die zu fundenden Unternehmen oder an einen zuverlässigen Dritten, etwa auf ein Treuhandkonto. Letzteres ist die saubere Lösung! Meines Wissens ist bei keiner Plattform vorgesehen, dass die Gelder vom Crowdinvestor unmittelbar an die zu finanzierenden Unternehmen fließen. Halt: Die Plattform Deutsche Mikroinvest schreibt: „Sie überweisen direkt an die Unternehmer."[107]

Hinsichtlich der Zahlungsmöglichkeiten bietet Companisto so ungefähr alles an: Lastschrift, Kreditkarte, Sofortüberweisung, Giropay, Banküberweisung, während wir bei Geldwerk1 bislang lediglich eine Überweisung auf ein Treuhandkonto möglich machen. Es ist recht unterschiedlich, welche Zahlungswege die einzelnen Plattformen eröffnen.

Alle Crowdinvesting-Plattformen sollten mit einer Verschlüsselung der übertragenen Daten arbeiten, zum Beispiel mit einem TLS- beziehungsweise SSL-Zertifikat.[108] Man sieht, ob eine Verschlüsselung vorhanden ist, wenn vor dem „http://" in der Eingabezeile unseres Web-Browsers ein Schloss abgebildet ist. Außer SSL existieren noch andere Verschlüsselungsmöglichkeiten.

Ja, die meisten Crowdinvesting-Plattformen haben sich wirklich Mühe gemacht und gingen sehr gut vorbereitet auf Sendung. Je tiefer ich in das Thema einstieg, umso klarer wurde mir, dass zumindest bei den wichtigsten Plattformen keine Heiopeis[109] unterwegs sind. Vielleicht sind die Heiopeis aber unter den Gründern?

---

107 www.deutsche-mikroinvest.de (Zugriff 16.1.2017), dort unter Punkt 10. unter „+ Direktüberweisung Kein Zugriff auf Ihr Geld".

108 TLS ist die Abkürzung für „Transport Layer Security" und SSL für „Secure Sockets Layer", was sich mit „sichere Verbindungsebene" übersetzen lässt. Beides ist im Grunde das Gleiche, TLS ist nur die neuere Version und Bezeichnung. Oft wird aber auch noch der alte Begriff SSL (vor allem auch in Produktbezeichnungen) verwendet.

109 Vornehmlich im Ruhrgebiet gebräuchlicher Begriff für unzuverlässige, sprunghafte Personen.

6.7 Erfolglosigkeit von Projekten

Was veranlasst mich dazu, deutlich weniger erfolglose (gemeint ist hier der Gang in die Insolvenz) über ein Crowdinvesting finanzierte Unternehmen zu erwarten als die aus verschiedenen Lagern stammenden Skeptiker? Zunächst: Die ein Crowdinvesting eingehenden Unternehmen durchlaufen – wie bereits dargelegt – eine Vorauswahl über die Crowdinvesting-Plattform, die bei herkömmlichen Start-up-Unternehmen so oder in ähnlicher Form in vielen Fällen nicht stattfindet. Zwar durchläuft manch ein herkömmliches Start-up-Unternehmen ebenfalls einen Auswahlprozess, zum Beispiel wenn es über einen Business Angel finanziert wird, das gilt aber eben längst nicht für alle Start-ups – ganz anders als beim Crowdinvesting.

Eine zweite Selektionsstufe ist das Erreichen der Finanzierungsschwelle. Start-up-Unternehmen, die über ein Crowdinvesting nicht das vorgegebene Mindestkapital erzielen, werden nicht gefundet und scheiden aus der Crowdfinanzierung aus. Die Mikroinvestoren erhalten ihr Startgeld unmittelbar zurück, wenn klar ist, dass die Mindestsumme innerhalb des Funding-Zeitraums nicht erreicht wurde. Das Geld wird in einem solchen Fall erst gar nicht an das Start-up ausgezahlt. Folglich entsteht den Investoren hier kein finanzieller Schaden. Manchmal wird der Zeitraum auch verlängert, wenn eine realistische Chance gesehen wird, die Funding-Schwelle doch noch zu erreichen. Nicht gut sieht es natürlich aus, wenn die Finanzierungsschwelle überschritten wurde, das Funding folglich greift und das Start-up-Unternehmen zu einem späteren Zeitpunkt dann scheitert.

Positiv wirkt sich allerdings nicht nur die zweifache Selektion aus. Es geht weiter mit den Pluspunkten. Einer der Gründe, warum manche Start-up-Unternehmen aufgeben müssen, liegt darin, dass sie mit einer zu dünnen Kapitaldecke beginnen und die finanziellen Mittel zu Ende sind, noch bevor das Geschäft erfolgreich angelaufen ist. Es kann damit gerechnet werden, dass Unternehmen, die über ein Crowdinvesting finanziert werden, tendenziell über eine bessere Kapitalisierung verfügen und daher auch bessere Chancen haben, längere Startphasen und Durststrecken zu überwinden als manch ein anderes Start-up.

Hinzu kommt: Der eine oder andere „herkömmliche" Gründer gibt frühzeitig auf, weil sich für ihn zum Beispiel andere und bessere Einkommensalternativen ergeben haben, er also etwa doch noch eine lukrative Festanstellung ergattern konnte und diese dem Risiko einer Selbstständigkeit vorzieht. Ein freiwilliges Aufhören ist für ein Crowdinvesting-Start-up hingegen äußerst unwahrscheinlich, da vertragliche und moralische Verpflichtungen gegenüber den Investoren bestehen. Übrigens: Auch ein freiwilliges Aufgeben steckt – nach außen hin oftmals nicht sichtbar – in mancher Misserfolgsstatistik für Start-up-Unternehmen.

Und weiter: Über die Crowdinvestoren (im Durchschnitt sind es mehr als 300 je Projekt, wenn man die beiden größten Plattformen betrachtet) verfügt das über ein Crowdinvesting finanzierte Unternehmen bereits über eine ganze Reihe von Unterstützern beziehungsweise von Multiplikatoren, die sich ein normales Start-up-Unternehmen erst einmal erarbeiten muss. Nicht zu unterschätzen ist des Weiteren der Werbeeffekt für das durch die Crowd gefundete Unternehmen, denn die Projekte werden zumeist nicht nur auf der jeweiligen Plattform präsentiert, sondern sie erscheinen auch in den Medien. Die meisten Crowdinvesting-Plattformen unterstützen die Medienkampagnen aktiv, dies natürlich auch im eigenen Interesse. Mit mehreren Start-up-Unternehmen konnte ich ausführlich über deren Motive diskutieren, ein Crowdinvesting einzugehen. Einige Unternehmen bekannten, dass ihnen der über das Crowdinvesting erzielbare Marketingeffekt genauso wichtig sei wie das erhaltene Kapital. Berichten einiger Start-ups zufolge funktioniert der entsprechende Werbeeffekt sogar recht gut, kann aber natürlich nur einer von mehreren Bausteinen in der Marketingkonzeption der Start-ups sein, denn seine Reichweite ist eben auch nur begrenzt. Da das Crowdinvesting derzeit in den Medien beliebt ist, darf der momentane Werbeeffekt nicht unterschätzt werden. Ob das dauerhaft so bleibt? Immer wieder tauchen im Rahmen des Crowdinvestings interessante neue Projekte auf, die den Medien gefallen. Zumindest solchen Projekten wird die Medienaufmerksamkeit wohl auch künftig sicher sein.

Als Negativargument wird gelegentlich vorgebracht, dass sich vornehmlich bei Venture-Capital-Gebern oder bei Business Angels abgewiesene (und damit vorgeblich schwache) Gründungskandidaten an die Crowdinvesting-Plattformen wenden und damit nur „Restposten" auf den Plattformen zu finden seien. Das halte ich für unwahrscheinlich, denn vor allem Venture-Capital-Geber und teils auch Business Angels steigen oft erst in einer späteren Phase ein und es kommt daher nur bedingt zu Überschneidungen mit dem Crowdinvesting. Zwar nicht statistisch relevant, aber dennoch aufschlussreich war ein Gespräch, das ich mit einem Start-up-Unternehmen im Hinblick auf den Überschneidungsbereich, also die Auswahl zwischen Venture Capital und Crowdinvesting, hatte. Besagtes Start-up-Unternehmen entschied sich gegen einen Venture-Capital-Geber und nicht umgekehrt der Venture-Capital-Geber gegen das Start-up. Der Grund des Start-up-Unternehmens für die Nichtberücksichtigung des VC-Gebers waren die nicht zu akzeptierenden Bedingungen, die der VC-Geber durchsetzen wollte. Das Crowdinvesting erschien den Gründern als die bessere Alternative. Man könnte hier also auch so argumentieren, dass sich die besonders guten Start-ups womöglich eher auf ein Crowdinvesting einlassen als auf eine Venture-Capital-Finanzierung.

Nun gut: Ob letztlich die besseren oder die schlechteren Gründungsvorhaben beim Crowdinvesting oder bei Venture-Capital-Finanzierungen landen, wird nicht ohne Weiteres zu ergründen sein. Was sicherlich bleibt, ist, dass ein Crowdinvesting von der Tendenz her zeitlich früher greift als eine VC-Finanzierung und beide Kapitalbeschaffungsmaßnahmen sich recht gut ergänzen können.

Prognosen sind immer gewagt, besonders bei einem so frischen Thema wie dem Crowdinvesting. Dennoch soll hier eine Einschätzung erfolgen. Anlass dessen war, dass mir manch anderweitige Vorhersagen nicht vernünftig begründet erschienen. Nimmt man die zuvor aufgeführten Argumentationen zusammen, dann folgt daraus, dass bisherige Statistiken zum Versagen von Start-ups nicht geeignet sein werden, um die Ausfallquote in Bezug auf ein Crowdinvesting annähernd treffsicher vorherzusagen. Nicht so ohne Weiteres einzuschätzen ist natürlich, in welchem Umfang sich die zuvor aufgeführten Punkte auswirken. Die Überlebensquote beträgt bei den über ein Crowdinvesting finanzierten Unternehmen nach meinen Recherchen bislang noch rund 85 Prozent.[110] Wer hätte das gedacht? Immerhin ist die Frühphase des Crowdinvestings in Deutschland von dieser Warte aus betrachtet als gelungen anzusehen.

Aber: Bitte nicht zu viel Optimismus! Weitere Ausfälle wird es im Laufe der Zeit natürlich geben. Es sind garantiert schon einige durch die Crowd finanzierte Start-ups im Umlauf, die nicht auf die Beine kommen werden. Ich rechne mittelfristig mit einer Ausfallquote in einer Größenordnung von 20 Prozent bis 25 Prozent, also deutlich unter dem, was oft anderweitig

110 Vgl. auch Hornuf, L./Schmitt, M. (2016), S. 17.

prognostiziert wird, jedoch auch über dem, was momentan Realität ist. Von den ersten 200 Projekten, die per Crowdinvesting finanziert wurden, fielen 24 Prozent aus (Stand: 31.1.2017), wenn die unter www.crowdinvest.de/datenbank verfügbare umfangreiche Projektliste zugrunde gelegt wird, die auch die zugehörigen Insolvenzen anzeigt (26), sowie Projekte, über die Informationen vorliegen, dass sie nicht mehr am Markt aktiv sind (22). In den Zahlen zu den gescheiterten Projekten stecken auch Start-ups, die zwei oder drei Finanzierungsrunden durchlaufen haben. So ist das offenbar nicht mehr aktive (und in der Versagensliste erfasste) Start-up-Unternehmen „Front Row Society“ sogar drei erfolgreich bei Seedmatch absolvierten Funding-Runden zuzuordnen. Hier führt ein gescheitertes Start-up in einem Rutsch gleich zu drei Projektausfällen. Bei der Einschätzung der Ausfallquote sollte auch berücksichtigt werden, dass durchaus mit Lerneffekten bei den Crowdinvesting-Plattformen hinsichtlich ihrer Projektauswahl zu rechnen ist, was sich im Zeitverlauf positiv auf die Überlebensrate der einem Crowdinvesting unterliegenden Unternehmen auswirken wird. Es verschwinden zudem auch Plattformen vom Markt, die besonders viele Ausfälle hervorbringen.

Das eigentliche Problem liegt aber eher woanders. Eine ganze Reihe der zunächst sehr aussichtsreich erscheinenden Start-ups wird sich in den Schwierigkeiten des unternehmerischen Alltags verheddern und nicht die erhofften Gewinnsprünge erzielen können. Ganz vereinzelte Unternehmen starten sicherlich richtig durch, andere werden gut laufen oder zumindest recht passabel über die Runden kommen, wieder andere werden letztlich aufgeben müssen. Die Mehrheit wird vermutlich nach einiger Zeit als normales Unternehmen arbeiten, durchaus zufrieden und ohne die ganz großen Renditen. Solche Unternehmen tragen aber unsere Wirtschaft. Es müssen nicht immer die High-Performer sein, auch wenn sich die Investoren das „heimlich“ oder „unheimlich“ wünschen. Eine Verzinsung oberhalb der des Sparkontos ist allenthalben etwas wert, zumal sich damit „en passant“ etwas für die Wirtschaft tun lässt und das Wirtschaften mit unserem Geld nicht den Banken, den Fonds und ähnlichen Playern überlassen wird.

Zurück zum Ausfallrisiko beim Crowdinvesting: Es sollte ausreichen, wenn jedem Crowdinvestor klar ist, dass sein Investment zwar womöglich hohe Gewinnchancen hat, aber auch als Flop enden kann, und er einen „Beipackzettel“ mit einem entsprechenden Warnhinweis erhält. Gesetzliche Einengungen des Crowdinvestings oder Bevormundungen der Mikroinvestoren (wie bis vor

Kurzem in den USA) können dann unterbleiben. Auch beim Lottospielen wird niemand daran gehindert, sein Geld einzusetzen, und dort ist die Verlustwahrscheinlichkeit um ein Vielfaches höher als beim Crowdinvesting. Erhöhte Chancen lassen sich eben oftmals nur mit erhöhten Risiken erkaufen. Insofern eignet sich das Crowdinvesting in allererster Linie für die Anlage von Geldern, die der Investor „übrig" hat, und für gute Taten am Standort Deutschland, soweit in hiesige Unternehmen investiert wird. Eine Risikostreuung (anhand von Investitionen in mehrere oder viele unterschiedliche Crowdinvesting-Projekte) ist hier durchaus eine gute Taktik. Inzwischen werden sogar gelegentlich alteingesessene Unternehmen über ein Crowdinvesting teilfinanziert, die vergleichsweise risikoarm sind und eine relativ stabile Geldanlage erwarten lassen.

6.8 Schlechter Ruf von Plattformen und Fehlanreize für diese

Es ist eine Binsenweisheit, dass es für den weiteren Erfolg des Crowdinvestings zentral sein wird, nicht zu viele Misserfolge zu produzieren. Die Gefahr besteht, dass durch zahlreiche und sich herumsprechende Misserfolge ein schlechter Ruf für die Crowdinvesting-Plattformen und damit auch für das Crowdinvesting insgesamt entsteht. Die Erfolgsquote steht und fällt nicht zuletzt mit der Auswahl geeigneter Projekte durch die Plattformbetreiber. Sieht sich der Betreiber lediglich als Mittler zwischen Kapitalgeber und Kapitalsuchendem, der sich bei jedweder Art von Schwierigkeit auf seine reine Mittlerfunktion beruft, dann sieht die Zukunft des Crowdinvestings vermutlich nicht allzu rosig aus. Sorgfältige Qualitätskontrollen für die Projekte versprach zum Beispiel die inzwischen nicht mehr aktive Plattform Group Capital, die ein Projektrating durchführte. Wenn wirklich Substanz hinter so einem Ratingsystem steckt und damit ein noch besserer Bewertungs- und Selektionsprozess entsteht, kann das durchaus eine gute Sache sein. Wie dem auch sei: Mit einem guten Selektionsprozess kann die Erfolgsquote der auf der Plattform freigeschalteten Projekte signifikant gesteigert werden.

Zunächst wäre allerdings zu überlegen, was tatsächlich als Erfolg beziehungsweise Misserfolg einzustufen ist. Gilt es bereits als Misserfolg, wenn das Funding-Limit nach Ablauf der Frist nicht erreicht wurde und die Mikroinvestoren ihr Geld zurückerhalten? Ich meine: nein. So etwas gehört zum Tagesgeschäft einer Kapitalvermittlung. Da die Crowd ihren Einsatz zurückbekommt, ist ihr zudem kein Schaden entstanden; außer, dass das Geld für eine gewisse (kurze) Zeit unverzinst blieb.

Oder liegt erst dann ein Misserfolg vor, wenn das zunächst erfolgreich finanzierte Unternehmen später in die Insolvenz läuft und die Investoren keinerlei Rückflüsse erhalten und zudem ihr eingesetztes Kapital verloren haben? Man könnte es aber auch bereits als Misserfolg werten, wenn die Crowdinvestoren zwar ihr eingesetztes Geld am Ende der Projektlaufzeit zurückerhalten, dieses jedoch unverzinst oder sehr gering verzinst blieb. Wo soll nun der Eichstrich für die Bestimmung dessen gezogen werden, was als erfolgreich und was als nicht erfolgreich zu bezeichnen ist? Der „reinen Lehre" folgend wäre die Nulllinie dort zu platzieren, wo das Ergebnis einer Alternativanlage des Investors liegt. Würde etwa unterstellt, dass der Investor sein Geld hätte anderweitig anlegen können und dieses dort bei gleichem Risiko mit sieben Prozent verzinst worden wäre, läge genau an dieser Stelle der Eichstrich zur Bemessung des Erfolgs. Um die Sache aber zu vereinfachen, wird hier schlichtweg unterstellt, dass ein Misserfolg dann vorliegt, wenn der Investor weniger Geld zurückerhält, als er eingesetzt hat.

In der Presse wurde kritisiert, dass Kickstarter versucht habe, nicht erfolgreich finanzierte Projekte zu verbergen, indem sie von der Website der Plattform entfernt würden und zudem ihre Auffindbarkeit in Suchmaschinen verhindert würde.[111] Dazu ist zu sagen, dass von den Plattformen wohl kaum zu verlangen ist, die nicht erfolgreich finanzierten Projekte auf der Website mitzuschleppen. Welches andere Unternehmen würde denn seine nicht gelungenen Projekte noch im Nachgang zeigen wollen? Für ein etwaiges aktives Unterbinden der Auffindbarkeit von nicht gelungenen Projekten im (gesamten) Internet wäre allerdings kein solches Verständnis aufzubringen. Positiv zu werten ist die Bekanntgabe eigener nicht erfolgreicher Finanzierungen auf der Website der Crowdinvesting-Plattformen. Dies könnte aber ersatzweise auch erfolgen, indem einfach statistisch die Anzahl der erfolgreich oder der erfolglos gefundeten Projekte in Relation zur Gesamtzahl der gestarteten Fundings gestellt wird.

Crowdinvesting-Plattformen schossen zeitweise fast wie Kraut aus dem Boden, womit die Wahrscheinlichkeit steigt, dass sich darunter auch

111 Vgl. z.B. www.zeit.de/digital/internet/2012-08/kickstarter-erfolg-projekte-google (Zugriff 16.1.2017); dort wird auch beschrieben, wie diese Projekte dennoch wieder sichtbar werden können.

Plattformen befinden, die den Mindestanforderungen nicht gerecht werden und letztlich vermehrt zu großen Enttäuschungen bei Gründern und Investoren führen. Die Seriosität der Plattform ist ein wichtiges Kriterium, um das Risiko zu reduzieren. Immerhin hat das Kleinanlegerschutzgesetz mit dabei geholfen, die Crowdinvesting-Plattform-Dichte zu reduzieren. Ob die durch die gesetzlichen Hürden verlustig gegangenen Plattformen aber genau die waren, die es „verdient" hatten, muss fraglich bleiben.

Es stellt sich auch die Frage, welchen Anreizen die Crowdinvesting-Portale unterliegen und welche Konsequenzen das hat. Crowdinvesting-Plattformen verdienen ihr Geld in wesentlichen Teilen mit Provisionen für die Vermittlung von Kapital. Diese Aufgabe werden sie erfüllen wollen, ohne einen unnötig hohen Aufwand zu betreiben. Daraus ergibt sich, dass die Portale bestrebt sein werden, möglichst viele Kapitalvermittlungen zu erreichen, und dies mit möglichst hohen Volumina. Für die Höhe der Provision spielt es vordergründig keine Rolle, ob die zugrunde liegenden Projekte letztlich Erfolg haben. Der Portalbetreiber ist in der Regel schon längst aus dem Schneider, wenn ein Projekt scheitert, also vertraglich zu nichts mehr verpflichtet, und er behält seine Provision. Natürlich kann dem Betreiber nicht daran gelegen sein, dass seine Projekte erfolglos bleiben, denn darunter würde sein Ruf leiden. Es bleibt jedoch der grundsätzliche Anreiz der Betreiber, möglichst viele und voluminöse Projekte zu vermitteln und vielleicht die einen oder anderen Bedenken bei der Projektselektion zurückzustellen. Für den Plattformbetreiber ist es unter rein finanziellen Gesichtspunkten zunächst egal, ob ein Projekt einen geringen, einen mittleren oder einen großen Erfolg hat. Klar, große Erfolge lassen sich werbewirksam ausschlachten und sind deshalb höchst willkommen für den Kapitalvermittler, also hier den Plattformbetreiber. Was manchmal zu befürchten ist: Der Betreiber wird sich womöglich aus Kostengründen nicht mehr um das Nachverfolgen und Kontrollieren der Projekterfolge im Sinne der Mikroinvestoren kümmern. Der Investor steht womöglich allein da mit seinem Vertragswerk und muss sich um etwaige Probleme gegebenenfalls selbst kümmern.

Mindestens eines der Portale hat jedoch eine Anreizstruktur geschaffen, die kein nur kurzfristiges Engagement erwarten lässt. Es handelt sich um Companisto, denn diese Plattform kassiert (neben den üblichen Gebühren zum Beginn) zusätzlich zehn Prozent des späteren Gewinns der Crowdinvestoren. Damit teilt Companisto zumindest in gewissem Rahmen das

Schicksal der Crowdinvestoren und ist auf diesem Wege originär angereizt, langfristig im Interesse der Crowd zu denken und zu handeln.

Die Plattformbetreiber haben jedoch auch dann ein ureigenes Interesse daran, dass ihre Projekte glattlaufen, wenn sie nicht selbst langfristig involviert sind. Ihr Ruf steht auf dem Spiel. Für sie ist es von großem Vorteil, wenn die Erfolgsquote hoch ist und sich die Investoren – selbst im Falle eines Misserfolgs – noch gut aufgehoben fühlen. Insofern wird davon auszugehen sein, dass sich die Portale durchaus in Problemfälle einschalten und gemeinsam mit den übrigen Beteiligten nach Lösungen suchen. Nichts ist schlimmer für eine Plattform als ein schlechter Ruf, denn die Kunden können schnell auf andere Anbieter ausweichen. Letztlich heißt dies für die Plattformen, dass es aus ihrer Sicht sinnvoll ist, klare (vertragliche) Verhältnisse zu schaffen, damit möglichst wenige Probleme und Streitigkeiten aufkommen, über das weitere Schicksal der Start-ups gut informiert zu bleiben und sich bei Bedarf helfend einzuschalten. Das bedeutet allerdings nicht, dass die Plattform etwaige Sanierungsaufgaben umsonst übernehmen muss. Nein, dafür kann und sollte sie auch ein Salär erhalten. Vorbeugend hilft selbstverständlich eine saubere Projektauswahl durch die Plattform, um nach Möglichkeit erst gar keine potenziellen Flops aufkommen zu lassen.

Des Weiteren wird es Sinn machen, wenn die Portale in gewissem Rahmen auch eine Schlichterfunktion in Streitfällen übernehmen, was allerdings wiederum nicht ausarten sollte, denn wie gesagt: Das Crowdinvesting lebt unter anderem von niedrigen Transaktionskosten auf Ebene der Kapitalvermittlung. Sicherlich werden auch Portale aufkommen, die es mehr oder minder bei der Erstellung einer Website belassen möchten und deren Betreiber zu Hause im Wohnzimmer warten, bis die Provisionen sprudeln. Solche „kostengünstigen" Modelle haben keine längerfristigen Erfolgsaussichten, auch allein schon aus rechtlichen Gründen. Bevor sie vom Markt verschwinden, kann es ihnen allerdings durchaus gelingen, Schaden für Investoren und Start-ups anzurichten. Ein Crowdinvesting ist eben wesentlich komplexer als Käufe und Verkäufe von „normalen" Produkten, die zum Beispiel über elektronische Marktplätze wie eBay und Konsorten laufen. Die vergleichsweise hohe Komplexität des Crowdinvestings erfordert ein entsprechend größeres Engagement des Vermittlers. Der Erklärungsbedarf ist höher, die rechtlichen Strukturen sind vertrackter und der Zeithorizont ist bedeutend länger als beim (Online-) Handel mit Produkten, der weitgehend automatisiert laufen kann.

Die zurzeit (Anfang 2017) in Deutschland aktiven Crowdinvesting-Plattformen hinterlassen meines Erachtens einen guten und seriösen Eindruck. Um dem hier ganz pauschal erwähnten guten Eindruck näher auf die Spur zu kommen, seien etwas später die Anforderungen beschrieben, an denen sich messen lässt, was eine gute und was eine weniger gute Plattform ausmacht. Zunächst geht es aber weiter mit den Depressionen.

6.9 „Ärgerliche" Projekte

Man sollte ja vorsichtig sein, unseriöse Projekte offen als solche zu titulieren, denn irgendwo lauern immer Anwälte, die Geschäft wittern, oder man trifft auf Schadensverursacher, die es nicht gewesen sein wollen oder beleidigt sind. Die nachfolgende Darstellung unerfreulicher Projekte fußt auf einer Zusammenstellung und Auswertung öffentlich verfügbarer Informationen. Rein juristisch gilt vieles bei den aufgeführten Negativprojekten nicht oder noch nicht als unseriös oder kriminell. Manchmal ist es auch einfach so, dass die Vorfälle nur moralisch verwerflich sind oder erscheinen oder die Sache schlichtweg ganz besonders dusselig oder dilettantisch angegangen wurde.

Ein „Kommunikations-Meisterstück"

Für das Start-up *Vibewrite*, bei dem es um die Entwicklung und Vermarktung eines bei Schreibfehlern vibrierenden Stifts ging (an sich schon eine komplett ungeniale Idee), konnten via Crowdinvesting (überraschenderweise) 560.250 Euro eingesammelt werden. Drei Monate später war Vibewrite pleite. Die Crowd wunderte sich, wie es gelingen konnte, innerhalb so kurzer Zeit den gesamten Betrag zu versenken. Es blieb eigentlich nur ein plausibler Rückschluss: Das Start-up ging bereits mit einem Schuldenberg in das Crowdinvesting. War den Crowdinvestoren die Schuldenlage klar? Oder hat man nur unglaublich viel Geld in kurzer Zeit auf den Kopf gehauen? Ärgerlich genug. Auf Nachfragen bei der zuständigen Crowdinvesting-Plattform (über deren Forum auf der Website) kam von dort aus die sinngemäße Antwort, dass man mit all dem nichts zu tun habe. Man sei nur Vermittler und gemäß AGB nicht für den Zustand und das Handeln des Start-ups verantwortlich zu machen. Das löste einen wahren Shitstorm aus, später dann aber auch Lerneffekte bei der Plattform. Leider konnte ich dabei zusehen, wie das

Vertrauen in die Plattform einen echten Knacks erhielt. In Blogs und Foren verabschiedeten sich einige Crowdinvestoren ausgelöst durch diesen Vorfall auf Nimmerwiedersehen.

Letztendlich ließ das Projekt Vibewrite Überprüfungsmängel und/oder vertragliche Lücken vermuten und deckte schwerwiegende Kommunikationsdefizite auf, dies höchstwahrscheinlich sogar mit gewissen negativen Folgen für den gesamten Crowdinvesting-Markt. Aber Vorsicht: Man sollte die Lerneffekte und die heilenden Wirkungen solcher Vorfälle nicht unterschätzen. Grundvoraussetzung ist eine Positiveinstellung und die traue ich der betroffenen Crowdinvesting-Plattform zu. Andere Plattformen werden daraus ebenfalls ihre Rückschlüsse für ihr Prozedere und ihre Kommunikation gezogen haben, vor allem auch im Hinblick auf die Kommunikation in Krisenfällen.

Unabhängig davon, ob es sich bei Vibewrite um einen mitgeschleppten Schuldenberg gehandelt hat oder nicht: Nicht nur wir – bei Geldwerk1 – werden uns Gedanken darüber gemacht haben, in welcher Weise man sich als Portal schriftlich bestätigen lässt, dass zum Zeitpunkt des Funding-Starts bei den Start-ups keine beziehungsweise keine wesentlichen Schulden vorhanden sind. Wer aufseiten eines Start-ups so eine Bestätigung (oder Vollständigkeitserklärung) unterschreibt, dem muss klar sein, dass er juristisch belangt werden kann, wenn sich herausstellt, dass die Angabe unzutreffend war. Weiterhin stellt sich für die Plattformen die Frage, wie der Check der zu präsentierenden Unternehmen an dieser Stelle verbessert werden kann. Welche zusätzlichen Dokumente fordert man ein, soll eine Schufa-Auskunft (wenn die überhaupt aktuell genug ist) eingeholt werden und so weiter? Wenn Schulden vorhanden sind, schließt das ein Crowdinvesting nicht aus. Dann ist das Mittel der Wahl: volle Transparenz.

Das „Schöner-geht's-nicht-Projekt"

Zum richtigen Zeitpunkt das perfekte Thema und das perfekte Video dazu. Die Crowd war begeistert und füllte das Projekt *Protonet* gleich über zwei – im Abstand von einem knappen Jahr gelaufene – Crowdinvestings mit Geld auf. Ein Star des Crowdinvestings bis dahin. Protonet entwickelte sich allerdings überhaupt nicht wie gewünscht und prognostiziert, was natürlich passieren kann. Das ist zwar für die Crowdinvestoren enttäuschend und für die Gründer selbstredend auch, aber das gehört nun eben zu den Risiken, die ein Start-up in sich trägt. Jetzt kommt aber das eigentlich Ärgerliche. Die

Gründer von Protonet verkauften ihr Geschäft aus der per Crowdinvesting mit Geld versorgten Gesellschaft heraus an einen US-Investor und hinterließen der Crowd eine leere, wertlose Hülle, dies mit Ausnahme des dort aus dem Verkauf angekommenen Geldes. Den Crowdinvestoren wurde zwar ein Abfindungsangebot unterbreitet, aber es kamen ärgste Zweifel auf, ob das fair sei. Doch was tun aus Crowdinvestoren-Sicht? Die rechtliche Lage erschien beziehungsweise erscheint schwierig. Soll man die Abfindung nehmen oder sich in einen Rechtsstreit mit ungewissem Ausgang begeben? Anfang Februar 2017 wurde dann die Insolvenz von Protonet bekannt gegeben.

Ein „positives Urteil“

Aus dem Crowdfunding stammt das Kickstarter-Projekt *Asylum*, bei dem es sich um ein von serbischen Künstlern gestaltetes Spielkartenset handelt. Nachdem ganz lange Zeit nichts geschah, kam Bewegung in die Sache, allerdings erst nachdem von der Generalstaatsanwaltschaft des US-Bundesstaats Washington Klage erhoben wurde. Die Lieferung an die Crowdfunder erfolgte letztlich dann wenige Wochen, bevor das Urteil gesprochen wurde. Aufgrund der extrem stark verspäteten Lieferung hagelte es eine satte Strafe: knapp 55.000 US-Dollar.[112] Ein richtungsweisendes Urteil, das ein deutliches Zeichen für potenzielle Nachahmer setzt.

„Investieren in Steine“

Peachy Printer nennt sich ein 3D-Drucker, der ebenso wenig fertig wurde wie das Haus eines der Gründer. Das über die Crowdfunding-Plattform Kickstarter mit rund 650.000 Kanadischen Dollar finanzierte Projekt führte zu nichts, was darauf zurückzuführen ist, dass der Finanzchef des Start-ups mehr als 300.000 Dollar aus der Kasse des Unternehmens genommen hat, um – nach eigenem Bekunden – den Bau seines Hauses zu finanzieren.[113] Das Geld reichte

---

112 Vgl. www.heise.de/newsticker/meldung/USA-Erste-Klage-wegen-Crowdfunding-Reinfall-2182006.html und www.pcgameshardware.de/Kickstarter-Event-239378/News/US-Gericht-verurteilt-erstmals-Spielehersteller-wegen-nicht-eingehaltenem-Liefertermin-1171038/ (Zugriff jeweils 17.1.2017).

113 Vgl. www.crowdfunding-anleger.de/single-post/2016/05/25/Diese-4-Tipps-sch%C3%BCtzen-Sie-vor-Betrug-im-Crowdfunding-1, www.heise.de/make/meldung/3D-Drucker-Peachy-Printer-Griff-in-die-Kasse-bringt-Crowdfunding-Projekt-zu-Fall-3203952.html und www.bbc.com/news/technology-36271249 (Zugriff jeweils: 9.1.2017).

dafür nicht einmal und so blieb ein unfertiges und daher nicht allzu wertvolles Haus zurück sowie ein – unter anderem in Ermangelung einer ausreichenden Finanzierung – gescheitertes Projekt.

Die erwähnten Problemfälle sind unterschiedlich schwerwiegend. Eines halte ich allerdings für wahrscheinlich: Crowdfunding-Projekte i.e.S. werden anfälliger gegenüber betrügerischen Absichten sein als Crowdinvesting-Projekte. Warum? Die Überprüfung der Projekte beziehungsweise der Projektinitiatoren wird – wie bereits berichtet – beim Crowdinvesting intensiver sein können und in aller Regel auch sein. Zumindest in Deutschland sind die Crowdinvesting-Projekte im Schnitt um einiges größer, wenn es um das von der Crowd eingeworbene Kapital geht. Außerdem sind die Provisionen bei Crowdinvesting höher. Wo mehr hereinkommt, dort kann im Vorfeld auch mehr Überprüfungsaufwand betrieben werden, man kann sich schlichtweg mehr Personal leisten, das eine solche Überprüfung durchführen kann. Anders herum betrachtet: Crowdfunding-Plattformen müssen eine weitaus höhere Anzahl an Projekten durchjagen, um den gleichen Verdienst zu erzielen wie Crowdinvesting-Portale. Das lässt kaum vertiefte Checks der einzelnen Projekte und der dahinterstehenden Teams zu.

6.10 Weitere Risiken

Ergänzend sei hier noch eine Risikoquelle erwähnt, die im ersten Moment vielleicht überraschend klingen mag: der Anleger. Was sollte dieser denn anrichten können? Nun, der Anleger hat ein Widerrufsrecht, das er missbrauchen kann. Folgende Situation: Die Funding-Schwelle beläuft sich auf 50.000 Euro und diese wird nach Ablauf der Funding-Zeit gerade eben erreicht beziehungsweise knapp übertroffen. Es gibt einen Anleger, der ein Investment in Höhe von 10.000 Euro vertraglich zugesichert hat, der nach Abschluss des Fundings jedoch von seinem Widerrufsrecht Gebrauch macht. Das Funding rutscht damit unter die Funding-Schwelle zurück und die Situation wird schwierig für alle (anderen) Beteiligten. Die Plattformen lösen das gegebenenfalls so, dass sie nachträglich noch weitere Investoren zum Zuge kommen lassen. Nur was, wenn es keine weiteren Interessenten gibt? Das 14-tägige Widerrufsrecht hat seinen Sinn, öffnet aber auch für Querulanten ein Tor. Für die Plattformen heißt es hier, sich auf eine solche Situation vorzubereiten. Die Plattform könnte etwa eine Geldreserve für so etwas vorhalten, um das Loch durch ein eigenes Crowdinvestment in das betroffene Projekt zu schließen. Das geht aber nicht oft. Natürlich lässt sich gegen einen (mehrfach auftretenden) „Berufsquerulanten" womöglich auch rechtlich vorgehen oder er wird einfach ausgeschlossen.

6.11 Chance-Risiko-Einschätzung insgesamt

Nach der recht ausführlichen Darstellung von Problemthemen beim Crowdinvesting kommen nun die Chancen wieder mit ins Spiel.

Kehren wir kurz zurück zu dem weit vorher schon einmal bemühten Beispiel der BASF-Aktie und vergleichen dies mit einem x-beliebigen Crowdinvesting-Projekt. Zunächst: Die zumeist viel höhere Chance bei einem Crowdinvesting wird durch ein erhöhtes Risiko erkauft. BASF läuft – trotz einiger nicht ganz unbeträchtlicher Kursschwankungen im Zeitverlauf – offenbar stabil und wird so schnell nicht pleitegehen: vergleichsweise geringe Chance, vergleichsweise geringes Risiko. Ein Start-up hat hingegen (zumeist) noch nicht bewiesen, dass es sich am Markt durchsetzen kann. Zahlreiche Unwägbarkeiten bestehen. Die Angelegenheit kann danebengehen; bei BASF auch, aber mit weitaus geringerer Wahrscheinlichkeit.

Wie münzt sich aber nun die Chance beim Crowdinvesting um? Was nutzt die größte Wertsteigerung, wenn der Anleger nur eine Festverzinsung oder nur eine sehr geringe Erfolgsbeteiligung für sein Investment erhält? Beim Crowdinvesting wird oftmals eine stattliche Erfolgsbeteiligung angeboten. Das zunächst typische Muster beim Crowdinvesting ist so: Dem Investor winkt eine (sehr) geringe Mindestverzinsung, eine jährliche Ergebnisbeteiligung (ähnlich einer Dividende) plus eine Beteiligung an der Wertsteigerung im Falle eines Verkaufs oder einer Kündigung, wenn die Mindestlaufzeit erreicht beziehungsweise überschritten wurde. Der „Kicker" am Ende ist häufig der wichtigste Anreiz für den Crowdinvestor. Wird das Risiko gering eingeschätzt, zum Beispiel bei Immobilien-Crowdinvestings oder Energieprojekten, dann entfällt der Kicker in der Regel und es gibt (neben der jährlichen Festverzinsung) nur den Anfangseinsatz zurück. Hin und wieder wird die Festverzinsung bei Immobilien- oder bei Energieprojekten auch noch mit einem gewissen Erfolgszuschlag angereichert.

Die Grundstruktur: Riskantere Projekte werden entsprechend ihrem geschätzten Risiko von den Konditionen her, die den Anlegern geboten werden, chancenreicher gestaltet als weniger gewagte Projekte, nicht selten sogar ganz erheblich chancenreicher, sodass zum Beispiel auch ein Vielfaches des anfänglichen Einsatzes dabei herauskommen kann. Es gibt durchaus zahlreiche Crowdinvesting-Projekte für Start-ups, die von der Chance für die Mikroinvestoren her nicht einmal nach oben hin gedeckelt sind. Wenn das Geschäftsmodell dann stark skalierbar ist, also enorme Wachstumspotenziale hat, kann der Anleger mit seinem Projekt geldlich durch die Decke gehen, wenn es denn tatsächlich richtig durchstartet. Diese Möglichkeit besteht bei Immobilienprojekten mit fester Verzinsung eben nicht. Selbst wenn die Immobilien zu Fantasiepreisen verkauft werden können, bleibt es bei der Festverzinsung. Möglich ist es natürlich, die Immobilien-Crowd auch an Verkaufserlösen aus den Objekten teilhaben zu lassen. Auch derartige Immobilien-Crowdinvestings gibt es hin und wieder.

Was im Crowdinvesting angeboten wird, liegt vom Chance-Risiko-Verhältnis her – übertrieben ausgedrückt – irgendwo zwischen Aktie und Lotto. Crowdinvesting-Projekte können aber durchaus auch sicherer sein als Aktien. Im Schnitt wird das Crowdinvesting der Aktie doch deutlich näher sein als dem Lotto, denn immerhin handelt es sich um eine (Erfolgs-)Beteiligung an einem Unternehmen. Beim Lotto sind Verluste sicher, zumindest wenn man die Summe der Lottospieler betrachtet. Der zu verteilende Kuchen ist beim Lotto kleiner als das, was die Spieler gemeinsam einzahlen, und sogar recht ordentlich kleiner. Die Gemeinschaft verliert insgesamt einen Teil ihres Einsatzes und das konstant. Bei Aktien und beim Crowdinvesting kann der Kuchen hingegen für alle Beteiligten tatsächlich größer werden. Die Unternehmen verdienen womöglich sehr gut. Es gibt zusätzliches Geld, das verteilt werden kann. Das ist ein ganz zentraler Unterschied zum Lotto, wo es in Summe immer Geldverluste gibt. Daher ist der Vergleich nicht wirklich passend. Besser passt der Vergleich zur Aktie. Nicht nur das Chance-Risiko-Verhältnis des Crowdinvestings lässt sich recht gut mit dem einer Aktienanlage vergleichen, es gibt noch weitere Punkte, die sich an der Aktie spiegeln lassen. Dazu dann gleich mehr in Kapitel 7.

Wie zuvor schon gesagt, existiert bislang keine hinreichende Datenbasis, die eine valide Risikoeinschätzung im Hinblick auf das Crowdinvesting zulässt. Alles, was dazu bislang vorhanden ist, lässt noch nicht allzu viel mehr als Sterndeuterei zu. Nun gut, es gibt Logiken, Argumente und Datenmaterial aus benachbarten Bereichen und erste – allerdings noch zu wenige – Daten aus dem Crowdinvesting selbst. Die Übertragbarkeit von Analysen aus anderen Bereichen ist fraglich, denn das Crowdinvesting ist echtes Neuland und liegt nichts und niemandem wirklich so nahe, dass Ergebnisübernahmen – woher auch immer sie stammen – passen würden. Was jedoch geht: Die abweichende Ausgangslage beim Crowdinvesting gegenüber ähnlichen Bereichen lässt sich recht gut beschreiben. Daraus können immerhin Rückschlüsse gezogen werden, in welche Richtung – ausgehend von Statistiken aus Nachbardisziplinen – die Reise gehen wird. Nehmen wir als Ausgangspunkt Statistiken zum Versagen von „normalen" Start-up-Unternehmen, dann weist das Crowdinvesting eindeutig in Richtung einer höheren Erfolgsquote. Nur: Wie weit die Abweichung geht, kann nur die Zukunft zeigen.

Jedenfalls: Eine 50-prozentige Versagensquote, wie sie für das Crowdinvesting manchmal prognostiziert wird, ist extrem unwahrscheinlich. Innerhalb der Mindestlaufzeit der Investments gehe ich von einer Ausfallquote im Umfang von vielleicht 20 bis 25 Prozent aus. Das wären also vier bis fünf Totalverluste bei 20 Investments oder rund eines von fünf Projekten, statistisch. Bisher sind es knapp 15 Prozent. Wie lässt sich die heute als relativ gut zu bezeichnende Situation erklären?

Rein gefühlsmäßig hätte ich mehr scheiternde Projekte erwartet. In das Gefühl flossen auch meine Erfahrungen mit gescheiterten (Start-up-)Unternehmen außerhalb des Crowdinvestings ein, mit denen ich in irgendeiner Weise in Berührung kam, zum Beispiel als Unternehmensberater, der eingesetzt wurde, um die Scherben einzusammeln und wieder zusammenzusetzen, sprich gemeinsam mit dem Unternehmen noch kurz vor dem endgültigen Scheitern einen Turnaround hinzukriegen. Aus dieser Erfahrung lässt sich schließen, dass die Crowdinvesting-Plattformen sicherlich nicht (immer) tatenlos zusehen werden, wie ihre Start-ups vor die Hunde gehen. Nein, man wird vermutlich einzugreifen versuchen (wenn man kann), wenn sich ernste Probleme anbahnen, und entweder selbst eine Turnaround-Beratung durchführen oder diese veranlassen. Schließlich hängt der Ruf der Plattformen auch ganz wesentlich davon ab, dass nur wenige der eigenen Start-ups scheitern. Tendenziell leichter haben es Plattformen, die nur Kapital für etablierte Unternehmen vermitteln, denn deren Überleben ist zumeist weniger gefährdet.

Festhalten lässt sich: Das Crowdinvesting bietet außergewöhnliche Chancen. Auf welchem Weg sonst bietet sich für eine breite Bevölkerungsschicht die Möglichkeit, sich an innovativen Projekten zu beteiligen und von deren Erfolg zu profitieren? Sie können an der Weiterentwicklung unserer Wirtschaft und am Aufbau neuer Arbeitsplätze mitwirken. Sind die dabei eingegangenen Risiken dies wert? In den USA würde diese Frage sicherlich anders beantwortet als in Deutschland, zumindest bisher.

7. KAPITEL

Vergleich Crowdinvesting und Aktie

An einer Stelle ist der Vergleich schwierig, nämlich wenn beim Crowdinvesting Aktien eingesetzt werden. Die Crowdinvesting-Plattform Bergfürst schlug diesen Weg zeitweise ein und bot ein auf Aktien basierendes Crowdinvesting an, was sich aber nicht durchgesetzt hat. Auf diesen Sonderfall soll hier nicht Bezug genommen werden. Verglichen werden vielmehr die – den Anlegern bekannten – an der Börse geregelt gehandelten Aktien mit dem, was im Crowdinvesting das typische Vehikel ist, nämlich dem partiarischen Nachrangdarlehen. Letzteres wird von manchen allein deshalb schon als kritisch empfunden, weil sie nie zuvor etwas davon gehört haben und vielleicht auch aufgrund des merkwürdigen Klanges: „Nachrang" klingt irgendwie negativ. Verkannt wird nicht selten, dass die Eigenkapitalgeber (zum Beispiel bei Aktien) im Liquidationsfall noch nachrangiger bedient werden als die Besitzer von Nachrangdarlehen. Gerade auch in Blogs, Foren und Pressebeiträgen, die von nicht im Thema stehenden (kritischen) Journalisten geschrieben oder geäußert wurden, trat dieser Denk- beziehungsweise Wissensfehler gelegentlich zutage. Sie beharrten tatsächlich darauf, dass echtes Eigenkapital im Liquidationsfall besser sei als Nachrangdarlehen. Nun zum Vergleich.

Der Aktienmarkt war ursprünglich dazu gedacht, eine stabile Finanzierung für Unternehmen – bevorzugt für Großunternehmen – zu schaffen. Ob er dieser Aufgabe so noch gerecht wird, ist zumindest teilweise infrage zu stellen: Sekundenhandel, Marktmanipulationen, zweifelhafte Prospekte, irreführende Angaben zur Performance (Beispiel: DAX-Entwicklung im Zeitverlauf). Keine wirklich saubere Angelegenheit für den Kleinanleger, trotz der recht strengen Regulierung. Dem Crowdinvesting wird manchmal vorgeworfen, es bewege sich im grauen Kapitalmarkt. Die Bezeichnung „grau" soll suggerieren, dass es etwas „Weißes" und Besseres gebe, zum Beispiel über die Börse gehandelte Aktien. Die strenge Regulierung des über Börsen laufenden Aktienhandels suggeriert dem Anleger Sicherheit, die aber letztlich nicht vorhanden ist.

Es besteht wenig Zweifel: Start-up-Unternehmen haben oftmals sehr umfangreiche Wachstums- und Wertsteigerungspotenziale, wenn die Idee zündend ist, der Markt vorhanden und das Team fähig erscheint. Wer soll auch sonst so hohe Potenziale haben? Facebook war auch mal ganz klein, zu Beginn. Hätte man dort doch nur am Tag 1 einsteigen können und dies auch getan! Das Crowdinvesting ermöglicht, dass es nicht beim „Hätte" bleiben muss. Ein ganz frühzeitiger Einstieg ist hier ganz real möglich und zudem recht unkompliziert. Zugegeben: Es ist schon extrem unwahrscheinlich, dass ein Crowdinvestor ein „neues Facebook" erwischt. Dennoch: Die Chance ist immerhin da. Wer jetzt noch Facebook-Aktien erwirbt, der wird aller Voraussicht nach auf ein Unternehmen setzen, dessen größte Wertsteigerung schon Geschichte ist. Womöglich wird er noch Gewinne erzielen können, aber wirklich noch große? Wohl eher nicht. Was sich kaum bestreiten lässt: Beim Crowdinvesting sind die Wertsteigerungspotenziale im Schnitt als deutlich höher einzuschätzen als am Aktienmarkt.[114]

Nun ein konkreter Vergleich: börsengehandelte Aktie versus Crowdinvesting:

Vergleichskriterium	Aktie	Crowdinvesting
1. Wertsteigerungspotenziale der finanzierten Unternehmen	mittel	hoch bis sehr hoch
2. Chancen für Anleger	mittel	hoch
3. Prospektpflicht	ja	nein
4. Risiken für Anleger	mittel	hoch
5. Möglichkeiten der Risikostreuung für Kleinanleger	mäßig bis schlecht	gut
6. Ergebnis-/Gewinnbeteiligung	ja	überwiegend ja

114 Beck, R. (2014), S. 126f.

Vergleichskriterium	Aktie	Crowdinvesting
7. Beteiligung an der Wertsteigerung	ja	überwiegend ja
8. Mindestverzinsung	nein	zumeist ja
9. Beteiligung am Eigenkapital	ja	in der Regel nein
10. Nachrangigkeit im Liquidationsfall	ja	ja
11. Typischer Zugangsweg	zumeist über die Hausbank	nur über Internet-plattformen
12. Gebühren für Anleger	zumeist relativ hoch	zumeist keine
13. Zu erwartende Gesamtrendite	mittel	mittel
14. Handelbarkeit	sehr gut	schlecht
15. Kombination mit Besicherungen	machbar	in der Regel nicht möglich
16. Kombination mit Folgefinanzierungen	gut umsetzbar	umsetzbar, aber tendenziell schwieriger
17. Eignung vorwiegend für …	Großunternehmen	junge innovative Unternehmen
18. Gesellschaftlicher Nutzen	mäßig	vergleichsweise hoch
19. Nähe des Anlegers zum Unternehmen, in das investiert wurde	in der Regel gering	nicht selten vergleichsweise hoch

Abb. 24: Vergleich börsengehandelter Aktien mit dem Crowdinvesting

Einige der 19 Punkte halte ich für erklärenswert.

Zu Nr. 10: Immer wieder wird die Nachrangigkeit im Insolvenzfall bei den – im Crowdinvesting genutzten – Nachrangdarlehen kritisiert: Dadurch würde der Investor benachteiligt und solle stattdessen echtes Eigenkapital erhalten. Hier liegt eine ganz schwerwiegende Wissenslücke vor, die weit verbreitet ist! Eigenkapital ist schließlich noch nachrangiger als Nachrangdarlehen. Der Eigenkapitalgeber ist der Letzte, der im Insolvenzfall bedient wird. Er kommt noch nach den Gläubigern, die Nachrangdarlehen haben. Letztgenannte stehen zwar mit ihrem Anspruch hinter allen anderen Fremdgläubigern, aber noch vor den Eigenkapitalgebern.

Zu Nr. 12: Bei Aktienkäufen gibt es in aller Regel satte Mindestgebühren pro Order. Darüber hinaus fallen vom Transaktionsvolumen abhängige

An- und Verkaufsgebühren sowie Depotgebühren an. Das Handling von Aktien gilt als teuer und saugt vor allem dem Kleinanleger das Geld aus der Tasche. Er muss mit seinen Aktienanlagen erst einmal die Gebühren erwirtschaften, bevor er ins Plus kommen kann. Insbesondere wenn der Kleinanleger seine Risiken streuen möchte, machen sich die zumeist hohen Mindestgebühren je Position negativ bemerkbar. Dem Preis- und Leistungsverzeichnis der Sparkasse München lässt sich eine Mindestgebühr in Höhe von 27,50 Euro je Order für den An- und Verkauf von Aktien entnehmen (bei Wertpapierorder Standard).[115] Wer im Sinne einer breiten Risikostreuung zum Beispiel in fünf verschiedene Aktienpositionen je 200 Euro investiert, verliert ganz schnell die Lust, wenn er an die bei einer Gesamtanlage von 1.000 Euro auf ihn zukommenden Mindestgebühren in Höhe von rund 275 Euro denkt (die Hälfte davon beim An- und die andere beim Verkauf), zumal ja noch die Depotgebühren hinzukommen. Bei Aktienorders über Online-Plattformen sind die Gebühren zwar durchaus niedriger (meist fünf bis zehn Euro je Ankauf und je Verkauf), dennoch: ein glasklarer Nachteil der Aktie gegenüber dem in aller Regel komplett gebührenfreien Crowdinvesting.

Zu Nr. 13: Bezogen auf die Gesamtrendite ist der Vergleich noch sehr schwierig, da noch nicht genug Erfahrungen mit dem Crowdinvesting vorliegen. Beim Crowdinvesting sind mehr Ausfälle zu erwarten als bei Aktien, aber auch umfangreiche Wertsteigerungen. Das Crowdinvesting wird also stärkere Ausschläge nach oben und nach unten zeigen. In Summe könnte beides etwa auf gleicher Höhe herauskommen. Allerdings sind Aktien im Nachteil, wenn es um relativ geringe Anlagebeträge geht, da die erwähnten Mindestgebühren pro Order bei Aktien ziemlich negativ durchschlagen.

Zu Nr. 14: Die Handelbarkeit bei Aktien ist (fast) jederzeit gegeben. Beim Crowdinvesting ist dies ein schwieriger Punkt, denn der Crowdinvestor muss einige Klimmzüge machen, um seine Anteile vor Ende der Mindestlaufzeit wieder in Geld umzuwandeln. Es gibt keinen geregelten Markt für Crowdinvesting-Erfolgsanteile. Ausnahme: Für die Immobilien-Crowdinvesting-Anteile der Plattform Bergfürst ist ein Marktplatz vorhanden.

115 Vgl. www.sskm.de/download/unternehmen/agb/1_preis-_und_leistungsverzeichnis/Preis-_und_Leistungsverzeichnis_SSKM.pdf (Zugriff: 22.1.2017), dort auf S. 24.

Zu Nr. 18: Was bringt es volkswirtschaftlich, wenn eine Privatperson 5.000 Euro in Aktien steckt? Nehmen wir Siemens-Aktien. Nichts passiert. Er kauft jemand anderem Aktien ab. Siemens hat keinen Euro mehr für das eigene Geschäft. Nur bei der Neuemission von Aktien kommt tatsächlich Geld bei den Unternehmen selbst an. Aber: Was bedeuten 5.000 Euro für Siemens? Nichts. Ein Start-up-Unternehmen wird sich hingegen über jede zusätzlichen 5.000 Euro freuen und diese wahrscheinlich gut verwenden können. Und weiter: Wer 5.000 Euro zum Beispiel in ein DAX-Unternehmen steckt, der hilft eher beim Abbau von Arbeitsplätzen im eigenen Land als bei deren Aufbau. Das sieht bei Start-ups anders aus. Abgesehen davon, dass das Geld in ein schwarzes Loch fallen könnte (bei einer Insolvenz), besteht eine gute Chance, dass es dabei hilft, neue Arbeitsplätze entstehen zu lassen.

Zu Nr. 19: Beim Crowdinvesting kommt es durchaus häufiger vor, dass die Mikroinvestoren einen näheren Bezug zu ihrem Investment entwickeln. Sie verfolgen dessen Schicksal intensiv, sprechen darüber in ihrem Umfeld, kommunizieren sogar manchmal mit dem Start-up, haben gelegentlich sogar eine persönliche Schnittstelle damit etc. Diese Nähe entwickelt sich zu großen anonymen Unternehmen (zum Beispiel aus dem DAX) selten, es sei denn, man ist dort Mitarbeiter. Die innere Nähe zu ausgewählten Crowdunternehmen ist für einige Crowdinvestoren ein Motiv, sich in diesem Thema zu engagieren. Manche Crowdinvesting-Plattform versucht, die Fühlung und die Kommunikation zwischen Anlegern und Start-ups zu fördern. Das gelingt aber nur gelegentlich. Zumeist muss der Crowdinvestor hier eigeninitiativ werden und er trifft auch nicht immer auf Start-ups, die wirklich „kommunikationsintensiv" sind.

8. KAPITEL

Anforderungen an Crowdinvesting-Plattformen

8.1 Information und Erscheinungsbild

Eigentlich selbstverständlich sollte eine klare und umfassende Information der an einem Crowdinvesting Interessierten sein, also der potenziellen Kapitalgeber und der Kapitalsuchenden. Wenngleich es äußerst positive Beispiele gibt, werden nicht alle Crowdinvesting-Websites dieser Anforderung gleichermaßen gerecht. Und: Nicht allen Portalen gelingt es, ihr Geschäftsmodell verständlich darzustellen. Positiv in puncto Information und Erscheinungsbild fällt unter anderem die Plattform Conda auf: Modell und Prozedere werden für die Anleger beispielsweise anhand des Investitionsleitfadens sehr gut dargelegt.[116] Die Konditionen sind transparent und schnell auffindbar. Die Aufmachung der Website von Conda ist sehr ansprechend. Ähnlich gut und transparent sind die Websites und die dortigen Beschreibungen bei Seedmatch und Companisto sowie bei einigen anderen Plattformen auch. Erfolg kommt nicht von ungefähr. Sicherlich haben Companisto, Seedmatch und Conda den Durchbruch, auf den manch eine andere Plattformen noch wartet, auch deshalb geschafft, weil die Websites besonders gelungen gestaltet wurden.

116 Vgl. www.conda.de/crowdinvesting/ihr-investitionsleitfaden/ (Zugriff: 25.1.2017).

Companisto wartet des Weiteren mit einer sehr geschickten Einbindung der Investoren (den sogenannten Companisten) auf, die dazu angereizt werden, ihr Start-up nach Kräften zu unterstützen. Glückt die Einbindung der Investoren als Promotoren des Projekts tatsächlich, dann kann sich dies durchaus positiv auf den Projekterfolg auswirken.

Informationen und Präsentation über die Websites der Plattformen wurden im Laufe der Zeit breitflächig immer besser. Natürlich liegt das auch daran, dass die jeweiligen Best-Practice-Fälle von anderen Portalen in ähnlicher Art und Weise übernommen wurden. Vor allem auch die optische Darstellung per Bildmaterial ist inzwischen bei fast allen Plattformen sehr gelungen. In frühen Zeiten des Crowdinvestings gab es dahingehend einige Ausfälle. So tauchte die eine oder andere Plattform mit „handgebastelt" erscheinender Website auf. Die entsprechenden Plattformen existieren allerdings (verständlicherweise) inzwischen nicht mehr.

Zum Erscheinungsbild eines Portals zählt auch die ausgestrahlte Seriosität, die ein weiteres wichtiges Kriterium für Investoren und (Start-up-)Unternehmen sein sollte und wird, genau diese Plattform auszuwählen. Lassen sich anhand der Websites aber seriöse von weniger seriösen Portalen unterscheiden und gute von weniger guten? Ein Ansatzpunkt wäre es einzuschätzen, wie vertrauenswürdig die hinter der Plattform stehenden Personen sind. Natürlich spielen auch die Qualifikation und die Berufserfahrung der Geschäftsführer und Mitarbeiter der Plattform eine Rolle für deren Beurteilung. Eine gute Ausbildung und umfangreiche, für die Aufgabe relevante Berufserfahrungen erhöhen die Wahrscheinlichkeit, dass es zu besonders geeigneten Strukturen und Lösungen kommt.

Wenn Plattformen ihre handelnden Personen nicht vorstellen, dann gehe zumindest ich davon aus, dass es über diese Personen eben nichts zu sagen gibt, sprich, dass keine oder nur unwesentliche für die Aufgabe relevante Erfahrungen vorliegen. Es bleibt zumindest ein gewisser Verdacht, dass sich „Bastler" an ein solches Thema herangewagt haben. Die eine oder andere Plattform beschreibt ihr Team recht ausführlich, sodass sich Start-ups und Investoren einen guten Eindruck verschaffen können. Manche Portale haben sich einen Beirat zugelegt, der gestandene Unternehmerpersönlichkeiten umfasst, die somit quasi mit ihrem guten Namen für die jeweilige Plattform einstehen und bei Bedarf mit ihrem Wissen zur Stelle sein können. Auch das ist ein gewisses Qualitätsmerkmal, wenngleich die Beiratsmitglieder eben keine Geschäftsführer oder Mitarbeiter der Plattform sind, die täglich zur

Verfügung stehen. Die Beiräte werden jedoch zumeist bei ganz grundsätzlichen Entscheidungen mit im Boot und/oder bei anderen sehr wichtigen Angelegenheiten mit ihrem Rat zur Stelle sein.

Inzwischen bieten einige Plattformen gute und informative Anlegerleitfäden an, die heruntergeladen oder angefordert werden können. Ein sinnvoller Service, dessen Inanspruchnahme den Crowdinvestoren zu empfehlen ist.

8.2 Projektselektion

Es macht wenig Sinn, wenn beliebige Projekte auf eine Plattform gestellt werden können, ohne dass eine Qualitätskontrolle und eine damit verbundene Selektion erfolgt, frei nach dem Motto: „Der Markt wird es schon richten“. Fehlschlägen wäre Tür und Tor geöffnet. Die Durchsetzung bestimmter Kriterien wird für die Überlebensfähigkeit einer Crowdinvesting-Plattform von entscheidender Bedeutung sein. Wie kann aber nun eine Selektion konkret aussehen? Betrachten wir dazu im ersten Schritt einige Verlautbarungen von Crowdinvesting-Anbietern.

Seedmatch gibt zum Thema Auswahl der Projekte auf seiner Website unter der Rubrik „FAQ“ und dort unter der Frage „Wer wählt die Start-ups aus?“ Folgendes bekannt (Ausschnitt):[117]

> *„Die Vorauswahl der Start-ups findet auf Basis des Seedmatch-Investmentfokus und nach bestimmten formalen Kriterien statt. Eine Geschäftsidee passt dann zu Seedmatch, wenn sie unter anderem die folgenden Eigenschaften erfüllt:*
>
> - *Begeisterung – eine Geschäftsidee, die das Potenzial hat, Menschen zu begeistern*
> - *Innovation – das Produkt beziehungsweise die Dienstleistung ist innovativ und besitzt klare Alleinstellungsmerkmale*
> - *Proof-of-Concept – die Gründer können nachweisen, dass die Idee funktioniert*
> - *Gründerteam – ein kompetentes Gründerteam mit Entwicklungs-, Vertriebs- und Marketingerfahrung*

117 www.seedmatch.de/faq#Start-ups (Zugriff: 17.1.2017), dort unter der Überschrift „Wie erfolgt die Auswahl der Start-ups?“.

- *Skalierbarkeit – Ihr Geschäftsmodell ist nachhaltig und skalierbar*

Nach einem positiven Feedback von Seedmatch schickt das Start-up dann im nächsten Schritt ausführlichere Unterlagen, unter anderem einen Businessplan zu. Seedmatch setzt sich daraufhin mit dem Businessplan und den weiteren Unterlagen auseinander und schaut, ob formale Kriterien wie beispielsweise die Skalierbarkeit oder der Proof of Concept gegeben sind.

Überzeugt das Konzept, lädt Seedmatch das Gründerteam im letzten Schritt zum persönlichen Kennenlernen ein, um das Geschäftskonzept und den Ablauf des Fundings zu besprechen und natürlich, um ein Gefühl für die Gründer zu bekommen."

Daraus lassen sich natürlich noch keine genauen Rückschlüsse hinsichtlich Intensität und Tiefe des Auswahlprozesses bei Seedmatch ziehen.

Die Plattform Companisto hält sich hinsichtlich der Projektselektion offensichtlich stark zurück und äußert sich unter der Rubrik „FAQ" unter der Frage „Nach welchen Kriterien sucht Companisto die Start-ups aus?" zu den Auswahlkriterien für die auf die Plattform gelangenden Start-ups so:[118]

„Letztlich müssen Team und Geschäftsmodell die Companisten überzeugen. Die Crowd entscheidet."

Das ist kurz und trocken und deutet in keiner Weise darauf hin, was Companisto an Intensität in die Vorauswahl steckt. Vielleicht findet sich auf der Companisto-Website noch mehr zu diesem Thema. Weiterhin heißt es in den auf der Website von Companisto veröffentlichten AGB unter Punkt 3:[119]

„Die Informationen über die Crowdinvestingprojekte auf der Companisto-Webseite werden ausschließlich von den Crowdinvestingprojekten zur Verfügung gestellt. Eine Plausibilitätsprüfung der Angaben des Crowdinvestingprojektes oder eine Prüfung der Wirtschaftlichkeit des Crowdinvestingprojektes durch Companisto findet nicht statt."

118 www.companisto.com/de/faq#faq19 (Zugriff: 17.1.2017).
119 www.companisto.de/business-terms (Zugriff: 17.1.2017).

Hieraus abzuleiten, dass bei Companisto kein ernst zu nehmender Auswahlprozess stattfindet, ginge zu weit. Companisto möchte sich offensichtlich rechtlich auf der ganz sicheren Seite wiederfinden (die Plattform ist schließlich von Rechtsanwälten geprägt), nach dem Motto: Wer nichts verspricht, der kann im Ernstfall auf nichts „festgenagelt" werden. Tja, wie manch ein sich bewerbendes Start-up jedoch sicherlich (schmerzlich) erfahren hat, wird in der Realität wohl ordentlich gesiebt und nur eine Minderzahl der Bewerber kommt zum Zuge. Companisto gibt Voraussetzungen an, die die Start-up-Unternehmen idealerweise mitbringen sollten (auszugsweise):[120]

- *Skalierbarkeit: Ihr Geschäftsmodell ist skalierbar und wirtschaftlich nachhaltig.*
- *Kommunikation: Sie kommunizieren gerne und sind offen für einen kritischen Austausch mit Ihren Investoren.*
- *Innovation: Ihr Produkt beziehungsweise Ihre Dienstleistung ist innovativ und besitzt klare Alleinstellungsmerkmale.*
- *Proof-of-Concept: Sie können nachweisen, dass Ihre Idee funktioniert – zum Beispiel durch einen Prototypen oder erste Umsätze.*
- *Gründerteam: Ihr Start-up besteht aus einem kompetenten Gründerteam mit Entwicklungs-, Vertriebs- und Marketingerfahrung.*

Das lässt den (indirekten) Rückschluss zu, dass Companisto diese Kriterien zur Projektselektion nutzen wird.

Innovestment schreibt unter „Grundvoraussetzungen für die Finanzierung über Innovestment" etwas zu den Anforderungen, die an ein Start-up gestellt werden. Wenn es Kriterien gibt, dann lässt sich daraus schließen, dass diese die Basis für einen Auswahlprozess bilden, was aber nicht direkt gesagt wird:[121]

- *Gewissenhaft durchdachte Geschäftsidee mit Fokus auf neue Technologien sowie mit überdurchschnittlichen Wachstumspotentialen.*

---

120 www.seedmatch.de/fuer-gruender (Zugriff: 17.1.2017), dort unter „Ist mein Unternehmen für Crowdfunding geeignet?"

121 www.innovestment.de/unternehmen/profil/ (Zugriff: 17.1.2017).

- *Komplementäres Team mit ausgewiesenen Fachkompetenzen und Marktkenntnis.*
- *Detailliert ausgearbeiteter Business- und Finanzplan oder Investoren-Präsentation.*
- *Darstellung der nachhaltigen Produktqualität in der Kreislaufgesellschaft.*
- *Bereits erfolgter oder unmittelbar bevorstehender Markteintritt.*
- *Kooperationsengagement mit Dienstleistern, Finanzpartnern und Forschungseinrichtungen.*
- *Bereits bestehende Gesellschaftsform als GmbH, UG oder AG.*
- *Präsentationsbereitschaft vor einem größeren Publikum – online und offline.*

Das sind weitgehend klare Vorgaben, was allerdings nicht allzu viel über die von Innovestment getätigte Sorgfalt aussagt, mit der die Auswahl der Kandidaten erfolgt.

Also: Auch die bezogen auf ihr angekündigtes Selektionsverhalten extrem zurückhaltenden Portalbetreiber werden die Überprüfung der Start-ups sicherlich viel aktiver und sorgfältiger vornehmen als schriftlich, zum Beispiel in ihren AGB, niedergelegt. Es geht ihnen bei der Formulierung darum, etwaigen Vorwürfen, keine sachgerechte Überprüfung der präsentierten Unternehmen durchgeführt zu haben, die gegebenenfalls juristisch verwertbare Handhabe zu nehmen.

Über ein Interview mit einem Vertreter von Seedmatch konnten Klöhn/Hornuf im Jahr 2012 in Erfahrung bringen, dass bei dieser Plattform lediglich eine von 40 Bewerbungen zu einer abgeschlossenen Finanzierung gelangte.[122] Inzwischen wird die Quote der sich erfolgreich bewerbenden Start-ups jedoch noch einmal deutlich geringer sein, denn es hat sich in der Start-up-Szene herumgesprochen, dass es das Crowdinvesting gibt. Entsprechend wird es auch deutlich mehr Bewerber geben. Bei den führenden Plattformen für Start-up-Finanzierungen, Companisto und Seedmatch, wird die Ablehnungsquote höher sein als bei kleineren Portalen, die weniger bekannt sind und daher auch weniger Bewerber auf sich

---

122 Vgl. Klöhn, L./Hornuf, L. (2012), S. 245, mit Bezug auf ein Interview mit dem Seedmatch-Beirat RA Andreas Vogel am 21.6.2012.

vereinen werden. Companisto gibt an, dass nur circa ein Prozent der dortigen Bewerber durchkommt.[123]

Ergänzend: Neben der Projektauswahl durch die Plattformen führt auch das Verhalten der Crowd zu einer Selektion, denn nicht jedes auf der Plattform präsentierte Projekt erreicht die zum Wirksamwerden der Finanzierung erforderliche Funding-Schwelle. Die Crowd selektiert – nach der Vorauswahl durch die jeweilige Plattform – über ein summarisch unter der Funding-Schwelle bleibendes Investment also in einem zweiten Schritt ebenfalls.

8.3 Unternehmensbewertung

Die Unternehmensbewertung weist für die am Crowdinvesting Beteiligten unter Umständen einen sehr hohen Stellenwert auf oder sollte dies zumindest, denn hier geht es um die Verteilung des Kuchens zwischen Kapitalgebern und -nehmern. Nicht relevant ist die Unternehmensbewertung allerdings bei Projekten, die allein auf einer Festverzinsung basieren, die schlicht auf das eingesetzte Kapital des Investors berechnet wird. Sobald erfolgsabhängige Komponenten in die Rückflüsse an die Crowdinvestoren hineinspielen, hängen diese – in aller Regel – stark mit der Unternehmensbewertung zusammen.

Wer sich mit Unternehmensbewertungen auskennt und die Zeit hat, sich mit den Bewertungen der ihn interessierenden Crowdinvesting-Projekte näher zu befassen, ist im Vorteil. Über einen solchen Vorteil werden die meisten Mikroinvestoren nicht verfügen. Was sich mit einiger Sicherheit behaupten lässt: Die Unternehmensbewertungen beim Crowdinvesting sind im Durchschnitt recht hoch gegriffen. Welche Konsequenzen das hat, wird nachfolgend geschildert.

Zunächst die Grundregel: Fällt die Unternehmensbewertung beim Einstieg des Anlegers sehr hoch aus, hat das zur Folge, dass er mit seinem Investitionsbetrag nur einen vergleichsweise kleinen Anteil am Erfolg des Unternehmens erhält, da sein hingegebener Betrag in Relation zum Unternehmenswert gesetzt wird. Das sei anhand eines Beispiels verdeutlicht:

---

123 Indirekt zu entnehmen aus: www.companisto.com/de/how-it-works (Zugriff 25.1.2017). Bitte an dieser Stelle so weit herunterscrollen, bis eine bunte Grafik mit der Überschrift „Wie erfolgt die Auswahl der Start-ups und Wachstumsunternehmen?“ erscheint.

Die Unternehmensbewertung beläuft sich auf eine Million Euro und der Kapitaleinsatz des Mikroinvestors beträgt 250 Euro: Sein Anteil hat somit einen Umfang von 0,025 Prozent (= 250 Euro / 1 Million Euro x 100). Würde das Unternehmen nun doppelt so hoch bewertet, dann würde sich der Anteil auf nur noch 0,0125 Prozent (= 250 Euro / 2 Millionen Euro x 100) halbieren. Folglich halbiert sich sowohl der spätere Ergebnisanteil als auch der Anteil an der Wertsteigerung. Hohe Bewertungen gehen zugunsten der Gründer, denn sie müssen umso weniger Anteile abgeben, je höher die Bewertung ist. Die Gründer werden den Unternehmenswert in der Praxis mit der Crowdinvesting-Plattform „aushandeln“, denn einen objektiven Unternehmenswert gibt es nicht. Den Plattformen sollte hier die Aufgabe zukommen, die Interessen der Anleger zu vertreten. Die Realität zeigt allerdings, dass dies manchmal nur bedingt funktioniert, denn in nicht wenigen Fällen ist offenbar schon viel Fantasie mit in die Werte eingeflossen oder ihnen liegt eine Everything-works-well-Planung zugrunde, die unterstellt, dass es keine Umsetzungsschwierigkeiten oder sonstige unerwartete Hürden geben wird.

Aus dem Blickwinkel eines Investors: Im Falle einer (extrem) unangemessen hohen Unternehmensbewertung nutzen auch spätere blendende Geschäfte des Start-ups nicht allzu viel, denn was bringt ein „mikroskopisch“ kleiner Anteil an einem großen Kuchen? Eine sehr hohe Anfangsbewertung bedeutet im Grunde, dass ein ganz wesentlicher Teil der später erwarteten Wertsteigerung schon zu Beginn eingepreist ist. Der Anleger muss diesen Preis beim Einstieg zahlen, indem sein Anteil am Start-up bei gleichem Geldeinsatz schlichtweg geringer bleibt, als er bei einer niedrigeren Unternehmensbewertung wäre. Letztlich bedeutet dies für den Investor, dass er sich mit dem Mechanismus der jeweiligen Erfolgsbeteiligung und dessen Auswirkung eigentlich näher befassen sollte. Das wird allerdings aus zwei Gründen schwierig sein:

1. Die weitaus meisten Mikroinvestoren werden keine Bewertungsfachleute sein, die sich in überschaubarer Zeit einen validen Eindruck über die Bewertung verschaffen können.
2. Außerdem stellt sich die Frage, wie viel Zeit ein Investor denn überhaupt in die Entscheidungsfindung stecken sollte beziehungsweise möchte, wenn er zum Beispiel nur 200 Euro einsetzt. Eine halbwegs fundierte Bewertung lässt sich nicht mal eben mit der Mütze nebenbei machen.

Was bleibt uns armen Anlegern? Ein kurzer Vergleich mit anderen Bewertungen, die aus dem Crowdinvesting oder aus anderen Quellen stammen. Zumindest lassen sich so größere Ausreißer erkennen. Noch besser: Man könnte sich ganz simpel auch auf die in verschiedenen Erfolgssituationen des Unternehmens zu erwartende Rendite stützen und die Bewertung komplett außen vor lassen. Also: Ich konzentriere mich auf die Rückflüsse, die meinem Kapitaleinsatz gegenüberstehen können. Leider gibt nicht jede Plattform die entsprechenden Informationen an, die es uns ermöglichen, schnell damit weiterrechnen zu können. Am besten wären sogar konkrete Beispiele, die etwa zeigen, was aus einem 1.000-Euro-Investment wird, wenn die Planung eintrifft. Besonders schön wäre es natürlich, wenn die Businesspläne direkt mit Musterberechnungen angereichert wären, die die Rückflüsse für verschiedene (Ergebnis-)Szenarien zeigen.

Unternehmensbewertungen fußen auf Planzahlen. Es geht hier nämlich nicht um die Vergangenheit des zu bewertenden Unternehmens, sondern um dessen Erfolge in der Zukunft, die sich in künftigen finanziellen Rückflüssen an die Eigentümer und die Crowdinvestoren konkretisieren. Immer mal wieder finden sich Finanzplanungen von Crowdinvesting-Start-ups, die sich getrost als sogenannte „Hockey-Stick-Planungen" bezeichnen lassen, die eher von Euphorie für die eigene Idee als von Realismus geprägt sind.

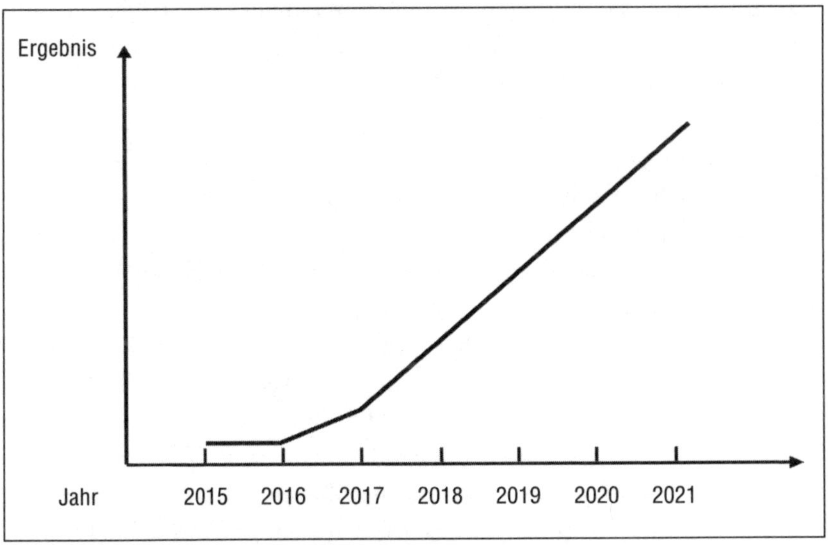

Abb. 25: Typische „Hockey-Stick-Planung"

Abbildung 25 zeigt ein typisches Beispiel für eine Planung, die einem Hockeyschläger („hockey stick") ähnelt. Der flache Bereich symbolisiert die bisherigen (Ist-)Ergebnisse des zugehörigen (Start-up-)Unternehmens und der steil ansteigende Bereich die Prognose, die den Zeitraum „ab morgen" betrifft. Das mag ja hinterher so eintreffen, wenn alles gut läuft (und sich auch die Kapitalspritze aus dem Crowdinvesting auswirkt). Dennoch: Zweifel bleiben und darin drückt sich das unternehmerische Risiko aus. Nicht wenige Start-ups legen tatsächlich nach dem oft kostenintensiven und mit Anlaufverlusten behafteten Start eine satte Wachstumsphase hin und schaffen es zumindest, in Richtung der Prognose zu gelangen. Die meisten Plattformen lassen die Businesspläne vorsichtshalber nach der Funding-Phase von der Website verschwinden, womöglich auch mit dem Ziel, größere Abweichungen nach unten nicht so auffällig werden zu lassen.

Kritische Worte an dieser Stelle. Dennoch stecke ich inzwischen in fast 30 Crowdinvestings. Warum? Ich verfüge über recht viel Erfahrung im Umgang mit Start-ups und mir ist klar, dass die Planungen zumeist zu optimistisch sind. Das kalkuliere ich von Beginn an mit ein. Ein Serien-Crowdinvestor sagte mir, dass er die Ergebnisse aus den Start-up-Finanzplanungen vorsichtshalber durch vier teilt, um sich auf dieser Basis ein vielleicht „realistisches" Bild machen zu können. Nun ja, die Realitätsnähe der Start-ups bezogen auf ihre Planung unterscheidet sich allerdings teils erheblich. Es gibt vorsichtig und es gibt sehr „offensiv" planende Start-ups. Von außen lässt sich oftmals nicht so ohne Weiteres einschätzen, wie viel Optimismus oder Vorsicht in den jeweiligen Planungen steckt. Übrigens: Bei einem der von mir analysierten Projekte würde der Crowdinvestor nach fünf Jahren und einer dann erfolgenden Kündigung rund das 50-Fache seines Einsatzes herausbekommen, wenn die Planung wirklich einträfe.

Die Gründer werden im Regelfall deutlich stärker vom Erfolg ihres Unternehmens profitieren als die Crowdinvestoren. Ein fiktives, aber keineswegs unrealistisches Beispiel: Die Gründer erhalten für 50.000 Euro selbst eingebrachten Kapitals einen Anteil an Gewinn und Wertsteigerung ihres Unternehmens im Umfang von 80 Prozent und die Summe der Crowdinvestoren bringt 200.000 Euro zusammen, um damit 20 Prozent Erfolgsanteil zu erlangen. Genau so etwas würde bei den gegebenen Zahlen passieren, falls der Unternehmenswert auf eine Million Euro taxiert würde, denn die 200.000 Euro der Crowd machen 20 Prozent der Million aus (= 200 TEuro / 1 Million Euro x 100).

Der Erfolgsanteil der Gründer unterliegt anderen Regeln als der Erfolgsanteil der Crowd. Die Gründer erhalten den gesamten „Restanteil", der übrig bleibt, wenn das berechnet wurde, was die Crowdinvestoren bekommen. Wenn wir als Crowdinvestoren mit unserer Rendite sehr zufrieden sind, dann wird es sich bei den (ehemaligen) Gründern wahrscheinlich (rechnerisch) schon um Millionäre handeln. Das sei ihnen gegönnt, denn sie haben es geschafft, ihre Idee erfolgreich umzusetzen, uns Crowdinvestoren zu beglücken und unsere Wirtschaft wieder einen Millimeter voranzubringen.

Auf den Punkt gebracht: Eine hohe Unternehmensbewertung zu Beginn sorgt dafür, dass wir als Investoren diskriminiert werden. Das ist aber auch gut zu verstehen, denn die Gründer haben zumeist ganz erhebliche Vorleistungen erbracht, die sich nicht selten über viele Jahre erstreckten, und sie geben oft ihr letztes Hemd, während wir nur unser „überzähliges" Geld in die Waagschale werfen und gierig den großen Gewinn haben wollen, ohne eine wirkliche Leistung beigetragen zu haben. Wir haben lediglich unser Geld einem Risiko ausgesetzt. Die (starke) Bevorzugung der Gründer geht durchaus in Ordnung. Business Angels und VC-Gebern geht es nicht anders als uns. Für uns stellt sich nur die Frage: Wo ist die Schmerzgrenze? Im Zweifelsfall setzen wir sie dort an, wo unsere Investitionsalternativen liegen, wobei wir dabei immer das Chance-Risiko-Verhältnis im Auge haben sollten. Unser Sparbuch ist zwar sicher, wirft aber momentan nichts ab. Die Verzinsung liegt derzeit gegebenenfalls sogar unterhalb der Inflationsrate. Aktien sind ebenfalls risikobehaftet, wenngleich im Durchschnitt weniger als Crowdinvestments, jedoch sicherlich auch erheblich langweiliger. Ob das Risiko bei einer Anlage in Aktien tatsächlich so viel geringer ist als bei einem Crowdinvesting? Zu Endzeiten des Neuen Marktes gab es breitflächig massive Kursverluste und zahlreiche Totalausfälle am entsprechenden Aktienmarkt.

Welche Bewertungsverfahren kommen eigentlich bei einem Crowdinvesting in Betracht? Die beiden gängigsten Bewertungsmethoden sind das Discounted-Cashflow-Verfahren sowie das EBIT-Multiplikator-Verfahren. Letztgenanntes Verfahren greift auf Vergleichswerte zurück. Die Vergleichswerte werden entweder aus Börsenwerten oder aus Verkaufspreisen für ähnliche Unternehmen ermittelt. Dazu werden möglichst viele vom Geschäft her vergleichbare Unternehmen gesucht, für die entsprechende Werte vorliegen (Peergroup). Die Börsenwerte oder Verkaufspreise werden anschließend durch das jeweilige Ergebnis vor Zinsen und Steuern (EBIT) des zugehörigen Unternehmens geteilt. Dadurch erhält man den sogenannten EBIT-Multiplikator. Also: Aus einem Kaufpreis (nach Abzug der Nettofinanzschulden) in Höhe von zwei Millionen Euro und einem EBIT von 250.000 Euro ergibt sich ein Multiplikator von 8 (= 2 Millionen Euro / 250.000 Euro). Aus allen so ermittelten EBIT-Multiplikatoren der Vergleichsunternehmen könnte man nun einen Mittelwert bilden und käme vielleicht auf einen Multiplikator von 7,5. Dieser wird auf das EBIT unseres zu bewertenden Unternehmens angewendet. Wenn für unser Start-up nun ein EBIT in Höhe von 100.000 Euro angesetzt würde und Nettofinanzschulden von 50.000 Euro, dann ergäbe sich Folgendes:

100.000 Euro x 7,5 – 50.000 Euro = **700.000 Euro**

Der errechnete Unternehmenswert beliefe sich auf 700.000 Euro. Problem 1: Wo bekommen wir das EBIT für unser Start-up-Unternehmen her? Start-ups sind in der Regel „geschichtslose" Unternehmen, für die keine oder zumindest keine repräsentativen Vergangenheitswerte vorliegen, auf die wir für die Bewertung zurückgreifen können. Wir müssen die Bewertung aber nun mal mit Eingangswerten füttern. Die entsprechende Planung ist mit allen Unwägbarkeiten verbunden, die für neue (innovative) Unternehmen gelten. Außerdem stellt sich die Frage, auf welches Planjahr wir den ermittelten Multiplikator anwenden sollen. Das jetzige, das nächste, das übernächste oder ein noch späteres? Neue Unternehmen starten oftmals zunächst mit Verlusten und haben womöglich erst nach zwei, drei oder vier Jahren ein erstes halbwegs repräsentatives Ergebnis. O. K., vielleicht greifen wir uns das EBIT des dritten oder vierten Planjahres heraus, um die Bewertung durchzuführen, oder nehmen einen Durchschnittswert. Problem 2: Wo bekommen wir eigentlich unsere Vergleichsunternehmen her? Und wenn wir welche haben: Sind diese wirklich vergleichbar mit unserem (speziellen) Start-up, das womöglich eine ganz neue Idee umsetzen möchte? Problem 3: Wir wissen nicht, was hinter den Kaufpreisen für die Vergleichsunternehmen steht. Waren diese überhaupt vernünftig? Enthielten sie strategische Prämien, die wir nicht kennen? Dazu werden wir womöglich keine Informationen erlangen. Nun: Die EBIT-Multiplikator-Methode stößt an verschiedenen Stellen auf Grenzen und kann letztlich nur einen groben Anhaltspunkt für die Bewertung liefern. Aber vielleicht reicht uns das ja schon.

Das Discounted-Cashflow-Verfahren gilt gemeinhin als treffsicherer als die EBIT-Multiplikator-Methodik. Dort wird nicht auf Vergleichswerte gesetzt, sondern es werden direkt die Planwerte (hier als Cashflows) für das zu bewertende Unternehmen herangezogen und auf den Gegenwartszeitpunkt abgezinst. Von der Summe der abgezinsten Cashflows werden wiederum die Nettofinanzschulden abgezogen und der Unternehmenswert steht. Zwei Stellschrauben sind bei diesem Verfahren zentral: die Planwerte, für die wir ebenfalls auf ein Planungsproblem treffen, da wir bei einem neuen Unternehmen aus der Vergangenheit nicht allzu viele Schlüsse ziehen können, die uns bei der Planung helfen. Jedoch haben wir beim Discounted-Cashflow-Verfahren immerhin nicht das Problem, ein bestimmtes repräsentatives Planjahr auswählen zu müssen, denn es fließen alle Planjahre in die Bewertung ein, sogar unendlich viele. Wir lösen das Thema der Unendlichkeit durch einen ab einem bestimmten Planungshorizont (zum Beispiel nach fünf Jahren) angesetzten festen Planwert, der für alle Jahre danach (durchschnittlich) gelten soll, und errechnen daraus eine „ewige Rente“. Letztere wird zu den abgezinsten Planwerten aus den vorherigen Planjahren hinzugerechnet.

Die zweite wichtige Stellschraube beim Discounted-Cashflow-Verfahren ist der Abzinsungsfaktor. Gerade bei Start-up-Unternehmen ist die Bandbreite der dafür in der Praxis angesetzten Abzinsungsfaktoren groß. Der Abzinsungsfaktor enthält eine Zins- und eine Risikokomponente. Das einfließende Risiko wird allerdings von (fast) jedem anders eingeschätzt. Venture-Capital-Geber neigen oftmals zu sehr hohen Abzinsungsfaktoren. Das führt zu niedrigen Bewertungen und sie erhalten (wenn die Bewertung durchgeht) dann mit ihrem Kapitaleinsatz relativ hohe Anteile an den Unternehmen, in die sie einsteigen. Nicht selten liegen die Abzinsungsfaktoren dort zwischen 30 und 50 Prozent. Zum Vergleich: Bei etablierten Unternehmen hat man vielleicht etwas in der Größenordnung von zehn bis zwölf Prozent. Die Höhe dieses Faktors schlägt enorm auf den Umfang des Unternehmenswerts durch.

Beim Discounted-Cashflow-Verfahren treffen wir, wenn es um Start-ups geht, ebenfalls auf Bewertungsprobleme, die ernst zu nehmen sind. Bei etablierten Unternehmen kommen wir mit dieser Methode bewerterisch hingegen sehr gut zurecht, aber eben oft nicht bei den „geschichtslosen“ Unternehmen. Insbesondere dann, wenn die Geschäftsidee ganz neu ist, können wir häufig nur per Glaskugel planen. Uns bleibt aber nichts anderes übrig; wir müssen planen, um bewerten zu können. Die Start-up-Unternehmen oder deren Berater nehmen uns das Planen allerdings dankenswerterweise ab. Uns bleibt, die Planung zu plausibilisieren, und wir werden dabei nicht selten die bereits zuvor geäußerte Befürchtung haben, dass hier recht euphorisch geplant wurde. Was tun? Wissen wir es denn besser? Schwer zu sagen, wie hoch der Anteil von Fantasie und der Anteil von Realismus (bezogen auf die Zukunft) in einer Planung ist, die uns (im Rahmen des Businessplans) vorgelegt wurde.

Was ich mit all dem sagen will: Wie man die Sache auch dreht und wendet, für viele Start-up-Unternehmen ist es sehr schwierig, auch nur eine halbwegs valide Planung hinzubekommen. Die Zukunft ist für die meisten dieser Unternehmen derart ungewiss, dass die Bandbreite der möglichen künftigen Ergebnisse groß ist. Etablierte Unternehmen sind zumeist schon in einem eingeschwungenen Zustand und dort weiß man aus langjähriger Erfahrung, was geht und was nicht geht, und kann daher genauer beziehungsweise realistischer planen, zumeist jedenfalls.

Die gesamte Problemlage und die Möglichkeiten, dennoch auch unter erschwerten Bedingungen noch bestmöglich zu bewerten, würden ein eigenes Buch füllen. Was rate ich den Investoren, den Start-ups und den Plattformen hinsichtlich der Unternehmensbewertung? Eine Lösung wäre es, auf Bewertungsprofis zu setzen, die sich mit der Bewertung junger Unternehmen gut auskennen. Die Start-ups können einen solchen wahrscheinlich durchaus einschalten (und bezahlen), die Mikroinvestoren wohl kaum. Die Crowdinvesting-Plattformen verfügen oft über eigene Expertise in der Unternehmensbewertung. Der großen Mehrheit der Investoren bleibt nur die Möglichkeit, zu hoffen, dass die Werte schon halbwegs „stimmen" werden, beziehungsweise sie können Vergleichs-(Unternehmens-)werte aus anderen Crowdinvesting-Projekten heranziehen.

Ich selbst habe für eine Reihe von (Crowdinvesting-)Start-ups Unternehmensbewertungen durchgeführt. Dabei griff ich sowohl auf eine Discounted-Cashflow- und eine EBIT-Multiplikator-Bewertung als auch auf Vergleichswerte aus anderen Crowdinvestings ähnlichen Charakters zurück. Eine halbwegs seriöse Herleitung von Planwerten als Eingangsdaten für die beiden erstgenannten Verfahren war sehr aufwendig, aber dennoch machbar, da ich (mit einer Ausnahme) jeweils recht gut passende Finanzdaten von anderen Unternehmen finden konnte, die ein ähnliches Entwicklungsstadium in einem vergleichbar strukturierten Geschäft durchlaufen hatten. Die Angelegenheit ist allerdings höchst aufwendig und einem Crowdinvestor nicht zuzumuten. Er wird den Start-ups und den Plattformen vertrauen müssen und/oder Vergleiche mit ähnlichen Crowdinvesting-Projekten und deren Bewertungen anstellen können.

8.4 Verträge

Neben dem Erfolg des Start-ups sind tragfähige Vertragswerke ein elementarer Erfolgsfaktor für ein Crowdinvestment. Eine gewisse Transparenz schafft diesbezüglich die Plattform Conda, die eine Erläuterung zu den dort genutzten Beteiligungsverträgen als erste Basisinformation auch für nicht registrierte Nutzer zur Verfügung stellt.[124] Obgleich es sich um eine Kurzversion des endgültigen Vertrags handelt, kann sich der Investor bereits etwas besser auf das einstellen, was ihn konkret erwartet, und muss bei der Entscheidungsfindung nicht allein auf das vertrauen, was auf der Website der Plattform frei formuliert zu lesen ist. Natürlich sieht der Investor dann später den jeweils konkreten Vertrag, bevor er in ein Projekt investiert. Ich meinte hier vielmehr die allgemeine Vorbereitung eines noch nicht registrierten Nutzers, der erst einmal sehen möchte, wie die Bedingungen der Plattform sind. Conda ist an dieser Stelle ein positives Beispiel im Hinblick auf die frühzeitige und verständliche Informationsversorgung der potenziellen Investoren und der Start-ups.

Die frühzeitige Informationsbereitstellung über die abzuschließenden Vertragswerke sagt allerdings noch nichts darüber aus, ob diese wirklich tragfähig sind. Was macht einen guten Vertrag aus? Enthalten sein sollten der Status sowie die Rechte und Pflichten der Vertragsparteien, zum Beispiel aufgeteilt in folgende Punkte:

- Vertragsparteien (Unternehmen und Crowdinvestor)
- Präambel (Grundgedanke und Klarstellungen)
- Beginn und Dauer der Beteiligung beziehungsweise des Darlehens
- Darlehens-/Investmentbetrag und Erfolgsanteilsquote
- Abruf des Darlehens-/Investmentbetrags beim Zahlungsdienstleister (Treuhandkonto)

124 Vgl. http://support.conda.eu/wp-content/uploads/2015/05/Erl%C3%A4uterung_Mustervertrag2_ger.pdf (Zugriff: 17.1.2017).

- Geschäftsführung des Unternehmens
- Informationsrechte und -pflichten (Berichts- und Auskunftspflichten des Unternehmens)
- Jahresabschluss des Unternehmens (auch Fristen dazu)
- Rückzahlung des partiarischen Nachrangdarlehens/Investmentbetrags (nach Kündigung)
- Festverzinsung, erfolgsabhängiger jährlicher Bonuszins, Bonuszins nach Kündigung, Bonuszins nach Exit-Ereignis
- Pooling bei Ablöseangeboten und bei Vertragsänderungen
- Auszahlungskonto/Steuern
- Qualifizierte Nachrangklausel (zur Vermeidung, ins Bankenrecht zu gelangen)
- Verwässerung (wenn neue Eigenkapitalgeber hinzukommen oder ein erneutes Crowdinvesting durchgeführt wird)
- Übertragung des partiarischen Nachrangdarlehens beziehungsweise des Anteils durch den Investor (wenn dieser seine Erfolgsanteile vorzeitig wieder in Geld umwandeln möchte)
- Kündigung (beidseitig nach Ablauf der Mindestlaufzeit möglich)
- Kosten
- Risikohinweis und weitere Informationen für den Investor
- Haftungsbeschränkung und Haftungsfreistellung
- Schlussbestimmungen: Textform; salvatorische Klausel; Gerichtsstand

Das Herzstück des Crowdinvestings, der Beteiligungs- beziehungsweise Darlehensvertrag, hat also in der Regel zahlreiche Punkte. Es bedarf größter Sorgfalt, diesen ausgewogen zu gestalten, also die Belange der (Start-up-) Unternehmen und der Crowdinvestoren gleichermaßen zu beachten und dies vernünftig umzusetzen. Verantwortlich für den Vertrag sind die Vertragsparteien, nicht die all dies arrangierende und moderierende Plattform, wenngleich sie mit vorbereiteten Musterverträgen „aushilft". Wenn die vorbereitende Crowdinvesting-Plattform Schnitzer in die Muster einbaut, kann das fatale Folgen für die (Start-up-)Unternehmen zeitigen und/oder die Anleger gegebenenfalls in schlechte Situationen manövrieren. Zu Beginn des Crowdinvestings holperten die Verträge noch an manchen Stellen. Inzwischen hat sich ein guter Basisstandard herausgebildet, zumal nicht selten die eine Plattform von der anderen abschreibt beziehungsweise die besten Dinge (sinngemäß) übernimmt. Ich konnte beobachten, wie die älteren Plattformen (beziehungsweise deren Anwälte) in dem noch neuen Thema stetig dazulernten. Später hinzukommende Plattformen nahmen sich gelungene Verträge beziehungsweise Vertragspassagen dann zum Vorbild und versuchten auf dieser Basis eigene Verbesserungen umzusetzen. Dazu bedarf es aber im Thema Crowdinvesting erfahrener oder richtig pfiffiger, dem Kapitalmarktrecht zugeneigter Anwälte.

Der sogenannte Crowdinvesting-Vertrag darf natürlich nicht fehlen. Dabei handelt es sich um den Vertrag, der zwischen der Plattform und dem per Crowd zu finanzierenden Unternehmen abgeschlossen wird. Dieser enthält natürlich die von der Plattform zu erbringenden Leistungen, die in der Kapitalvermittlung und den dazu nötigen Arbeitsschritten bestehen. Dann kommt in dem Vertrag vor, welche Pflichten das (Start-up-)Unternehmen hat. Es muss ja schließlich Informationen liefern (insbesondere den Businessplan). Logisch, dass im Crowdinvesting-Vertrag die Vergütung/Provision für die Plattform festgeschrieben wird. Weitere typische Punkte sind (auszugsweise): Vertragsbeginn und -laufzeit, Zahlungsabwicklung, Informationspflichten und Kontrollrechte, Geheimhaltung etc.

Die Verlässlichkeit und Sicherheit der Zahlungsabwicklung ist ein weiteres wichtiges Kriterium für den ordnungsgemäßen Verlauf eines Crowdinvestings. Dabei kommt es nicht nur darauf an, dass der Finanzierungsbetrag an das Unternehmen gelangt (und nicht irgendwo verschwindet), sondern auch darauf, dass die späteren Rückflüsse an die Crowdinvestoren tatsächlich fließen. Standard ist es, dass die eingehenden Zahlungen nicht auf das Konto des Portalbetreibers und auch nicht direkt an die zu finanzierenden Unternehmen gelangen, sondern zunächst von einem dritten Unternehmen entgegengenommen und treuhänderisch verwaltet werden, zum Beispiel von einer Bank. Erst wenn das Funding abgeschlossen ist, das heißt, wenn die Frist für das Funding (zum Beispiel nach 60 Tagen) abgelaufen ist und bis dahin die Funding-Schwelle erreicht beziehungsweise überschritten wurde, fließt das eingesammelte Geld vom Treuhandkonto an das zugehörige (Start-up-)Unternehmen, üblicherweise abzüglich der Provision, die dem Plattformbetreiber gutgeschrieben wird, und der Gebühr für die Zahlungsabwicklung, die an den Zahlungsdienstleister geht. Ein solcher Dienstleister ist die Secupay AG, die sich auf bargeldlose Zahlungsabwicklungen im Offline- und Onlinehandel konzentriert und sich unter anderem auf Zahlungslösungen für Crowd-Modelle spezialisiert hat. Der jeweilige Zahlungsanbieter wird von der Crowdinvesting-Plattform vorgegeben (zumindest kenne ich das nur so). Zwischen dem entsprechenden Zahlungsanbieter und dem zu fundenden Unternehmen entsteht in der Regel eine direkte Vertragsbeziehung.

8.5 Engagement nach Vertragsabschluss

Besonders eng würde eine Crowdinvesting-Plattform mit dem Schicksal ihrer Projekte und dem der Investoren verknüpft, wenn sie nur dann Geld bekäme, wenn die Anleger gewönnen. Das wäre der Fall, wenn sie tatsächlich nur oder zumindest weitaus überwiegend nur dann entlohnt würde, wenn der Investor ein Plus erzielt hat. Dann wäre der Erfolg der Start-ups für die Plattform noch überlebenswichtiger als ohnehin schon. Schließlich steht und fällt der Ruf einer Plattform mit den Erfolgen ihrer Projekte. Wenn nun auch noch eine ganz starke Bindung über den letztendlichen finanziellen Erfolg hergestellt würde, wären die Plattformbetreiber auf das Äußerste bestrebt, die Start-ups zu unterstützen, und das bis zur letzten Sekunde, dem Exit.

Natürlich kostet Unterstützung auch Zeit und Geld. Die Plattform tut also gut daran, die Start-ups zu beobachten und dort, wo (gegebenenfalls mit wenig Aufwand) Hilfe geleistet werden kann, diese zu geben. Die Hilfestellung könnte etwa darin bestehen, dass Kontakte geschaffen werden etc. Weiterhin wird ein Portal, das direkt an den Investorenerfolg gebunden ist, noch stärker als andere Plattformen daran interessiert sein, dass die Vertragswerke zwischen Investor und Start-up langfristig tragfähig sind. Wenn die Verträge Lücken haben, unklar formuliert sind, nicht eingehalten werden beziehungsweise nicht durchsetzbar sind, kann es trotz guter Entwicklung des Start-ups gegebenenfalls zu Verlusten oder entgangenen Gewinnen bei Investoren kommen. Eine Plattform, die am Wohl und Wehe der Anleger teilhat, wird im Vorfeld bereits sehr bemüht sein – mehr noch als andere Portale –, die Verträge sowie deren Nachverfolgung möglichst „wasserdicht" zu gestalten. Ein solches Portal handelt sich durch das besonders faire Modell allerdings einen Nachteil ein: Der eigene Verdienst lässt auf sich warten (bis die Start-ups genug abwerfen und die Anleger reichlich erhalten) und dazu wird ein sehr langer Atem für die Plattform bis zum Erreichen der Gewinnzone nötig sein.

Eine sich so etwas aufbürdende Plattform verfügt aufgrund des gewählten Geschäftsmodells also über ein intrinsisches Interesse daran, dass nach Vertragsabschluss alles reibungslos weiterläuft. Welche Mindestanforderungen wären aber an andere Plattformen zu richten, die keinen entsprechenden intrinsischen Anreiz haben, sich nach Vertragsabschluss noch ernsthaft zu engagieren beziehungsweise schon von Beginn an dafür Sorge zu tragen, dass die gesamte Laufzeit des Investments sauber verläuft? Hier stellt sich die Frage, welche Pflichten die Plattformen aus gesetzlicher und aus vertraglicher Sicht haben. Des Weiteren könnten die Plattformen natürlich auch freiwillig bestimmte Aufgaben übernehmen, die über das Pflichtpaket hinausgehen, etwa um ihr Image aufzupolieren oder um an Nebenverdienste zu gelangen. Tatsächlich ist es so, dass einige Plattformen diverse Zusatzleitungen für die Start-ups auch für die Zeit nach dem anfänglich abgeschlossenen Crowdinvesting anbieten. Manch eine Crowdinvesting-Plattform erhält also nicht nur die Provision für ihre Kapitalvermittlungstätigkeit und daran anknüpfende Zusatzdienste, sondern auch ein Entgelt für spätere weitere Leistungen. Damit gelingt es den Plattformen gelegentlich, einen durchaus nennenswerten Anteil aus dem Funding „zu behalten", sie erbringen dafür jedoch auch (sehr) Nützliches für die Start-ups.

Companisto ist zu einem gewissen Teil am Erfolg der eigenen Crowd beteiligt, denn dort werden den Crowdinvestoren zehn Prozent ihres Gewinns abgeknöpft. Man nennt das dort ganz nett: *„We win if you win."* Komplett lautet das bei Companisto so:[125]

> *„Companisto profitiert nur dann, wenn Sie mit Ihren Investments Gewinne erzielen: We win if you win. Companisto erhält dann von den Gewinnen eine rein erfolgsbasierte Gewinnbeteiligung in Höhe von zehn Prozent der an Sie ausgeschütteten Beträge."*

Wenn die Projekte gut laufen, kann Companisto hier ganz erheblich zusätzlich verdienen, ist aber auch stärker als andere Plattformen angereizt, sich intensiv langfristig weiter um alles zu kümmern und das Gelingen zu unterstützen.

125 www.companisto.com/de/frequent-questions (Zugriff: 25.1.2017).

8.6 Anforderungskatalog

Aus dem zuvor Dargelegten und aus dem Verhaltenskodex für Crowdfunding-Plattformen im Bundesverband Crowdfunding e.V.[126] ergeben sich folgende Anforderungen, die an gute Crowdinvesting-Portale beziehungsweise an deren Betreiber zu richten wären:

1. Erscheinungsbild und Seriosität: Eine attraktive Gestaltung der Website des Crowdinvesting-Portals ist ein wichtiger Überlebensfaktor für den Anbieter. Wichtig ist eine verständliche und übersichtliche Bereitstellung der erforderlichen Informationen für potenzielle Crowdinvestoren und für die Unternehmen, die ein Crowdinvesting eingehen wollen. Weiter: Die Seriosität der Plattformen definiert sich in erster Linie über die handelnden Personen, jedoch auch über gute Inhalte, gute Strukturen und Vertragswerke. So wäre unter anderem zu erwarten, dass die Plattformen nicht (allein) mit engagierten „Hobbybastlern" arbeiten, sondern in ausreichender Anzahl mit seriösen Profis ausgestattet sind, um das Geschäft sauber betreiben zu können. Ebenfalls zur Seriosität gehören ordentlich strukturierte Prozessabläufe für das Funding und die zugehörigen Arbeiten.

2. Transparenz: Für sehr gelungen halte ich die Formulierungen des Bundesverbandes Crowdfunding e.V., die als Selbstverpflichtung für die Mitgliedsplattformen zu sehen sind und sich auf Plattformen aus allen Bereichen des Crowdfundings i.w.S. beziehen (daher ist zum Beispiel auch das Spendenthema mit enthalten):[127]

> *„Wir sorgen für Transparenz, damit Investoren oder Spender Informationen zu ihrem investierten beziehungsweise gespendeten Geld erhalten können. [...] Wir formulieren unsere allgemeinen Geschäftsbedingungen und Verträge für Unternehmen und Personen, Investoren oder Spender verständlich und erklären genau, wie der*

126 www.bundesverband-crowdfunding.de/verhaltenskodex-fuer-crowdfunding-plattformen-im-bundesverband-crowdfunding-e-v/ (Zugriff: 20.1.2017).

127 www.bundesverband-crowdfunding.de/verhaltenskodex-fuer-crowdfunding-plattformen-im-bundesverband-crowdfunding-e-v/ (Zugriff: 20.1.2017), dort unter den Punkten 2. und 6.

Investitionsprozess und Geldtransferprozess funktioniert, was unsere Rechte und Pflichten sind, welche Sorgfaltspflichten bei der Prüfung durch uns gelten und welche Gebühren zu welchem Zeitpunkt fällig werden.“

Nicht jeder Plattform gelingt eine vollständige, verständliche und übersichtliche Darstellung. Manchmal liegt es nicht einmal daran, dass Informationen fehlen. Es gibt Plattform-Websites, die zur Unübersichtlichkeit neigen; es werden teils zu viele Informationen und optische Eindrücke auf die einzelnen Seiten gepackt. Andererseits fehlen aber auch bei manchen Plattformen wichtige Informationen oder sie sind aufgrund einer ungünstigen Benutzerführung schwer aufzufinden.

3. Konditionen: Die Vorgabe eines gut handhabbaren und fairen Rahmens für das Verhältnis zwischen Mikroinvestor und (Start-up-)Unternehmen ist elementar für den weiteren Erfolg. Eine hohe Flexibilität bei den Modellen und Bedingungen für die präsentierten Projekte kann zwar dazu führen, dass die Konditionen sich flexibel an die Bedarfe der Unternehmen anpassen lassen, erschwert aber die Einschätzbarkeit der Situation für die Investoren, denn sie müssen sich bei fast jedem Projekt wieder auf neue Situationen einstellen. Bezogen auf die Konditionen ist zu sagen, dass diese möglichst einfach und klar sein sollten, damit der typische Crowdinvestor diese gut nachvollziehen kann. Ihm wird es leichter fallen, sich für ein Investment zu entscheiden, wenn die Rahmenbedingungen dafür deutlich werden und er nicht in eine „Blackbox“ schaut.

4. Verträge und rechtlich relevante Abläufe: Die Konditionen müssen in tragfähige Vertragswerke gegossen werden, was keineswegs trivial ist. Die Verträge sollten (von den Plattformen) unbedingt mit juristischer Expertise entwickelt werden. Ansonsten besteht die Gefahr, dass es zu Missverständnissen und/oder zu Überraschungen kommt beziehungsweise zu späteren unnötigen Streitigkeiten zwischen den Parteien. Unglücklich gestaltete Vertragswerke und/oder fehlerhafte Abläufe im Investitionsprozess können dazu führen, dass die Ausnahmen von der Prospektpflicht nicht greifen und die Crowdinvesting-Unternehmen – ohne es zu merken – einer Prospektpflicht unterliegen. Das führt zu erheblichen Haftungsrisiken für die Unternehmen, wenn etwas schiefläuft. Was auch passieren kann: Die Unternehmen rutschen unerwartet in ein dem „Kreditrecht“ unterliegendes Einlagengeschäft – mit möglicherweise recht unangenehm werdenden Folgen.

5. Sicherheit und Datenschutz: Wichtig ist zunächst, dass keine von den beteiligten Personen als sensibel eingestuften Angaben und Daten in Umlauf geraten. Die sichere Verwahrung der Daten der Investoren und der Unternehmen muss eine Selbstverständlichkeit sein. Da die Kommunikation und Abwicklung bezüglich des Crowdinvestings oft ausschließlich über die Website der Plattform erfolgt, sind dort entsprechende Vorkehrungen zu treffen. Konkret: Investorendaten müssen über abgesicherte Kommunikationswege laufen und in verschlüsselten Dateien aufbewahrt werden. Und weiter: Zu überlegen ist, ob wirklich alle Informationen, die von den bereits gefundeten Unternehmen an die Investoren geliefert werden, für alle Besucher der Plattform-Website sichtbar gemacht werden sollen oder ob dafür ein passwortgeschützter Bereich eingerichtet wird, der nur denjenigen Crowdinvestoren zugänglich ist, die sich an dem betreffenden Unternehmen beteiligt haben. Es macht Sinn, entsprechend auf bestimmte Teilnehmergruppen bezogene Zugriffs- und Leserechte einzurichten.

Klare Sache: Etwaige Online-Zahlungswege müssen abgesichert sein. Die Zahlungsabwicklung muss blitzsauber laufen. Dazu zählt auch, dass die Einzahlungen der Investoren zunächst auf einem treuhänderisch geführten Konto „geparkt“ werden und erst nach dem erfolgreichen Abschluss des Funding-Prozesses an das Crowdinvesting-Unternehmen fließen.

6. Langfristiges Engagement: Sollte die Plattform den Weg einschlagen wollen, als kurzfristig denkender Kapitalvermittler zu agieren, der sich um die saubere Auswahl seiner Produkte (die Crowd-Unternehmen) nicht intensiv kümmert und sich nach Erhalt seiner Provision um die zugehörigen Projekte nicht mehr bemüht, dann wird sie früher oder später vermutlich Schiffbruch erleiden. Dazu gehört vor allem auch eine gute Kommunikation, wenn Projekte scheitern. Gerade bei letztgenanntem Punkt hapert es häufig. Schlechte Nachrichten werden ungern überbracht und es wird oft lieber der Kopf in den Sand gesteckt. Nun gut, die schlechte Kommunikation geht an dieser Stelle zumeist von den betroffenen (Pleite-)Unternehmen aus, die dann andere (existenzielle) Sorgen haben und in dieser Lage nicht mehr an die

Crowd denken. Wenn die Plattformen aber keine Infos erhalten, dann können sie auch nicht viel berichten. Dennoch: Der Ruf der Plattformen nimmt dadurch Schaden, was leider bereits in mehreren Fällen passiert ist. Die Anforderung an die Plattform ist: stetiger Kontakt mit den Projektunternehmen auch nach dem Ende des Fundings und schnelle Weitergabe wichtiger Informationen an die Crowdinvestoren.

7. Unterstützungsleistungen: Es ist durchaus sinnvoll, wenn die jeweilige Crowdinvesting-Plattform das Marketing der per Crowdinvesting finanzierten Unternehmen unterstützt, indem sie sich dazu als Kommunikationsebene zur Verfügung stellt. Ein positives Beispiel ist hier das Portal Companisto, das seine Mikroinvestoren („Companisten") aktiv zur Unterstützung der Projekte ermuntert. Gute Kontakte der jeweiligen Plattformen zur Presse sind ebenso von Wert wie Beweglichkeit in sozialen Netzwerken. Die werbliche Unterstützung durch die Plattform kann ein wesentlicher Erfolgsfaktor für die jungen Unternehmen sein. Unterstützung kann aber auch bedeuten, dass die Portale ihren Crowd-Unternehmen in kritischen Situationen mit Rat und Tat zu Seite stehen. Das könnte über Netzwerke geschehen. Bei Bedarf würden die Portale dann ihre Crowd-Unternehmen etwa gezielt an Experten aus ihrem Netzwerk weiterleiten. Natürlich muss das nicht alles kostenfrei erfolgen, denn Experten werden wohl kaum ehrenamtlich antreten. Der Nutzen liegt hier eher darin, dass von der Plattform eine gezielte und sachgerechte Weiterleitung erfolgt und dies zudem an vertrauenswürdige und bewährte Spezialisten. Die Einbeziehung von Business Angels mit dem Ziel, eventuell verbliebene Finanzierungslücken bei Start-ups zu schließen, wäre ebenfalls eine von Crowdinvesting-Plattformen leistbare und womöglich sehr nützliche Unterstützung. Des Weiteren könnte die Crowdinvesting-Plattform eine Bündelung von Leistungen für ihre (Start-up-)Unternehmen organisieren, die dann gegebenenfalls auf kostengünstige Dienstleistungen zugreifen können.

Ja, seit Erscheinen der 1. Auflage meines Buches im Jahr 2012 hat sich in der Tat einiges im positiven Sinne bei den Plattformen getan. Die Anforderungen werden (im Durchschnitt) inzwischen sichtbar besser erfüllt. Nur wenige Plattformen schwelgen im Autismus, aber solche gibt beziehungsweise gab es eben auch. Viele Portale entwickeln sich qualitativ positiv weiter und manche sogar – vor allem in der letzten Zeit – erstaunlich schnell.

9. KAPITEL

Marktentwicklung und Perspektiven des Crowdinvestings

9.1 Internationale Entwicklung des Crowdinvestings

Es ist inzwischen nahezu aussichtlos, auf internationaler Ebene zeitnah nachzuverfolgen, welche Plattformen ein Crowdinvesting anbieten, was unter anderem daran liegt, dass sich der Markt enorm schnell entwickelt, sprich: Ständig kommen neue Plattformen hinzu und einige Portale, die bislang lediglich Crowdfunding-Projekte i.e.S. anboten, präsentieren plötzlich auch Crowdinvesting-Projekte. Außerdem ist es auch deshalb nicht einfach, den Überblick zu behalten, weil manch eine Plattform in einer Landessprache verfasst ist, die den Erfassern nicht geläufig ist. In solchen Fällen dauert es oft eine gewisse Zeit, bis so etwas „weltweit" bekannt wird. Auf der folgenden Seite werden einige wichtige Crowdinvesting-Plattformen beziehungsweise diejenigen Portale aufgeführt, die neben anderen Leistungen ein Crowdinvesting anbieten. In der Gesamtsicht ist das aber nur ein kleiner Bruchteil der insgesamt aktiven Crowdinvesting-Plattformen. Eine auch nur annähernd vollständige Liste der weltweit vorzufindenden Crowdinvesting-Portale konnte ich nicht entdecken.

Eine recht umfangreiche Auflistung von Crowdfunding-Plattformen i.w.S. (also inklusive des klassischen Crowdfundings und des Crowdlendings), in der allerdings der asiatische Raum fast komplett fehlt (und nicht alles auf dem aktuellsten Stand ist), findet sich unter: www.thecrowdcafe.com/crowdfunding-platforms/database/. Unter dieser Adresse sind die jeweiligen Crowdinvesting-Plattformen in der dritten Spalte unter der Überschrift „Security" an dem Stichwort „Equity" auszumachen. Eine weitere lange Liste findet sich unter: www.crowdfunding.de/plattformen/. Hier eine Kurzliste wichtiger Plattformen aus Europa (links) und aus der übrigen Welt (rechts):

Plattform	Land (Europa)	Plattform	Land (restl. Welt)
Crowdcube	Großbritannien	**Wefunder**	USA
Seedrs	Großbritannien	**AngelList**	USA
Companisto	Deutschland	**EquityNet**	USA
FundedByMe	Schweden	**CircleUp**	USA
Invesdor	Finnland	**AngelCrunch**	China
MyMicroInvest	Belgien	**CTQuan**	China
Symbid	Niederlande	**JD Equity Crowdfund.**	China
Exporo	Deutschland	**FundersClub**	USA
SydicateRoom	Großbritannien	**OurCrowd**	Israel
Wiseed	Frankreich	**SeedInvest**	USA
Crowdfunder	Großbritannien	**MicroVentures**	USA
Conda	Österreich	**CoAssets**	Singapur
Anaxago	Frankreich	**Asian Crowdfunders**	Malaysia

Abb. 26: Crowdinvesting-Plattformen weltweit (auszugsweise)

Ein kurzer Rückblick: Bereits im Jahr 2009 startete die US-amerikanische Plattform ProFunder ein Crowdinvesting, verschwand jedoch 2011 wieder vom Markt, da die rechtlichen Voraussetzungen für ihr Tun nicht als erfüllt galten. Ebenfalls 2009 wurde in den USA das Portal MicroVentures gegründet, wobei es sich wahrscheinlich um die weltweit erste heute noch existente Plattform handelt, die ein Crowdinvesting anbietet. Um die Dynamik zu illustrieren, die nach Inkraftsetzung der neuen Gesetzeslage in den USA im Mai 2016 zu sehen ist, sei das Beispiel WeFunder herangezogen. Innerhalb der ersten siebeneinhalb Monate nach dem Start im Mai kam die Plattform bis zum Jahresende 2016 bereits auf ein Fundingvolumen in Höhe von nahezu 13 Millionen USD.[128] Damit hat WeFunder alle deutschen Start-up-Crowdinvesting-Plattformen aus dem Stand abgehängt. Nur die in Deutschland

128 Vgl. https://wefunder.com/2016 (Zugriff: 22.1.2017).

beheimatete Immobilien-Crowdinvesting-Plattform Exporo lag noch darüber, dies allerdings für einen Zeitraum von zwölf und nicht von siebeneinhalb Monaten wie bei WeFunder, die ja erst innerjährlich starten konnte.

Im weltweiten Reigen der Crowdinvesting-Plattformen so einigermaßen mithalten können aus Deutschland nur Exporo und mit bereits einigem Abstand dahinter Companisto, wenngleich beide zum Beispiel nicht annähernd an die britische Plattform Crowdcube heranreichen. US-amerikanische Plattformen können – wie gesagt – seit Mitte 2016 breitflächig ein Crowdinvesting (Equity Crowdfunding) anbieten, das sich seitdem auch an Normalverbraucher richten darf. Sie werden in Bälde sicherlich das eine oder andere echte Schwergewicht hervorgebracht haben. Obgleich ich keine konkreten Zahlen habe, gehe ich davon aus, dass die vom Fundingvolumen her weltweit größten Crowdinvesting-Plattformen aktuell aus China stammen.

9.2 Entwicklung des deutschen Crowdinvesting-Markts

Der Crowdinvesting-Markt legte in Deutschland, ausgehend von einer sehr geringen Basis im Jahr 2011 in Höhe von rund 1,5 Millionen Euro, ein enormes Wachstum vor und konnte sich 2016 auf fast 64 Millionen Euro bezogen auf das Jahresvolumen der vermittelten Finanzierungen entwickeln. Das ist bei Weitem nicht das, was am Kredit- oder Aktienmarkt läuft, aber das Crowdinvesting steht erst am Anfang, während die beiden anderen genannten Bereiche schon eine ellenlange Historie hinter sich haben. Mit den im Jahr 2016 erreichten rund 64 Millionen Euro ist der Crowdinvesting-Markt in Deutschland im Vergleich zum Kredit- und Aktienmarkt noch mikroskopisch klein – wie gesagt: noch. Die Lücke ist nicht in ein paar Jahren zu schließen. Das dauert.

Ende 2010 startete das Crowdinvesting hierzulande mit ersten Start-up-Projekten. Im Laufe der Zeit kamen weitere Arten von Projekten hinzu:

1. Etablierte Unternehmen (mit einer Wachstumsidee)
2. Grüne Projekte (insbesondere Energie)
3. Immobilien

Zu 1.: (Etablierte Unternehmen): Nach und nach mischen sich Crowdinvesting-Projekte für etablierte Unternehmen zwischen die Start-up-Projekte. Ganz besonders etabliert ist das Weingut „Im Zwölberich“, das über Geldwerk1 gefundet wurde und auf eine 311 Jahre lange Geschichte zurückblicken kann. Geboten wird den beteiligten Crowdinvestoren hier eine 4-prozentige Mindestverzinsung, die auf bis zu 8,9 Prozent ansteigen kann, wenn es bei Zwölberich gut läuft. Ein zweites Beispiel: AMG Sicherheitstechnik ist ein Projekt von Companisto, das eine 18-jährige Unternehmenshistorie aufweist. Dort wurden sogenannte Venture loans mit einer festen Verzinsung in Höhe von acht Prozent an die Crowdinvestoren herausgegeben.

Zu 2.: (Grüne Projekte): Plattformen wie Bettervest, LeihDeinerUmweltGeld und Econeers spezialisierten sich auf grüne Projekte, genau genommen zumeist auf Projekte, die mit regenerativen Energien oder mit Energieeinsparungen zu tun haben. Meist laufen die Projekte mit einer festen Verzinsung und gelegentlich mit einem zusätzlichen (begrenzten) erfolgsabhängigen Bonuszins. Bettervest hat die Besonderheit, immer mal wieder Projekte aus Afrika bieten zu können, die das Energiethema auch mit sozialen Aspekten verbinden.

Zu 3.: (Immobilien): Immobilien-Crowdinvestings konnten sich 2016 an die Spitze des zugehörigen Marktes in Deutschland setzen. Angeführt von der 2016 erfolgreichsten deutschen Crowdinvesting-Plattform Exporo, die sich rein auf Immobilienprojekte stützt, sorgte dieser Zweig des Crowdinvestings für den Löwenanteil des Wachstums, wenn es um das erzielte Fundingvolumen geht. Feste Renditen und das Gefühl von Sicherheit veranlassen den deutschen Anleger offenbar, sich vermehrt auf Immobilien-Crowdinvestings einzulassen. Auch die Plätze 3, 4 und 6 im deutschen Crowdinvesting-Markt 2016 werden von Immobilien-Crowdinvesting-Plattformen eingenommen: Zinsland, Zinsbaustein und Bergfürst.

Wenn es sich um Geschäftstätigkeiten handelt, die über das Internet abgewickelt werden und international zugänglich sind, stellt sich oftmals die Frage, wie eine länderbezogene Zuordnung erfolgen kann. Konkret geht es darum, was unter dem deutschen Crowdinvesting-Markt genau zu verstehen ist. Es bieten sich unterschiedliche Abgrenzungen an: Zum einen könnte die Ansässigkeit des Plattformbetreibers als Kriterium herangezogen werden. Die von diesen Plattformen erzielten Fundingvolumina wären dann der Markt. Zum anderen ließe sich die Zuordnung zum deutschen Crowdinvesting-Markt über den Ursprung der Projekte definieren. Nur in Deutschland ansässige Projektunternehmen würden erfasst. Oder man mischt beides und nimmt Plattformen mit Sitz in Deutschland und zusätzlich nur deren aus Deutschland stammende Projekte. Die aus Österreich stammende Plattform Conda hat die in München ansässige Conda Deutschland Crowdinvesting GmbH errichtet und bearbeitet darüber den deutschen Markt, bietet aber auch hierzulande überwiegend Projekte aus Österreich an.

Nachfolgend sind die auf dem deutschen Markt tätigen Plattformen (mit Sitz in Deutschland) aufgeführt, die ein Crowdinvesting anbieten, gestaffelt nach ihrem bis dato abgeschlossenen Finanzierungsvolumen (Stand: 8.1.2017):

Plattform	Start der Plattform	Anzahl abgeschlossener Projekte	Anzahl laufender Projekte	abgeschlossenes Finanzierungsvolumen in Millionen Euro
Companisto	2012	?	4	36,2
Exporo	2014	32	1	35,3
Seedmatch	2011	95	1	29,9
Zinsland	2015	15	1	9,5
LeihDeinerUmweltGeld	2013	23	1	5,1
Zinsbaustein	2016	3	0	4,6
Bettervest	2013	47	4	4,1
FunderNation	2014	6	3	3,9
Innovestment	2011	29	0	2,5
Kapilendo Venture	2016	3	0	1,6
Bergfürst	2012	?	5	?
iFunded	2016	10	1	?

Abb. 27: Volumina der größten in Deutschland ansässigen Crowdinvesting-Plattformen bis Ende 2016

Dies sind die wichtigsten in Deutschland aktiven Crowdinvesting-Plattformen zum jetzigen Zeitpunkt (eine vollständige Auflistung findet sich in Anhang 4), wenngleich sich das Blatt schnell wenden und eine der hier nicht aufgeführten Plattformen an Bedeutung zunehmen kann.

Kriterium	Exporo	Companisto	Zinsland	Zinsbaustein	Seedmatch
Einschrän-kungen	nur Immobilien	keine	nur Immobilien	nur Immobilien	keine
Beteiligungs-form	Nachrang-darlehen	partiarische Nachrang-darlehen	Nachrang-darlehen	Nachrang-darlehen	partiarische Nachrang-darlehen
Mindest-investment	500 Euro	5 Euro	500 Euro	500 Euro	250 Euro
Laufzeit	?	in der Regel 8 Jahre	in der Regel 1–2 Jahre	in der Regel 1–3 Jahre	in der Regel 5 Jahre
Konditionen für Inves-toren	Fest-verzinsung	Beteiligung an Gewinn + Wertsteige-rung	Fest-verzinsung	Fest-verzinsung	1 % Basis-verzinsung + Beteiligung an Gewinn + Wertsteige-rung
Gebühren für Investoren	keine	zunächst keine; später dann Betei-ligung am Gewinn der Investoren	keine	keine	keine
Gebühren für Unternehmen	?	10 %	?	?	5-10 %
Sonstiges	-	-	-	-	-

Abb. 28: Eigenschaften der größten Deutschland ansässigen Crowdinvesting-Plattformen Teil 1

Nachfolgend wird die Entwicklung einiger ausgewählter deutscher Crowdinvesting-Plattformen beschrieben, die für die hiesige „historische“ Marktentwicklung mit prägend waren beziehungsweise mit Neuerungen oder Besonderheiten aufwarten konnten. Inzwischen nicht mehr existierende Plattformen habe ich ausgelassen.

Seedmatch und Innovestment waren die beiden ersten in Deutschland tätigen Crowdinvesting-Plattformen und verfügen daher über die längste Erfahrung auf dem hiesigen Markt, wenngleich der zeitliche Vorsprung vor einigen anderen Portalen nicht ganz so groß ist. Seedmatch etablierte sich zunächst für einige Jahre als Marktführer in Deutschland. Die größte deutsche Crowdinvesting-Plattform für (Start-up-)Unternehmen ist inzwischen aber das 2012 gestartete Portal Companisto. Und: Sehr schnell wuchs die

Kriterium	Bergfürst	Bettervest	iFunded	Kapilendo Venture	LeihDeiner-UmweltGeld
Einschränkungen	nur Immobilien	nur Energieprojekte	keine	keine	nur Umweltprojekte
Beteiligungsform	in der Regel Nachrangdarlehen	Nachrangdarlehen		partiarisches Nachrangdarlehen	Nachrangdarlehen
Mindestinvestment	10 Euro	?	250 oder 500 Euro	100 Euro	100 Euro
Laufzeit	circa 2–5 Jahre	in der Regel 3–5 Jahre	1–4 Jahre	3–5 Jahre	4–15 Jahre
Konditionen für Investoren	in der Regel 3,5–7 % p.a.	Festverzinsung	3–7 % p.a.	7–10 % p.a. plus gegebenenfalls Beteiligung an Gewinn + Wertsteigerung	Festverzinsung
Gebühren für Investoren	keine	keine	keine	keine	keine
Gebühren für Unternehmen	?	max. 10 % auf Fundingbetrag + 1 % Handlinggebühr p.a. ab 2. Jahr	?	?	?
Sonstiges	Zweitmarkt verfügbar	-	-	-	-

Abb. 29: Eigenschaften der größten in Deutschland ansässigen Crowdinvesting-Plattformen Teil 2

Immobilien-Crowdinvesting-Plattform Exporo, die erst Ende 2014 gelauncht wurde und 2016 bereits zur Nummer 1 im Gesamtmarkt des Crowdinvestings avancierte.

Nahezu zeitgleich mit Seedmatch ging die Plattform Innovestment an den Start und etablierte sich zunächst als die Nummer 2 im Crowdfunding-Markt, ohne allerdings ein vergleichbar konstantes Wachstum hinlegen zu können wie der einstige Marktführer Seedmatch. Innovestment legte 2016 eine gewisse Auszeit ein und konnte in ebendiesem Jahr nur zwei erfolgreiche Fundings abschließen. Companisto ging zwar rund neun Monate später auf Sendung als Innovestment, zog jedoch innerhalb eines Jahres an der ehemaligen

Nummer 2 im Markt vorbei. Companisto konnte schnell mit einem gelungenen Außenauftritt über die Website punkten und mit dem sehr geringen Mindestinvestment (5 Euro) ein breites Publikum ansprechen. Innovestment setzte die Einstiegshürde für die Investoren zu diesem Zeitpunkt noch auf satte 1.000 Euro.

Die Deutsche Mikroinvest bot verschiedenste Formen des Crowdfundings i.w.S. an, wobei auch unterschiedlichste Formen des Crowdinvestings ermöglicht wurden, je nachdem, welche Struktur der Kapitalsuchende im Einzelfall für sein Projekt bevorzugte. Die deshalb fehlende Standardisierung hatte für die Gründer den Vorteil, auf maßgeschneiderte Lösungen für ihre Projekte setzen zu können. Sie erkauften dies jedoch mit dem nicht unbedeutenden Nachteil, dass die Angelegenheit dadurch für den Investor vergleichsweise variantenreich und komplex wurde, was die „Crowdfähigkeit" wohl ein wenig einschränkte. Heute arbeitet die Deutsche Mikroinvest – wie fast alle deutschen Plattformen – in der Regel mit partiarischen Darlehen und/oder Nachrangdarlehen.

Die Plattform Bergfürst hantierte bei ihren Crowdinvestings eine Zeit lang mit Aktien und musste den Kapitalsuchenden daher einen BaFin-genehmigten Verkaufsprospekt abverlangen. Dadurch gelang es Bergfürst zwar auch, die 100.000-Euro-Begrenzung für Investments auszuschalten, für die Unternehmen wurde die Prospektpflicht aber teuer. Eine Besonderheit des Bergfürst-Modells lag darin, dass der Investor seine Anteile (Aktien) jederzeit verkaufen konnte, da Bergfürst einen Handelsplatz für die Unternehmensanteile eingerichtet hatte. Das Bergfürst-Modell war insgesamt allerdings von wenig Erfolg gekrönt. Nach mehreren Strategiewechseln hat Bergfürst nun offenbar seinen Platz im Immobilien-Crowdinvesting gefunden.

Die erste Crowdinvesting-Plattform in Deutschland, die sich dem Thema Nachhaltigkeit verpflichtet sah, startete im Jahr 2013 und heißt Bettervest. Genau genommen handelt es sich dort um Energieeffizienzprojekte von Unternehmen und anderen Trägern, in die investiert werden kann. Bei einigen dieser Projekte werden die Investoren an den erzielten Einsparungen finanziell beteiligt. Später folgten weitere umweltbezogene Plattformen, wie etwa Econeers (ein Ableger von Seedmatch), GreenVesting, GreenXmoney und LeihDeinerUmweltGeld.

Die erste reine Immobilien-Crowdinvesting-Plattform, gegründet 2012, nennt sich Kapitalfreunde. Ihr folgte zeitverzögert eine Reihe weiterer auf das

Thema Immobilien fokussierte Portale, wovon zurzeit Zinsland, Zinsbaustein, Bergfürst und iFunded die aktivsten sind.

Im Jahr 2014 wurde dann die Plattform FunderNation gelauncht, die von einem Venture-Capital-erfahrenen Team aufgebaut wurde, und 2015 kam die Plattform Geldwerk1 hinzu, die im Jahr danach das Crowdinvesting erstmals mit einem Fernsehformat (Investors Lounge) verbinden konnte, das in verschiedenen Regionalsendern ausgestrahlt wurde. Ob die Kombination mit diesem oder einem ähnlichen Fernsehformat eine Dauereinrichtung wird, ist derzeit noch offen.

Die Plattform Kapilendo Venture entstand 2016 aus den beiden Portalen Kapilendo und Venturate. Kapilendo startete 2014 mit kreditbasierten Fundings. Venturate wurde ebenfalls 2014 gegründet und führte ein durch Business Angels und Venture-Capital-Geber begleitetes Crowdinvesting durch, das man dort Curated Crowdfunding nannte. Die Plattform Aescuvest ging 2015 mit dem ersten Funding auf Sendung und hat sich recht erfolgreich auf Crowdinvesting-Projekte aus dem Gesundheitsmarkt spezialisiert.

Prägend für das Crowdinvesting waren hierzulande in den ersten Jahren zunächst Start-up-Projekte, bei denen der Crowdinvestor in allererster Linie von deren Wertsteigerung profitieren sollte. Typisch waren hohe Kicker am Ende der Laufzeit, also beim Verkauf oder nach Kündigung. Projekte mit Festverzinsungen beziehungsweise mit Basisverzinsungen plus einen gewissen zusätzlichen, erfolgsabhängigen jährlichen Extrazins waren eher die Ausnahme. Das hat sich insbesondere durch das Hinzukommen von Immobilienprojekten gewandelt. Vermehrt finden sich inzwischen Projekte mit einer reinen Festverzinsung.

Letztlich profitiert der Investor je nach Plattform und Projekt in höchst unterschiedlichem Maße vom Projekterfolg und sollte sich insbesondere die Konditionen für den Exit näher zu Gemüte führen, um bei seinem Ausstieg keine Enttäuschung zu erleben. Projekte mit reinen Festverzinsungen, nur mit jährlichen erfolgsabhängigen Zahlungen oder mit einer Kombination aus beidem, müssen aber keineswegs unvorteilhaft sein. Meist handelt es sich dabei um risikoärmere Projekte, bei denen im Gegenzug keine so hohe Gewinnchance angeboten wird wie bei „Risikoprojekten". Chance und Risiko: Von einem echten Start-up-Durchstarter kann der Investor nur satt profitieren, wenn er tatsächlich an dessen Erfolg beteiligt ist, also auf einen schönen Kicker bei seinem Ausstieg zählen kann. Dieser äußert sich zum Beispiel in einer vertraglichen Regelung, die den finanziellen Erfolg (zum Beispiel gemessen am EBIT und/oder am Umsatz) des Start-ups aus dem letzten Geschäftsjahr vor dem Ausstieg des Crowdinvestors mit einem Multiplikator verbindet und das Ergebnis der Berechnung umgerechnet auf die Anteilsquote des Investors als dessen Abfindungsbetrag bestimmt. Der Kicker kann manchmal dazu führen, dass das 20-, 30-, 40- oder 50-Fache oder noch mehr des ursprünglichen Einsatzes an den Investor zurückfließt, wenn das Start-up richtig abgeht.

Dabei spielen die initialen Unternehmensbewertungen eine sehr wichtige Rolle, denn je höher die anfänglichen Bewertungen sind, umso geringer ist der Anteil des Mikroinvestors. Ein Beispiel dazu: Für das per Crowd finanzierte Unternehmen Aoterra wurde ein (recht hoch gegriffener) Unternehmenswert in Höhe von 12,5 Millionen Euro angesetzt. Was passiert dadurch? Ein großer Teil der später erhofften Wertsteigerung wurde hier wohl schon vorweggenommen, sodass dem Investor nur noch relativ wenig Potenzial für Wertzuwächse bleibt. Ich denke: Erst wenn die Gründer von Aoterra alle Multimillionäre sind, wird der Crowdinvestor auch richtig glücklich sein. In überzogenen Anfangsbewertungen liegt eine Gefahr beim Crowdinvesting. Wenn erstmals abgerechnet wird, also am Ende der Mindestlaufzeit, wird es sicherlich die eine oder andere Enttäuschung bei den Mikroinvestoren geben. Das ist zumindest zu befürchten. Die aktuelle Marktentwicklung im Crowdinvesting, die immer mehr Projekte mit Festverzinsungen beziehungsweise mit auskömmlichen Mindestverzinsungen hervorbringt, senkt die Bedeutung des Themas Unternehmensbewertung. Besonders bei reinen Festverzinsungen hat es der Crowdinvestor leichter, sich zu orientieren, und kann seine Rendite ohne Umwege recht schnell einschätzen. Natürlich muss auch im Falle einer Festverzinsung mit einkalkuliert werden, dass der Projektträger insolvent werden könnte.

Konstanz oder Chance plus Risiko ist hier oft die Frage. Oder etwas dazwischen. Die Auswahl ist vorhanden. Der Markt ist inzwischen sehr variantenreich geworden.

Vorerst ist in Deutschland weiterhin mit guten Zuwächsen für das Crowdinvesting zu rechnen, jedoch mit einer flacheren Wachstumskurve als in vielen anderen Ländern, in denen neue Finanzmarktentwicklungen offener aufgenommen werden. In Deutschland überwiegt – wie so oft bei Neuerungen – bei vielen zunächst die Bedenkenträgerei. Oder ist das nur ein Vorurteil?

Ich denke: nein. Wie sonst ist zum Beispiel unsere Langsamkeit bei der Entwicklung des Crowdfundings i.w.S. im Vergleich zu zahlreichen anderen Ländern zu erklären? Wenn wir uns die Unterkategorien des Crowdfundings im weitesten Sinne ansehen: Das Crowdlending wächst bei uns in Deutschland aktuell am schnellsten, gefolgt vom Crowdinvesting und erst danach folgt das klassische Crowdfunding (im engeren Sinne). Es wäre mehr drin, bedeutend mehr, wenn wir schneller auf neue Dinge umzuschalten in der Lage wären. Wo wollt ihr Euer Geld eigentlich anlegen, momentan? Zu welchen Zinsen? O. K., es sollte nicht alles ins relativ risikobehaftete Crowdinvesting fließen, aber ein gewisser Teil geht schon, zumal wenn das Risiko auf möglichst viele Crowdinvestments verteilt und damit gestreut wird.

9.3 Kombination von Crowdinvesting, -sourcing, -voting und -testing

Aus einer dem Crowdinvesting vorgeschalteten Bewertung der jeweiligen Vorhaben lässt sich die Zustimmung der Community ablesen. Ein solcher Bewertungs- beziehungsweise Filterprozess wird auch als Crowdvoting bezeichnet. So etwas gab es bei der inzwischen geschlossenen Crowdinvesting-Plattform United Equity. Dieses Portal nahm nur Projekte auf, die zuvor von der Crowd hinreichend oft und gut bewertet wurden, während fast alle anderen Plattformen allein auf ihr eigenes Votum beziehungsweise ihren eigenen Auswahlprozess setzen. Bei Auswahlprozessen, die durch das Plattformpersonal erfolgen, kommt es immer wieder zu Einseitigkeiten, weil zum Beispiel die Erfahrungshintergründe der auswählenden Plattformpersonen in gleicher oder ähnlicher Weise eingeschränkt sind. So kann zum Beispiel ein gewisser Optimismus bestehen, dass „moderne" Online-Geschäfte besonders gut laufen. Das kann zum Beispiel passieren, wenn die Plattform-Teams (fast nur) aus recht jungen Leuten bestehen, die eine stark „online-bezogene" Historie und Denkweise aufweisen. Bei der Begleitung von Crowdinvesting-Projekten aus Sicht von Start-ups konnte ich diese Erfahrung konkret machen. Während gute Online-Projekte glatt durchgingen, hakelte es bei vergleichbar guten Projekten aus dem produzierenden Bereich deutlich und der Bewerbungsprozess war erheblich schwieriger. Eine stärker durchmischte Crowd würde hier womöglich anders votieren und anders vorauswählen.

Für das Start-up-Unternehmen kann es durchaus von größerem Interesse sein, sich über die Crowdinvesting-Plattform von Nutzern bewerten zu lassen und somit einen gewissen Attraktivitätstest durchlaufen zu haben, vielleicht sogar nützliche Hinweise für eine Verbesserung ihres Tuns zu erhalten. Aus Sicht der Plattformen könnte der Projektstart etwa auch daran geknüpft werden, dass eine bestimmte Zustimmung der Community vorhanden sein muss, so wie es United Equity umsetzte. Allerdings besteht hier auch das Risiko von gefakten Bewertungen, die in das Voting einfließen. Der Bewerter hat ja mit keinen Konsequenzen zu rechnen und daher könnte es hier ähnlich wie bei Restaurant- oder Hotelbewertungen zu massiven Schräglagen durch manipulierte Bewertungen oder Votings kommen. Wenn unterstellt wird, dass es bei dem Voting weitgehend sauber abgehen wird: Ein freiwilliger Stimmungstest ist – wie gesagt – auch für die Start-ups durchaus hilfreich, weshalb die Organisation eines Crowdvotings über eine derart ausgestattete Plattform sinnvoll sein könnte; kann so etwas doch bei geschickter Fragetechnik sogar eine preisgünstige Form einer Marktstudie sein.

Unternehmen wie Lego lassen sich Produktideen und dazu passende Lösungen über die Crowd via Internet frei Haus liefern.[129] Dies ist eine Art des Crowdsourcings, die auch als Open Innovation bezeichnet wird.[130] Dabei wird der Innovationsprozess eines Unternehmens (teilweise) an die Crowd ausgegliedert. Die Community wird in die Entwicklung von Produktideen sowie in die Gestaltung von Produkten einbezogen. Dadurch kann es gelingen, zusätzliche Produktideen kostengünstig zu generieren, dies unter der Voraussetzung, dass ein derartiges Crowdsourcing gut organisiert wird. Letztlich werden dabei vielfach auch die Kunden via Internet zum Partner des Innovationsprozesses. Das kann natürlich auch auf die Finanzierung von Innovationen ausgedehnt werden und verbindet sich so mit dem Gedanken des Crowdinvestings. Zwar können etablierte Unternehmen die Markteinführung neuer Produkte zumeist ohne Weiteres selbst finanzieren, jedoch mag bei ihnen der Risikoaspekt eine Rolle spielen, um über ein Crowdinvesting nachzudenken. Das mit einem Scheitern der Produkteinführung verbundene finanzielle Risiko kann auf die Mikroinvestoren verlagert oder zumindest mit ihnen geteilt werden. Im Gegenzug erhalten die Investoren dann aber auch die Chance, an Erfolgen des Produkts teilzuhaben. Schlussendlich geht es

129 Vgl. https://ideas.lego.com/ (Zugriff: 26.1.2017).

130 Vgl. zum Thema „Open Innovation“ etwa auch Chesbrough, H.W. (2003).

hier darum, aus unternehmerischer Sicht sämtliche Möglichkeiten auszuschöpfen, die Masse an außenstehenden Personen als Unterstützer für ihr Unternehmen aktiv mit einzubeziehen.

Selbstverständlich kann sich nicht nur ein etabliertes Unternehmen die gesamte Kette des „Crowd-Instrumentariums" (Crowdsourcing, -voting, -investing und -testing) zunutze machen, sondern auch ein Start-up-Unternehmen. Letztere könnten die (Weiter-)Entwicklung ihrer Produkte und Leistungen systematisch an Ideen aus der Crowd orientieren und über diese per Internetabfrage sogar abstimmen beziehungsweise eine Bewertung der zuvor entwickelten Ideen vornehmen lassen. Crowdinvesting-Plattformen könnten hier durchaus ein zusätzliches Serviceangebot für die Start-ups aufbauen, indem sie auch als Open-Innovation-Plattformen agieren. Ergänzende Serviceleistungen werden von einigen Crowdinvesting-Portalen ohnehin schon angeboten und bei der österreichischen Plattform 1000x1000 tatsächlich sogar schon mit der Open-Innovation-Konzeption verknüpft, denn sie befindet sich unter einem Dach mit der webbasierten Crowdsourcing-Ideenplattform Neurovation.net[131] – eine interessante Konstellation.

Abb. 30: Möglichkeiten der Einbeziehung der Crowd in unternehmerische Prozesse

Wo lassen Sie eigentlich denken? Crowdwerk (die Namensnähe zu Geldwerk1 ist ein Zufall) ist ebenfalls eine Plattform, über die man denken lassen kann. Die Crowd hilft hier, Produktideen und damit natürlich auch Geschäftsideen zu entwickeln und zu evaluieren sowie die Umsetzung vorzubereiten.

Wenn man das jetzt mal zu Ende denkt: Wir könnten eigentlich alles an Außenstehende auslagern, uns einfach auf dem Sofa zurücklehnen und die Crowd machen lassen. In Gang bringen müssen wir das irgendwie schon selber. Wir lassen uns über Crowdwerk oder wen auch immer unsere Idee produzieren und bewerten, das exakte Produkt kreieren, dieses ebenfalls bewerten, dann funden, bauen, testen und vielleicht sogar vermarkten, alles

131 Vgl. https://1000x1000.at/neurovation (Zugriff 18.1.2017).

über Crowd-Plattformen. Das müsste doch eigentlich funktionieren. Ein wenig Organisationstalent brauchen wir freilich schon und ganz ohne Startgeld kommen wir womöglich auch nicht aus. Kommunikationsgeschick und Durchhaltevermögen wären auch nicht direkt von Nachteil. Ja, das sind ein paar Einschränkungen. Dennoch: Die Möglichkeiten, uns von der Crowd helfen zu lassen, bestehen auf fast allen Ebenen und wir zählen hinterher nur noch das Geld.

10. KAPITEL

Volkswirtschaftlicher Nutzen eines Crowdinvestings

Um es vorwegzunehmen: Ich halte das Crowdinvesting für eine Finanzierungsvariante mit hohem volkswirtschaftlichen Nutzen, sogar sehr hohem. Es begünstigt die Entstehung neuer innovativer Unternehmen und es lässt die Bürger daran teilhaben. Letztere können über ihren Geldeinsatz mit entscheiden, was daraus entsteht, und sie können davon finanziell und ideell profitieren.

Start-ups: Seit jeher bestehen deutliche Engpässe dabei, neue Ideen und Innovationen zu finanzieren. Die eigenen Mittel der Gründer reichen oftmals nicht aus, auch wenn Familie und Freunde mit einbezogen werden. Frühzeitig einsteigende Business Angels sind rar. Banken, aber auch andere Geldgeber sind oftmals sehr vorsichtig und warten erst einmal ab, bis sich eine Geschäftsidee am Markt bewährt hat, bis sie ihr Geld zur Verfügung zu stellen bereit sind. Dann ist es aber oft zu spät. Besonders Venture-Capital-Gesellschaften, die eigentlich antreten, um Risikokapital verfügbar zu machen, agieren oftmals äußerst vorsichtig und haben nicht selten einseitige Selektionskriterien, beschränken sich zum Beispiel nur auf relativ große Vorhaben. Dadurch gehen viele Chancen für innovative Gründungen verloren. Besonders wenig Nutzen stiften Banken im Hinblick auf neue Unternehmen, stellen sie doch – etwas überzeichnet dargestellt – im Grunde erst

Geld zur Verfügung, wenn eigentlich keines mehr gebraucht wird. Kreditinstitute treten nahezu ausschließlich dann bei Unternehmensgründungen in Erscheinung, wenn es gilt, öffentliche Förderprogramme „durchzuleiten“, und/oder wenn ihnen hinreichend umfängliche Sicherheiten gestellt werden. Banken finanzieren etablierte Unternehmen; in allererster Linie also die Vergangenheit, die Old Economy. Wenn es nur Bankenfinanzierungen gäbe, würde sich kaum etwas fortentwickeln.

Das Crowdinvesting ist hier durchaus in der Lage, bestehende Finanzierungslücken spürbar zu reduzieren. Da moderne Volkswirtschaften auf die Umsetzung von Innovationen in marktfähige Projekte angewiesen sind, ist von einem hohen volkswirtschaftlichen Nutzen des Crowdinvestings auszugehen. Zwar schaffen es auch etablierte Unternehmen, innovativ tätig zu werden, jedoch ist deren Innovationsfähigkeit bekanntermaßen durchaus begrenzt. Die meisten der wirklich wesentlichen Innovationen stammen von frischen Unternehmen.

Ein weiterer volkswirtschaftlich gegebenenfalls wünschenswerter Effekt ist, dass eine Finanzierung über die Crowd andere Finanzierungsakteure zurückdrängen kann, die inzwischen manchmal eine zu starke Marktstellung erreicht haben. Auch hier ist in erster Linie an Kreditinstitute zu denken, die heutzutage nicht selten in der Lage sind, einerseits Gewinne einzustecken und andererseits Verluste zu sozialisieren, indem Letztere über „Rettungsschirme“ auf die Steuerzahler verlagert werden. Es entsteht derzeit sogar der Eindruck, dass der Steuerzahler nicht nur die Verluste ausgleicht, sondern sogar die Gewinne der Banken mitfinanziert. Ein Zurückdrängen der Banken würde die Erpressbarkeit von Ländern und deren Bevölkerung vermindern. Dazu könnte das Crowdinvesting sicherlich nicht allein die Lösung sein. Im Falle des Erreichens eines hohen Crowdinvesting-Finanzierungsvolumens (etwa auch für etablierte Unternehmen und Immobilien) könnte den Banken ein Teil ihres Einflusses genommen werden. Jeder Euro, der nicht über (Groß-) Banken läuft, sondern direkt zwischen den Beteiligten, hilft, die Bankenmacht zu reduzieren. Mit dem gesamten Themenkomplex des Zurückdrängens von Banken durch neue Finanzanbieter befasste ich mich im Rahmen meines Buches „Wer braucht noch Banken? – Wie Start-ups die Finanzwelt verändern und was uns das nutzt“.[132]

132 Beck, R. (2015b).

Das Crowdinvesting ist des Weiteren dazu geeignet, staatlich gelenkte und finanzierte Gründungs-Förderprogramme teilweise zu ersetzen und damit zum einen kostenentlastend für die öffentliche Hand zu wirken und zum anderen eine „neutrale" Allokation über den Marktmechanismus zu ermöglichen, ohne dass der Staat lenkend in Gründungsaktivitäten eingreift. Dann wären nicht seine (politisch motivierten) Auswahlkriterien maßgebend, sondern die der Crowd, der Vielen dort draußen.

Viele Großunternehmen und Konzerne bauen (im Inland) mehr Arbeitsplätze ab, als sie schaffen. Im Hinblick auf die Arbeitsplätze ist in Deutschland der Mittelstand die tragende Säule. Der Nachwuchs an kleinen und mittleren Unternehmen ist ganz entscheidend für den Bestand und den Erfolg einer heutigen Volkswirtschaft. Echte Unternehmer werden benötigt, die Start-ups aus der Taufe heben, und genau für diese kann das Crowdinvesting verbesserte Rahmenbedingungen schaffen. Das „Hochziehen" neuer Unternehmen ist mühsam. Aber welche Alternative gibt es? Zu wichtig ist es für Volkswirtschaften, dass neue Unternehmen entstehen und wachsen. Jedwede Art von Hemmnis – und die Finanzierung ist hierzulande eines der wesentlichen – muss verringert, am besten sogar ganz beseitigt werden. Auf dem Weg dorthin kann das Crowdinvesting eine wichtige Rolle spielen und helfen, die wirtschaftliche Prosperität zu verbessern.

In den ersten Jahren beschränkte sich das Crowdinvesting weitaus überwiegend noch auf junge Unternehmen beziehungsweise auf Gründungsvorhaben. Erst später kam das Immobilien-Crowdinvesting hinzu und inzwischen finden sich vermehrt auch etablierte Unternehmen, die auf ein Crowdinvesting zurückgreifen und diese Form der Finanzierung als zusätzliche Möglichkeit sehen, um etwa neue Produkte auf den Markt zu bringen, was ansonsten aufgrund einer gegebenenfalls ausgeprägten Risikoaversion nicht erfolgt wäre. Gerade bei etablierten Unternehmen könnte das Crowdinvesting aber auch in unmittelbare Konkurrenz zu anderen Finanzierungsformen treten und diese im gewissen Rahmen substituieren. Insbesondere auch in Kombination mit einem Crowdsourcing, bei dem Außenstehende in die Entwicklung neuer Produkte einbezogen werden, böte sich eine begleitende Crowdinvesting-Lösung an. Gelänge die Nutzung eines Crowdinvestings in nennenswertem Umfang auch in der Expansions- und Wachstumsphase von etablierten Unternehmen, dann ließe sich dadurch möglicherweise der Einfluss von Banken (ein wenig mehr) zurückdrängen, was volkswirtschaftlich betrachtet sicherlich ein Plus wäre. Ein Schritt zur Demokratisierung des Finanzmarkts: Abbau von Macht, die sich zentralisiert hat.

Ein wichtiger Aspekt ist, dass sich die Entwicklungsmöglichkeiten einer Volkswirtschaft über ein Crowdinvesting besser ausschöpfen lassen als ohne dieses Finanzierungsinstrument. Ideal wäre es natürlich, die Ressourcen „der Vielen“ insgesamt ausgiebiger in den Entwicklungsprozess der Wirtschaft einzubinden, was über eine Kombination von Crowdsourcing, -voting, -investing und -testing gelingen kann. Manch ein ansonsten brachliegendes Potenzial, sei es Wissen oder Geld, lässt sich über das Internet anhand der Crowd-Instrumentarien zugunsten der eigenen Volkswirtschaft aktivieren. Man muss es nur tun.

11. KAPITEL

Fazit und Ausblick

Das Crowdinvesting eröffnet neue Perspektiven und Chancen. Organisiert über das Internet können Unternehmen sich finanzieren und gleichzeitig bieten sich den Bürgern (der Crowd) attraktive Anlagenmöglichkeiten in innovative Unternehmen. Immer wenn etwas initiiert wird, gibt es natürlich auch Risiken, also auch beim Crowdinvesting. Die Chancen und die positiven Nebenwirkungen überwiegen aber nach meiner Einschätzung. Kein Zweifel: Das Crowdinvesting hat Zukunft, und das nicht zu knapp. Interessant wird es sein zu beobachten, wie schnell und wie weitgehend sich das Crowdinvesting entwickeln wird. Es hat sich inzwischen weltweit zu einem Milliardenmarkt ausgedehnt, und das in nur wenigen Jahren, zuletzt vor allem auch befeuert durch eine enorme Dynamik im zugehörigen chinesischen Markt. Eine Mitte 2016 in Kraft getretene Änderung des Kapitalmarktrechts in den USA schafft neue, deutlich verbesserte Rahmenbedingungen für das Crowdinvesting (dort Equity Crowdfunding genannt). Im US-Markt sind – darauf aufbauend – bereits jetzt massive Zuwächse zu verzeichnen. In Europa liegt das finanzmarktaffine Großbritannien weit vorne. Deutschland hinkt hinterher und muss sich bislang noch mit vergleichsweise moderaten Wachstumsraten begnügen.

Das Crowdinvesting bietet eine höchst interessante und für fast jedermann leicht zugängliche Möglichkeit, in junge innovative Unternehmen zu investieren. Neben Start-up-Unternehmen werden hierüber zunehmend Immobilien und gelegentlich auch etablierte Unternehmen finanziert. Wenn das von den Crowd-Investoren jeweils finanzierte (Start-up-)Unternehmen erfolgreich ist, können die Investoren womöglich sogar satte Gewinne aus ihrem Crowdinvestment ziehen. Die Angelegenheit ist allerdings auch mit Risiken behaftet. Die Wahrscheinlichkeit, dass das eingesetzte Geld verlustig geht, ist durchaus nicht ganz unbedeutend. Zwar liegt die Ausfallquote bislang noch unterhalb von 15 Prozent, jedoch wird das vermutlich nicht so bleiben. Die meisten (Start-up-)Unternehmen sind mit ihrem Geschäft noch nicht allzu lange unterwegs, sodass ihnen das Geld noch nicht endgültig ausging beziehungsweise sie es noch nicht vollständig „verlieren" konnten. Inzwischen wurde es schon ernst für eine Reihe der über ein Crowdinvesting finanzierten Jungunternehmen. Bis Anfang 2017 gab es 57 Ausfälle (Insolvenzen) bezogen auf rund 430 crowdfinanzierte Unternehmen, das sind rund 13 Prozent. Meine momentanen Schätzungen gehen dahin, dass sich die Ausfallquote in einer Größenordnung von 20 Prozent bis 25 Prozent einpendeln könnte. Damit würde die Versagensquote weit unter dem bleiben, was einige Skeptiker vorhersagten, die Ausfälle in einer Größenordnung von 50 Prozent und mehr prognostizierten.

Aus Sicht eines Crowdinvestors: Reichen die Gewinnchancen aus, um das Eingehen solcher Risiken zu rechtfertigen? Die Renditechancen beim Crowdinvesting können in der Regel als hoch bis sehr hoch bezeichnet werden, lassen sich allerdings aufgrund der sehr individuellen Projekte, die zudem oftmals recht neuartig sind, nicht allgemein vorhersagen. Manch ein Projekt kann als annähernd sicher gelten, andere wiederum sind als sehr spekulativ einzustufen. Bestimmt wird es einige Projekte geben, bei denen der Investor bis zum Ende der Laufzeit ein Mehr- oder Vielfaches seines Einsatzes zurückerhält. So etwas ist natürlich bei „stabileren" Projekten, wie es bei Immobilien und bei etablierten Unternehmen oft der Fall ist, nicht möglich. Dort gibt es zumeist Festverzinsungen, manchmal angereichert durch einen gewissen erfolgsabhängigen Bonuszins.

Auf der Suche nach etwaigen Problemen trifft der Anleger auf dies: Die mit der Crowdinvesting-Plattform und/oder den (Start-up-)Unternehmen abgeschlossenen Verträge können mit Tücken behaftet sein, was dazu führen kann, dass die Crowdinvestoren trotz eines gut laufenden Projekts nur vergleichsweise wenig profitieren. Ein Knackpunkt ist manchmal die Unternehmensbewertung zu Beginn des Crowdinvestings. Ist diese sehr hoch, dann erhält der Investor nur einen relativ geringen Anteil am Erfolg. Dennoch bietet das Crowdinvesting enorme Chancen für den Investor auf gute oder sogar sehr gute Renditen. Um (störende) Verlustrisiken einigermaßen gut in Schach zu halten, bietet sich eine Streuung des Geldeinsatzes auf mehrere oder besser auf viele Projekte an. Das reduziert die Wahrscheinlichkeit ganz beträchtlich, den gesamten Geldeinsatz zu verlieren, was ansonsten schnell passieren kann, wenn alles auf eine Karte gesetzt wird. Aufgrund der oftmals geringen Einstiegsbeträge ist eine Risikostreuung auch für waschechte Kleininvestoren möglich.

Schwenken wir von der Sicht der Crowdinvestoren zu den kapitalsuchenden Unternehmern um. Gründungswillige treffen mit dem Crowdinvesting auf eine zusätzliche Möglichkeit, Geld für ihr Gründungsvorhaben einzuwerben. Dort wo andere Kapitalgeber, wie zum Beispiel Banken, nicht zur Verfügung stehen, kann das Crowdinvesting einspringen und helfen, ansonsten brachliegende Gründungspotenziale zu heben. Das Crowdinvesting wird sowohl auf der Angebots- als auch auf der Nachfrageseite auf hohes Interesse stoßen. So ist es nicht verwunderlich, dass dieses noch sehr junge Finanzierungsinstrument derzeit weltweit enorm hohe Wachstumsraten aufweist, wenngleich man bezogen auf den deutschen Markt das „enorm“ zurzeit weglassen sollte.

Ausgehend von einer niedrigen Basis im Jahr 2011 verzeichnete der Crowdinvesting-Markt in den Jahren 2012 und 2013 in Deutschland recht große Sprünge nach oben. Dies galt einerseits für die Anzahl der über ein Crowdinvesting finanzierten Projekte sowie für das zugehörige Finanzierungsvolumen und andererseits für das Entstehen neuer Plattformen, die so etwas anboten. 2014 verlief das Wachstum nicht ganz so dynamisch. Im Jahr 2015 erfuhr das Crowdinvesting hierzulande dann aber einen weiteren Wachstumsschub, der sich jedoch überwiegend auf hinzugekommene Immobilienprojekte und ökologische Projekte gründete. Bezüglich des Start-up-Crowdinvestings zeigte die Wachstumskurve in 2015 (nur noch) moderat nach oben. Die weiterhin recht positive Marktentwicklung in 2016 basierte in erster Linie auf Zuwächsen im Immobilien-Crowdinvesting.

Die weitere Entwicklung des Crowdinvestings wird von einigen wesentlichen Parametern abhängen, wobei die kommende Gelingensquote der zugrunde liegenden Projekte natürlich ganz wesentlich für den Ruf und den Erfolg des Crowdinvestings sein wird. Erleiden viele Investoren Enttäuschungen und die Presse für das Crowdinvesting wird schlecht, dann kann sich der Wind drehen, hemmend auf das Wachstum wirken und den Gesetzgeber womöglich mit restriktiven Eingriffen auf den Plan rufen. Man wird abwarten müssen, wie sich die gesetzliche Regulierung des Crowdinvestings weiter entwickelt. Das in Deutschland im Jahr 2015 in Kraft getretene Kleinanlegerschutzgesetz mag vielleicht den Crowdinvestoren ein klein wenig helfen, dem Crowdinvesting-Markt in Gänze allerdings nicht. Momentan sind die rechtlichen Voraussetzungen für das Crowdinvesting in Deutschland zwar nicht wirklich schlecht, könnten aber besser sein. Gute Rahmenbedingungen für ein Crowdinvesting werden von großem Nutzen für die Gründungsaktivitäten sein und sind deshalb volkswirtschaftlich wichtig. Oder sollte das Crowdinvesting zum (vermeintlichen) Schutz von Investoren stärker reglementiert werden? Nein. Das Crowdinvesting hat Risiken, weil Start-up-Unternehmen risikobehaftet sind. Derartige Risiken lassen sich beim besten Willen nicht wegregulieren. Jeder dahingehende Versuch wird zum Scheitern verurteilt sein und in einer reinen Verhinderungsaktion enden.

In gewisser Weise liegt das Crowdinvesting für den Anleger irgendwo zwischen Aktie und Lotto, freilich näher an der Aktie. Immerhin investiert er in handfeste Unternehmen, auch wenn es nicht selten risikobehaftete Start-ups sind. Mit vergleichsweise geringen Risiken ist das Crowdinvesting oftmals behaftet, wenn darüber in etablierte Unternehmen oder Immobilien investiert wird (O. K., bei Immobilienentwicklungs-Projekten kann natürlich auch etwas schieflaufen). Solange dem Crowdinvestor die Chancen und Risiken in angemessener und ausgewogener Weise verdeutlicht werden, sollte es ihm (als mündigem Bürger) selbst zur Entscheidung überlassen werden, ob er sein Geld über ein Crowdinvesting anlegen möchte oder nicht. Immerhin ist es möglich, bereits mit recht geringen Beträgen in junge innovative Unternehmen einzusteigen und damit ganz nebenbei auch noch unserer Volkswirtschaft behilflich sein zu können.

Eine noch in einer Frühphase befindliche, aber sehr interessante Entwicklungsmöglichkeit für das Crowdinvesting liegt darin, dass vermehrt bereits etablierte Unternehmen auf diese Form der Finanzierung zurückgreifen, um etwa neue Produkte auf den Markt zu bringen. Ideal für die Unternehmen wäre es gegebenenfalls sogar, das Crowdinvesting mit einem Crowdsourcing zu kombinieren, bei dem „die Vielen“ in die Entwicklung von Produkten mit einbezogen werden und sich gleichzeitig an deren Markterfolg beteiligen können.

Letztlich bleibt die Frage, warum das Crowdinvesting so neu ist und faktisch erst seit 2009 existiert, in Deutschland erst seit Ende 2010. Die Antwort:

In der Vergangenheit waren die mit dem Einsammeln geringer Geldbeträge von vielen kleinen Investoren verbundenen Transaktionskosten zu hoch, um so etwas wirtschaftlich werden zu lassen. Mit dem Aufkommen des Internets änderte sich das. Plötzlich wurde es möglich, eine sehr große Menge an Personen kostengünstig zu erreichen. Aber: Das Internet gibt es inzwischen schon seit geraumer Zeit. Warum also diese zeitliche Verzögerung? Wahrscheinlich liegt es daran, dass zunächst niemand an die schon seit jeher möglichen – jedoch rechtlich nicht so einfach umzusetzenden – Lösungen gedacht hat, die letztlich eine unkomplizierte und kostengünstige Beteiligung am Erfolg von innovativen Unternehmen eröffnen. Erst die Kombination von Internet und der passenden Art der Erfolgsbeteiligung (hierzulande über hybride Finanzierungsinstrumente; aktuell vor allem via partiarische Nachrangdarlehen) führte zum Durchbruch. Verantwortlich für die Verzögerung wird ohne Zweifel auch sein, dass die sich ansonsten oftmals schneller und mutiger in neue Entwicklungen stürzenden US-Amerikaner von einer bis Mai 2016 extrem restriktiven Gesetzgebung – betreffend das Crowdinvesting – gestoppt wurden. Die Anfangsinitiative musste also ihren Ursprung anderswo nehmen, was bekanntlich nicht unsere Stärke hier in Deutschland ist.

Das Potenzial des Crowdinvestings ist enorm. Derzeit zeichnet sich ab, dass die Risiken geringer sind als von nicht wenigen zunächst befürchtet. Werden sich aber auch die erhofften Chancen realisieren? Da die Crowdinvesting-Projekte im Regelfall recht lange Mindestlaufzeiten haben (meist fünf bis acht Jahre), lässt sich die Chancenrealisierung bisher nur in vergleichsweise wenigen Fällen beurteilen. Eine Gesamtbeurteilung ist daher noch nicht möglich. Uns bleibt, noch ein wenig abzuwarten, bis genügend Investments zum Laufzeitende beim Ausstieg der Crowdinvestoren abgerechnet sind und die oft den Großteil der Rendite ausmachende Abschlusszahlung mit einbezogen werden kann.

Abschließend der *Quick Check* für den (Mikro-)Investor, der ein Crowdinvesting eingehen möchte. Folgendes sollte er sich fragen:

1. Für wie attraktiv halte ich das Projekt? Zur Einschätzung des Geschäftsmodells bieten sich an: Video ansehen; Businessplan lesen; Hintergrundrecherche (zum Beispiel im Internet). Gibt es so etwas schon in gleicher Weise? Wo liegt die Besonderheit? Wie soll die Idee in Geld umgemünzt werden?

2. Markt- und Wettbewerbssituation? Ist ein Markt für das Produkt oder die Leistung vorhanden oder zu erwarten? Gibt es Wettbewerber und wie kann sich unser Unternehmen dagegen durchsetzen? Lässt sich die Position gegenüber Nachahmern verteidigen?
3. Qualifikation, Fähigkeiten und Erfahrungen des Gründerteams? Es ist wichtig, die Passung der Teammitglieder abzuchecken. Welchen Hintergrund haben diese und passen sie zum Projekt?
4. Blick in die Finanzplanung: Wie sollen sich laut Planung der Umsatz und der Jahresüberschuss entwickeln? Wie wird die Entwicklung begründet?
5. Wie ist die Mindestlaufzeit der Beteiligung?
6. Wie hoch wird das Risiko wohl sein?
7. Wie hoch ist meine Chance? Festverzinsung? Variable Verzinsung? Ist eine Beteiligung an Ergebnis und Wertsteigerung gegeben? Wenn das Risiko gering erscheint, wäre eine reine Festverzinsung o. k. Die Möhre „Wertsteigerung" könnte dann entfallen. Was passiert genau bei meinem Ausstieg (bei Kündigung oder Verkauf)? Gibt die jeweilige Plattform konkrete Informationen zu den erwarteten Rückflüssen, die mit der vorgelegten Planung korrespondieren, und werden auch Rückflüsse für Situationen dargestellt, in denen die Planwerte nicht erreicht werden?
8. Wie hoch ist die Unternehmensbewertung (falls für die Beurteilung erforderlich)? Vergleich mit anderen Projekten, wobei die Ergebnisplanung in Relation zum Unternehmenswert gestellt werden sollte.

Dies ist ein genereller Leitfaden, der auf dem basiert, was ich selbst inzwischen mache, wobei die Intensität des Checks von der Höhe meines jeweiligen Geldeinsatzes abhängt, klar. Beim ersten Projekt wird die genaue Durchsicht noch recht viel Zeit beanspruchen, hinterher findet man die Dinge schneller und erlangt mehr und mehr Routine. Bei geringem Kapitaleinsatz lässt sich die Sache mit gutem Gewissen abkürzen. Wichtig ist natürlich: Wer viel Geld reinstecken möchte, der sollte sich deutlich mehr Zeit für den Check nehmen. Ergänzend sei auf Anhang 2 verwiesen und vor allem auf Investment- beziehungsweise Anlegerleitfäden, die von einigen Crowdinvesting-Plattformen zur Verfügung gestellt werden.

Viel Glück und ein gutes Händchen!

Anhang

Anhang 1

Beispiele für große Projekte, die über ein Crowdinvesting/ Crowdfunding finanziert wurden

Crowdinvesting-Projekte:

- **Weissenhaus (D):** Ein historisches Dorf samt Schloss an der Ostsee in der Nähe von Oldenburg in Holstein wurde aufwendig restauriert und zu einem 5-Sterne-Plus-Luxusresort umfunktioniert, für das über Companisto 7,5 Millionen Euro eingesammelt werden konnten. Europarekord für ein Crowdinvesting.
- **Protonet (D):** Protonet warb damit, den einfachsten Server der Welt bauen zu wollen und damit vor allem kleinen und mittleren Unternehmen sowie Privathaushalten zu ermöglichen, ihre Datenhoheit zu behalten. Das Crowdinvesting für Protonet 1 brachte 200.000 Euro ein und über das diesem zeitverzögert nachfolgende Crowdinvesting für Protonet 2 kamen weitere drei Millionen Euro hinzu.
- **Urbanara (D):** Es geht um eine Online-Plattform, die Heimtextilien vertreibt. Urbanara wirbt damit, den Kunden einen Direktbezug von den Produzenten zu ermöglichen und die hohen Handelsspannen auszuschalten. 2.992.000 Euro konnten für Urbanara über die Crowdinvesting-Plattform Bergfürst eingesammelt werden. Die Mikroinvestoren erhielten Aktien an der Gesellschaft.
- **Equity for Punks (UK):** Die britische Brauerei BrewDog sammelte über ein Crowdinvesting unter dem Projektnamen „Equity for Punks“ in Eigenregie, also ohne das Zwischenschalten einer Plattform, insgesamt 2,2 Millionen GBP ein. Das 2009 begonnene und in zwei Finanzierungsrunden bis 2011 gelaufene erfolgreiche Funding gilt als das erste ganz spektakuläre Crowdinvesting-Projekt.

Crowdfunding-Projekte (i.e.S.):

- **„Stromberg“-Kinofilm (D):** Innerhalb lediglich einer Woche nach dem Aufruf am 15.11.2011 zur Finanzierung des geplanten Kinofilms „Stromberg“ standen über 3.000 Investoren und eine Million Euro an eingesammeltem Kapital zur Verfügung. Das entsprechende Crowdfunding-Projekt lief nicht über eine Crowdfunding-Plattform, sondern erfolgte in

Eigenregie der Produzenten mithilfe der Website Myspass. Der Film kam Anfang 2014 in die Kinos. Die Geldgeber wurden an den Kosten des Filmprojekts beteiligt und erhielten im Gegenzug eine Beteiligung an der Kinoauswertung, die sich nach den verkauften Kinokarten richtete. Der Film lief ziemlich gut und die Crowdinvestoren landeten im Plus. Wer 100 Euro investiert hatte, erhielte Ende Oktober 2014 rund 117 Euro zurück. Über die Teilhabe an der Kinoauswertung hinaus wurden den Investoren auch einige weitere Vorteile geboten, die sich in Abhängigkeit von der Höhe ihres Investments staffelten. So wurden sie ab einem 100-Euro-Investment im Abspann des Films erwähnt und hatten freien Zugang zur Investorenlounge. Ab 1.000 Euro erhielten sie zwei Freikarten für die Filmpremiere sowie zusätzliche Vergünstigungen, etwa Zugang zur Investorenlounge.[133]

- **The Dao:** Über das Blockchain-System Ethereum wurden für das Projekt „The Dao" 160 Millionen US-Dollar erzielt.
- **Star Citizen:** Das bis heute zweitgrößte Crowdfunding-Projekt weltweit ist Star Citizen, wobei bis Ende Januar 2017 mehr als 144 Millionen US-Dollar von knapp 1,8 Millionen Geldgebern für diese Online-Weltraum-Flugsimulation eingesammelt werden konnten. Das Funding läuft allerdings noch weiter, und zwar über eine Website von Roberts Space Industries (RSI) sowie auch über die Plattform Kickstarter. Der Hauptteil des Geldes kam über die eigene Website von RSI zusammen.
- **Elio Motors:** Für ein innovatives dreirädriges Fahrzeug wurden 102 Millionen US-Dollar eingesammelt.
- **Prison Architect:** Dieses Videospiel erzielte ein Fundingvolumen im Umfang von 19 Millionen US-Dollar.
- **Pebble:** Bei der Pebble E-Paper Watch for iPhone and Android handelt es sich um eine mit Smartphones kommunikationsfähige Uhr (Smartwatch). Über das Portal Kickstarter kamen fast 70.000 Geldgeber zusammen, die in Summe 20,4 Millionen US-Dollar finanzierten.

133 Vgl. www.myspass.de/myspass/specials/stromberg-kinofilm/fragen-und-antworten/faq/#projekt (Zugriff: 4.12.2012) sowie http://crowdfunding-portal.de/crowdfunding-stromberg-filmrealisierung-ueber-die-crowd.html (Zugriff: 26.1.2017).

Anhang 2

Checkliste für Investoren

1. Welche Plattformen kommen grundsätzlich in Betracht?

1.1 Für wie zuverlässig halte ich die in Betracht kommenden Plattformen?

1.2 Welcher Art ist meine Erfolgsbeteiligung?

1.3 Wie sind die Konditionen für den Exit definiert?

1.4 Wie fungibel ist meine Beteiligung (Mindestlaufzeit; Möglichkeiten eines vorzeitigen Ausstiegs)?

2. Welches Projekt beziehungsweise welche Projekte wähle ich aus?

2.1 Wie tragfähig erscheint die Projektidee?

2.2 Halte ich das Gründerteam für fähig, das Projekt erfolgreich umzusetzen?

3. Wie viel Kapital möchte ich einsetzen?

3.1 Wie viel von meinem Geld ich einsetze, sollte von meiner persönlichen Finanzsituation abhängen und von der Risikoeinschätzung für die jeweiligen Projekte.

3.2 Wenn ich alles auf eine oder nur ganz wenige Projekte setze: Kann ich einen etwaigen Totalverlust des eingesetzten Kapitals verschmerzen?

3.3 Wenn ich mein Geld auf viele Projekte verteile (Risikostreuung) und/oder verstärkt auf sichere Projekte setze, wie viel kann beziehungsweise sollte ich dann einsetzen?

4. Wie kann ich das Projekt jenseits der anteiligen Finanzierung gegebenenfalls noch unterstützen (zum Beispiel durch Marketingaktivitäten)?

5. Wie informiere ich mich turnusmäßig über den Projektfortschritt?

Anhang 3

Checkliste für Start-ups

1. Was verspreche ich mir von einem Crowdinvesting?
2. Ist es wahrscheinlich, dass ich mit meiner Projektidee außenstehende Kapitalgeber begeistern kann? Habe ich schon eine Fangemeinde (zum Beispiel Kunden), die als Crowdinvestoren aktiviert werden könnten?
3. Bin ich – beziehungsweise ist das Gründungsteam – in der Lage, die Projektidee erfolgreich umzusetzen, oder benötigen wir weitere Unterstützung?
4. Wie hoch ist der über ein Crowdinvesting zu deckende Kapitalbedarf und wo setzte ich die Funding-Schwelle und das Funding-Limit an?
5. Welche Belohnung kann und will ich den Investoren als Gegenleistung für die Finanzierung zusagen?
6. Welche Rechte kann beziehungsweise will ich den Investoren einräumen (zum Beispiel Informations-, Kontroll-, Stimm- und Mitspracherechte)?
7. Auf welche Weise kann ich die Investoren sinnvoll in mein Marketing einbinden?
8. Welche Crowdinvesting-Plattform passt am besten zu mir und meinem Projekt?
9. Kann ich alle für die Bewerbung bei der ausgewählten Plattform erforderlichen Informationen, Unterlagen und gegebenenfalls einen kurzen Videoclip zu meinem Gründungsvorhaben beibringen?
10. Was kostet mich das Crowdinvesting und wie hoch ist der damit verbundene Arbeitsaufwand?
11. In welchen Schritten soll die Umsetzung des Projekts erfolgen, wenn das Geld der Investoren eingetroffen ist?
12. Wie sieht „Plan B“ aus, wenn die Funding-Schwelle nicht erreicht wird und ich keine Finanzierung über die Crowd erhalte?

Anhang 4:

Finanziertes Crowdinvesting-Volumen je Plattform 2016[133]

Fundingvolumen 2016: **63,8 Millionen Euro**
Projektanzahl 2016: **123**

Rang	Plattform	Fokus	Finanziertes Volumen 2016 in Euro	Anzahl finanzierter Projekte 2016
1.	Exporo	Immobilien	20.050.086	21
2.	Companisto	Unternehmen	9.885.495	20
3.	Zinsland	Immobilien	6.500.000	12
4.	Zinsbaustein	Immobilien	6.150.000	5
5.	Seedmatch	Unternehmen	4.515.250	12
6.	Bergfürst	Immobilien	4.440.490	6
7.	Bettervest	Energie	1.929.050	11
8.	iFunded	Immobilien	1.751.033	2
9.	Kapilendo Venture	Unternehmen	1.629.300	3
10.	LeihDeinerUmweltGeld	Energie	1.611.000	4
11.	Unternehmerich	Unternehmen	1.149.250	2
12.	Econeers	Energie	1.019.250	1
13.	Conda D	Unternehmen	964.500	3
14.	aescuvest	Unternehmen	605.500	3
15.	greenXmoney	Energie	340.650	8
16.	Geldwerk1	Unternehmen	242.120	2
17.	Innovestment	Unternehmen	203.400	2
18.	FunderNation	Unternehmen	184.400	2
19.	Venturate	Unternehmen	101.000	1
20.	Katrim	Unternehmen	75.500	2

133 http://www.crowdfunding.de/marktdaten/ (Zugriff: 5.1.2017).

Anhang 5:

Liste der 20 größten Crowdinvestings in Deutschland bis Ende 2016

1.	Immobilie Weissenhaus (Companisto)	7.500.000 Euro
2.	Immobilie SpreeSide Residenz (FunderNation)	3.200.000 Euro
3.	Protonet 2 (Seedmatch)	3.000.000 Euro
4.	Urbanara (Bergfürst)	2.992.000 Euro
5.	Immobilie Glockengiesserei Neukölln (Mezzany)	2.455.000 Euro
6.	Immobilie Feldbrunnenstraße (Exporo)	2.115.350 Euro
7.	Panono (Companisto)	1.618.945 Euro
8.	Freygeist (Companisto)	1.500.000 Euro
9.	Immobilie Ärztehaus „Am Inselpark" (Exporo)	1.353.200 Euro
10.	Bonaverde (Seedmatch)	1.330.750 Euro
11.	e-volo (Seedmatch)	1.200.000 Euro
12.	Immobilie Middendorf Haus Hamburg (Bergfürst)	1.100.000 Euro
13.	Returbo (Companisto)	1.088.025 Euro
14.	Aoterra (Seedmatch)	1.000.000 Euro
15.	Riboxx (Seedmatch)	1.000.000 Euro
16.	Foodist (Companisto)	1.000.000 Euro
17.	Ledora (econeers)	1.000.000 Euro
18.	Deno (econeers)	995.750 Euro
19.	Kyl21 (Seedmatch)	940.650 Euro
20.	Twinkind (Venturate)	850.000 Euro

Anhang 6:

Liste der Crowdinvesting-Pleiten in Deutschland bis Anfang 2017

Nr.	Start-up	Plattform	Funding-Volumen	Funding-Zeitpunkt	Ende	Dauer in Monaten
1.	BluePatent	Seedmatch	100.000	Nov 11	Feb 14	27
2.	easycard	Seedmatch	100.000	Mrz 12	Jun 14	27
3.	leasinGO	Innovestment	100.000	Mrz 12	?	?
4.	easyCARD	Innovestment	86.625	Apr 12	?	?
5.	Lavoro	Seedmatch	100.000	Jun 12	Feb 16	43
6.	nextsocial	Seedmatch	100.000	Jun 12	Nov 15	41
7.	beECO	Innovestment	70.000	Sep 12	Apr 14	18
8.	VerySol	Innovestment	55.660	Okt 12	Feb 16	40
9.	snipdocs	Innovestment	51.000	Okt 12	Okt 15	36
10.	Foodiesquare	Seedmatch	533.750	Okt 12/ Sep 13	Mrz 14	6
11.	betandsleep	Seedmatch	50.000	Nov 12	Aug 13	9
12.	Tampons for you	Seedmatch	100.000	Nov 12	Jul 14	20
13.	Caramelized	Seedmatch	100.000	Nov 12	Okt 14	23
14.	DeinBus	Eigenfunding	?	Nov 12	Nov 14	24
15.	Look Außenwerbung	Bankless24	76.300	Jan 13	Nov 15	22
16.	Sponsorun	Companisto	73.935	Feb 13	Nov 14	21
17.	identloc	Innovestment	54.000	Feb 13	Jan 16	35
18.	Sonnenrepublik	Innovestment	100.000	Feb 13	Nov 15	33
19.	Amsaa	Dt. Mikroinvest	?	Apr 13	?	?
20.	Carzapp	Seedmatch	250.000	Apr 13	Dez 15	20
21.	TripRebel	Companisto	700.000	Apr 13	Jan 17	45
22.	Tars/Speedcar	Dt. Mikroinvest	?	Mai 13	Okt 13	5
23.	Tollabox	Seedmatch	600.000	Jun 13	Feb 15	20
24.	Next 4	Dt. Mikroinvest	?	Jun 13 ?	Dez 14	18 ?
25.	my-artmap.com	Innovestment	71.000	Jul 13	Jan 15	18
26.	Küchenfab	Fundsters	125.507	Aug 13	Sep 16	37
27.	Paymey	Seedmatch	400.000	Aug 13/ Mrz 14	Mrz 15	12
28.	Sommelier Privé	Companisto	300.000	Sep 13	Aug 14	11

Nr.	Start-up	Plattform	Funding-Volumen	Funding-Zeitpunkt	Ende	Dauer in Monaten
29.	Wonderpots	Companisto	500.000	Sep 13	Jan 16	28
30.	strandsandale	Startnext	50.900	Sep 13	Sep 15	24
31.	sporTrade	Companisto	100.000	Okt 13	Feb 14	4
32.	Zapitano	Companisto	106.895	Okt 13	Feb 14	4
33.	Heimtiermarkt Schleidt	Bettervest	23.350	Okt 13	Aug 14	10
34.	Lumindo	Innovestment	95.000	Nov 13	Jul 16	32
35.	Cashfix	Fundsters	47.601	Dez 13	Nov 14	11
36.	Wild fire	Fundsters	70.075	Jan 14	Nov 14	10
37.	Devil & Crew	Fundsters	41.327	Feb 14	Sep 15	19
38.	Fraisr	Seedmatch	75.715	Mrz 14	Jul 15	16
39.	Goodz	Seedmatch	100.000	Mai 14	Jul 14	2
40.	Lingoschools	Fundsters	154.744	Jun 14	Jul 15	13
41.	Fotovio	Companisto	148.640	Jun 14	Aug 15	14
42.	Lumindo	Bankless24	99.900	Jul 14	Jul 16	12
43.	Clicc	Startnext	82.151	Jul 14	Nov 15	16
44.	Lexvisors	Fundsters	41.158	Jul 14	Feb 16	19
45.	Vibewrite	Seedmatch	560.250	Sep 14	Dez 14	3
46.	Bleecker Street	Seedmatch	175.500	Jan 15	Aug 16	19
47.	Mensch & Natur	Startnext	47.375	Feb 15	Jun 16	16
48.	Classiqs	Seedmatch	214.250	Feb 15	Feb 16	12
49.	Unyte	Companisto	188.715	Jul 15	Jun 16	11
50.	Nixe	Conda D	100.000	Jul 15	Mrz 16	8
51.	Twinkind	Venturate	850.000*	Sep 15	Mrz 16	6
52.	Ligtboys	Seedmatch	271.500	Apr 16	Dez 16	8
53.	Returbo	Companisto	1.088.050	Jul 16	Okt 16	3
54.	Freygeist	Companisto	1.500.000	Jun 15	Jan 17	18
55.	Protonet	Seedmatch	3.200.000	Nov 12/ Jun 14	Feb 17	51
56.	nts	Dt. Mikroinvest	?	?	Mrz 15	?
57.	C.H. Wolf	Bergfürst	581.925	?	?	?

* Einen Großteil der 850.000 Euro betreffen einen Lead-Investor.

Quellenverzeichnis

Aschenbeck-Florange, T./Drefke, T. (2015a): „Neuste Entwicklungen der Crowdfunding-Regulierung und aufsichtsrechtliche Anforderungen an Crowdfunding in Deutschland“, in: Recht der Finanzinstrumente 4/2015, S. 284–293.

Aschenbeck-Florange, T./Drefke, T. (2015b): „Deutsche Crowdfunding-Regulierung bringt neue Herausforderungen“, in: „Jahrbuch Crowdfunding 2015“, hrsg. von Oliver Gajda, Frank Schwarz und Karim Serrar, Wiesbaden 2015, S. 38–40.

Beck, R. (2014): „Aktien versus Crowdinvesting – Vor- und Nachteile aus Sicht der Kleinanleger“, in: CFO aktuell 4/2014, S. 126–129.

Beck, R. (2015a): „Crowdinvesting und börsengehandelte Aktien im Vergleich“, in: „Jahrbuch Crowdfunding 2015“, hrsg. von Oliver Gajda, Frank Schwarz und Karim Serrar, Wiesbaden 2015, S. 56–59.

Beck, R. (2015b): „Wer braucht noch Banken? – Wie Start-ups die Finanzwelt verändern und was uns das nutzt“, Kulmbach 2015.

Berk, J./DeMarzo, P. (2011): „Grundlagen der Finanzwirtschaft – Analyse, Entscheidung und Umsetzung“, München 2011.

Blohm, I./Leimeister, J.M./Wenzlaff, K./Gebert, M. (Hrsg.) (2013): „Crowdfunding-Studie 2013/14 – Analyse, Perspektiven und Erfolgsfaktoren innovativer Unternehmens- und Projektfinanzierungsformen“, Berlin 2013.

Bradford, C.S. (2012): „Crowdfunding and the Federal Securities Law“, in: Columbia Business Law Review, Vol. 2012, S. 1–150.

Brokamp, J./Ernst, D./Hollasch, K./Lehmann, G./Weigel, K. (2008): Mezzanine-Finanzierungen“, München 2008.

Chesbrough, H.W. (2003): „Open Innovation: The New Imperative for Creating and Profiting from Technology“, Harvard Business School Press, Boston 2003.

Elschen, R. (1993): „Eigen- und Fremdfinanzierung – Steuerliche Vorteilhaftigkeit und betriebliche Risikopolitik“, in: „Handwörterbuch des Finanzmanagements“, hrsg. v. Günther Gebhardt, Wolfgang Gerke, Manfred Steiner, München 1993, S. 585–617.

FFA (2012): „Zahlen aus der Filmwirtschaft“, FFA info 1/2012.

Gassmann, O. (2010): „Crowdsourcing: Innovationsmanagement mit Schwarmintelligenz“, München 2010.

Gebhardt, K.-L./Mühling, M./Quentin, O./Oschlies, R./Regierer, C.: „Die Besteuerung der Crowd-Investoren“, in: „Jahrbuch Crowdfunding 2015“, hrsg. von Oliver Gajda, Frank Schwarz und Karim Serrar, Wiesbaden 2015, S. 30–33.

Hackl, E./Jandl, H. (2004): „Beteiligungsfinanzierung durch Venture Capital und Private Equity“, in: „Die neue Unternehmensfinanzierung – Strategisch finanzieren mit bank- und kapitalmarktorientierten Instrumenten“, hrsg. von Wilfried Stadler, Frankfurt 2004, S. 194–210.

Heckmann, M. (2009): „Erfolgschancen neu gegründeter Betriebe“, Bielefeld 2009.

Hemer, J./Schneider, U./Dornbusch, F./Frey, S. (2011): „Crowdfunding und andere Formen informeller Mikrofinanzierung in der Projekt- und Innovationsfinanzierung“, Fraunhofer ISI-Schriftenreihe „Innovationspotentiale“, Stuttgart 2011.

HORNUF, L./SCHMITT, M. (2016): „Success and failure in Equity Crowdfunding", in: CESifo DICE Report 2/2016, Ifo Institute, München 2016, S. 16–22.

HOWE, J. (2006): „The Rise of Crowdsourcing", Wired Magazine, Juni 2006, unter: www.wired.com/wired/archive/14.06/crowds.html (Zugriff: 26.11.2012)

INSTITUT DER WIRTSCHAFTSPRÜFER (1994), Stellungnahme HFA 1/1994: „Zur Behandlung von Genussrechten im Jahresabschluss von Kapitalgesellschaften", in: WPg, Heft 13/1994, S. 419–423.

KLETZSCH, M. (2013): „Crowdinvesting – Schwarmfinanzierung – Praxis-Handbuch für Gründer", Norderstedt 2013.

KLÖHN, L./HORNUF, L. (2012): „Crowdinvesting in Deutschland. Markt, Rechtslage und Regulierungsperspektiven", in: Zeitschrift für Bankrecht und Bankwirtschaft, Heft 4, 15. August 2012, S. 237–266.

KLÖHN, L./HORNUF, L. (2013): „Crowdinvesting und Portfoliodiversifizierung – Eine rechtsökonomische Analyse", in: VentureCapital Magazin 2/2013, S. 34–35.

KOCH, R. (2012): „Crowdinvesting und Peer-to-Peer-Lending: Genossenschaftsbanking 2.0 als neue Strategie der Unternehmensfinanzierung", Berlin 2012.

KORTLEBEN, H./VOLLMAR, B.H. (2012): „Crowdinvesting – eine Alternative in der Gründungsfinanzierung?", PFH Forschungspapiere, No. 2012/06.

MASSOLUTION (2012): „Crowdfunding Industry Report – Market Trends, Composition and Crowdfunding Platforms", Mai 2012.

MESCHKOWSKI, A./WILHELMI F.K. (2013): „Investorenschutz im Crowdinvesting", in: Betriebs-Berater, BB 24.2013, 10.6.2013, S. 1411–1418.

PERRIDON, L./STEINER, M./RATHGEBER, A. (2009): „Finanzwirtschaft der Unternehmung", 15. Aufl., München 2009.

RIETHMÜLLER, T. (2015): „Auswirkungen des Kleinanlegerschutzgesetzes auf die Praxis der bankenunabhängigen Finanzierung, das Crowdinvesting und Crowdlending", in: Der Betrieb vom 19.06.2015, Heft 25, S. 1451–1457.

SCHEFCZYK, M. (2000): „Finanzieren mit Venture-Capital: Grundlagen für Investoren, Finanzintermediäre, Unternehmer und Wissenschaftler", Stuttgart 2000.

SCHRAMM, D. M./CARSTENS, J. (2014): „Start-up-Crowdfunding und Crowdinvesting – Ein Guide für Gründer: Mit Kapital aus der Crowd junge Unternehmen online finanzieren", Wiesbaden 2014.

STAHLMANN, M. (2013): „Crowdinvesting als Finanzierungsalternative für Start-ups – Die Mehrwerte im Vergleich zu anderen Finanzierungsinstrumenten", Hermannstal 2013.

STEINBERG, S./DEMARIA, R. (2012): „The Crowdfunding Bible – How to raise money for any Start-up, video game or project".

WÖHE, G./BILSTEIN, J./ERNST, D./HÄCKER, J. (2009): „Grundzüge der Unternehmensfinanzierung", 10. Aufl., München 2009.

Internet-Links

www.crowdfunding.de/
http://crowdstreet.de/
www.crowdinvesting-forum.de/
www.crowdinvest.de
http://crowd-investment.de/
www.crowdfinance-portal.com
www.crowdfunding-anleger.de/
www.derStart-upinvestor.de/
www.fuer-gruender.de/kapital/eigenkapital/crowd-investing/
http://crowdcommunity.de/crowdfunding/plattformen-fur-crowdinvesting/
www.wallstreet-online.de/crowdinvesting
www.crowdbiz.de/

Abkürzungsverzeichnis

AG	Aktiengesellschaft
BA	Bundesagentur für Arbeit
BaFin	Bundesanstalt für Finanzdienstleistungsaufsicht
BMBF	Bundesministerium für Bildung und Forschung
BMWi	Bundesministerium für Wirtschaft
EStG	Einkommensteuergesetz
FAQ	Frequently Asked Questions (häufig gestellte Fragen plus zugehörige Antworten)
FFA	Filmförderungsanstalt
Finanz.	Finanzierung
GBP	Britisches Pfund (Währung)
GbR	Gesellschaft bürgerlichen Rechts; auch: BGB-Gesellschaft
GewStG	Gewerbesteuergesetz
GmbH	Gesellschaft mit beschränkter Haftung
GmbHG	Gesetz betreffend die Gesellschaft mit beschränkter Haftung
GuV	Gewinn- und Verlustrechnung
HFA	Hauptfachausschuss (des IDW)
HGB	Handelsgesetzbuch
HTGF	Hightech-Gründerfonds
IDW	Institut der Wirtschaftsprüfer
i.e.S.	im engeren Sinne
IKT	Informations- und Kommunikationstechnologie
IPO	Initial Public Offering (Börsengang)
IRR	Internal Rate of Return (interner Zinsfuß)
i.w.S.	im weiteren Sinne
KASG	Kleinanlegerschutzgesetz
KfW	Kreditanstalt für Wiederaufbau
KG	Kommanditgesellschaft
KWG	Gesetz über das Kreditwesen
OHG	Offene Handelsgesellschaft
SEC	Securities and Exchange Commission (US-amerikanische Börsenaufsichtsbehörde)
UG	Unternehmergesellschaft
VC	Venture Capital (Risikokapital)
VerkProspG	Verkaufsprospektgesetz; auch: Wertpapier-Verkaufsprospektgesetz
VermAnlG	Vermögensanlagengesetz
WPg	Die Wirtschaftsprüfung (Fachzeitschrift)
ZBB	Zeitschrift für Bankrecht und Bankwirtschaft

Glossar

akkreditiert	Mit einem auf eine spezifische Eigenschaft gerichteten Eignungsnachweis von einer anerkannten Instanz ausgestattet
Angel Investor	Auch: Business Angel; vermögende Person, die Unternehmensgründern in einer frühen Phase Kapital zur Verfügung stellt und zumeist zusätzlich Kontakte und Know-how beisteuert
BaFin-Lizenz	Auch: Banklizenz; dabei handelt es sich um die behördliche Genehmigung dafür, Bank- oder Finanzdienstleistungsgeschäfte betreiben zu dürfen
Blog	Form der Publikation über das Internet, bei der Personen regelmäßig über sich und ihre Gedanken berichten (öffentliches Tagebuch) oder themenbezogen Stellung beziehen
Bridge-Phase	Überbrückungsfinanzierung; in der Regel Bezeichnung für diejenige Finanzierungsphase, die einem Börsengang vorausgeht
Business Angel	Vermögende Person, die Unternehmensgründern in einer frühen Phase Kapital zur Verfügung stellt und zumeist zusätzlich Kontakte und Know-how beisteuert
Businessplan	Umfassende und systematische schriftliche Darstellung eines Geschäftsvorhabens
Business-to-Business	Auch: B2B; Geschäftsbeziehung zwischen zwei oder mehr Unternehmen (im Gegensatz zur Geschäftsbeziehung von Unternehmen zu Endkunden)
Buy-out-Phase	Phase, in der die Veräußerung eines reifen Unternehmens typischerweise stattfindet
Cashflow	Zahlungsüberschuss
Community	Gemeinschaft von Personen (der Begriff wird oft auch für die Gesamtheit der Internetnutzer benutzt)
Crowd	Menschenmenge; hier konkret: Eine größere Anzahl an Personen, die an der Unterstützung eines oder mehrerer Projekte interessiert ist
crowdfähig	Für eine große Anzahl an Personen geeignet
Crowdfunding	Finanzierung von Projekten durch viele Personen (Investoren), die über das Internet organisiert wird
CROWDFUNDING Act	Mit dem Crowdfunding befasster Teil eines neuen US-amerikanisches Gesetzes, dem JOBS Act
Crowdinvesting	Sonderfall des Crowdfundings, bei dem die Investoren anhand hybrider Finanzierungsinstrumente am Projekterfolg beteiligt werden
Crowdinvestor	Person, die über ein Crowdinvesting Geld zur Finanzierung von Start-up-Unternehmen zur Verfügung stellt; auch als Mikroinvestor bezeichnet

Crowdsourcing	Auslagerung von Unternehmensaufgaben an eine breite Masse von außenstehenden Personen, in der Regel über das Internet; auch als Schwarmauslagerung bezeichnet
Crowdtesting	Testen von Produkten durch die Crowd
Crowdvoting	Etwas wird über das Internet (oder ein anderes Massenmedium) zur Abstimmung beziehungsweise zur Bewertung gestellt.
Disagio	Abschlag vom Nennwert (Rückzahlungsbetrag); ist zum Beispiel dann gegeben, wenn der anfängliche Auszahlungsbetrag für einen Kredit geringer ist als der später fällige Rückzahlungsbetrag; auch Damnum oder Abgeld genannt
Discounted-Cashflow-Verfahren	Das international anerkannteste Verfahren der Unternehmensbewertung, beruhend auf einer Abzinsung von geplanten Cashflows des zu bewertenden Unternehmens
Dotcom-Blase	Die durch neue (Internet-)Technologien ausgelöste Euphorie Mitte der 90er-Jahre führte zu zahlreichen neuen Unternehmen, die stark überbewertet wurden. Anfang 2000 kam es weltweit zu einem massenhaften Absturz der Börsenkurse solcher Unternehmen.
Emittent	Herausgeber von Wertpapieren zur Kapitalbeschaffung
empirisch	Anhand der Realität systematisch überprüft
Equity Crowdfunding	Auch: Equity-based Crowdfunding; Form des Crowdfundings, bei welcher der Geldgeber am Eigenkapital des Start-up-Unternehmens beteiligt wird
Equity-Kicker	Das Recht eines Fremdkapitalgebers, sein hingegebenes Fremdkapital unter bestimmten Bedingungen in Eigenkapital umzuwandeln
Exit	Beendigung der Beteiligung an einem Projekt
funden	finanzieren, finanziell unterstützen
Funding	Finanzierung, Aufbringung finanzieller Mittel
Funding-Limit	Maximaler Finanzierungsbetrag
Funding-Schwelle	Mindestfinanzierungsbetrag, der erreicht werden muss, damit die Finanzierung wirksam wird. Wird die Schwelle nicht erreicht, dann erhalten die Kapitalgeber ihr Geld zurück.
Funding-Zeitraum	Festgelegter Zeitraum, in dem die Mikroinvestoren ihre Investition tätigen können
gefundet	finanziert, finanziell unterstützt
Genussrecht	Schuldrechtliche Anlageform, die Eigenschaften eines herkömmlichen Kredits hat, jedoch mit einer Erfolgsbeteiligung und mit einer Beteiligung am Liquidationserlös gekoppelt ist
Genussschein	Verbriefte Form des Genussrechts
GmbH & Still	GmbH, an der stille Gesellschafter beteiligt sind
Gewinnschwelle	Bezeichnet den Punkt, an dem ein Unternehmen weder einen Gewinn noch einen Verlust erzielt; auch: Break-even-Point

hybride Finanzierungsinstrumente	Mischformen der Finanzierung, die sowohl Eigen- als auch Fremdkapitalcharakter aufweisen; auch: Mezzanine-Finanzierungen
intrinsisch	selbst motivierend; von innen her kommend
Investor Relations	Informationsaustausch und Kontaktpflege eines Unternehmens mit Investoren
Investor-Relations-Kanal	Weg, über den der Informationsaustausch und die Kontaktpflege eines Unternehmens mit Investoren erfolgen
JOBS Act	Jumpstart Our Business Start-ups Act; Bundesgesetz in den USA, das den Zugang zum öffentlichen Kapitalmarkt der USA erleichtern und damit die Gründung von Unternehmen fördern soll
launchen	Eine Website erstmals für die Benutzer freigeben; eingedeutschter englischsprachiger Begriff, abstammend von dem englischen Wort „launch“, übersetzt: Start, Einführung, Inbetriebnahme, Stapellauf
Mezzanine-Kapital	Anhand von hybriden Finanzierungsinstrumenten aufgebrachtes Kapital
Mikroinvestor	Person, die einen kleinen Geldbetrag zur Finanzierung von Start-up-Unternehmen zur Verfügung stellt; auch als Crowdinvestor bezeichnet
Mikrokredit	Kleinstkredit
Nachrang	Im Zusammenhang mit Darlehen: Im Falle einer Insolvenz führt ein Nachrang dazu, dass die entsprechenden Gläubiger erst dann einen Anspruch haben, wenn alle anderen Fremdkapitalgeber befriedigt wurden.
Nettofinanzschulden	Verzinsliche Verbindlichkeiten eines Unternehmens abzüglich der verzinslichen Guthaben und der liquiden Mittel
Neuer Markt	Börsensegment, das 1997 in Deutschland entstand und nach einem Absturz der Börsenkurse der zugehörigen Unternehmen 2003 wieder geschlossen wurde. Das Börsensegment bestand aus den Neuer-Markt-Indizes *Nemax* und *Nemax50.*
Non-Equity-Kicker	Liegt vor, wenn dem Fremdkapitalgeber neben einer festen Verzinsung eine erfolgsabhängige Sonderzahlung zusteht, die er am Laufzeitende des Darlehens erhält
Open Innovation	Offener Innovationsprozess, der viele außenstehende Personen (zum Beispiel über das Internet) in die Entwicklung von Produkten einbezieht
Open-Source-Software	Für jedermann frei zugängliche Software
partiarisches Darlehen	Besondere Form des Darlehens, bei dem der Gläubiger Anteile an Gewinn, Umsatz oder einer anderen Erfolgskomponente des finanzierten Unternehmens erhält
performen	Erfolgreich sein, Erfolg haben, Leistung bringen
Private Equity	Außerbörsliches Eigenkapital, das über private Anleger oder Kapitalbeteiligungsgesellschaften beigesteuert wird

Prospektpflicht	Gesetzliche Verpflichtung für Herausgeber öffentlich angebotener Wertpapiere (Emittenten), einen Prospekt mit ausführlichen Angaben zu den Wertpapieren zu veröffentlichen
Seed-Level	Umfang des zu einem bestimmten Zeitpunkt erreichten Finanzierungsvolumens
Seed-Phase	Phase vor der formellen Gründung eines Unternehmens, in der die Geschäftsidee entwickelt und die Gründung vorbereitet wird
Shitstorm	Sturm der Entrüstung im Internet, bei dem sich sehr viele Personen negativ zu einer Person, einer Institution oder zu einem Unternehmen äußern, eine sachliche Kritik völlig in den Hintergrund rückt und oft beleidigende und attackierende Äußerungen im Vordergrund stehen
smart money	Zur Verfügung gestelltes Geld, das mit zusätzlichen Leistungen der Geldgeber verbunden ist, zum Beispiel mit Geschäftskontakten; steht im Gegensatz zu „stupid money“
soziale Netzwerke	Überwiegend lockere Verbindung von Personen, bei der die Nutzer untereinander Kontakte über Internetnetzwerke aufnehmen und pflegen (zum Beispiel Facebook, Xing, Stayfriends, Twitter)
Start-up	Neu gegründetes oder noch zu gründendes Unternehmen
Start-up-Phase	Phase, die mit der formellen Gründung des Unternehmens beginnt und je nach Definition mit dem Erreichen der Marktfähigkeit beziehungsweise der Gewinnschwelle endet
still Beteiligter	Jemand, der eine stille Beteiligung eingeht
stille Beteiligung	Eine natürliche oder juristische Person beteiligt sich (in der Regel) mit einer Vermögenseinlage am Handelsgewerbe einer anderen, ohne dabei (zwingend) offen nach außen in Erscheinung zu treten.
stupid money	Gegenpol zu „smart money“; Geld, das ohne jedwede zusätzliche Leistung (etwa in Form von Geschäftskontakten) von den Geldgebern zur Verfügung gestellt wird; Bankkredite gelten beispielsweise als „stupid money“
Success fee	Erfolgshonorar
Transaktionskosten	Kosten, die im Zusammenhang mit dem Eingehen von Geschäften, für Suche und Information sowie für das Vorbereiten, Aushandeln und den Abschluss von Verträgen anfallen
Venture Capital	Risikokapital
Verbriefung	Schaffung von handelbaren Wertpapieren
WACC-Ansatz	Abkürzung für „Weighted Average Cost of Capital“ (gewichtete durchschnittliche Kapitalkosten). Der WACC-Ansatz gehört zum Discounted-Cashflow-Verfahren, das der Unternehmensbewertung dient; die Kapitalkostenermittlung anhand des WACC-Ansatzes dient der Bestimmung der Mindestrendite und wird zum Zwecke der Abzinsung eingesetzt.